NIKOLAUS STEINEBACH

Die Gehaltsstruktur der Angestellten in der Bundesrepublik Deutschland

Volkswirtschaftliche Schriften

Herausgegeben von Dr. J. Broermann, Berlin

Heft 206

Die Gehaltsstruktur der Angestellten in der Bundesrepublik Deutschland

Von

Dr. Nikolaus Steinebach

DUNCKER & HUMBLOT / BERLIN

Gedruckt 1973 bei Berliner Buchdruckerei Union GmbH., Berlin 61
Printed in Germany

ISBN 3 428 02952 6

Vorwort

Die Anregungsinformationen zu der vorliegenden Untersuchung erhielt ich aus den Veröffentlichungen meines akademischen Lehrers, Herrn Professor Dr. Heinz Lampert, Professor für Volkswirtschaftslehre und Sozialpolitik an der Universität zu Köln.

Da in den bisherigen Arbeiten zur theoretischen und empirischen Analyse von Einkommensunterschieden vor allem die Verdienstentwicklung innerhalb der Arbeiterschaft zum Untersuchungsgegenstand gemacht wurde, bot sich folglich für diese Studie eine Aufgabenstellung an, die eine Analyse der Einkommensentwicklung innerhalb der Angestelltenschaft beinhaltet.

Zur Realisierung dieses Ziels hat mein Doktorvater in ganz besonderem Maße beigetragen: zum einen konnte das von ihm erarbeitete theoretische Instrumentarium in dieser Arbeit weitgehend Verwendung finden, zum anderen gingen von ihm die wissenschaftlichen Anregungen und Ergänzungsvorschläge aus, die zur Vervollständigung der Untersuchung notwendig waren.

Darüber hinaus habe ich Herrn Professor Dr. Willi Bihn für die Übernahme des Korreferats und weitere wichtige Verbesserungsvorschläge, vor allem zum statistischen Teil der Arbeit, zu danken.

Die Untersuchung fördernde Ratschläge und kritische Anmerkungen verdanke ich auch Herrn Professor Dr. Werner Wilhelm Engelhardt, Professor für Volkswirtschaftslehre und Sozialpolitik an der Universität zu Köln, sowie meinen Kollegen am Seminar und am Forschungsinstitut für Sozialpolitik, insbesondere Herrn Dr. Gerhard Kleinhenz.

Die Drucklegung dieser Arbeit ist leider nur unter Inkaufnahme erheblicher persönlicher finanzieller Opfer möglich gewesen. Als bisher einzige außeruniversitäre Einrichtung hat sich das Deutsche Industrieinstitut bereit erklärt, einen Druckkostenzuschuß zu bewilligen, für den ich mich an dieser Stelle bedanke.

Nikolaus Steinebach

Inhaltsverzeichnis

Verzeichnis der Tabellen im Text

Hinweise auf verwendete Abkürzungen

ANBA	=	Amtliche Nachrichten der Bundesanstalt für Arbeitsvermittlung und Arbeitslosenversicherung (ab 1969: Amtliche Nachrichten der Bundesanstalt für Arbeit).
AStA	=	Allgemeines Statistisches Archiv, Organ der Deutschen Statistischen Gesellschaft.
DAG	=	Deutsche Angestelltengewerkschaft.
DGB	=	Deutscher Gewerkschaftsbund.
EGKS	=	Europäische Gemeinschaft für Kohle und Stahl.
HDSW	=	Handwörterbuch der Sozialwissenschaften, zugleich Neuauflage des Handwörterbuchs der Staatswissenschaften, 12 Bände, Stuttgart, Tübingen, Göttingen 1956 ff.
HJWG	=	Hamburger Jahrbuch für Wirtschafts- und Gesellschaftspolitik, Veröffentlichungen der Akademie für Wirtschaft und Politik und des Hamburgischen Weltwirtschafts-Archivs, Tübingen 1955 ff.
IAB	=	Institut für Arbeitsmarkt- und Berufsforschung der Bundesanstalt für Arbeit.
KZfSS	=	Kölner Zeitschrift für Soziologie und Sozialpsychologie, begründet durch *Leopold von Wiese*, (Hrsg.) Forschungsinstitut für Soziologie an der Universität zu Köln.
Mitteilungen	=	Mitteilungen des Instituts für Arbeitsmarkt- und Berufsforschung (ab 1970: Mitteilungen aus der Arbeitsmarkt- und Berufsforschung).
OECD	=	Organisation for Economic Cooperation and Development.
RKW	=	Rationalisierungs-Kuratorium der deutschen Wirtschaft e. V.
SchZfVuSt	=	Schweizerische Zeitschrift für Volkswirtschaft und Statistik, (Hrsg.) Schweizerische Gesellschaft für Statistik und Volkswirtschaft.
SdVfS, N. F.	=	Schriften des Vereins für Socialpolitik, Gesellschaft für Wirtschafts- und Sozialwissenschaften, Neue Folge, 1949 ff.
WiSta (T)	=	Wirtschaft und Statistik, Textteil, (Hrsg.) Statistisches Bundesamt.
WiSta (Z)	=	Wirtschaft und Statistik, Zahlenteil, (Hrsg.) Statistisches Bundesamt.

WuW	= Wirtschaft und Wettbewerb, Zeitschrift für Kartellrecht, Wettbewerbsrecht und Marktorganisation.
WWA	= Weltwirtschaftliches Archiv, begründet von *Bernhard Harms*, Zeitschrift des Instituts für Weltwirtschaft an der Universität Kiel.
WWI-Mitteilungen	= Zeitschrift des Wirtschaftswissenschaftlichen Instituts der Gewerkschaften.
ZfdgSt	= Zeitschrift für die gesamte Staatswissenschaft, (Hrsg.) *Franz Böhm* u. a.

A. Zielsetzungen, Abgrenzungen, Begriffsbestimmungen

I. Überblick über vorliegende Gehaltsstrukturanalysen und Arbeitsprogramm

1. Literaturüberblick

In den beiden letzten Jahrzehnten sind zahlreiche Untersuchungen zu Problemen der Lohnstruktur veröffentlicht worden[1].

---

[1] Als bedeutendste und umfangreichere Arbeiten deutschsprachiger Autoren können an dieser Stelle in chronologischer Reihenfolge genannt werden: *E. Kosiol,* Theorie der Lohnstruktur, in: Betriebswirtschaftliche Abhandlungen, Hrsg. *R. Seyffert* u. a., Bd. IX, Stuttgart 1928. (Die überarbeitete und erweiterte 2. Aufl. der „Theorie der Lohnstruktur" erschien 1962 in Wiesbaden unter dem Titel: „Leistungsgerechte Entlohnung"); *J. H. Müller,* Nivellierung und Differenzierung der Arbeitseinkommen in Deutschland seit 1925, in: Volkswirtschaftliche Schriften, H. 13, Berlin 1954; *H. G. Fett,* Die Methoden regionaler Reallohnvergleiche in ihrer historischen Entwicklung, Diss. Marburg 1957; *F. Fürstenberg,* Probleme der Lohnstruktur, die wirtschaftliche und soziale Bedeutung der Lohnunterschiede, Tübingen 1958; *G. Menges* u. *H. Kolbeck,* Löhne und Gehälter nach den beiden Weltkriegen, Meisenheim/Glan 1958; *W. G. Hoffmann,* Die Lohnstruktur der Industrie im zeitlichen und räumlichen Vergleich, H. 36 der Arbeitsgemeinschaft für Rationalisierung des Landes Nordrhein-Westfalen, Dortmund 1958, S. 19 ff.; *J. Klaus,* Die Veränderungen der Lohnstruktur, theoretische Ansatzpunkte für die Erklärung von Nivellierungs- und Differenzierungsvorgängen innerhalb der Entlohnung von Fach- und Hilfsarbeitern, in: Volkswirtschaftliche Schriften, H. 46, Berlin 1959; *J. Peron,* Entwicklung der regionalen Lohndifferenzierung in Deutschland seit 1880, Diss. Münster 1960; *W. G. Hoffmann,* Die branchenmäßige Lohnstruktur der Industrie, ein intertemporaler und internationaler Vergleich, in: Schriften zur angewandten Wirtschaftsforschung, Tübingen 1961; *W. Sies* u. *H. Schlegel,* Die Nivellierung des Lohn- und Gehaltsniveaus in Westdeutschland gegenüber der Vorkriegszeit, Veröffentlichung des Ifo-Instituts für Wirtschaftsforschung, München 1952; *H. Lampert,* Die Lohnstruktur der Industrie, ein Beitrag zu einer Theorie der Lohnstruktur, in: Wirtschaft, Gesellschaft, Politik, Hrsg. B. Pfister, H. 3, Berlin 1963; *D. Serfort,* Die Bestimmungsgründe interindustrieller Lohnrelationen, Diss. Marburg 1964; *W. Braun,* Arbeitsproduktivität und interindustrielle Lohnstruktur, ein intertemporaler Strukturvergleich, Diss. Köln 1965; *H. G. Jaspers,* Die Lohnstruktur in der Bundesrepublik Deutschland, Versuch einer Analyse, Schriftenreihe des Rheinisch-Westfälischen Instituts für Wirtschaftsforschung Essen, N. F., Bd. 26, Essen 1966; *W. Mieth,* Ein Beitrag zur Theorie der Lohnstruktur, in: Göttinger Wirtschafts- und Sozialwissenschaftliche Studien, Bd. 6, Göttingen 1967; *H. Lampert,* Die Entwicklung der interindustriellen Lohnstruktur in der Bundesrepublik von 1951 - 1962, in: ZfdgSt., Bd. 124, Tübingen 1968, S. 108 ff.; Ders., Bestimmungsgründe und Lenkungsfunktion branchenmäßiger und regionaler Lohnunterschiede, in: Lohnpolitik und Einkommensverteilung, SdVfS, Hrsg. H. Arndt, N. F., Bd. 51, Berlin 1969, S. 377 ff.; *R. Skiba* unter Mitarbeit von *H. Adam,* Das westdeutsche Lohnniveau zwischen den beiden Weltkriegen

Besonders dem angelsächsischen Sprachraum entstammt eine Reihe von Publikationen, die sich mit Verdienstunterschieden auseinandersetzt[2] und entsprechende Abhandlungen in Deutschland befruchtet hat[3].

Der folgende Literaturüberblick enthält eine kritische Würdigung der in Deutschland seit 1950 erschienenen Veröffentlichungen zu Arbeitseinkommensunterschieden[4] und beschränkt sich vor allem auf die Untersuchungen, die sich mit Gehaltsunterschieden innerhalb der Angestellten auseinandersetzen[5].

Die erste umfangreichere Arbeit zu Problemen der Lohn- und Gehaltsstruktur nach 1945[6] macht es sich zur Aufgabe, „die Entwicklung des Arbeitseinkommens in Deutschland seit 1925 darzustellen und dabei Tendenzen zur Nivellierung und Differenzierung aufzuzeigen"[7]. Dabei wird die Frage als besonders aktuell bezeichnet, „ob zwischen den Bezügen der Arbeiter, Angestellten und Beamten in den letzten Jahrzehnten und vor allem nach dem 2. Weltkrieg eine Angleichungstendenz zu verzeichnen war oder nicht"[8]. Die Einkommensentwicklungen im Angestelltenbereich werden zunächst mit Hilfe der durchschnittlichen Bruttomonatseinkommen dargestellt[9], ohne daß ein Unterschied zwischen den verschiedenen Wirtschaftszweigen, in denen Angestellte beschäftigt

---

und nach der Währungsreform, Düsseldorf 1969; *J. Kromphardt,* Strukturwandel und Einkommensverteilung, die Entwicklung in der Nachkriegszeit, in: Schriften zur angewandten Wirtschaftsforschung, Bd. 16, Tübingen 1969; *W. Steden,* Der Arbeitsmarkt der bayrischen Industrie, ein interregionaler Vergleich, in: Schriften zu Regional- und Verkehrsproblemen in Industrie- und Entwicklungsländern, Bd. 5, Berlin 1969.

[2] Es ist nicht sinnvoll, hier die Vielzahl der angelsächsischen Veröffentlichungen zu nennen, in denen zu Lohnstrukturproblemen Stellung genommen wird. Verwiesen sei auf die Literaturangaben bei *H. Lampert,* Bestimmungsgründe ..., a. a. O., S. 380 ff. (Anm.: Im folgenden werden häufig angeführte Werke von Lampert und anderen Autoren zitiert mit dem Anfang des jeweiligen Titels und a. a. O. bzw. lediglich mit dem Autorennamen und a. a. O.).

[3] Als Beispiele seien hier lediglich genannt die Arbeiten von *F. Fürstenberg,* Probleme ..., a. a. O., insbes. S. 82 ff.; *J. Klaus,* Die Veränderungen ..., a. a. O., s. Bemerkungen im Vorwort; *H. G. Jaspers,* Die Lohnstruktur ..., a. a. O., S. 3.

[4] Die Ausführungen der Autoren, bei denen die Arbeitseinkommensanalyse der Arbeiter im Vordergrund stand, müssen bei den zukünftigen Überlegungen mit verwendet werden, weil so Hypothesen für unsere Untersuchung gewonnen werden können und gleichzeitig überprüft werden kann, inwieweit die Entwicklung bei Arbeitern und Angestellten korrespondieren. Eine kritische Würdigung jeder Lohnstrukturuntersuchung, die die Angestellten nicht mit einbezieht, ist deswegen nicht erforderlich.

[5] Das sind insbesondere die bereits zitierten Arbeiten von *Müller, Menges-Kolbeck, Hoffmann, Jaspers* und *Kromphardt.* Allerdings muß beachtet werden, daß lediglich bei *Müller* Lohn- und Gehaltsstruktur gesondert betrachtet werden, bei den anderen Autoren die Gehaltsstruktur unter dem Begriff Lohnstruktur subsumiert wird.

[6] *J. H. Müller,* Nivellierung ..., a. a. O.

[7] Ders., a. a. O., S. 5.

[8] Ders., a. a. O., S. 5.

[9] *J. H. Müller,* Nivellierung ..., a. a. O., S. 22.

sind, gemacht würde und ohne Trennung der Angestellteneinkommen im öffentlichen Dienst und in der gewerblichen Wirtschaft[10]. Diese Differenzierung ist dem Kapitel „Das Einkommen der Angestellten außerhalb des öffentlichen Dienstes“[11] vorbehalten, in dem Einkommensunterschiede für Angestellte bezüglich ausgewählter Wirtschaftssektoren[12], des Geschlechts und des Alters dargelegt werden.

Im Abschnitt die „Entwicklung der Lohn- und Gehaltsstruktur in Deutschland“[13] stellt Müller für die Einkommensschichtung bei den Angestellten fest, daß sie „einen höheren Grad der Einkommensungleichheit aufweist“[14] als bei den Arbeitern.

Das Ergebnis der Arbeit wird in der Feststellung zusammengefaßt, daß sowohl unter Zugrundelegung der Nominal- wie der Realeinkommen die Arbeitseinkommensunterschiede der drei großen Gruppen unselbständig Beschäftigter, der Beamten, Angestellten und Arbeiter sich im wesentlichen nivelliert haben[15].

In der überwiegend aus Tabellen und Schaubildern bestehenden Schrift von *Menges-Kolbeck*[16] werden die Ergebnisse Müllers weitgehend bestätigt. Auch hier führen die empirischen Untersuchungen zu dem Resultat einer ungleichmäßigeren Verteilung der Angestellteneinkommen als der Arbeiter- und Beamteneinkommen[17].

Die Feststellung der Autoren, „je höher der Qualifikationsgrad (ist), um so stärker (ist) die Bruttosteigerung des Gehalts“[18], wird in unserer Untersuchung überprüft werden.

Hoffmann[19] analysiert die „Lohnrelationen zwischen den einzelnen Branchen der Industrie im intertemporalen und internationalen Vergleich“[20], wobei Lohn- *und* Gehaltseinkommen seinem Lohnstrukturbegriff impliziert sind[21] und die Untersuchung darauf abstellt, „die Relation zwischen sehr verschiedenartig bestimmten branchenmäßigen Durchschnittslöhnen festzustellen und ein Gleichbleiben oder eine Änderung dieser Relationen im Vergleich zweier Zeitpunkte oder Länder nach Möglichkeit zu erklären“[22].

---

10 Ders., a. a. O., S. 19.

11 Ders., a. a. O., S. 95 ff.

12 Es handelt sich für die Zeit bis 1941 um das Bankgewerbe, den Einzelhandel, den Großhandel und das Versicherungsgewerbe.

13 *J. H. Müller*, a. a. O., S. 154 ff.

14 Ders., a. a. O., S. 171.

15 Ders., a. a. O., S. 5.

16 *G. Menges* u. *H. Kolbeck*, Löhne . . ., a. a. O.

17 *G. Menges* u. *H. Kolbeck*, Löhne . . ., a. a. O., S. 69.

18 Dies., a. a. O., S. 69.

19 *W. G. Hoffmann*, Die branchenmäßige . . ., a. a. O.

20 Ders., a. a. O., S. 1.

21 Vgl. Ders., a. a. O., S. 1.

22 *W. G. Hoffmann*, a. a. O., S. 2; vgl. auch dazu die entsprechende Fußnote 8), in der Hoffmann verweist auf: *St. Lebergott*, Wages Structures, The

Obwohl die Arbeit auf die Gehaltsstruktur der Angestellten nur an wenigen Stellen eingeht[23], bietet sie eine Fülle von Ansatzpunkten und Anregungen für die Behandlung dieses Themas. So werden Veränderungen der Branchenbelegschaft nach Geschlecht[24], Alter[25], Qualifikation[26], Veränderungen der Betriebsgrößenstruktur[27], der regionalen Streuung der Branchen[28] und gesamtwirtschaftlich bedingte Veränderungen[29] in ihrem Einfluß auf die Lohnstruktur getestet[30].

Intensiver und umfassender geht *Jaspers* auf Einkommensunterschiede innerhalb der *industriellen* Angestelltenschaft ein[31].

Die Gehaltsunterschiede der Angestellten werden dargestellt nach Alter, Geschlecht, Leistungsgruppen, Branchenzugehörigkeit und Standort der beschäftigenden Unternehmen[32]. Auf Grund der empirischen Analyse ergibt sich eine „relativ beständige Ordnung“[33], die mit Hilfe der neueren Lohntheorien[34] und einer speziellen Theorie der Lohnstruktur[35] erklärt werden soll. Jaspers weist nach, daß die von ihm genannten Theorien nicht ausreichen, um das „reale Phänomen“[36] Lohnstruktur zu erklären und leitet die Lohnunterschiede zunächst aus mikroökonomischer Sicht ab, indem bei der Bewertung der einzelnen Löhne und der Festsetzung ihrer Unterschiede die Leistungen der Arbeitskräfte in den betrieblichen Leistungsprozessen und ihre Knappheit auf dem Arbeitsmarkt in Rechnung gestellt werden[37]. Da der Autor unterstellt, „daß in den Leistungs- und Marktprozessen ein vergleichsweise hoher Grad an uniformem Verhalten in gleichartigen Situationen vorliegt, das

---

Review of Economic Studies, Bd. 29, Cambridge 1947, und *E. Arndt*, Theoretische Grundlagen der Lohnpolitik, Tübingen 1957, S. 123.

23 Vgl. z. B. *W. G. Hoffmann*, a. a. O., S. 72.

24 Ders., a. a. O., S. 53 ff.

25 Ders., a. a. O., S. 56 ff.

26 Ders., a. a. O., S. 60 ff.

27 Ders., a. a. O., S. 68 ff.

28 Ders., a. a. O., S. 77 ff.

29 Ders., a. a. O., S. 79 ff.

30 An dieser Stelle sei erwähnt, daß auch alle übrigen Arbeiten zur Lohnstruktur für diese Gehaltsstrukturstudie relevant sind. Daher muß stets geprüft werden, inwieweit die bereits entwickelten theoretischen Ansätze zu Arbeitseinkommensdifferenzen auf die Verdienstunterschiede bei Angestellten übertragen werden können.

Vgl. dazu u. a. die in den folgenden Ausführungen häufig herangezogenen Arbeiten von *H. Lampert*, Die Lohnstruktur ..., a. a. O., und *W. Mieth*, Ein Beitrag ..., a. a. O., die vor allem in ihren theoretischen Ausführungen Ansatzpunkte zur Abhandlung von Gehaltsstrukturfragen enthalten.

31 *H. G. Jaspers*, Die Lohnstruktur ..., a. a. O.

32 Ders., a. a. O., S. 23.

33 Ders., a. a. O., S. 239.

34 Ders., a. a. O., S. 79 ff.

35 Ders., a. a. O., S. 102 ff.

36 Ders., a. a. O., S. 239.

37 Ders., a. a. O., S. 239 f.

eine Typisierung der Löhne ermöglicht“[38], glaubt er die Ableitung der Löhne aus mikroökonomischer Sicht auch auf Aggregate von Löhnen, d. h. auf den makroökonomischen Lohnstrukturzusammenhang übertragen zu können[39]. Die Entwicklung von Angebot und Nachfrage auf dem volkswirtschaftlichen Arbeitsmarkt spiegelt die Entwicklung zusammengefaßter betrieblicher Situationen wider, die Lohnstruktur wird als „Ergebnis typischer Verhaltensweisen von Gruppen von Anbietern von und Nachfragern nach Arbeitsleistungen in den betrieblichen Leistungs- und in den Marktprozessen“[40] angesehen.

Eine Vielzahl von Anregungen für die Diskussion der Gehaltsstruktur ergibt sich aus *Kromphardts* Studie „Strukturwandel und Einkommensverteilung“[41]. Es wird untersucht, „welchen Einfluß die Strukturwandlungen in der Nachkriegszeit in den wichtigsten Industrienationen der westlichen Welt auf die makroökonomische Einkommensverteilung haben“[42]. Da „die Strukturwandlungen an der Umverteilung des Produktionsfaktors Arbeit nach Wirtschaftszweigen, Betriebsgrößenklassen und Qualifikationsgruppen gemessen (werden)“[43], werden u. a. auch die Verdienste der Angestellten nach diesen Kriterien erfaßt[44] und die Veränderungen der Lohn- und Gehaltsstruktur im Zeitverlauf festgestellt[45].

Darüber hinaus werden Interdependenzen zwischen Lohn- und Produktivitätsstruktur[46] sowie Lohn- und Beschäftigungsstruktur[47] überprüft mit dem Ergebnis, daß Zusammenhänge zwischen den genannten Strukturen entweder überhaupt nicht oder nur geringfügig bestehen[48].

Das Fazit der Untersuchung Kromphardts lautet:

„Strukturverschiebungen innerhalb der Gruppe der unselbständigen Erwerbstätigen, d. h. ihre Umverteilung nach Wirtschaftszweigen, nach der Betriebsgröße oder nach der Qualifikation haben keinen bedeutenden Einfluß auf die Einkommensverteilung“[49].

---

38 Ders., a. a. O., S. 240.

39 Ders., a. a. O., S. 132, 240.

40 Ders., a. a. O., S. 133.

41 *J. Kromphardt*, Strukturwandel ..., a. a. O. Es handelt sich bei dieser Veröffentlichung um den ersten Teil der Habilitationsschrift des Verfassers. Der zweite Teil unter dem Originaltitel „Strukturprobleme der makroökonomischen Einkommensverteilung“ ist leicht gekürzt in zwei Aufsätzen in der Zeitschrift für die gesamte Staatswissenschaft erschienen: *J. Kromphardt*, Kosten- und Preisanpassungsverhalten der Unternehmer und Einkommensverteilung, in: ZfdgSt., Bd. 124, Tübingen 1968, S. 497 ff. u. S. 697 ff.

42 Ders., Strukturwandel ..., a. a. O., S. 2.

43 Ders., a. a. O., S. 2.

44 Vgl. Ders., a. a. O., S. 68, 72, 84, 132, 133, 136.

45 Vgl. Ders., a. a. O., S. 37 ff., 64 ff., 128 ff.

46 Vgl. Ders., a. a. O., S. 44 ff.

47 Vgl. Ders., a. a. O., S. 50 ff.

48 Für den Zusammenhang Lohn- und Produktivitätsstruktur vgl. Ders., a. a. O., S. 47 f.; für den Zusammenhang Beschäftigungs- und Lohnstruktur Ders., a. a. O., S. 53.

49 Ders., a. a. O., S. 170.

Fraglich ist, ob die Ergebnisse Kromphardts für die Gehaltsstruktur der Angestellten zutreffen, da der empirische Untersuchungsrahmen in unserer Arbeit einen größeren Zeitraum umfaßt[50].

Wenn der Sinn wissenschaftlichen Arbeitens darin bestehen soll, wissenschaftliche Aussagen dauernden Falsifizierungsversuchen zu unterwerfen[51], dann müssen die im Literaturüberblick herauskristallisierten Ergebnisse der Autoren zur Gehaltsstruktur der Angestellten im folgenden erneuten logischen und empirischen Überprüfungen ausgesetzt werden und notfalls widerlegt und ergänzt werden.

2. Arbeitsprogramm

Im folgenden wird der Weg aufgezeigt, der beschritten wird, um Existenz und Bestimmungsgründe von Gehaltsunterschieden und ihre Veränderung zu erklären. Die Arbeiten von Müller, Menges-Kolbeck, Hoffmann, Jaspers und Kromphardt haben gezeigt, daß lediglich Ansätze zur Erklärung und Begründung von Gehaltsdifferenzen vorhanden sind und daß in Deutschland keine Untersuchung existiert, die sich empirisch und/oder theoretisch[52] umfassend mit der Problematik von Gehaltsdifferenzen auseinandersetzt.

a) Die Erweiterung des Rahmens der Darstellung der Gehaltsstruktur

Die bisherigen Untersuchungen von Verdienststrukturen gehen im Rahmen der jeweils gewählten Untersuchungsziele entweder von sehr engen[53] oder sehr weit[54] gefaßten Fragestellungen aus. Gemeinsam ist

---

[50] Bei *Kromphardt* werden u. a. die Gehaltsstrukturerhebungen des Statistischen Bundesamtes von 1951 - 1962, in dieser Arbeit die entsprechenden Unterlagen bis 1966 zugrunde gelegt.

[51] *A. Woll*, Allgemeine Volkswirtschaftslehre, Berlin 1969, S. 13.

[52] *Lampert* verweist darauf, daß von einem befriedigenden gegenwärtigen Stand der *Lohn*strukturtheorie nicht gesprochen werden könne, da trotz frühzeitiger Bemühungen von *Cantillon, Smith, Ricardo, Malthus, Cairnes, Pigou, Marshall* und *Taussig* um eine Theorie der Bestimmungsgründe von Lohnunterschieden eine solche nur „in Umrissen" sichtbar werde. Vgl. *H. Lampert*, Bestimmungsgründe ..., a. a. O., S. 380.

[53] Typische Beispiele dafür sind *J. Klaus,* Die Veränderungen ..., a. a. O., der, wie der Untertitel seiner Arbeit besagt, „theoretische Ansatzpunkte für die Erklärung von Nivellierungs- und Differenzierungsvorgängen innerhalb der Entlohnung von Fach- und Hilfsarbeitern" sucht; *J. Peron,* Entwicklung ..., a. a. O., der lediglich die regionale Lohnstrukturdimension behandelt, und *D. Serfort,* Die Bestimmungsgründe ..., a. a. O., der auf „die Bestimmungsgründe interindustrieller Lohnrelationen" abstellt.

[54] Z. B. *J. H. Müller*, a. a. O., der sowohl die Entwicklung der Arbeiter- als auch der Angestellten- und Beamteneinkommen in seine Ausführungen einbezieht; *W. G. Hoffmann*, Die branchenmäßige ..., a. a. O., der zwar „nur" interindustrielle Lohn- und Gehaltsrelationen überprüft, aber eine neun Länder umfassende internationale Querschnittanalyse anschließt.

den meisten Lohnstrukturarbeiten, daß sie von der „Industrie“ als Erfahrungsobjekt ausgehen. Jaspers begründet diese Vorgehensweise mit der Bedeutung der Industrie in der Volkswirtschaft und mit dem umfangreicheren statistischen Material, das für diesen Sektor vorhanden ist[55].

Gerade für die Angestellten sind aber Bereiche der gewerblichen Wirtschaft wie Handel, Banken und Versicherungen von besonderer Bedeutung. *Sachlich* muß also der Rahmen der Untersuchung um diese Wirtschaftszweige erweitert werden. Es genügt außerdem nicht, Einzel- oder Teilaspekte der Gehaltsstruktur herauszuarbeiten[56], sondern die Gehaltsstruktur soll möglichst *umfassend* dargestellt werden, was auf eine Herausarbeitung der inter- und intrasektoralen sowie der regionalen Dimension der Gehaltsstruktur hinausläuft.

Räumlich bleibt die Untersuchung auf die Bundesrepublik beschränkt[57]. *Zeitlich* umfaßt sie den Zeitraum 1951 bis 1966[58].

b) Die empirische Darstellung von Gehaltsunterschieden in der Bundesrepublik Deutschland[59]

Der empirische Rahmen wird vorgegeben von den Gehaltsstrukturerhebungen des Statistischen Bundesamtes[60, 61], die einen Zeitraum von

---

55 *H. G. Jaspers,* Die Lohnstruktur ..., a. a. O., S. 18; andere Autoren, bei denen die Industrie den empirischen „Rahmen“ für Lohnstrukturanalysen abgibt, sind u. a. *H. Lampert,* Die Lohnstruktur ..., a. a. O.; Ders., Die Entwicklung ..., a. a. O.; *W. G. Hoffmann,* Die branchenmäßige ..., a. a. O.; *W. Braun,* Arbeitsproduktivität ..., a a. O.; *W. Steden,* Der Arbeitsmarkt ..., a. a. O.

56 *Hoffmann* und in Anlehnung an ihn *Jaspers* stellen vornehmlich die „interindustrielle Dimension“ in den Vordergrund, vernachlässigen aber die intraindustriellen und regionalen Aspekte. *Kromphardt* läßt die regionale Dimension der Gehaltsstruktur völlig außer acht.

57 Das bedeutet im Vergleich zu den Arbeiten von *Hoffmann* und *Kromhardt* sogar eine „*Ein*schränkung“, die vor allem statistische Gründe hat und nicht bedeutet, daß Ergebnisse zu außerdeutschen Lohn- und Gehaltsstrukturen in dieser Arbeit nicht mit herangezogen würden.

58 1970 erschien die vierte Lohn- und Gehaltsstrukturerhebung (Erhebungszeitpunkt 1966) des Statistischen Bundesamtes nach dem Kriege, so daß ein Zeitraum von 15 Jahren erfaßt werden kann. Vgl. *Statistisches Bundesamt* (Hrsg.), Fachserie M: Preise, Löhne, Wirtschaftsrechnungen, Reihe 17, Gehalts- und Lohnstrukturerhebungen. I. Gewerbliche Wirtschaft und Dienstleistungsbereich, Angestelltenverdienste, Stuttgart und Mainz 1970. (Im folgenden zitiert mit: *Gehaltsstrukturerhebung 1966,* a. a. O.)

59 Die in dieser Untersuchung eingeschlagene Methode wissenschaftlichen Arbeitens, die auf Arbeitshypothesen fußende empirische Darstellung der Gehaltsstruktur der theoretischen Analyse voranzustellen, wird z. B. gewählt von *H. Lampert,* Die Entwicklung ..., a. a. O., und *H. G. Jaspers,* a. a. O. Der theoretische Ansatz der Arbeit wird unter dem folgenden Abschnitt 2 c) gesondert behandelt.

60 *Statistisches Bundesamt* (Hrsg.), Statistik der Bundesrepublik Deutschland, Bd. 91, Die Verdienste der Angestellten in der gewerblichen Wirtschaft

15 Jahren umfassen und einer sekundär-statistischen Analyse[62, 63] zugrunde gelegt werden.

Die empirische Untersuchung der Gehaltsdifferenzen beginnt nach der Diskussion von Möglichkeiten und Grenzen der Darstellung und Messung von Gehaltsstrukturen im statistischen Material (Kapitel B) zunächst mit einer *Zeitpunktanalyse* (Kapitel C) der Gehaltsstruktur für das Jahr 1951, die uns einen Einblick in Größenverhältnisse und Bedeutung einzelner Arten von Gehaltsunterschieden vermittelt[64] und wird fortgeführt mit einer Analyse der Gehaltsstruktur im *Zeitverlauf* (Kapitel D), um deren Veränderungen zu erklären.

In beiden genannten Untersuchungsteilen wird die „multidimensionale"[65, 66] Gehaltsstruktur in ihre Dimensionen intersektoral, intrasektoral und regional „unterteilt"[67] und im Rahmen des vorgegebenen

---

im November 1951. Ergebnisse der Gehalts- und Lohnstrukturerhebung 1951/52, Stuttgart und Köln 1954 (im folgenden zitiert mit: *Gehaltsstrukturerhebung 1951*, a. a. O.); Dass. (Hrsg.), Statistik der Bundesrepublik Deutschland, Bd. 246, Gehalts- und Lohnstrukturerhebung 1957, H. 2, Verdienste der Angestellten in der gewerblichen Wirtschaft im Oktober 1957, Stuttgart und Mainz 1960 (im folgenden zitiert mit: *Gehaltsstrukturerhebung 1957*, a. a. O.); Dass. (Hrsg.), Fachserie M: Preise, Löhne, Wirtschaftsrechnungen, Reihe 17, Gehalts- und Lohnstrukturerhebungen. I. Gewerbliche Wirtschaft und Dienstleistungsbereich, Angestelltenverdienste, Stuttgart und Mainz 1966 (im folgenden zitiert mit: *Gehaltsstrukturerhebung 1962*, a. a. O.); *Gehaltsstrukturerhebung 1966*, a. a. O.

61 Zu den übrigen statistischen Quellen vgl. Kapitel B; für den empirischen Teil der Arbeit haben die Gehaltsstrukturerhebungen die weitaus größte Bedeutung.

62 *Mieth* erhebt kritische Einwände gegen die empirische Forschung. Er meint zu Recht, empirische Untersuchungen müßten so angelegt sein, daß sie einer theoretisch durchdachten Fragestellung nachgehen. Vgl. *W. Mieth*, a. a. O., S. 47 f.

63 Die Auswertung von Unterlagen des Statistischen Bundesamtes in Form einer Sekundäranalyse könnte kritischen Einwänden „empirischer Sozialforscher" ausgesetzt sein. Die Gehaltsstrukturerhebungen 1951, 1957, 1962 und 1966 stimmen jedoch in Aufbau und Untersuchungsmethode weitgehend überein und erfassen jeweils 20 v. H. aller in der gewerblichen Wirtschaft angestellten Arbeitnehmer. Ein solcher „repräsentativer Querschnitt" wäre auch mit einer sehr breit angelegten Primäranalyse kaum erreichbar.

64 Vgl. *H. Lampert*, Die Lohnstruktur ..., a. a. O., S. 4 und S. 44.

65 Zu den Messungsproblemen der mehrdimensionalen Gehaltsstruktur vgl. Abschn. B II.

66 Die Bezeichnung multidimensional wird in Anlehnung an *Lampert* gebraucht. Vgl. *H. Lampert*, Die Lohnstruktur ..., a. a. O., S. 7, S. 8 f.; Ders., Bestimmungsgründe ..., a. a. O., S. 377. Zu grundsätzlicheren Überlegungen bezüglich des Problems der Mehrdimensionalität in den Wirtschaftswissenschaften vgl. *E. Fels* und *G. Tintner*, Methodik der Wirtschaftswissenschaft, in: Enzyklopädie der geisteswissenschaftlichen Arbeitsmethoden, Hrsg. N. Thiel, 8. Lfg., Methoden der Sozialwissenschaften, München und Wien 1967, S. 11.

67 Zu den Definitionen der einzelnen Dimensionen, die wie *Lampert* analog zu *Ross* sagt, nur „Gedankenhilfen" sind, vgl. *H. Lampert*, Die Lohnstruktur ..., a. a. O., S. 7; *A. M. Ross*, The External Wage Structure, in: G. W. Taylor, F. C. Pierson (Hrsg.), New Concepts In Wage Determination, New York, Toronto, London 1957, S. 175 und Abschn. A III.

statistischen Ausgangsmaterials nach einzelnen Merkmalen[68], die einen Gehaltsunterschied konstituieren können, wie z. B. Qualifikation, Beschäftigungsart, Unternehmensgröße, Gemeindegrößenklasse, Alter, Familienstand und Kinderzahl untersucht, wobei der *Homogenitätsforderung* besondere Bedeutung zukommt[69], weil „die verschiedenen, auf die Gehaltsbildung einwirkenden Faktoren isoliert werden (müssen)"[70]. (Gehalt eingefügt vom Verf.)

In Zusammenhang mit der intertemporalen Analyse der Gehaltsstruktur werden als mögliche Ursachen der Veränderungen der Gehaltsstruktur vor allem Veränderungen der Beschäftigungsstruktur der Angestellten getestet[71]. Inwieweit andere, den Arbeitsmarkt der Angestellten betreffende Faktoren, wie z. B. die aus der historischen Entwicklung der Beschäftigungszahlen der Angestellten in einzelnen Wirtschaftsbereichen ableitbaren Determinanten, der gesamtwirtschaftliche Beschäftigungsgrad der Angestellten oder die Einflüsse der Politik der Tarifpartner vermutlich die Gehaltsstruktur beeinflußt haben, wird vor allem im Kapitel D der Arbeit überprüft; insofern geht diese Untersuchung über eine *reine Darstellung* von Gehaltsunterschieden hinaus.

c) Die theoretische Erklärung von Gehaltsunterschieden

Die Frage, welches theoretische Konzept am geeignetsten erscheint, Lohn- und/oder Gehaltsunterschiede zu erklären, ist nach wie vor umstritten[72]. Unbestritten ist, daß die frühere Diskussion um die Verwendbarkeit der Grenzproduktivitätstheorie für die Erklärung von Einkom-

---

[68] Zu Begriff und Arten von Merkmalen vgl. *Ch. Lorenz*, Forschungslehre der Sozialstatistik, I. Bd., Allgemeine Grundlegung und Anleitung, Berlin 1951, S. 171 ff.; vgl. außerdem *H. G. Jaspers*, a. a. O., S. 12 f.

[69] Vgl. dazu die Erläuterungen zum verwendeten Zahlenmaterial in Abschn. B I und *H. Lampert*, Die Lohnstruktur ..., a. a. O., S. 8; Ders., Bestimmungsgründe ..., a. a. O., S. 379 u. *G. Lehnert*, Die Lohnstruktur der schweizerischen Industrie 1946 - 1965, in: Jahrbuch für Sozialwissenschaft, Hrsg. H. Jürgensen u. a., Bd. 20, Göttingen 1969, S. 122.

[70] *F. Behrens*, Die Mittelwerte in der Lohnstatistik, in: Jahrbücher für Nationalökonomie und Statistik, Bd. 149, 1939, S. 672. *Weiss* schreibt zu diesem Problemkreis: „There seem to be good reasons to expect that a person's age, race, region, urban or rural residence, mobility, education, intelligence, health, strength, manual dexterity, and appearance will affect his potential earnings in alternative employments, and therefore the minimum payments that his employer must make to get his services." *L. W. Weiss*, Concentration and Labor Earnings, in: The American Economic Review, 56, 1, 1966, S. 99.

[71] Die Beziehung Beschäftigungsstruktur — Lohnstruktur ist zwar von *Kromphardt* mit negativem Ergebnis getestet worden, das erübrigt aber nicht eine Überprüfung der Beziehung Beschäftigungsstruktur — Gehaltsstruktur; vgl. *J. Kromphardt*, a. a. O., S. 50 ff.

[72] Vgl. *H. Lampert*, Bestimmungsgründe ..., a. a. O., S. 383; der Autor weist auf Arbeiten von *Phelps Brown, Fürstenberg, Hicks, Leiserson, Pierson, Taylor, Chamberlain, Reynolds, Ulman* und *Wooton* hin, die mögliche Konzepte für eine Lohnstrukturtheorie enthalten.

mensdifferenzen beendet wurde[73], da sich die Auffassung durchgesetzt hat, sie genüge nicht, „um ... an die tatsächlichen Zusammenhänge heranzukommen“[74] und ihr Abstraktionsgrad sei zu groß, um empirisch testbare Variable einzubauen, auf die sich Lohn- oder Gehaltsunterschiede zurückführen lassen[75]. Allenfalls habe diese Theorie noch didaktischen Wert, um in Modellen einfachste Bestimmungsgründe der Lohn*höhe* darzulegen[76].

Ebenso wie die Grenzproduktivitätstheorie erweist sich die Theorie des „collective bargaining“ als theoretisches Konzept für diese Untersuchung als ungeeignet, weil keine echten empirischen Informationen über die verschiedenen ökonomischen und sozialen Faktoren, die Verdienstdifferenzen hervorrufen, eingebaut sind[77]. In der Theorie der Kollektivverhandlungen können zwar schon unabhängige Variablen berücksichtigt werden[78], „nachzuweisen wäre dazu jedoch u. a. die Abhängigkeit der effektiven Lohn- und Gehaltsunterschiede von den Ergebnissen der Tarifverhandlungen, um die Theorie der Kollektivverhandlungen als theoretisches Modell zur Erklärung einer empirischen Lohn- und Gehaltsstruktur anzusehen[79, 80]“.

---

[73] Zur Grenzproduktivitätstheorie und ihrer Aussagekraft für die Erklärung struktureller Lohn- und Gehaltsunterschiede nehmen u. a. Stellung: *F. Fürstenberg,* a. a. O., S. 77 ff.; *W. G. Hoffmann,* Die branchenmäßige ..., a. a. O., S. 161 f.; *H. Lampert,* Die Lohnstruktur ..., a. a. O., S. 2 f.; *D. Serfort,* a. a. O., S. 14 ff. (*Serfort* erklärt die Grenzproduktivitätstheorie für ausreichend, um „die Frage nach den Bestimmungsgründen der Lohnrelationen zu beantworten“, stellt allerdings schon im nächsten Satz diese Aussage in Frage, wenn er sagt, daß zu untersuchen sei, inwieweit die in der Grenzproduktivitätstheorie enthaltenen Voraussetzungen eine Einschränkung bedeuten. Vgl. *D. Serfort,* a. a. O., S. 15; *H. G. Jaspers,* a. a. O., S. 79 ff.; *W. Mieth,* a. a. O., S. 1 ff.; als bedeutende allgemeine Ausführungen zur Grenzproduktivitätstheorie seien hier nur noch angeführt: *K. W. Rothschild,* The Theory of Wages, Oxford 1954, S. 26 ff. („In Wage Theory arise questions which can by no means be answered with the aid of the marginal productivity theory alone.“) *E. Preiser,* Bildung und Verteilung des Volkseinkommens, Göttingen 1957, S. 193 ff.; *W. Krelle,* Verteilungstheorie, Tübingen 1962, S. 50 ff.; *K. W. Rothschild,* Lohntheorie, Berlin und Frankfurt 1963, S. 30 ff.

An dieser Stelle sei auch die sehr informative Schrift von *Crook* über die historische Entwicklung deutscher Lohntheorien genannt: *J. W. Crook,* German Wage Theories. A History of their Development, New York 1969.

[74] *W. G. Hoffmann,* Die branchenmäßige ..., a. a. O., S. 161.

[75] *H. G. Jaspers,* a. a. O., S. 85 (dieselbe Feststellung findet sich bei der früher erschienenen Arbeit von *Serfort,* vgl. *Serfort,* a. a. O., S. 17).

[76] *W. G. Hoffmann,* a. a. O., S. 161.

[77] *H. G. Jaspers,* a. a. O., S. 101.

[78] Ders., a. a. O., S. 102.

[79] Ders., a. a. O., S. 102 (Gehalt jeweils hinzugefügt vom Verfasser). Vgl. dazu auch: *H. Lampert,* Bestimmungsgründe ..., a. a. O., S. 434.

[80] Zu den Beziehungen zwischen tariflichen und effektiven Verdiensten vgl. lediglich *B. Külp,* Lohnbildung im Wechselspiel zwischen politischen und wirtschaftlichen Kräften, Volkswirtschaftliche Schriften, H. 84, Berlin 1965, S. 198 ff.; *H. Gerfin,* Ausmaß und Wirkung der Lohndrift, in: Lohnpolitik und Einkommensverteilung, Hrsg. H. Arndt, SdVfS, N. F., Bd. 51, S. 472 ff.

Die Ablehnung sowohl der Grenzproduktivitätstheorie als auch der Theorie der Kollektivverhandlungen und die aus dem Schrifttum ersichtliche generelle Einteilung der Lohnstrukturtheoretiker in die Gruppe der Verfechter einer Markttheorie[81] und die Gruppe, die institutionellen und sozialen Faktoren eine gewichtigere Rolle für die theoretische Ableitung von Einkommensdifferenzen zuerkennt[82], hat zu der Auffassung geführt, daß es „angesichts der Unsicherheit über die Rolle ökonomischer und institutioneller Bestimmungsgründe der Lohn- und Gehaltsstruktur von entscheidender Bedeutung (ist), ein Konzept zu wählen, das eine Berücksichtigung beider Arten von Determinanten zuläßt[83].“ Diese Forderung nach einer ökonomisch-institutionellen Theorie[84] der Bestimmungsgründe von inter- und intrasektoralen sowie regionalen Gehaltsunterschieden „läßt sich durch Verwendung des in der Preis- und Lohntheorie bewährten Angebots — Nachfragekonzepts erfüllen, weil dieses Konzept primär ökonomisch ist, institutionelle Faktoren aber in Form von Änderungen der Arbeitsangebotsfunktionen, der Marktform und des Preisbildungsprozesses berücksichtigt werden können“[85].

---

[81] *H. Lampert,* Bestimmungsgründe ..., a. a. O., S. 384; *Lampert* verweist vor allem auf die Neoklassiker *Phelps Brown, Dunlop, Garbarino, Hicks, Mieth* und *Tinbergen* als Verfechter des markttheoretischen Ansatzes.

[82] *H. Lampert,* Bestimmungsgründe ..., a. a. O., S. 184; der Autor nennt vor allem die Gruppe der labor economists als Anhänger dieser Forschungsrichtung. (Vertreter in Deutschland *Markmann,* vgl. *H. Markmann,* Wandlungen der industriellen Lohnstruktur in Westdeutschland zwischen 1949 und 1961, in: Strukturwandlungen einer wachsenden Wirtschaft, Hrsg. F. Neumark, SdVfS, N. F., Bd. 30/I, Berlin 1964, S. 441 ff.; *Markmann* schreibt auf S. 441: „Die Analyse dieser (Lohn-)Struktur ist deshalb so anregend, weil (sie) nachhaltig von politischen Willenskundgebungen der Arbeitsmarktparteien beeinflußt (wird).“

[83] *H. Lampert,* Bestimmungsgründe ..., a. a. O., S. 390 f.; eine ähnliche Ansicht bezüglich eines anderen lohntheoretischen Problems (Lohndrift) finden wir bei *H. Gerfin,* a. a. O., S. 472: „Eine befriedigende Lösung kann nur einer Lohntheorie entspringen, in der die ökonomischen Zusammenhänge mit den institutionellen, politischen und sozialpsychologischen Einflüssen zu einem geschlossenen System integriert sind. Davon sind wir jedoch noch weit entfernt.“

[84] *Lampert* geht dabei von dem der statischen Preistheorie entlehnten Modell der vollkommenen Konkurrenz aus (vgl. *H. Lampert,* Die Lohnstruktur ..., a. a. O., S. 16; Ders., Bestimmungsgründe ..., a. a. O., S. 393). Er hat damit die Kritik von *Jaspers* ausgelöst, der bezweifelt, ob mit diesem Modell Aussagen über empirische Lohnverhältnisse gemacht werden können. Streng genommen handelt es sich bei dem Denkansatz *Lamperts* um ein realitätsnäheres Modell des unvollkommenen Marktes, wie es z. B. von *Rothschild* vorgezogen wird. (Vgl. *K. W. Rothschild,* Lohntheorie ..., a. a. O., S. 93). *Jaspers* meint zwar zu Recht, der axiomatische Kern der Arbeit — die Theorie der vollständigen Konkurrenz — ließe sich nicht auf empirische Verhältnisse übertragen (vgl. *H. G. Jaspers,* a. a. O., S. 239), müßte aber einräumen, daß bei Aufhebung der Prämissen des Modells, das eigentlich nur ein Denkschema darstellt, eine Annäherung an die Realität erfolgt und sich falsifizierbare Hypothesen ableiten lassen, die zu einer empirisch überprüfbaren Theorie führen können.

[85] *H. Lampert,* Bestimmungsgründe ..., a. a. O., S. 391.

Lampert erarbeitet mit diesem Instrumentarium zunächst eine *allgemeine Systematik* der Bestimmungsgründe von Lohnunterschieden, indem er *mögliche* Angebots- und Nachfrageunterschiede auf den Arbeitsmärkten verursachende Faktoren erfaßt. Er gewinnt eine *allgemeine Theorie* der *Veränderung* von Lohnunterschieden, indem die *mögliche Veränderungen* der Angebots- und Nachfrageunterschiede bedingenden Faktoren und ihre Auswirkungen auf die Lohnunterschiede systematisch erfaßt werden.

Die Ableitung einer *angewandten Theorie* der Veränderung von Lohnunterschieden gelingt dadurch, daß die *tatsächlichen* Bedingungen der Veränderungen von Angebots- und Nachfrageunterschieden und der Determinanten von Lohnunterschieden aufgezeigt werden[86].

Das Konzept Lamperts zur Erfassung von Änderungen der Lohnstrukturdeterminanten und zur Feststellung der Lohnstruktureffekte ermöglicht die Analyse von Arbeitseinkommensunterschieden am gesamten volkswirtschaftlichen Arbeitsmarkt und ist so umfassend, daß sich aus ihm eine Reihe von Hypothesen ableiten läßt, mit deren Hilfe auch die realen Entwicklungstendenzen an einem speziellen Teilmarkt, dem Arbeitsmarkt der Angestellten, überprüft werden können.

In enger Verbindung mit den empirischen Ergebnissen der Gehaltsstrukturanalyse liegt deswegen der Schwerpunkt des theoretischen Arbeitsprogramms dieser Untersuchung vor allem in der Herausarbeitung derjenigen Determinanten der Gehaltsstruktur, die im Untersuchungszeitraum 1951 bis 1966 die Veränderung der Gehaltsunterschiede tatsächlich beeinflußt haben. Gleichzeitig können Übereinstimmungen mit den bisherigen empirischen und/oder theoretischen Ergebnissen zur Lohnstruktur der Arbeiter überprüft werden.

Fußend auf den theoretischen Erörterungen Lamperts zur Lohnstruktur werden in der intertemporalen Analyse der Gehaltsdifferenzen die Bestimmungsgründe der formalen intersektoralen und regionalen Gehaltsstruktur herausgestellt. Sodann werden die sich aus einer Analyse des Arbeitsmarktes der Angestellten und den lang- und mittelfristigen Veränderungen der Nachfrage nach und dem Angebot von Angestelltentätigkeiten ergebenden Bestimmungsgründe der Veränderungen der einzelnen Dimensionen der Gehaltsstruktur erarbeitet. Die Entwicklung der inter- und intrasektoralen sowie der regionalen Gehaltsdifferenzen ist weitgehend auf die Einwirkung ökonomischer, institutioneller und sozialer Faktoren zurückzuführen[87], wobei die Diskussion ökonomischer

---

[86] Ders., Bestimmungsgründe . . ., a. a. O., S. 392 ff.

[87] Es fällt schwer, eine „Gewichtung" der verschiedenen Faktoren vorzunehmen. Die meisten Autoren sind der Meinung, daß die institutionellen Determinanten der Lohn- oder Gehaltsstruktur weniger wirksam waren als

Determinanten besondere Bedeutung erlangt. Das wirtschaftliche Wachstum und die damit häufig verbundenen Strukturwandlungen[88] wie die Veränderung der Beschäftigungsstruktur beeinflussen auch die Konstellationen am Arbeitsmarkt der Angestellten, so daß Auswirkungen auf die einzelnen Dimensionen der Gehaltsstruktur, vor allem wegen des in einer wachsenden Wirtschaft steigenden Beschäftigungsgrades, zu erwarten sind.

Inwieweit von mehr institutionellen Faktoren wie den Gewerkschaften, den Arbeitgebern oder auch dem Staat ebenfalls Einflüsse zur Veränderung der Determinanten der Gehaltsstruktur ausgegangen sein können, wird kritisch überprüft werden müssen. Wenn auch am Beispiel verschiedener marktwirtschaftlich orientierter Volkswirtschaften trotz größerer institutioneller Unterschiede festgestellte Übereinstimmungen in Gestalt und Entwicklung der Lohnstruktur den Schluß zulassen, daß institutionelle Determinanten langfristig weniger wirksam waren[89], so fällt uns dennoch für die noch nicht untersuchte Gehaltsstruktur in der Bundesrepublik die Aufgabe zu, diese These zu überprüfen.

Damit sind Ansätze zur Analyse der Gehaltsstruktur in der Literatur und das aus ihnen abgeleitete Arbeitsprogramm kurz umrissen worden. Es ist nun erforderlich, das erwähnte Untersuchungsobjekt „Gehaltsstruktur" sachlich, regional und zeitlich abzugrenzen.

II. Abgrenzungen

1. Sachliche Abgrenzung

Bisherige Ansätze zur Analyse der Gehaltsstruktur beziehen sich weitgehend auf die Angestellten in der Industrie[90] der Bundesrepublik

---

die ökonomischen (vgl. *H. Lampert,* Bestimmungsgründe ..., a. a. O., S. 391; vgl. auch *E. H. Phelps Brown,* The Economics of Labor, New Haven und London 1962, S. 151. Der Autor schreibt: „In sum differences in pay seem to owe less to the conventional than to the market forces"; *Hoffmann* meint: In der Gegenwart vorhandene Lohnrelationen sind Resultate sehr komplexer ökonomischer wie metaökonomischer Bestimmungsgründe und „lohntheoretisch [fallen] die langfristigen Bestimmungsgründe der Nachfrage und des Angebots auf den zahlreichen Arbeitsmärkten offensichtlich stärker ins Gewicht, als im allgemeinen angenommen wird" ..., „bei einer Theorie der Lohnstruktur [kann] überwiegend mit ökonomischen Argumenten gearbeitet werden." Vgl. *W. G. Hoffmann,* Die branchenmäßige ..., a. a. O., S. 162 f.).

88 Daß wirtschaftliches Wachstum auch ohne Strukturwandlung möglich ist, zeigen die Modelle von *Marx, Cassel,* von *Neumann, Leontief, Samuelson* und *Solow.* „Im Wachstumsprozeß (liegt) an sich nichts, was Strukturwandlungen logisch unvermeidlich machen würde." (Vgl. *J. Niehans,* Strukturwandlungen als Wachstumsprobleme, in: Strukturwandlungen einer wachsenden Wirtschaft, a. a. O., S. 20 f.; vgl. auch *J. Kromphardt,* a. a. O., S. 171).

89 *H. Lampert,* Bestimmungsgründe ..., a. a. O., S. 391.

90 Hier ist der Ausdruck Industrie nicht im englischen Sinn von „Industry" verstanden!

Deutschland[91]. Wegen der wachsenden Bedeutung des „tertiären Sektors“[92] oder differenzierter formuliert „der produktionsabhängigen Dienstleistungen“ wie des Transport-, Verkehrs-, Kredit- und Versicherungswesens und der „einkommensabhängigen“ Dienstleistungen der Gaststätten, Wäschereien, Frisier- und Schönheitssalons u. a.[93] für die Angestellten und deren Verdienste[94] erschien es unumgänglich, diese Bereiche der *gewerblichen* Wirtschaft in die Arbeit einzubeziehen[95].

Nicht erfaßt wurden die Verdienste der Angestellten in der Landwirtschaft[96] und im öffentlichen Dienst[97], weil Art und Umfang des vorliegenden statistischen Materials nur geringe Vergleichsmöglichkeiten mit den Verdiensten der Angestellten in den übrigen Bereichen der Wirtschaft gestatten.

Über die sachliche Abgrenzung einer Reihe von Gehältern nach Wirtschaftseinheiten hinaus, muß bei den Gehaltsempfängern eine Reihe von Merkmalen wie Leistungsgruppe, Beschäftigungsart, Familienstand, Geschlecht, Alter, Kinderzahl usw. berücksichtigt werden, soweit sie Gehaltsunterschiede begründen[98].

---

[91] Vgl. z. B. *W. G. Hoffmann,* Die branchenmäßige ..., a. a. O.; Ders., Die industriellen Lohnrelationen, a. a. O.; lediglich *J. Kromphardt,* a. a. O., erfaßte auch Handel, Banken und Dienstleistungen.

[92] Vgl. *J. Fourastié,* Die große Hoffnung des 20. Jahrhunderts, 2. Aufl., Köln 1969, S. 124 ff.

[93] Vgl. *W. G. Hoffmann,* Dienstleistungen als „neue Industrien“?, in: Futurum, Bd. 2, H. 2, 1969, S. 311. Die Einteilung, die *Hoffmann* verwendet, stammt von: *N. N. Foote* und *P. U. Hatt,* Social Mobility and Economic Advancement, in: American Economic Review, Mai 1953, S. 364 ff. Zu den „einkommensabhängigen“ Dienstleistungen vgl. auch die spezielle Untersuchung von *H. G. Graf,* Der Einfluß des Einkommens auf die Struktur des Dienstleistungssektors, Diss. St. Gallen, Zürich 1968.

[94] Die Bedeutung des Dienstleistungssektors für die Angestellten und deren Einkommen untersucht u. a. *K. M. Bolte,* Die Berufsstruktur im industrialisierten Deutschland, Entwicklungen und Probleme, in: Struktur und Wandel der Gesellschaft, Hrsg. K. M. Bolte, Bd. 8, Beruf und Gesellschaft in Deutschland. Berufsstruktur und Berufsprobleme, Opladen 1970, S. 43 ff.

[95] Nach der „revidierten Arbeitsstättensystematik“ werden folgende Wirtschaftsabteilungen erfaßt: Bergbau und Energiewirtschaft, Verarbeitendes Gewerbe, Baugewerbe, Handel, Verkehrswirtschaft, Banken und Versicherungsgewerbe, verschiedene Dienstleistungen. Vgl. *H. Bartels, H. Spilker,* Die Systematik der Wirtschaftszweige, in: WiSta 1959 (T), S. 60 f.

[96] Vgl. *H. G. Jaspers,* a. a. O., S. 20; das Statistische Bundesamt weist unter Kennziffer 31 - 1720 und 31 - 1740 Angestelltenverdienste in der Landwirtschaft in besonderen Veröffentlichungen aus.

[97] Darunter fallen auch die in der Systematik der Wirtschaftszweige aufgeführten Wirtschaftsabteilungen 8 (Organisationen ohne Erwerbscharakter und private Haushalte) und 9 (Gebietskörperschaften und Sozialversicherung). Vgl. *H. Bartels, H. Spilker,* a. a. O., S. 61.

[98] Inwieweit diese Möglichkeit durch das statistische Material gegeben ist und zu Problemen statistischer Erfassung s. Kapitel B; vgl. auch *H. Lampert,* Die Lohnstruktur ..., a. a. O., S. 5 f.

2. Regionale Abgrenzung

Ziel dieser Arbeit ist die Analyse der Gehaltsstruktur der Angestellten in der *Bundesrepublik*. Wenn in den Ausführungen Gehaltshierarchien der Bundesländer und die interregionale Gehaltsstruktur interpretiert werden, findet eine Gleichsetzung von Bundesland und Region auf Grund des vorgegebenen statistischen Materials statt[99]. Eine solche Festsetzung ist zwar nicht unproblematisch, weil die Marktabgrenzung der Lohnstatistik nicht den Konzepten entspricht, mit deren Hilfe die Markttheorie ihre Ergebnisse ableitet[100], andererseits ist es fraglich, „ob das Bundesgebiet für die Wirtschaftsstatistik restlos in ‚Wirtschaftsräume' aufgeteilt werden kann"[101], die der Forderung nach Bildung möglichst homogener Teilmassen eher gerecht werden[102]. Wir werden uns in dieser Arbeit mit der von den Gehaltsstrukturerhebungen vorgegebenen Einteilung zufrieden geben müssen[103].

---

[99] Vgl. die bereits zitierten Gehaltsstrukturerhebungen des Statistischen Bundesamtes von 1951, 1957 und 1962. Im Jahre 1966 hat das Statistische Bundesamt auf eine regionale Unterscheidung der Verdienste der Angestellten verzichtet, was nach Auskunft des Amtes z. T. verwaltungstechnische Gründe hatte.

[100] *W. Steden*, a. a. O., S. 22.

[101] *G. Fürst*, Gedanken zur regionalen Gliederung in der Wirtschaftsstatistik, in: WiSta 1955 (T), S. 181.

[102] *Steden* meint, daß „keines der theoretischen Marktkonzepte für die Abgrenzung der statistischen Elementarbereiche unmittelbar Gültigkeit besitzt." Er kommt deshalb für seine Arbeit zu der Feststellung: „... das Konzept des Marktes (ist) ein rein formales Untersuchungsprinzip, das sich auf beliebige Markteinteilungen beziehen kann." (Vgl. *W. Steden*, a. a. O., S. 24).

[103] „Da die Amtliche Statistik in erster Linie den Bedürfnissen der staatlichen Verwaltung dient, ist die Organisation der Statistik (u. a.) vom Staats- und Verwaltungsaufbau ... (abhängig)." Vgl. *G. Fürst*, Artikel Statistik, Amtliche (I), Allgemeines, HdSW, Bd. 10, Tübingen, Göttingen 1959, S. 53. Aus diesen Gründen wird die Annahme Region gleich Bundesland auch in Zukunft beibehalten werden müssen.

Zu Begriff und Abgrenzungen von Regionen vgl. *H. Brede* und *Ch. Ossorio*, Begriff und Abgrenzung der Region unter besonderer Berücksichtigung der Agglomerationsräume, in: Beiträge zur Empirie und Theorie der Regionalforschung, Hrsg. Ifo-Institut für Wirtschaftsforschung, München, Bd. I, München 1968, insbes. S. 3 ff., S. 5 ff., S. 22 ff.; *H. Siebert*, Regionales Wirtschaftswachstum und interregionale Mobilität, Tübingen 1970, S. 16 ff. Zu allgemeinen Fragen und Methoden der Regionalforschung vgl. *D. Marx*, Wachstumsorientierte Regionalpolitik, Wirtschaftspolitische Studien, Bd. 3, Hrsg. H. Jürgensen, Göttingen 1966; *H. J. Bodenhöfer*, Arbeitsmobilität und regionales Wachstum, ein Beitrag zur Strukturanalyse von Wachstumsprozessen, Volkswirtschaftliche Schriften, H. 137, Berlin 1969; *A. Fischer*, Die Struktur von Wirtschaftsräumen, ein Beitrag zur Anwendung statistischer Methoden in der Regionalforschung, in: Statistische Studien, Hrsg. J. Esenwein-Rothe, Bd. 4, Wiesbaden 1969; *W. Isard*, Methods of Regional Analysis, an Introduction to Regional Science, 6. Aufl., Cambridge, Massachussetts and London 1969: *W. Kau*, Theorie und Anwendung raumwirtschaftlicher Potentialmodelle, ein Beitrag zur Regionalforschung, Tübingen 1970.

3. Zeitliche Abgrenzung

Die Untersuchung beschränkt sich auf die Analyse der Gehaltsstruktur in der Nachkriegszeit[104], umfaßt einen Zeitraum von 15 Jahren[105] und soll mit Kromphardt als „mittelfristig"[106] bezeichnet werden, weil gerade „die mittelfristige Analyse ... von der Theorie und in geringem Maße auch von der empirischen Forschung stark vernachlässigt worden (ist)"[107]. Da die mittelfristigen Wachstumsprobleme mit nachlassender Bedeutung des Konjunkturphänomens deutlich hervortreten[108], bieten sich besonders die Interdependenzen zwischen Entwicklungen der Gehaltsstruktur und dem Wachstum einer Volkswirtschaft in der Zeit von 1951 bis 1966 zum Vergleich an. Dieser Zeitraum eignet sich auch deswegen zur Erklärung der angesprochenen Beziehungen, weil die Gehaltsstrukturerhebungen in den Jahren 1951, 1957, 1962 und 1966 jeweils in einen der vier Wachstumszyklen der deutschen Wirtschaft nach dem Kriege fallen[109] und die drei letzten Erhebungen jeweils ein Jahr vor Beendigung des entsprechenden Zyklus stattgefunden haben.

III. Begriffsbestimmungen

Definitionen können nicht über die Beschaffenheit eines Sachinhalts informieren. Sie sind Tautologien kraft Festsetzung und vergrößern unser Wissen nicht, sind jedoch wegen ihrer Sprachregelungsfunktion

---

104 Einige Autoren vergleichen Gehaltsdifferenzen in der Vor- und Nachkriegszeit: *W. Sies* und *H. Schlegel*, Die Nivellierung des Lohn- und Gehaltsniveaus in Westdeutschland gegenüber der Vorkriegszeit, a. a. O.; *J. H. Müller*, Nivellierung ..., a. a. O.; *G. Menges* und *H. Kolbeck*, Löhne ..., a. a. O.; *W. G. Hoffmann*, Die branchenmäßige ..., a. a. O.; *R. Skiba* unter Mitarbeit von *H. Adam*, Das westdeutsche Lohnniveau zwischen den beiden Weltkriegen und nach der Währungsreform, a. a. O., insbes. S. 174 ff. Solche Vergleiche sind problematisch, zumal bei ihnen wegen der umfangreichen Gebietsänderung oft mit „eliminierten" und „uneliminierten" Vergleichen gearbeitet werden muß. (Vgl. *G. Menges* und *H. Kolbeck*, a. a. O., S. IX).

105 Die meisten Untersuchungen der Gehaltsstruktur haben also (vgl. Fußnote 104) langfristigen Charakter. Es ist müßig, sich an dieser Stelle mit dem zeitlichen Umfang lang-, mittel- und kurzfristiger Zeiträume auseinanderzusetzen, zumal die Autoren verschiedene Meinungen vertreten: *Braun* bezeichnet einen Zeitraum von 13 Jahren als „langfristig" (vgl. *W. Braun*, a. a. O., S. 10), *Kromphardt* einen solchen von 10 - 12 Jahren als „mittelfristig" (*J. Kromphardt*, a. a. O., S. 5).

106 Vgl. Fußnote 105.

107 *J. Kromphardt*, a. a. O., S. 5.

108 *J. Kromphardt*, a. a. O., S. 5.

109 Erster Wachstumszyklus 1949/50 - 1954, zweiter Wachstumszyklus 1954/1955 - 1958, dritter Wachstumszyklus 1959 - 1963, vierter Wachstumszyklus 1963/64 - 1967. Zur Festlegung dieser Wachstumszeiträume vgl. *R. Hopp*, Schwankungen des wirtschaftlichen Wachstums in Westdeutschland 1954 bis 1967, in: Schriften zur wirtschaftswissenschaftlichen Forschung, Bd. 30, Meisenheim am Glan 1969; *R. Skiba* unter Mitarbeit von *H. Adam*, a. a. O., S. 139 ff.

wissenschaftlich unentbehrlich oder zweckmäßig[110]. Hier kommt es — besonders im Hinblick auf die empirischen Untersuchungsteile der Arbeit — darauf an, die Begriffe „Gehaltsstruktur“ und „Angestellter“ so zu definieren, daß sie operationalisiert werden können[111].

1. Zur Frage der Unterscheidung von Lohnstruktur und Gehaltsstruktur

Je nach Untersuchungszweck und -ziel vorliegender Arbeiten über Lohndifferenzen mochte es angebracht gewesen sein, aus Gründen sprachlicher Vereinfachung[112] „Lohnstruktur“ zu schreiben, wenn die Einkommensunterschiede von Arbeitern und/oder Angestellten gemeint waren[113]. Befriedigen kann diese Vorgehensweise jedoch nicht, weil es sich bei den Angestellten um eine andere Arbeitnehmerkategorie handelt, deren Verdienststruktur eine von der Lohnstruktur der Arbeiter wesentlich verschiedene Gestalt haben kann.

Inwieweit vorhandene Lohnstrukturdefinitionen für unsere Untersuchung Verwendung finden können, soll im folgenden geprüft werden. Dazu bedarf es einer kritischen Würdigung der existierenden Strukturbegriffe.

a) Strukturbegriffe

Der Terminus Struktur bedeutet soviel wie „Gefüge, besondere Anordnung, Zusammensetzung“[114] und hat seit der Jahrhundertwende in der Psychologie (Strukturpsychologie), Biologie und Soziologie Bedeutung erlangt[115]. Der hier vor allem interessierende „Strukturbegriff in

---

[110] *A. Woll,* Allgemeine Volkswirtschaftslehre, a. a. O., S. 13. Aus dem wissenschaftstheoretischen Schrifttum geht keineswegs klar hervor, ob Begriffe definiert werden können. *Seyffert* unterscheidet z. B. in der wissenschaftlichen Prädikation Terminus, Definition und Begriff und kommt zu dem Schluß, man kann nur einen „Terminus“, keinen „Begriff“ definieren. Vgl. *H. Seyffert,* Einführung in die Wissenschaftstheorie 1, Becksche schwarze Reihe, Bd. 60, München 1969, S. 23 ff., insbes. S. 40; anderer Ansicht ist z. B. *Opp,* der die Definition von Begriffen zuläßt, vgl. *K.-D. Opp,* a. a. O., S. 93 ff., S. 135 ff.; vgl. auch *K. R. Popper,* Logik der Forschung, in: Die Einheit der Gesellschaftswissenschaften, Studien in den Grenzbereichen der Wirtschafts- und Sozialwissenschaften, Bd. 4, Hrsg. E. Boettcher, 2. erw. Aufl., Tübingen 1966, S. 42 und 44.

[111] Vgl. dazu: *K.-D. Opp,* a. a. O., S. 130 ff. Zum Operationalismus und der Kritik an ihm vgl. *K. R. Popper,* a. a. O., S. 396.

[112] Vgl. *W. G. Hoffmann,* Die Lohnstruktur ..., a. a. O., S. 19.

[113] Beispiele: *W. G. Hoffmann,* Die Lohnstruktur ..., a. a. O., S. 19; Ders., Die branchenmäßige ..., a. a. O., S. 1; Ders., Die industriellen Lohnrelationen, a. a. O., S. 50; *H. G. Jaspers,* a. a. O., S. 11.

[114] *H. G. Jaspers,* a. a. O., S. 11; vgl. auch *H. Lampert,* Die Lohnstruktur ..., a. a. O., S. 4.

[115] Vgl. dazu *F. Bülow,* Stichwort Ganzheit, in: Wörterbuch der Soziologie, Hrsg. W. Bernsdorf und F. Bülow, Stuttgart 1955, S. 147 f.; *F. Bülow,* Stichwort Gestalt, a. a. O., S. 182 f. und die entsprechenden Literaturangaben. Vgl. auch *H. Lampert,* Die Lohnstruktur ..., a. a. O., S. 4.

der Ökonomie"[116] findet so vielfältige und mißverständliche Anwendung, daß man mit Peter behaupten könnte: „Es gibt nichts, das keine Struktur hätte"[117, 118].

Bombach analysiert den statistischen Strukturbegriff, der das Verhältnis der Teilmassen zu einer übergeordneten Gesamtheit beinhaltet[119], wobei „die Neugier des Statistikers ... gerade auf die strukturellen Änderungen"[120] gerichtet ist, auf „die Beziehungen, die *zwischen den Variablen* bestehen, auf Größen*verhältnisse* also, auf den inneren Aufbau, nicht auf die Größe an sich"[121].

Diesen Strukturbegriff verwendet im Prinzip auch Lampert, er präzisiert nur bezugnehmend auf Perroux die Größenverhältnisse und Interdependenzen mit Hilfe der Attribute Zeit-, Raum- und Sachbezogenheit.

Damit kann in entsprechender Anwendung des herausgearbeiteten Strukturbegriffs unserer Untersuchung eine operationale Definition der Gehaltsstruktur zugrunde gelegt werden, wenn Klarheit über die Verwendung der Begriffe „Lohn" und „Gehalt" besteht.

b) Der Begriff Gehaltsstruktur

„Im Wirtschaftsleben tritt der ‚Lohn' unter den verschiedensten Namen auf: Lohn, Gehalt, Besoldung ..."[122], während er in der Theorie allgemein benutzt wird und darunter „das vertragsmäßig ausbedungene Entgelt für eine Arbeitsleistung bestimmter Art"[122] zu verstehen ist[123]. Es verwundert deswegen nicht, daß in der Literatur dem theoretischen Lohnstrukturbegriff der Gehaltsstrukturbegriff impliziert wird. Dagegen ist so lange nichts einzuwenden, wie — ausgehend von dieser Festset-

---

[116] *G. Bombach,* Der Strukturbegriff in der Ökonomie, in: Strukturwandlungen einer wachsenden Wirtschaft, Hrsg. F. Neumark, SdVfS, N. F., Bd. 30/I Berlin 1964, S. 10 ff.

[117] *H. Peter,* Strukturlehre der Volkswirtschaft, Hrsg. W. Koch, Göttingen 1963, S. 2.

[118] Um Erforschung und Systematisierung von Strukturbegriffen haben sich die Autoren *Akerman, Clémens, Frisch, Harms, Machlup, Perroux* und *Tinbergen* bemüht, auf die *Lampert* verweist (vgl. *H. Lampert,* Die Lohnstruktur ..., a. a. O., S. 5). *Bombach* nimmt vor allem Stellung zu den Strukturkonzepten *Akermans* (vgl. *G. Bombach,* Der Strukturbegriff in der Ökonomie, a. a. O., S. 11 ff.).

[119] *G. Bombach,* a. a. O., S. 12.

[120] Ders., a. a. O., S. 12.

[121] Ders., a. a. O., S. 13 (gesperrt Gedrucktes im ursprünglichen Text in Kursivschrift).

[122] *W. Krelle,* Artikel Lohn, (I) Theorie, HdSW, Bd. 7, Stuttgart, Tübingen, Göttingen 1961, S. 1.

[123] Die Statistik verwendet in Zusammenhang mit den Verdiensten der Angestellten den Terminus Gehalt. Vgl. *H. G. Jaspers,* a. a. O., S. 11 (Fußnote 1), und die Bezeichnungen des Statistischen Bundesamtes „Gehalts- und Lohnstrukturerhebungen".

zung — allgemeine Aussagen zu Entstehung, Gestalt und Veränderungen von Einkommensdifferentialen der abhängig Beschäftigten auf dem volkswirtschaftlichen Arbeitsmarkt gemacht werden; problematisch wird diese Vorgehensweise dann, wenn häufig ohne entsprechende empirisch-statistische Fundierung unterstellt wird, daß den Gehaltsunterschieden und deren Veränderungen auf dem speziellen Arbeitsmarkt der Angestellten dieselben Determinanten zugrunde liegen wie Arbeitseinkommensunterschieden auf dem Gesamtarbeitsmarkt[124].

Zu Recht verweist Braun[125] auf die elastische Ausgestaltung des Lohnstrukturbegriffs bei Lampert[126], der umfassender und klarer als andere Definitionen ist[127], außerdem aber „jede sinnvolle Einengung zu(läßt)“[128].

Analog zu Lampert wird die Gehaltsstruktur definiert als *„die zahlenmäßigen Verhältnisse und die Zusammenhänge (Interdependenzen), die eine Reihe zeitlich, räumlich und sachlich abgegrenzter Gehälter charakterisieren“*[129].

Abschließend zu Teil A III können wir uns damit dem Begriff „Angestellter“ zuwenden.

---

[124] An dieser Stelle sei nochmals darauf verwiesen, daß das wissenschaftliche Erkenntnisobjekt Gehaltsstruktur weder theoretisch noch empirisch so eingehend analysiert worden ist, daß man a priori gleiche oder ähnliche Gestalt und Entwicklungstendenzen unterstellen könnte. Diese Aufgabe stellt sich ja gerade erstmals und umfassend in dieser Untersuchung. Die Kritik entzündet sich also nicht an der Subsumierung von „Gehalt“ unter „Lohn“ oder „Gehaltsstruktur“ unter „Lohnstruktur“, obwohl in Verbindung mit den „Angestellten“ auf Grund der Bezeichnung in der Statistik, „Gehalt“ der zutreffendere Ausdruck ist, sondern an dem Anspruch vieler *Lohn*strukturtheoretiker gleichzeitig (erschöpfende) Aussagen über die *Gehalts*struktur machen zu können.

[125] *W. Braun*, a. a. O., S. 29.

[126] *H. Lampert*, Die Lohnstruktur . . ., a. a. O., S. 5.

[127] Beispiele für mögliche andere Definitionen der Lohnstruktur: vgl. *F. Fürstenberg*, a. a. O., S. 4 (vgl. auch dazu *J. H. Müller*, Überbetriebliche Lohndifferenzen, in: Lohnpolitik und Lohntechnik heute, Hrsg. H. Bayer, Internationale Tagung der Sozialakademie Dortmund, Berlin 1962, S. 225 ff.); *J. Klaus*, a. a. O., S. 12; *W. G. Hoffmann*, Die branchenmäßige . . ., a. a. O., S. 1; *H. G. Jaspers*, a. a. O., S. 10 ff.; *W. Mieth*, a. a. O., S. 114 ff. (Die Unterscheidung „statistischer“ und „theoretischer“ Lohnstrukturbegriff kann nicht befriedigen, wenn er auch in die Argumentation *Mieths* paßt, der einen „prinzipiellen Gegensatz zwischen statistischem Forscher und Theoretiker“ sieht. Vgl. auch *K. W. Rothschild*, Buchbesprechung zu *W. Mieth*, Ein Beitrag zur Theorie der Lohnstruktur, in: WWA, Bd. 105 (1970, II), Tübingen 1970, S. 23 f.); *J. Kromphardt*, a. a. O., S. 8.

[128] *H. Lampert*, Die Lohnstruktur . . ., a. a. O., S. 5.

[129] Ders., Die Lohnstruktur . . ., a. a. O., S. 5; der Terminus „definiert“ ist ersetzt durch „abgegrenzt“, weil sonst eine „Definition“ in der „Definition“ vorläge. Zur Abgrenzung vgl. auch Abschn. A II. Die Definition *Lamperts* schließt den Strukturbegriff des statistischen Bundesamtes ein: vgl. *P. Deneffe*, Das Lohngefüge in der Bundesrepublik, in: WiSta 1953 (T), S. 293.

2. Der Angestelltenbegriff in der Statistik als Grundlage der empirischen Untersuchung und seine Verwendbarkeit für die theoretische Analyse

Die Gehaltsstruktur der Angestellten soll nicht analysiert werden, ohne daß geklärt ist, welche Berufskategorie die Angestellten darstellen. Es genügt nicht, den für den empirischen Teil wichtigen statistischen Angestelltenbegriff kritisch zu beleuchten, sondern seine Operationalisierbarkeit muß auch für die theoretische Analyse möglich sein[130].

Das Statistische Bundesamt bezeichnet als Angestellten jeden Beschäftigten, dessen Verdienst monatlich ausgezahlt wird (Monatsgehälter)[131]. In zweifelhaften Fällen der unteren Qualifikationsstufen[132] entschied die Versicherungspflicht in der Angestelltenversicherung im Gegensatz zur Invalidenversicherung[133].

Probleme in den oberen Leistungsgruppen wurden dadurch gelöst, daß „alle Personen, welche als Inhaber oder Mitinhaber, als Vorstandsmitglied oder Geschäftsführer des Unternehmens tätig sind und deren Verdienst sich nicht nach tariflicher oder einzelvertraglicher Abmachung mit dem Betriebsinhaber oder seinem Vertreter, sondern nach dem Unternehmensgewinn bemißt, nicht als Angestellte gelten[134].“ Zu prüfen ist, ob der von der amtlichen Statistik vorgegebene Angestelltenbegriff für die theoretische Analyse Verwendung finden kann. Der bereits angesprochene repräsentative Auswahlsatz der Gehaltsstrukturerhebungen und die Methode der Erfassung von Individualdaten der Angestellten kommt den Erfordernissen einer theoretischen Gehaltsstrukturanalyse sehr entgegen, es ist jedoch zu bedenken, daß nicht der gesamte Arbeitsmarkt der Angestellten in der gewerblichen Wirtschaft dargestellt werden kann, weil Angestellte ab einem bestimmten Monatsgehalt nicht erfaßt werden. Die Abstrahierung von diesem speziellen, hochqualifizierte Angestellte erfassenden Teilmarkt ist jedoch möglich, weil diese Gruppe sehr klein ist und die Gehaltsobergrenze der erfaßten Angestellten bereits so hoch angesetzt wurde, daß auch Spitzenverdiener unter den Angestellten berücksichtigt werden konnten[135]. Der Angestelltenbe-

---

[130] Vgl. die Ausführungen auf S. 36 f. und Fußnote 111.

[131] *P. Deneffe,* Die Gehälter der Angestellten in der Bundesrepublik. Ergebnisse der Gehalts- und Lohnstrukturerhebung vom November 1951 (III), in: WiSta 1954 (T), S. 20. Beim Monatsgehalt kann kritisch angemerkt werden, daß mit fortschreitender Einebnung der Unterschiede zwischen den Berufskategorien heute schon vielen Arbeitern ein Monats*gehalt* gezahlt wird. Das Statistische Bundesamt wird insofern dieses Abgrenzungskriterium überprüfen müssen.

[132] Zu den Qualifikations- oder Leistungsgruppen vgl. Anhang.

[133] *P. Deneffe,* a. a. O., S. 20.

[134] Ders., a. a. O., S. 21.

[135] Die Gehaltsobergrenze der Gehaltsstrukturerhebung 1966 lag bei 3500,— DM; die neueste Untersuchung zur Gehaltsfindung außertariflicher

griff des Statistischen Bundesamtes kann deswegen für die theoretischen Ausführungen Verwendung finden, ohne daß der Informationsgehalt der zu erarbeitenden Aussagen wesentlich geringer wird.

Nach notwendigerweise ausführlichem Überblick zu Aufgabenstellung und Zielsetzungen dieser Untersuchung sowie den vorgenommenen Abgrenzungen und Begriffsbestimmungen können wir uns mit der Beurteilung des verwendeten statistischen Materials und der Meßinstrumente zur Analyse der Gehaltsstruktur beschäftigen.

Angestellter zeigt, daß damit selbst Gehälter der Hauptabteilungsleiterebene, also mittlerer bis oberer Führungskräfte, miterfaßt wurden, vgl. *J. Hippenstiel,* Die Gehaltsfindung bei den außertariflichen Angestellten in der Bundesrepublik Deutschland, Lahr/Schwarzwald 1971, S. 46 und Ders., Externer und interner Arbeitsmarkt, in: Der leitende Angestellte, 21. Jg., H. 9 (Sept. 1971), S. 9.

B. Möglichkeiten und Grenzen der Darstellung und Messung von Gehaltsstrukturen im Statistischen Material

Die neuere Wirtschaftstheorie hat in den letzten Jahrzehnten verstärkt den Vorwurf ausgeräumt, den sich die „alte Theorie" — vorwiegend in methodischer Hinsicht — gefallen lassen mußte: sie bringe „Theorie ohne Messung"[1]. Rein theoretische Arbeiten zur Lohnstruktur sind deswegen sehr selten geworden, weil gerade bei ihnen das Fehlen „empirischer Untermauerung" entscheidender Ansatzpunkt der Kritik ist[2]. Nun sind in der amtlichen Statistik, auf die sich der empirische Teil dieser Untersuchung vorwiegend stützt, einerseits eine Fülle hervorragender Informationen und Daten zur Gehaltsstruktur enthalten, andererseits sind der Aussagefähigkeit des Materials Grenzen gesetzt[3].

I. Aussagekraft und Vergleichbarkeit von Gehaltsstatistiken

Eine Einschränkung der Verwendungsfähigkeit des verfügbaren statistischen Materials ergibt sich schon daraus, daß die aus der Theorie ableitbare Homogenitätsforderung am ehesten mit Hilfe von Vollerhebungen für alle beschäftigten Angestellten erfüllt würde. Nur so könnte das vollständigste und genaueste Bild einer Gehaltsstruktur vermittelt werden[4].

---

[1] Vgl. *H. Guth*, Die Statistik im Dienste der Wirtschaftswissenschaften, in: SchZfVuSt, 100. Jg., Nr. 3 (Sept. 1964), S. 430.

[2] Ein Beispiel bietet sich in der neueren theoretischen Arbeit zur Lohnstruktur von *Mieth* an: Vgl. *W. Mieth*, a. a. O.; zur Kritik im o. a. Sinne vgl. *K. W. Rothschild*, Buchbesprechung zum genannten Werk, a. a. O., S. 23 f.

[3] Zu einigen kritischen Anmerkungen zur Verwendungsfähigkeit der amtlichen Statistik im allgemeinen vgl. *P. W. Meyer* und *B. Tietz*, Über die Leistungsfähigkeit der amtlichen Statistik in der Bundesrepublik Deutschland, in: Jahrbuch der Absatz- und Verbrauchsforschung, Hrsg. G. Bergler und W. Vershofen, 14. Jg., H. 4, Nürnberg 1968, S. 349 ff.; zur Kritik an der gegenwärtigen Einkommensstatistik im besonderen vgl. u. a. *Sachverständigenrat* zur Begutachtung der gesamtwirtschaftlichen Entwicklung, Jahresgutachten 1965/66, Stabilisierung ohne Stagnation, Stuttgart und Mainz 1965, Anhang III, S. 189 ff.; *H. J. Krupp*, Möglichkeiten und Grenzen der Statistik der personellen Einkommensverteilung, in: AStA, Bd. 50, 1966, S. 361 ff.; *H. Grohmann*, Einkommensstatistik, in: Umrisse einer Wirtschaftsstatistik, Festgabe für *P. Flaskämper*, Hrsg. A. Blind, Hamburg 1966, insbes. S. 232 ff.

[4] Diese Forderung wurde analog zur Lohnstruktur abgeleitet von *H. Lampert*, Die Lohnstruktur ..., a. a. O., S. 8 (vgl. auch entsprechende Literaturangaben), und *G. Lehnert*, Die Lohnstruktur der schweizerischen Industrie, a. a. O., S. 122.

1. Gehaltsstrukturerhebungen 1951 bis 1966

Das Postulat der Totalerhebung konnte deswegen von der amtlichen Statistik nicht erfüllt werden, weil „derartige Erhebungen nicht nur die auskunftpflichtigen Firmen stark belasten, sondern ... auch die Aufbereitung erhebliche Zeit und Kosten erfordert“[5]. Die statistischen Angaben beschränken sich auf eine repräsentative Auswahl, die für rund 15 v. H. aller Beschäftigten (bzw. für 20 v. H. aller Angestellten)[6] Daten liefert[7].

Dem Erfordernis, das statistische Material in weitgehend *homogene* Teilmassen aufspalten zu können[8], tragen die Gehaltsstrukturerhebungen deswegen voll Rechnung, weil sie nach der *Individualmethode* vorgenommen werden[9], so daß die Verdienste des *einzelnen* Angestellten nach den sie beeinflussenden Merkmalen Wirtschaftszweig, Leistungsgruppe, Beschäftigungsart, Betriebsgrößenklasse, Alter, Geschlecht u. a. analysiert werden können[10].

In der Erhebungsmethode und in den zugrundeliegenden Begriffen stimmen die vorhandenen Gehaltsstrukturerhebungen weitgehend überein[11]. Einige Schwierigkeiten bereitete lediglich die Erarbeitung einer Systematik der erfaßten Wirtschaftszweige, die disaggregiert genug war, um detaillierte Ergebnisse der Verdienstsituation der Angestellten in einzelnen Wirtschaftszweigen zu gewährleisten, gleichzeitig

---

5 *W. v. d. Decken,* Ergebnisse der Gehalts- und Lohnstrukturerhebung für Oktober 1957, in: WiSta 1959 (T), S. 285; vgl. auch *P. Deneffe,* Das Lohngefüge in der Bundesrepublik, Ergebnisse der Gehalts- und Lohnstrukturerhebung vom November 1951, in: WiSta 1953 (Z), S. 294.

6 *Gehaltsstrukturerhebung 1951,* a. a. O., S. 5.

7 Zu diesen Angaben und zur Methode der Repräsentativerhebung vgl. *H. Szameitat, C. Meyrich,* Repräsentativerhebung und Aufbereitungen in der amtlichen Statistik, in: WiSta 1952 (T), S. 144; *P. Deneffe,* a. a. O., S. 294; *W. v. d. Decken,* a. a. O., S. 285.

8 Vgl. *H. Lampert,* Die Lohnstruktur . . ., a. a. O., S. 8.

9 Vgl. u. a. *P. Deneffe,* Aufgabe und Einkommensbegriff der Lohn- und Gehaltsstatistik, a. a. O., S. 11; Ders., Das Lohngefüge in der Bundesrepublik, a. a. O., S. 293; *W. v. d. Decken,* Ergebnisse der Gehalts- und Lohnstrukturerhebung für Oktober 1957, a. a. O., S. 285; *H. Grohmann,* a. a. O., S. 231; *H. Kuchenbecker,* Grundzüge der Wirtschaftsstatistik, Herne, Berlin 1970, S. 118.

10 Vgl. u. a. *W. v. d. Decken,* Ergebnisse der Gehalts- und Lohnstrukturerhebung für Oktober 1957, a. a. O., S. 285; *H. Lampert,* Die Lohnstruktur . . ., a. a. O., S. 8; *L. W. Weiss,* a. a. O., S. 99.

11 Die Erhebungen fanden statt im November 1951 und jeweils im Oktober 1957, 1962 und 1966. Im Jahre 1966 wurden im Bereich des produzierenden Gewerbes die Angestellten der Handwerksbetriebe (= 8,6 v. H. aller Angestellten im produzierenden Gewerbe) mit erfaßt. Das mindert aber die Vergleichbarkeit der Erhebungen nur unerheblich, weil keine allzu großen Abweichungen zwischen den Verdiensten der Angestellten im produzierenden Gewerbe und im Handwerk bestehen. Vgl. *H.-G. Kloß,* Zur Struktur der Angestelltenschaft, Ergebnis der Gehalts- und Lohnstrukturerhebung 1966, in: WiSta 1969 (T), S. 309.

aber so allgemein gehalten war, daß sie einen umfassenden Überblick zur Gehaltsstruktur in den wichtigsten Bereichen der gewerblichen Wirtschaft der Bundesrepublik erlaubte. Dazu war es — auch wegen der Aufbereitung des Erhebungsmaterials in den Erhebungsjahren 1962 und 1966 nach der „revidierten Arbeitsstättensystematik" — notwendig, einige Wirtschaftszweige zusammenzufassen, um Kontinuität und Vergleichbarkeit der einzelnen Zahlenwerke zu sichern[12]. Diese Vorgehensweise ist bei den Angestellten (im Gegensatz zu den Arbeitern) unproblematisch, da deren Verdienste „meist einheitlich für größere Wirtschaftsbereiche geregelt sind"[13].

2. Die laufenden Verdiensterhebungen in Industrie und Handel

„Aufgabe der *laufenden Verdienststatistiken* ... ist es, die Entwicklung der Bruttoverdienste der Arbeitnehmer durch Ermittlung der Effektivbezüge für ausgewählte Arbeitnehmergruppen in regelmäßigen verhältnismäßig kurzfristigen Abständen darzustellen"[14]. Diese seit Februar 1957 durchgeführte und lediglich auf die Bereiche *Industrie* und *Handel* beschränkte Erhebung der Angestellten (und Arbeiter-)verdienste, stellt auf die Erfassung der *Gehaltssummen* ganzer Angestellten*gruppen* ab, für die nur Gehalts*durchschnitte* gewonnen werden, mit denen kein Einblick in die Streuung der Verdienste der einzelnen Angestellten um Durchschnittswerte ermöglicht wird[15]. Außerdem läßt das genannte Verfahren nur eine einfache Gliederung nach Industrie- und Qualifikationsgruppen der Angestellten zu und gewährleistet z. B. keine Aussagen über soziale Differenzierungen (Alter, Familienstand, Kinderzahl u. ä.)[16], weswegen diese Materialien zur Untersuchung der Gehaltsstruktur allenfalls ergänzend und mangels anderer Unterlagen Verwendung finden dürfen.

---

[12] Die Gehaltsstrukturerhebungen 1951 und 1957 basierten auf dem „systematischen Verzeichnis der Arbeitsstätten — Ausgabe 1950", vgl. *W. Skibe*, Stand der Systematiken in der Bundesrepublik, in: WiSta 1952 (T), S. 99 f.; zur Vergleichbarkeit dieser Systematik mit der „revidierten Arbeitsstättensystematik" vgl. *H. Bartels, H. Spilker*, Die Systematik der Wirtschaftszweige. Revidierte Arbeitsstättensystematik, a. a. O., S. 57, S. 65. Die hier verwendete Systematik von 19 Wirtschaftsabteilungen vgl. im Anhang und im Zusammenhang mit den entsprechenden Tabellen.

[13] *P. Deneffe*, Die Gehälter der Angestellten in der Bundesrepublik, a. a. O., S. 21.

[14] *P. Deneffe, W. v. d. Decken*, Die methodischen Grundlagen der laufenden Verdiensterhebungen in Industrie und Handel, in: WiSta 1957 (T), S. 522.

[15] Zu Erhebungsziel und -methode der laufenden Verdiensterhebungen vgl. u. a. *P. Deneffe, W. v. d. Decken*, a. a. O., S. 522; *W. v. d. Decken*, Ergebnisse der Gehalts- und Lohnstrukturerhebung für Oktober 1957, a. a. O., S. 285; *W. v. d. Decken, H.-J. Schulz*, Reform der laufenden Verdiensterhebung in Industrie und Handel 1964, in: WiSta 1964 (T), S. 712 ff.; *H. Grohmann*, a. a. O., S. 229 ff.; *H. Kuchenbecker*, a. a. O., S. 115 ff.

[16] *P. Deneffe*, Das Lohngefüge in der Bundesrepublik, a. a. O., S. 293.

3. Weitere Quellen für gehaltsstatistische Daten

Dritter Bestandteil der amtlichen Gehaltsstatistik in Deutschland ist die Statistik der Tarifgehälter, die sich mit der Darstellung der in den Tarifverträgen festgelegten Gehaltssätze der Angestellten befaßt[17].

Der Vergleich der Entwicklung tarifvertraglich vereinbarter Gehälter und der Effektivverdienste gibt Aufschluß über die den tatsächlichen Verdiensten zugrunde liegenden außertariflichen Einflüsse[18]. Die für die Verdienststruktur bedeutsame Zusammensetzung der Angestellten nach Tarifgruppen, Alter, Ortsklasse, Familienstand und Kinderzahl ist aus der Tarifstatistik nicht ersichtlich[19], so daß ihre Verwendung nur komplementären Charakter hat.

Außerhalb der amtlichen Statistik wird zur Entwicklung der Angestelltenschaft und ihrer Verdienste u. a. auf die Veröffentlichungen des Deutschen Instituts für Wirtschaftsforschung zurückgegriffen.

Im übrigen bieten die Veröffentlichungen der Bundesanstalt für Arbeit und die „Arbeits- und Sozialstatistischen Mitteilungen“ wertvolles und ergänzendes Material, das an entsprechender Stelle herangezogen wird.

4. Vergleichende Beurteilung der Eignung des statistischen Materials zur Darstellung der Gehaltsstruktur

Alle kurz beschriebenen statistischen Quellen, auf die sich diese Untersuchung stützt, haben Vor- und Nachteile, die auch z. T. dann noch vorhanden wären, wenn es *„laufende“* Gehaltsstrukturerhebungen gäbe[20]. Zu Recht weist Lampert auf die quantitativ nicht erfaßbaren Faktoren wie Prestige des Berufs, Betriebsklima, Aufstiegschancen usw. hin[21], denen im Angestelltenbereich nach soziologischen Forschungser-

---

[17] Vgl. *P. Deneffe, O. Schulz,* Die Berechnung von Indizes der Tariflöhne und Tarifgehälter, in: WiSta 1958 (T), S. 494; umfangreiche Materialien zu Tarifgehältern und entsprechenden Indizes werden vom Statistischen Bundesamt veröffentlicht in: Fachserie M, Preise, Löhne, Wirtschaftsrechnungen, Reihe 11, Tariflöhne und Tarifgehälter, II. Tarifgehälter und III. Index der Tariflöhne und -gehälter, Stuttgart und Mainz mit jeweiligem Erhebungsjahr.

[18] *P. Deneffe, O. Schulz,* a. a. O., S. 494.

[19] *H. Grohmann,* a. a. O., S. 230.

[20] Diese sind zur Zeit nicht möglich, weil die Erhebungen nach der Individualmethode sehr zeitraubend und kostspielig sind. Deswegen auch die mehrjährigen Abstände zwischen diesen Untersuchungen.

[21] *H. Lampert,* Die Lohnstruktur ..., a. a. O., S. 10 f.; zu ergänzen wäre, daß auch wichtige „gehaltsähnliche“ Leistungen der Arbeitgeber nicht im Gehaltsbegriff des Statistischen Bundesamtes enthalten sind, insbesondere die sogenannten Sozialzulagen. Dagegen werden erfaßt: Gratifikationen, Gewinnbeteiligungen, 13. Monatsgehalt. Vgl. dazu *P. Deneffe,* Das Lohngefüge in der Bundesrepublik, a. a. O., S. 294. Die Bedeutung der Sozialzulagen und die methodischen Erhebungsunterschiede der Gehaltsstrukturstatistik in Deutsch-

gebnissen größere Bedeutung beigemessen werden dürfte als innerhalb der Arbeiterschaft.

Mit größter Vorsicht müssen Durchschnittsgehälter interpretiert werden, weil sie die Erklärung des multidimensionalen Aggregats Gehaltsstruktur dadurch in Frage stellen, daß sie die Komplexität der Gehaltsstruktur verdecken und aus ihr jene Dimensionen eliminieren, die ein bestimmter Gehaltsdurchschnitt nicht explizit berücksichtigt[22].

In engem Zusammenhang mit diesen Überlegungen steht auch das Problem der Gruppierung des statistischen Materials. Unterteilt man die Gehaltsstruktur in die Dimensionen inter- und intrasektoral sowie regional, dann ist eine völlig *isolierte* Betrachtung *einer* Dimension wegen der vorhandenen Interdependenzen nicht möglich[23]. Eine Approximation an die Realität ist schon dann gegeben, wenn man von heterogenen zu im Rahmen des statistischen Materials möglichen homogenen Gruppen vorstößt. Daß die Gehaltsstrukturerhebungen in Untersuchungsmethode und Aufbereitung des Materials dieser Forderung am ehesten gerecht werden können, unterstreicht ihre Bedeutung und weitgehende Verwendung in dieser Arbeit. Von einer synthetischen Einkommensstatistik, wie sie z. B. in den USA besteht, sind wir in der Bundesrepublik trotz aller Bemühungen der Forschungsinstitute noch weit entfernt[24].

Nach der Darstellung der verschiedenen statistischen Quellen kommen wir nun zu der Frage, mit welchen statistischen Instrumenten die Materialien zur Messung der Gehaltsstruktur aufbereitet werden können.

II. Das angewandte statistische Instrumentarium zur Messung von Gehaltsunterschieden

Das Problem der Messung von Unterschieden im Arbeitseinkommen ist noch nicht befriedigend gelöst[25], weil die Multidimensionalität der

---

land und in der EWG sind Anlaß der Durchführung von Sondererhebungen gewesen: vgl. z. B. *Statistisches Bundesamt* (Hrsg.), Preise, Löhne, Wirtschaftsrechnungen, Reihe 15, Arbeitnehmerverdienste in Industrie und Handel, Sonderbeitrag: Aufwendungen der Arbeitgeber für Löhne und Lohnnebenkosten (darin auch das Gehalt!) in 14 ausgewählten Industriezweigen, Stuttgart und Mainz 1959.

22 *H. Lampert,* Die Lohnstruktur ..., a. a. O., S. 10; Ders., Bestimmungsgründe ..., a. a. O., S. 378 f., Fußnote 7.

23 Zu Recht weist *Lampert* darauf hin, daß eine „isolierte Betrachtungsweise" sich nur in Modellanalysen durchführen läßt. Vgl. *H. Lampert,* Bestimmungsgründe ..., a. a. O., S. 378, Fußnote 2.

24 Um eine synthetische Einkommensstatistik bemüht sich in Deutschland z. B. das Deutsche Institut für Wirtschaftsforschung, vgl. *H. Grohmann,* a. a. O., S. 233; ebenso *H. J. Krupp,* Möglichkeiten und Grenzen der Statistik der personellen Einkommensverteilung, a. a. O., S. 375.

25 *W. G. Hoffmann,* Die branchenmäßige Lohnstruktur der Industrie, a. a. O., S. 25 ff.; *H. Lampert,* Bestimmungsgründe ..., a. a. O., S. 379.

Gehaltsstruktur zwar eher eine theoretische, jedoch weniger eine empirisch-statistische Isolierung ihrer Dimensionen ermöglicht. Die Schwierigkeit einer exakten Quantifizierung der Determinanten der Gehaltsstruktur wird in einer Zeitpunktuntersuchung des Deutschen Instituts für Wirtschaftsforschung deutlich, in der lediglich die *regionale* Dimension nach *drei* Merkmalen analysiert wurde[26]. Außerdem muß nochmals auf *die* Determinanten der Gehaltsunterschiede hingewiesen werden, deren Einbau in ein multivariables Rechenwerk wegen mangelnder Quantifizierbarkeit kaum vorgenommen werden kann[27]. Bei intensiven Messungen der Gehaltsstruktur müssen Interdependenzen zwischen verschiedenen, Gehaltsunterschiede konstituierenden Merkmalen in Kauf genommen werden. Als Meßinstrumente haben Durchschnitts-, Streuungs- und Korrelationsmaße im in- und ausländischen Schrifttum allgemeine Anerkennung und Verwendung gefunden.

1. Absolute und relative Durchschnittsmaße

Sowohl Unterschiede zwischen Gehältern zu einem Zeitpunkt als auch Einkommensunterschiede in einem Zeitraum können absolut und prozentual gemessen werden[28]. Dabei verdient das relative Maß wegen seiner Anschaulichkeit Vorrang[29], außerdem trägt es dem Einkommens- und Kaufkraftaspekt eher Rechnung als absolute Differenzen[30].

2. Streuungsmaße

Schwieriger gestaltet sich die Frage, welche Maße verwendet werden sollen, um die Streuung der jeweiligen relativen Abweichungen der

[26] *B. Dreher*, Die Arbeitnehmereinkommen West-Berlins im interregionalen Vergleich, eine Analyse für das Jahr 1968, in: Vierteljahreshefte für Wirtschaftsforschung, Hrsg. Deutsches Institut für Wirtschaftsforschung, H. 1, 1970, S. 34 ff.; vgl. auch zu einer ähnlichen Problematik *H. Gerfin*, Ausmaß und Wirkung der Lohndrift, in: Lohnpolitik und Einkommensverteilung, a. a. O., S. 473 ff. und 520 ff.

[27] Lampert weist u. a. auf Determinanten der Standortwahl von Arbeit und Kapital, z. B. den Wohn- und Freizeitwert eines Standorts sowie die sozialen Kosten und Erträge, hin. *H. Lampert*, Bestimmungsgründe . . ., a. a. O., S. 379 f.

[28] Mit dem Vergleich absoluter und relativer Durchschnittsmaße hat sich eingehend auseinandergesetzt *H. Lampert*, Die Lohnstruktur . . ., a. a. O., S. 11 ff.

[29] Diese Meinung wird in der Literatur u. a. vertreten von: *L. G. Reynolds* und *C. H. Taft*, The Evolution of Wage Structure, New Haven 1956 (die Autoren schreiben z. B. auf S. 11: „Most of our basic economic calculations — changes in . . . wage levels — are made on a ratio or percentage basis."); *J. Klaus*, a. a. O., S. 14 ff.; *J. Peron*, a. a. O., S. 23; *W. G. Hoffmann*, Die branchenmäßige . . ., a. a. O., S. 14 ff.; *H. Lampert*, Die Lohnstruktur . . ., a. a. O., S. 11 ff.; *W. Braun*, a. a. O., S. 46; *H. G. Jaspers*, a. a. O., S. 15 f.; *W. Kromphardt*, a. a. O., S. 35; gegen die Verwendung relativer Maße sprechen sich aus: *Ross* und *Goldner*, vgl. *H. Lampert*, Die Lohnstruktur . . ., a. a. O., S. 12, Fußnote 50, und *D. Serfort*, a. a. O., S. 8.

[30] *H. Lampert*, Die Lohnstruktur . . ., a. a. O., S. 11.

Gehälter von Gehaltsdurchschnitten festzuhalten[31]. Vor- und Nachteile einer Vielzahl möglicher Streuungsmaße können hier nicht dargestellt werden[32], es empfiehlt sich zur Messung von Gehaltsstrukturen mehrere Maße nebeneinander zu verwenden[33]. Wichtiger und von grundlegenderer Bedeutung erscheint die Frage nach der Beschaffenheit des Mittelwertes, der zur Berechnung von Streuungsmaßen herangezogen werden kann. Im Schrifttum hat der Variationskoeffizient eine vorrangige Bedeutung zur Messung von Lohn- und Gehaltsstrukturen erlangt[34], Dissens besteht unter den Autoren jedoch besonders über die Verwendung des gewogenen oder ungewogenen arithmetischen Mittels zu seiner Berechnung. Da die Verwendung bestimmter statistischer Maße nicht unabhängig von dem zu erreichenden Untersuchungszweck gesehen werden kann, ist z. B. für die Berechnung von Standardabweichungen und Variationskoeffizienten zur Darstellung der intersektoralen Gehaltsstruktur das gewogene arithmetische Mittel zu verwenden, weil Gewichte (= Angestelltenzahlen in den einzelnen Wirtschaftszweigen) auf die genannten Streuungsmaße Einfluß nehmen[35]. Analog zur Lohn-

---

[31] Umfangreichere Ausführungen zu Streuungsmaßen sind enthalten u. a. in: *Ch. Lorenz,* a. a. O., S. 232 ff.; *O. Anderson,* Probleme der statistischen Methodenlehre in den Sozialwissenschaften, 3. Aufl., Würzburg 1957, S. 145 ff.; *R. G. D. Allen,* Statistik für Volkswirte, Tübingen 1957, S. 77 ff.; *H. Kellerer,* Statistik im modernen Wirtschafts- und Sozialleben, Hamburg 1960, S. 65 ff.; *H. M. Blalock,* Social Statistics, London u. a. O. 1960, S. 64 ff.; *P. Neurath,* Statistik für Sozialwissenschaftler, Stuttgart 1966, S. 118 ff.; *J. Pfanzagl,* Allgemeine Methodenlehre der Statistik, Bd. 1, 4. Aufl., Berlin 1967, S. 26 ff.; *W. A. Wallis, H. V. Roberts,* Methoden der Statistik, rororo-Taschenbuchausgabe vom August 1969, o. J., S. 197 ff.; *H. Reichardt,* Statistische Methodenlehre für Wirtschaftswissenschaftler, 2. Aufl., Bielefeld 1969, S. 79 ff.; *G. Clauss* und *H. Ebner,* Grundlagen der Statistik für Psychologen, Pädagogen und Soziologen, Frankfurt a. M. und Zürich 1970, S. 78 ff.

[32] An entsprechender Stelle werden in den weiteren Ausführungen verwendete Streuungsmaße, zugrundeliegende Formel und Begründung für ihre Verwendung gegeben. Hier seien lediglich die Bezeichnungen der Streuungsmaße genannt, auf die in dieser Arbeit zurückgegriffen wird: die *Spannweite* (zur Messung der Extremwerte einer Gehaltsreihe), die *durchschnittliche Abweichung* (unter Zugrundelegung des Medians als *mean deviation* bezeichnet), die *Standardabweichung* und der *Variationskoeffizient.*

[33] Diese Feststellung trifft *Lampert* für die Messung der Lohnstruktur; sie gilt analog auch für die Gehaltsstruktur, vgl. *H. Lampert,* Die Lohnstruktur ..., a. a. O., S. 15.

[34] Der Variationskoeffizient wird verwandt u. a. von *W. G. Hoffmann,* Die branchenmäßige ..., a. a. O., S. 29; Ders., Die industriellen Lohnrelationen, a. a. O., S. 71; *H. Lampert,* Die Lohnstruktur ..., a. a. O., S. 15; Ders., Die Entwicklung ..., a. a. O., S. 117; *OECD* (Hrsg.), Wages and Labour Mobility, Paris 1965, S. 24; *Sachverständigenrat* zur Begutachtung der gesamtwirtschaftlichen Entwicklung, Stabilisierung ohne Stagnation, a. a. O., Anhang IV, S. 196; *W. Steden,* a. a. O., S. 33; *B. M. Fleisher,* Labor Economics. Theory and Evidence, Prentice-Hall, Englewood cliffs, New Jersey 1970, S. 218; *G. Lehnert,* a. a. O., S. 127; *M. L. Wachter,* Cyclical Variation in the Interindustry Wage Structure, in: The American Economic Review, Vol. LX, Nr. 1 (März 1970), S. 80.

[35] So *H. Lampert,* Die Entwicklung ..., a. a. O., S. 117; anderer Ansicht ist

struktur kann darüber hinaus gefolgert werden, daß bei fehlender Gewichtung keine Aussagen über die *Verdienststruktur,* sondern lediglich über die *Struktur* der *Gehaltssätze* in den einzelnen Wirtschaftsbereichen möglich sind[36].

Die Verwendung des gewogenen arithmetischen Durchschnitts für die Messung der intersektoralen Gehaltsstruktur schließt Berechnungen mit Hilfe des ungewogenen arithmetischen Durchschnitts nicht aus, wenn damit der angestrebte Untersuchungszweck erreicht werden kann[37].

3. Korrelationsmaße

In zahlreichen Ausführungen zur Lohnstruktur sind beachtliche relative formale Stabilitäten vor allem ihrer intersektoralen Dimension nachgewiesen worden[38]. Ob diese Feststellungen auch für die Gehaltsstruktur der Angestellten in der Bundesrepublik im untersuchten Zeitraum zutreffen, wird mit Hilfe des Rangkorrelationskoeffizienten von Spearman überprüft[39].

Weiterhin sollen mit Hilfe von Maßkorrelationskoeffizienten Zusammenhänge zwischen Meßwerten (Variablen) getestet werden, wie z. B. zwischen Gehalts- und Beschäftigungsstrukturen[40]. Dabei wird auf den Bravais-Pearsonschen Korrelationskoeffizienten zurückgegriffen. Beide Korrelationsmaße sind für den gleichen Wertebereich normiert:

$$\begin{matrix} -1 \leq R \leq +1 \\ -1 \leq r \leq +1 \end{matrix} \quad ^{41)},$$

wobei r = —1 bedeutet, daß zwischen den beiden zugrundegelegten

W. G. Hoffmann, Die branchenmäßige ..., a. a. O., S. 27 ff.; ohne Gewichtung mit den Angestelltenzahlen liefert Tabelle 29 für alle Beschäftigungsarten und die Jahre 1951 bis 1962 z. B. folgende Werte zur Standardabweichung: 77,7, 85,4, 94,2.

36 Die Verwendung „gewogener" Durchschnitte kann also damit begründet werden, daß mit Hilfe von errechneten fiktiven Monatsgehältern Beschäftigungsstruktureffekte eliminiert werden können (Verfahren der Standardisierung s. dazu Tabellen 34 bis 37) und gezeigt werden kann, inwieweit Veränderungen der Verdienststruktur auf Änderungen der Beschäftigtenstruktur und der Struktur der Gehaltssätze zurückgeführt werden können.

37 Vgl. Tabellen 47 und 48; hier wird der ungewogene Durchschnitt des den regionalen Gehaltsvergleichen zugrundeliegenden Streuungsmaßes „mean deviation" zur Darstellung von Nivellierungen und Differenzierungen verwendet; vgl. auch Ausführungen zum ungewogenen arithmetischen Mittel bei *W. Steden,* a. a. O., S. 24 ff.

38 *H. Lampert,* Bestimmungsgründe ..., a. a. O., S. 384, und die dort angegebene Literatur.

39 Spezielle Ausführungen zu diesem Koeffizienten vgl. *R. Feigenwinter,* Die Spearmansche Rangkorrelation in ihrer Anwendung auf soziale und wirtschaftliche Erscheinungen, Diss. Freiburg (Schweiz) 1950.

40 Zu den Vorbehalten gegenüber den Korrelationsrechnungen vgl. an entsprechender Stelle der Ausführungen.

41 R = Spearmanscher Rangkorrelationskoeffizient, r = Maßkorrelationskoeffizient nach Pearson-Bravais.

Variablen, z. B. zwischen Meßwerten der Gehaltsstruktur und der Beschäftigungsstruktur, ein ausgeprägtes Gegensatzverhältnis besteht und vice versa bei $r = +1$. Eine solche Gehaltshierarchie zwischen zwei Beobachtungszeitpunkten hat sich um so weniger geändert, je mehr die errechneten Werte in der Nähe von $R = +1$ liegen.

III. Nivellierung, Differenzierung und Konstanz der Gehaltsunterschiede

Eine im Zeitverlauf relativ gleichbleibende (stabile) Hierarchie von nach Gehaltsniveaus geordneten Wirtschaftszweigen impliziert keineswegs eine *Konstanz* der Gehaltsstruktur im Sinne gleichbleibender absoluter oder relativer Gehaltsunterschiede nach Wirtschaftszweigen, vielmehr können sich die Streuungen um den Verdienstdurchschnitt verändern, d. h. die Gehaltsunterschiede können sich nivellieren, differenzieren oder konstant bleiben[42]. Die Messung kann allgemein durch die Feststellung der jeweiligen prozentualen Abweichungen einer Reihe von Gehältern von einem ihrer Mittelwerte vorgenommen werden[43].

Eine Vergrößerung der relativen Gehaltsunterschiede zu diesen Werten weist die Differenzierung, eine Verkleinerung die Nivellierung, ein (annäherndes) Gleichbleiben die Konstanz der Gehaltsstruktur aus[44].

Die Darstellung von Veränderungen der Gehaltsstruktur erfordert keine Beschränkung auf *numerische* Erfassung, ebenso könnten *graphische* Methoden (insbesondere Konzentrationsübersichten) angewandt werden[45]. Dabei läge eine um so stärkere Nivellierung der Gehalts-

---

[42] Vgl. *H. Lampert,* Die Entwicklung ..., a. a. O., S. 110; *J. Kromphardt,* a. a. O., S. 35 ff.

[43] *H. Lampert,* Die Lohnstruktur ..., a. a. O., S. 13; unter die Mittelwerte fällt auch der Median, vgl. seine Verwendung bei der Messung der interregionalen Gehaltsstruktur. Die Feststellung der prozentualen Abweichung kann auf Parametern der Lage (arithmetisches Mittel, Median), auf Streuungsparametern (z. B. relative einfache durchschnittliche Abweichung oder mean deviation) oder auf dem Variationskoeffizienten beruhen. Zu dieser Einteilung der Parameter vgl. *J. Pfanzagl,* a. a. O., S. 19 ff.; eine besondere Bedeutung zur Messung von (vor allem *intersektoralen*) Lohn- und Gehaltsstrukturen hat der Variationskoeffizient erlangt, dem Erfordernis der parallelen Heranziehung verschiedener Maße trägt die Verwendung von Lageparametern bei der Messung intrasektoraler Strukturen und der mean deviation bezüglich der *regionalen* Gehaltsstrukturdimension Rechnung.

[44] Zu dieser Vorgehensweise vgl. u. a. *W. G. Hoffmann,* Die branchenmäßige ..., a. a. O., S. 29; *H. Lampert,* Die Lohnstruktur ..., a. a. O., S. 13; *W. Braun,* a. a. O., S. 46; *H. Lampert,* Die Entwicklung ..., a. a. O., S. 114; *W. Kromphardt,* a. a. O., S. 36; *G. Lehnert,* a. a. O., S. 125.

[45] Darauf weisen vor allem hin: *H. J. Müller,* a. a. O., S. 154 ff.; *Statistisches Bundesamt* (Hrsg.), Gehaltsstrukturerhebung 1962, a. a. O., S. 19; *H. Grohmann,* a. a. O., S. 234 ff.; *H. J. Krupp,* Wandlungen der Einkommensstruktur in der Bundesrepublik Deutschland, in: Industriegesellschaften im Wandel, Japan und die BRD, Hrsg. K. Hax und W. Kraus, Düsseldorf 1970, S. 55 ff.;

struktur vor, je mehr die jeweiligen Kurven (z. B. die „Lorenz-Kurve“) sich fiktiven „Gleichheitslinien“ annähern[46]. Mit dem dargestellten statistischen Instrumentarium können Zeitpunkt- und Zeitraumanalyse der Gehaltsstruktur vorgenommen werden. Im folgenden wenden wir uns zunächst der Zeitpunktbetrachtung zu.

ohne weitere Diskussion dieser Verfahren sei auf die von Müller genannten Arbeiten von *Pareto, Lorenz, Gini* und *Durand* verwiesen, vgl. *H. J. Müller*. a. a. O., S. 144 ff.

[46] Vice versa bei Differenzierung; Konstanz liegt dann vor, wenn sich zwischen zwei betrachteten Zeitpunkten t_1 und t_2 die Linie der tatsächlichen Verteilung nicht verändert hat. Die numerischen Verfahren haben in dieser Arbeit wegen ihrer größeren Genauigkeit eindeutigen Vorrang, die graphischen Verfahren haben vorwiegend illustrativen Charakter.

C. Zeitpunktanalyse der Gehaltsstruktur der Angestellten (1951)[1]

Die Betrachtung der Gehaltsstruktur zu einem Zeitpunkt erscheint notwendig, um Vorstellungen über die Größenordnung[2] bestimmter Gehaltsunterschiede zu gewinnen. Durch diese Vorgehensweise können gleichzeitig Hypothesen über diejenigen gehaltsstrukturbeeinflussenden Faktoren überprüft werden, die sich anbieten, um auch die *Veränderung* der Größenordnungen empirisch zu untersuchen.

I. Überblick zur Struktur der Gehälter nach Verdienstklassen

Bevor die Gehaltsstruktur in ihren einzelnen Dimensionen analysiert wird, erscheint es geboten, mit Hilfe einer allgemeinen Übersicht die Umrisse des Strukturbildes erkennbar zu machen, das durch Verdienstabstufungen innerhalb der Angestelltenschaft für das Jahr 1951 entstanden ist. Mit der Interpretation des Schichtungsbildes für die Gehaltsunterschiede und der Darstellung der durchschnittlichen Bruttomonatsverdienste nach Bruttoverdienstklassen werden gleichzeitig die Grenzen der Aussagefähigkeit derartiger „Globalanalysen" aufgezeigt und eine weitere Begründung für die Betrachtung der Gehaltsstruktur nach einzelnen Dimensionen gegeben.

Schaubild 1 zeigt die Verdienstabstufungen aller männlichen und weiblichen Angestellten, die von der im November 1951 durchgeführten Gehaltsstrukturerhebung erfaßt wurden. Aus der Abbildung lassen sich folgende Aussagen zur Gehaltsstruktur gewinnen:

1. Das *Verdienstniveau* der weiblichen Angestellten lag erheblich unter dem der männlichen Angestellten.

2. Die *Streuungsbreite* der Verdienste männlicher Angestellter war erheblich größer als bei weiblichen Angestellten.

3. Läßt man die männlichen Angestellten mit einem Verdienst von mehr als 1000,— DM unberücksichtigt, so erzielte die Masse der männlichen Angestellten Verdienste *im mittleren Bereich* der Verdienstskala,

---

[1] Der Zeitpunkt 1951 ist deswegen der Betrachtung zugrunde gelegt worden, um Vergleichsmöglichkeiten mit der Lohnstrukturuntersuchung *Lamperts* zu haben, der die Ergebnisse der Verdiensterhebung der Arbeiter aus dem Jahre 1951 ausgewertet hat.

[2] *H. Lampert,* Die Lohnstruktur ..., a. a. O., S. 44, S. 214.

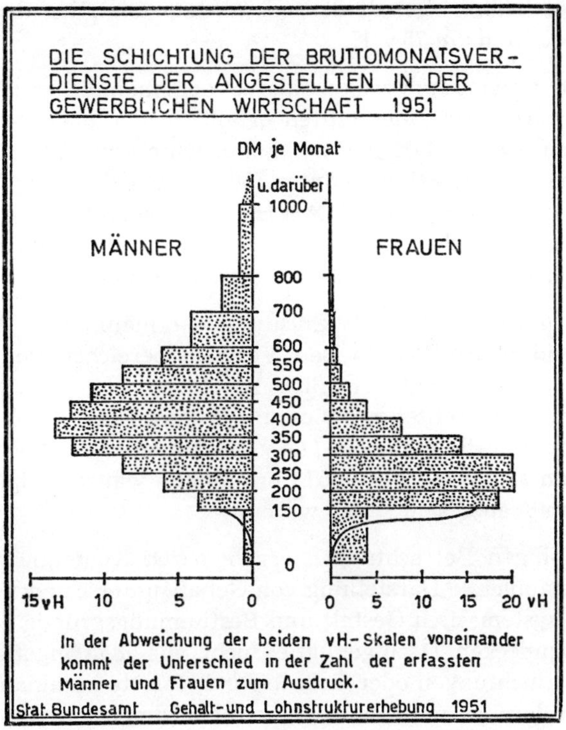

Schaubild 1

während sich bei angestellten weiblichen Arbeitnehmern eine *stärkere Konzentration* auf die *unteren* Einkommensklassen abzeichnete. Der Anteil der männlichen Angestellten, die Spitzenverdienste erreichten, ist fast ebenso gering wie derjenige, der die untersten Verdienstklassen repräsentierte, während bei den weiblichen Angestellten die Verdienstklasse mit dem niedrigsten Verdienst sehr stark vertreten war, die oberen Einkommensklassen jedoch kaum nennenswerte Anteile auf sich vereinten.

4. Die Verdienste der männlichen Angestellten zeigten ein insgesamt *gleichmäßigeres ausgewogeneres* Strukturbild als die Verdienste der weiblichen Angestellten.

Diese Interpretation des Schichtungsbildes der Monatsverdienste wird bestätigt durch die Tabellen 1 und 2, mit deren Hilfe die aus der Verdienstschichtung möglichen Aussagen differenzierter dargestellt und präzisiert werden können.

1. Das Durchschnittsgehalt der männlichen überstieg das der weiblichen Angestellten um 75 v. H.

2. In der untersten Verdienstklasse der männlichen Angestellten wurden 1,2 v. H. aller Angestellten erfaßt, in der obersten mit einem Verdienst von 2000,— DM und mehr immerhin noch 0,2 v. H., hingegen vereinigte die Verdienstklasse unter 150,— DM bei den weiblichen Angestellten einen Anteil von 11,4 v. H., die oberste Klasse mit einem konstatierbaren Beschäftigungsanteil von 0,1 v. H. stellte sich bereits zwischen 700,— und 800,— DM Bruttomonatsverdienst ein.

3. Die ausgewogene Gehaltsschichtung der männlichen Angestellten wurde besonders deutlich in den Verdienstbereichen von 300,— bis 550,— DM, die eine anteilsmäßige Besetzung von jeweils mehr als 8,7 v. H. aller Angestellten aufwiesen; die Masse der weiblichen Angestelltenschaft (jeweils mehr als 11,4 v. H.) befand sich in Einkommensbereichen von 150,— bis 350,— DM pro Monat, während Spitzenverdiener unter den Frauen sehr selten waren.

Aus den obigen Betrachtungen ergeben sich Konsequenzen für die weiter zu verfolgende Darstellung von Gehaltsunterschieden, deren Ziel es sein soll, systematisch Gestalt und Bestimmungsgründe der Gehaltsstruktur aufzudecken. Dazu genügt es nicht, wie oben angeführt worden ist[3], Gehaltsschichtungen oder Gehaltsdurchschnitte miteinander zu vergleichen, sondern es müssen die einzelnen Dimensionen der Gehaltsstruktur und die sie prägenden Merkmale herausgestellt und in ihrer Bedeutung erfaßt werden[4]. Aus der Struktur der Gehälter nach Verdienstklassen resultiert die wichtige Erkenntnis, der Homogenitätsforderung dadurch Rechnung zu tragen, daß zunächst eine Trennung zwischen männlichen und weiblichen Angestellten und ihren Verdiensten vorgenommen wird, weil deren Einkommensschichtungen grundsätzlich differieren. Aus der Verteilung der Angestellten auf Bruttomonatsverdienstklassen kann im Vergleich zur Verteilung der Arbeiter auf Bruttomonatsverdienstklassen geschlossen werden, daß es sich bei den Angestellten insgesamt um eine sehr heterogene Arbeitnehmergruppe handelt, bei der die Streuungsbreite der Verdienste größer ist als z. B. bei den Arbeitern[5]. Die Folge dieser Heterogenität der Angestellten ist

---

[3] Vgl. Ausführungen auf S. 42 ff.

[4] Insofern ist es auch falsch, wenn auf Grund von Einkommensschichtungen schon von Erkenntnissen zu einer Lohn- und/oder Gehaltsstruktur gesprochen wird, wie es im Schrifttum oft vorkommt. Vgl. z. B. *J. H. Müller*, a. a. O., S. 171 f.; *H. J. Krupp*, Wandlungen der Einkommensstruktur der BRD, a. a. O., S. 56 f.

[5] Vgl. *P. Deneffe*, Die Gehälter der Angestellten in der Bundesrepublik, a. a. O., S. 26; *E. Bandholz*, Der Lohn, Betrachtungen zum Problem der Lohnbildung, in: Volkswirtschaftliche Schriften, H. 64, Berlin 1962, S. 113.

Tabelle 1

Die erfaßten männlichen Angestellten[1]) und die durchschnittlichen Bruttomonatsverdienste[2]) nach Bruttomonatsverdienstklassen im Jahre 1951

Brutto-verdienstklassen	erfaßte Angestellte		durchschnittlicher Brutto-monatsverdienst[2])
	Anzahl	i. v. H.	
1	2	3	4
unter 150	2 442	1,2	125,—
150 bis unter 200	7 027	3,6	174,—
200 bis unter 250	11 734	5,9	223,—
150 bis unter 200	17 194	8,7	271,—
300 bis unter 350	23 908	12,1	320,—
350 bis unter 400	26 390	13,3	370,—
400 bis unter 450	24 219	12,2	420,—
450 bis unter 500	21 472	10,8	470,—
500 bis unter 550	17 267	8,7	519,—
550 bis unter 600	11 953	6,0	570,—
600 bis unter 700	15 932	8,1	637,—
700 bis unter 800	7 662	3,9	739,—
800 bis unter 1 000	6 145	3,1	870,—
1 000 bis unter 1 200	2 390	1,2	1 064,—
1 200 bis unter 1 500	1 274	0,6	1 305,—
1 500 bis unter 2 000	764	0,4	1 703,—
2 000 und mehr	304	0,2	— —
zusammen	193 077	100,0	450,—

[1]) Von der Erhebung wurden 19,2 v. H. aller männlichen Angestellten erfaßt.
[2]) Die durchschnittlichen Bruttomonatsverdienste wurden in der Erhebung 1951 auf zwei Stellen hinter dem Komma berechnet. Hier wurde eine entsprechende Aufrundung auf volle Markbeträge vorgenommen.

Quellen: WiSta 1954 (T), S. 25, vgl. auch Gehaltsstrukturerhebung 1951, a. a. O., S. 7.

Tabelle 2

Die erfaßten weiblichen Angestellten[1]) und die durchschnittlichen Bruttomonatsverdienste[2]) nach Bruttomonatsverdienstklassen im Jahre 1951

Brutto-verdienstklassen	erfaßte Angestellte		durchschnittlicher Brutto-monatsverdienst[2])
	Anzahl	i. v. H.	
1	2	3	4
unter 150	13 855	11,4	122,—
150 bis unter 200	22 211	18,4	173,—
200 bis unter 250	24 354	20,1	222,—
250 bis unter 300	24 190	20,0	271,—
300 bis unter 350	17 311	14,3	319,—
350 bis unter 400	9 394	7,8	369,—
400 bis unter 450	4 690	3,9	418,—
500 bis unter 550	1 264	1,0	515,—
550 bis unter 600	560	0,5	568,—
600 bis unter 700	558	0,5	630,—
700 bis unter 800	162	0,1	728,—
800 bis unter 1 000	99	0,1	853,—
1 000 bis unter 1 200	50	0,0	1 055,—
1 200 bis unter 1 500	15	0,0	1 291,—
1 500 bis unter 2 000	5	0,0	1 575,—
2 000 und mehr	5	0,0	——
zusammen	121 083	100,0	257,—

[1]) Von der Erhebung wurden 19,7 v. H. aller weiblichen Angestellten erfaßt.
[2]) Vgl. Fußnote 2, Tabelle 1.

Quellen: WiSta 1954 (T), S. 25, vgl. auch Gehaltsstrukturerhebung 1951, a. a. O., S. 7.

vor allem in der stärkeren Differenzierung zu sehen, „welche die Angestelltentätigkeit sowohl tariflich als auch in der betrieblichen Praxis aufweist“[6]. Die Frage nach Gründen für die bei den Angestellten vorgefundene Verdienststufung soll zunächst im Rahmen der branchenmäßigen Analyse der Gehaltsstruktur erörtert werden.

II. Die intersektorale Gehaltsstruktur

Bisherige Untersuchungen zur Lohn- und/oder Gehaltsstruktur beschäftigten sich vorwiegend mit *interindustriellen* Lohn- und/oder Gehaltsunterschieden und klammerten wichtige Bereiche der gewerblichen Wirtschaft wie Handel, Banken, Versicherungen und Dienstleistungen aus[7]. Die notwendige Ausweitung des Untersuchungsrahmens um diese Bereiche für die Angestellten erfordert eine Definition der *intersektoralen* Gehaltsstruktur. Der Begriff Sektor wird anonym gebraucht zu den „Abteilungen“ bzw. „Untergruppen“ (Wirtschaftszweigen) in der Systematik der Wirtschaftszweige des Statistischen Bundesamtes[8, 9].

Die intersektorale Gehaltsstruktur weist somit Gehaltsunterschiede in gleichartigen Arbeitseinkommen von Angestellten gleichen Geschlechts und gleicher Qualifikation (gleicher Betriebsgröße, gleichen Alters, gleicher Beschäftigungsart, gleichen Familienstandes u. ä.) *in verschiedenen Wirtschaftsabteilungen* (-zweigen) *desselben Wirtschaftsgebietes aus*[10].

---

6 *P. Deneffe,* a. a. O., S. 26 f.

7 Ohne Anspruch auf Vollständigkeit sei verwiesen auf *W. G. Hoffmann,* Die branchenmäßige ..., a. a. O., *H. Lampert,* Die Lohnstruktur ..., a. a. O.; *D. Serfort,* a. a. O.; *G. Lehnert,* a. a. O.; *W. Braun,* a. a. O.; vgl. auch die umfassende und internationale Literatur berücksichtigende Übersicht bei *H. Lampert,* Bestimmungsgründe ..., S. 382.

8 In der „Systematik der Wirtschaftszweige“ (Stand 1959) unterscheidet das Statistische Bundesamt Sektoren (z. B. Unternehmen und freie Berufe oder Organisationen ohne Erwerbscharakter und private Haushalte), Abteilungen (z. B. Bergbau und Energiewirtschaft), Unterabteilungen (z. B. Bergbau), Gruppen (z. B. Chemische Industrie), Untergruppen (z. B. Herstellung von Chemiefasern) und Klassen (z. B. Zahnarztpraxis). Vgl. *H. Bartels, H. Spilker,* Die Systematik der Wirtschaftszweige, a. a. O., S. 60 ff.; Interessant in diesem Zusammenhang scheint die Tatsache, daß der Terminus „Wirtschaftszweige“ in der Systematik selbst nicht erscheint, sondern durch „Untergruppe“ ersetzt worden ist. Im folgenden wird dem Terminus Wirtschaftszweig aus sprachlichen Gründen Vorrang eingeräumt.

9 Um den Ausdruck intersektoral nicht zu strapazieren, werden als Synonyma eingeführt „intergewerblich“ und (inter)„branchenmäßig“.

10 Zu Möglichkeiten und Grenzen der exakten Beachtung dieser Definition bei theoretischen und/oder empirischen Vergleichen von Arbeitseinkommen vgl. *H. Lampert,* Bestimmungsgründe ..., a. a. O., S. 377; ähnliche Definitionen finden sich bei *D. Serfort,* a. a. O., S. 6 f.; *G. Lehnert,* a. a. O., S. 133.

1. Die intersektorale Gehaltsstruktur der männlichen Angestellten

Die Tabellen A und B des Anhangs geben (u. a.) einen Überblick zu den 1951 in den einzelnen Wirtschaftsabteilungen erfaßten männlichen Angestellten und deren Verdiensten insgesamt sowie nach Leistungsgruppen[11] und Beschäftigungsarten[12].

Die Betrachtung der Durchschnittsverdienste aller männlichen Angestellten zeigt, daß das höchste Durchschnittsgehalt mit 689,— DM im Bergbau, das niedrigste mit 346,— DM im Einzelhandel erzielt wurde. Die absolute Streuungsbreite betrug demnach nicht weniger als 343,— DM, d. h. im Einzelhandel wurde durchschnittlich nur halb so viel verdient wie im Bergbau.

Berücksichtigt man die nach der Höhe der Durchschnittsverdienste geordnete Rangreihe der Wirtschaftszweige auf Grund der Tabelle 26 (Spalte 2), so kann festgestellt werden, daß in Energiewirtschaft und Bergbau sowie im verarbeitenden Gewerbe (mit Ausnahme der Nahrungs- und Genußmittelindustrie) Angestelltentätigkeiten besser bezahlt wurden als im Baugewerbe, Handel und im Dienstleistungssektor (i. w. S.)[13].

Es liegt die Vermutung nahe, daß diese Verdiensthierarchie wesentlich beeinflußt wurde von der Qualifikationsstruktur der Angestellten. Diese These wird unterstützt durch die herausragende Bedeutung der technischen Angestellten[14] im verarbeitenden Gewerbe[15].

Empirische Untersuchungen von Claessens[16] und Neundörfer[17] haben gezeigt, daß vor allem die Produktionsbetriebe eine stärkere Besetzung von „Funktionsgruppen“ mit höherer Qualifikation aufzuweisen haben, während im Handel 80 v. H. aller männlichen Angestellten den drei untersten „Funktionsgruppen“ zugeordnet sind[18].

---

[11] In den Gehaltsstrukturerhebungen werden 5 in Tätigkeitsmerkmalen und Berufsbezeichnungen verschiedene Leistungsgruppen angeführt. Ihre jeweiligen Definitionen sind im Anhang aufgeführt. Leistungsgruppen und Qualifikationsgruppen(-stufen) sind synonyme Bezeichnungen (Abkürzungen I bis V).

[12] Darunter ist die Aufteilung in kaufmännische und technische Angestellte sowie Meister zu verstehen (Abkürzungen kA, tA, M).

[13] Also unter Einschluß von Kredit- und Versicherungsgewerbe sowie Verkehr.

[14] Die technischen Angestellten liegen im Gehaltsdurchschnitt z. T. weit höher als Angestellte anderer Beschäftigungsarten, wie die intersektorale Analyse nach diesem Merkmal zeigen wird.

[15] Vgl. dazu die Beschäftigtenzahlen der einzelnen Beschäftigungsarten in Tabelle B des Anhangs.

[16] *D. Claessens* u. a., Angestellte und Arbeiter in der Betriebspyramide, Hrsg. O. Stammer, Berlin 1959.

[17] *L. Neundörfer*, Die Angestellten, neuer Versuch einer Standortbestimmung, Stuttgart 1961.

[18] *K. M. Bolte*, Die Berufsstruktur im industrialisierten Deutschland, a. a. O., S. 94.

Im Zusammenhang mit der intersektoralen Gehaltsstruktur ist weiterhin die Frage klärungsbedürftig, ob die im Schrifttum häufig vertretene (und empirisch belegte) Auffassung zutrifft, die interindustrielle Lohnhierarchie sei u. a. Ergebnis der *Entwicklung* der Gewerbe und zeige unter sonst gleichen Bedingungen eine Abnahme der Verdienste von jüngeren Gewerbezweigen zu den alteingesessenen[19].

In Tabelle 3 sind dazu die aus den Durchschnittsverdiensten abgeleiteten Rangordnungsziffern der Wirtschaftszweige — zusammengefaßt nach Wirtschaftsgruppen — aufgeführt. Die Verdienste der männlichen Angestellten (Spalte 2) verringern sich von der Grundstoff- und Produktionsgüterindustrie zur Investitionsgüterindustrie, zur Verbrauchsgüterindustrie, zu den Dienstleistungen bis hin zum Handel. Da die Handelsangestellten die älteste Gruppe der Angestellten darstellen (1882 waren 53,3 v. H. der Angestellten im Handel beschäftigt[20]), die Angestelltenzahlen im produzierenden Gewerbe erst mit wachsender Bedeutung der industriellen Produktion zunahmen (1882 waren 18,6 v. H.[21] der Angestellten, 1969 rund 37 v. H.[22] im produzierenden Gewerbe beschäftigt), kann schon aus dieser Quotenübersicht heraus vermutet werden, daß das Wachstum der Wirtschaftsbereiche und die damit verbundene wachsende Nachfrage nach Angestelltentätigkeiten eine entscheidende Rolle für die intersektoralen Gehaltsunterschiede spielt[23]. Weniger zutreffend scheint diese These für den Bereich Dienstleistungen zu sein, da trotz des überragenden Wachstums im Dienstleistungssektor (z. B. Wachstum der Angestelltenquote in diesem Bereich von 1882 17,1 v. H.[24] auf 1969 37,1 v. H.[25]), die Verdienste z. T. weit unter denen der Industrie zurückblieben[26]. Es kann angenommen werden, daß das relativ niedrige Gehaltsniveau der Angestellten im Dienstleistungssektor vor allem von deren durchschnittlich geringem Qualifikationsniveau beeinflußt wurde.

---

19 So *H. Lampert*, Die Lohnstruktur ..., a. a. O., S. 74; vgl. auch *H. Lampert*, Bestimmungsgründe ..., a. a. O., S. 384 f. und die dort angegebene Literatur.

20 Vgl. *H. Steiner*, Soziale Strukturveränderungen im modernen Kapitalismus, zur Klassenanalyse der Angestellten in Westdeutschland, Berlin 1967, S. 37 (Prozentzahl eigene Berechnung).

21 Ders., a. a. O., S. 37 (Prozentzahl eigene Berechnung).

22 *WiSta 1970* (Z), S. 146 (Prozentzahl eigene Berechnung).

23 Diese Vermutung stellt *Lampert* für die Industrie und die Lohnstruktur der Arbeiter auf und begründet sie im weiteren Verlauf seiner Arbeit. *H. Lampert*, Die Lohnstruktur ..., a. a. O., S. 73 f.

24 *H. Steiner*, a. a. O., S. 37 (Prozentzahl eigene Berechnung).

25 *WiSta 1970* (Z), S. 146 (Prozentzahl eigene Berechnung).

26 Die niedrigeren Verdienste im Dienstleistungssektor lassen sich für 1951 auch damit begründen, daß in diesem Erhebungsjahr nur einige Wirtschaftszweige wie Wäschereien, Friseursalons usw. erfaßt wurden, in denen die Verdienste im Regelfall relativ niedrig sind. Die Gehälter im Dienstleistungsbereich nähern sich den Gehältern in der Industrie in den folgenden Erhebungsjahren wesentlich stärker an, weil die Erhebungen auf weitere Bereiche des Dienstleistungssektors ausgedehnt wurden. Vgl. dazu Tabelle A im Anhang.

Tabelle 3

Die Stellung der Wirtschaftszweige in der Verdiensthierarchie der gewerblichen Wirtschaft der Bundesrepublik Deutschland im November 1951 — nach Wirtschaftsgruppen[1]) geordnet — (für männliche Angestellte)

Wirtschaftsgruppe	Die Wirtschaftszweige der einzelnen Wirtschaftsgruppen nahmen in der Verdiensthierarchie folgende Rangstellen ein								
	alle männlichen Angestellten	Angestellte der Leistungsgruppe					Angestellte der Beschäftigungsart		
		I	II	III	IV	V	kA	tA	M
1	2	3	4	5	6	7	8	9	10
Grundstoff-[2]) und Produktionsgüterindustrie	1/2/3/6/7/10	1/2/3/4/ 5/15	1/2/3/4/ 8/17,5	1/2/3/4/ 8/12	1/2/3,5/ 3,5/7/12	1/2/3/4/ 6/10	1/2/3/5/ 8,5/10	1/2/3/4/ 8/11	1/2/5,5/ 5,5/7/12
Investitionsgüterindustrie[3])	4/5/11	8/11/18	5/7/16	5/7/10	5/6/10	7/8/15	4/6/17	5/7/12	3/4/10
Verbrauchsgüterindustrie[4])	8/9/12	6/13/14	9/11/13	9/11/13,5	8/11/14	11/13/14	7/8,5/11	6/9/10	8/11/14
Handel[5])	16/17,5/19	10/12/16	12/14/ 17,5	15/18/19	17/18/19	16/17/19	14/16/19	13/15/17	15/16/17
Dienstleistungen[6])	13/14,5/ 14,5/17,5	7/9/17	6/10/15/ 19	6/13,5/ 16/17	9/13/ 15/16	5/9/12/18	12/13/ 15/18	14/16/ 18/19	9/13

[1]) Die einzelnen Wirtschaftszweige bzw. Wirtschaftsabteilungen, deren Rangfolge nach Durchschnittsverdiensten in den Wirtschaftsgruppen erfaßt wird, sind in der Referenzsystematik im Anhang ausgewiesen.
[2]) Darunter fallen: Energiewirtschaft, Wasserversorgung, Bergbau, Chemische Industrie, Kunststoff- und Asbestverarbeitung, Steine und Erden, Eisen- und NE-Metallindustrie.
[3]) Dazu gehören: Stahl-, Maschinen-, Fahrzeug- und Schiffbau.
[4]) Darunter fallen: Holz-, Papier- und Druckgewerbe, Leder-, Textil- und Bekleidungsindustrie sowie Nahrungs- und Genußmittelindustrie.
[5]) Der Handel gliedert sich in die Wirtschaftszweige: Großhandel, Handelsvermittlung und Einzelhandel.
[6]) In den Dienstleistungen wurden zusammengefaßt: Kreditgewerbe, Versicherungsgewerbe, Verkehr und die in den Gehaltsstrukturerhebungen als „Dienstleistungen" bezeichneten Wirtschaftszweige.

Quellen: Die Rangordnungsziffern wurden entnommen der Tabelle 26.

Die aus der Rangordnung der Verdienste aller männlichen Angestellten gewonnenen Erkenntnisse lassen sich im wesentlichen bestätigen, wenn sie mit den nach einzelnen Leistungsgruppen und Beschäftigungsarten gegliederten Ergebnissen verglichen werden[27].

Lediglich einige Wirtschaftsabteilungen weichen in einzelnen Qualifikationsgruppen deutlich von den Rängen ab, die sie unter Zugrundelegung der Verdienste aller Angestellten einnahmen.

So lagen die Gehälter der Angestellten in der Industrie Steine und Erden an 10. Stelle, in Leistungsgruppe I an 15., in Leistungsgruppe II an 17,5. Stelle der Rangordnung, die des Kreditwesens insgesamt an 13. Stelle, in Leistungsgruppe II und III an 6. Stelle der Verdienstskala. Die Gehälter in den einzelnen Beschäftigungsarten zeigen selten über zwei bis drei Ränge hinausgehende Abweichungen.

Eine nach Leistungsgruppen und Beschäftigungsarten getrennt vorgenommene Betrachtung zur Reihenfolge der Durchschnittsverdienste[28] in den einzelnen Wirtschaftsabteilungen unterstreicht trotz einiger vermutlich auf branchenspezifischen Umständen beruhenden Ausnahmen die Tendenz zu einem Gehaltsgefälle von den Grundstoff- und Produktionsgüterindustrien über die Investitionsgüterindustrien, die Verbrauchsgüterindustrien und die Dienstleistungen bis zum Handel. Aus der empirischen Analyse der intersektoralen Gehaltsstruktur der männlichen Angestellten zum Zeitpunkt 1951 lassen sich Begründungen für Gehaltsunterschiede zwischen den Branchen vor allem in den nach einzelnen Wirtschaftsbereichen unterschiedlichen Anforderungen an Qualifikationen und Leistungsvermögen der Angestellten finden.

Zu vermuten ist, daß weitere Ursachen intergewerblicher Gehaltsunterschiede in den vorausgegangenen differierenden Wachstumstendenzen der Wirtschaftszweige, den damit in Zusammenhang stehenden branchenmäßigen Strukturveränderungen und deren Auswirkungen auf den Arbeitsmarkt der Angestellten zu suchen sind.

2. Die intersektorale Gehaltsstruktur der weiblichen Angestellten

Tabelle A des Anhangs beinhaltet die durchschnittlichen Gehälter sowie die Beschäftigungszahlen der weiblichen Angestellten, Tabelle C zeigt neben Beschäftigtenzahlen Verdienste nach Leistungsgruppen und Beschäftigungsarten für das Erhebungsjahr 1951.

Die Streuungsbreite der weiblichen Angestelltenverdienste war geringer als bei den Männern (rund 100 v. H. des niedrigsten Gehalts) und

[27] Tabelle 26, Spalten 6, 10, 14, 18, 22, 26, 30, 34.
[28] Tabelle 3, Spalten 3 - 10.

betrug annähernd 57 v. H.[29]. Ähnlich unterschiedliche Streuungsbreiten bei den Löhnen männlicher und weiblicher Arbeitnehmer in der Industrie begründet Lampert damit, daß in der Regel bei den männlichen Arbeitern in der gesamten Industrie größere Qualifikations- und Leistungsunterschiede als bei den Frauen zu finden sind[30].

Im großen und ganzen zeigt die Verdiensthierarchie der weiblichen Angestellten insgesamt nach Leistungsgruppen und Beschäftigungsarten eine ähnliche Gestalt wie die der angestellten Männer. Dies ist aus den Tabellen 4 und 27[31] ersichtlich und bedarf keiner näheren Erläuterungen, so daß Raum bleibt, zur weiteren Analyse der intersektoralen Gehaltsstruktur eine Hypothese zu testen, die beinhaltet, daß mit steigendem Anteil der Frauen an der Gesamtzahl der Beschäftigten einer Branche das branchenspezifische Durchschnittsgehalt sinkt[32].

In Tabelle 5 sind die Anteile der weiblichen Angestellten an den insgesamt beschäftigten Angestellten (Spalte 2) und die prozentuale Aufteilung der weiblichen Angestellten auf die Leistungsgruppen festgehalten. Errechnet man den Bravais-Pearsonschen Korrelationskoeffizienten[33] aus der Reihe der Bruttomonatsverdienste aller angestellten Frauen[34] und den prozentualen Anteilen der Frauen an allen beschäftigten Angestellten, so erhält man für 19 Wirtschaftsabteilungen mit einem Wert von r = — 0,7546 einen starken Zusammenhang zwischen der Höhe der Durchschnittsverdienste und dem Anteil der Frauen an den beschäftigten Angestellten[35]. Etwas schwächer ist der Zusammen-

---

[29] Die Streuungsbreite bei Männern und Frauen wird zwischen den Spitzengehältern im Bergbau und dem niedrigsten Gehalt im Einzelhandel (bei den Männern 689,— DM und 348,— DM, bei den Frauen 346,— DM und 222,— DM) ermittelt, vgl. Tabelle A im Anhang.

[30] *H. Lampert*, Die Lohnstruktur . . ., a. a. O., S. 79.

[31] Tabelle 27, Spalten 2, 6, 10, 14, 18, 22, 26.

[32] *F. Fürstenberg*, a. a. O., S. 28; *W. G. Hoffmann*, Die branchenmäßige . . ., a. a. O., S. 53.

[33] Die Formel nach Bravais-Pearson lautet:

$$r = \frac{n \sum x_i y_i - \sum x_i \sum y_i}{\sqrt{\left[n \sum x_i^2 - \left(\sum x_i\right)^2\right]\left[n \sum y_i^2 - \left(\sum y_i\right)^2\right]}}$$

Vgl. *G. Heinz* und *C. Ebner*, a. a. O., S. 106.

[34] Tabelle A im Anhang, Zahlen für 1951.

[35] Ordnet man die Zahlen in Spalte 2 der Tabelle 5 von den niedrigsten prozentualen Anteilen zu den höchsten mit Rangnummern und errechnet den Spearmanschen Rangkorrelationskoeffizienten mit Hilfe der Formel

$$R = 1 - \frac{6 \cdot \sum d_i^2}{n\,(n^2 - 1)}$$

so erhält man einen Wert von R = 0,7000, d. h. je geringer der Anteil der Frauen, um so eher ist die Tendenz zu hohen Gehältern gegeben. Genauer müßte man sagen: bei niedrigem Beschäftigtenanteil der Frauen und bei hohen Durchschnittsverdiensten der männlichen Angestellten haben die Durchschnittsverdienste der Frauen die Tendenz, hoch zu sein. Vgl. *H. Lampert*, Die Lohnstruktur . . ., a. a. O., S. 79.

Tabelle 4

Die Stellung der Wirtschaftszweige in der Verdiensthierarchie der gewerblichen Wirtschaft der Bundesrepublik im November 1951 — nach Wirtschaftsgruppen[1]) geordnet — (für weibliche Angestellte)

Wirtschaftsgruppe	Die Wirtschaftszweige der einzelnen Wirtschaftsgruppen nahmen in der Verdiensthierarchie folgende Rangstellen ein						
	alle weibl. Angestellten	Angestellte der Leistungsgruppe				Angestellte der Beschäftigungsart	
		II	III	IV	V	kfm. Angestellte	techn. Angestellte
1	2	3	4	5	6	7	8
Grundstoff- und Produktionsgüterindustrie[2])	1/2/3/4/6/10	1/4/10	1/2/3/5/8/11	1/2,5/2,5/4/5/10	1/2/3/4/6/13	1/2/3,5/3,5/7/10	2/3/6/8,5/10
Investitionsgüterindustrie[3])	5/7/16	2/3/12	6/7/13	7,5/7,5/14	5/8/16	5/6/16	8,5/11/13
Verbrauchsgüterindustrie[4])	8/11/17	5/7/11	9/12/14	9/12/17	10/11/18	9/12/17	4/5/7
Handel[5])	14/15/19	8/9/14	15/17/18	15/16/19	15/17/19/	14/15/19	12/14
Dienstleistungen[6])	9/12/13/18	6/13/15	4/10/16/19	6/11/13/18	7/9/12/14	8/11/13/18	1

[1]) Vgl. Fußnote 1, Tabelle 3.
[2–6]) Vgl. Fußnoten 2 - 6, Tabelle 3.

Quellen: Die Rangordnungsziffern wurden entnommen der Tabelle 27.

Tabelle 5

Anteil der weiblichen Angestellten an den insgesamt beschäftigten Angestellten und ihre Aufteilung auf Leistungsgruppen im November 1951 in der Bundesrepublik Deutschland

Wirtschaftsabteilungen	Anteil der weiblichen Angestellten an den gesamtbeschäftigten Angestellten i. v. H.	Von den insgesamt beschäftigten weiblichen Angestellten waren i. v. H. in Leistungsgruppe			
		II	III	IV	V
1	2	3	4	5	6
Energiewirtschaft und Wasserversorgung	17,2	1,0	21,9	57,7	19,4
Bergbau	10,2	0,4	14,4	51,8	33,4
Chemische Industrie	33,1	2,9	23,1	54,7	19,3
Kunststoff-, Gummi- und Asbestverarbeitung	34,1	2,3	18,8	57,8	21,1
Steine, Erden	23,9	3,2	23,7	55,4	17,4
Eisen- u. NE-Metallerzeugung, Gießerei und Stahlverformung	21,9	1,8	21,0	60,1	16,8
Stahl-, Maschinen-, Fahrzeug-, Schiffbau	24,5	1,8	20,5	56,0	21,7
Elektrotechnik, Feinmechanik und Optik, Herstellung von EBM-Waren, Musikinstrumente, Sportgeräte, Spiel- u. Schmuckwaren	32,6	2,3	20,7	58,3	18,4
Holz-, Papier- und Druck-Gewerbe	31,2	3,2	23,1	53,4	20,2
Leder-, Textil- u. Bekleidungsgewerbe	36,8	4,4	22,0	54,6	18,7
Nahrungs- und Genußmittelgewerbe	41,3	1,8	17,7	60,6	19,6
Baugewerbe	25,8	2,4	15,4	54,5	27,6
Großhandel	37,8	3,3	24,0	60,0	12,5
Handelsvermittlung	46,2	2,6	20,1	60,7	16,3
Einzelhandel	68,4	3,5	13,2	68,2	14,9
Kredit- und sonstige Finanzierungsinstitute	36,2	0,3	10,8	60,1	28,7
Versicherungsgewerbe	40,5	1,4	20,9	66,0	11,7
Verkehr und Nachrichtenübermittlung	22,1	3,4	24,4	50,0	22,1
Dienstleistungen	69,7	5,7	12,1	56,4	25,8

Quellen: Eigene Berechnungen nach den Beschäftigungszahlen der Übersichtstabellen A und C im Anhang. Zur Berechnung der Bravais-Pearsonschen Korrelationskoeffizienten und der Spearmanschen Rangreihenkorrelationen wurden die Rangordnungsziffern der Tabelle 27 herangezogen.

hang, wenn die Verdienste der am stärksten besetzten Leistungsgruppe der weiblichen Angestellten (IV)[36] in Beziehung gebracht werden zu dem Anteil der weiblichen Angestellten an den Gesamtbeschäftigten (r = — 0,7360, R = 0,6868).

Bei aller Vorsicht, mit der Korrelationen interpretiert werden müssen, kann geschlossen werden, daß sich ähnlich wie bei den Arbeitern eine *normative Gehaltsstrukturdeterminante* auswirkt, die bei geringem Frauenanteil in einer Branche zu einer Adaption der Frauengehälter an das (meist relativ hohe) Gehaltsniveau des betreffenden Wirtschaftszweiges führt[37].

3. Beziehungen zwischen intersektoralen Gehaltsunterschieden und einigen vermuteten Determinanten der Gehaltsstruktur

Die im vorangegangenen Abschnitt geprüfte Beziehung zwischen dem Anteil der weiblichen Angestellten an der Gesamtzahl der Angestellten in den einzelnen Branchen und den branchenspezifischen Gehaltsabstufungen läßt die Annahme zu, daß zwischen intersektoraler Gehalts- und Beschäftigungsstruktur ein Zusammenhang besteht. Damit ist aber nur einer der zahlreichen vermuteten und vor allem im angelsächsischen Sprachraum empirisch mit Hilfe von Korrelationsrechnungen überprüften Bestimmungsgründe der Lohn- und Gehaltsstruktur angesprochen[38]. Im Mittelpunkt des Interesses stehen daneben auch Versuche, einen Zusammenhang vor allem zwischen den interindustriellen Einkommensunterschieden einerseits und der Lohnquotenstruktur[39] bzw. der Produktivitätsstruktur[40] der Branchen andererseits herauszufinden.

Art und Umfang des für die Angestellten vorliegenden statistischen Materials bedingen hier eine Beschränkung der Untersuchung auf den möglichen Zusammenhang von Beschäftigungsstruktur und Gehaltsstruktur, was nicht bedeutet, daß in weiteren Erörterungen „kostenstrukturelle“ Gesichtspunkte in den Branchen zur Erklärung der intersektoralen Gehaltsstruktur ganz außer acht gelassen werden.

---

36 Tabelle C im Anhang.

37 So auch *H. Lampert*, Die Lohnstruktur . . ., a. a. O., S. 79.

38 Vgl. dazu die Ausführungen von *H. Lampert*, Bestimmungsgründe . . ., a. a. O., S. 388 f. und dort angegebene Literatur.

39 In der deutschsprachigen Literatur sind vor allem zu nennen die Arbeiten von *F. Fürstenberg*, a. a. O., S. 11 f.; *W. G. Hoffmann*, Die branchenmäßige . . ., a. a. O., S. 85 ff.; *H. Lampert*, Die Lohnstruktur . . ., a. a. O., S. 89 ff.; *J. Kromphardt*, a. a. O., S. 29 ff.; *G. Lehnert*, a. a. O., S. 144 ff.

40 Vgl. dazu die Arbeiten von *F. Fürstenberg*, a. a. O., S. 8 ff.; *W. G. Hoffmann*, Die industriellen Lohnrelationen, a. a. O., S. 76 ff.; *H. Lampert*, Die Lohnstruktur . . ., a. a. O., S. 85 ff.; *D. Serfort*, a. a. O., insbesondere S. 22 ff., S. 57 ff.; *W. Braun*, a. a. O., insbesondere S. 102 ff.; *J. Kromphardt*, a. a. O., insbesondere S. 44 ff.; *G. Lehnert*, a. a. O., S. 144 ff.; *G. Friedrichs*, Technischer Wandel und seine Auswirkungen auf Beschäftigung und Lohn, in: Lohnpolitik und Einkommensverteilung, SdVfS, N. F., Bd. 51, Berlin 1969, S. 616 ff.

Tabelle 6 zeigt die prozentuale Verteilung der männlichen Angestellten in den Wirtschaftsabteilungen nach Leistungsgruppen und Beschäftigungsarten sowie den Anteil der weiblichen Angestellten an allen erfaßten Angestellten. Die Korrelation der durchschnittlichen Verdienste aller männlichen Angestellten[41] mit dem Beschäftigungsanteil der Frauen (Spalte 10 der Tabelle 6) ergibt einen Koeffizienten von r = — 0,6539, aus dem mit der erforderlichen Vorsicht geschlossen werden kann, daß die durchschnittlichen Gehälter männlicher Angestellter danach tendieren, um so höher zu sein, je geringer der Anteil weiblicher Angestellter an den Beschäftigten ist.

Wird berücksichtigt, daß die weiblichen Angestellten gerade in den Wirtschaftszweigen zahlenmäßig stark ins Gewicht fallen, deren Gehaltsniveaus durchschnittlich waren oder oft weit unter dem Durchschnitt rangierten (z. B. Dienstleistungen, Einzelhandel, Handelsvermittlung, Nahrungs- und Genußmittelgewerbe), dann erscheint der errechnete Wert erklärlich. Außerdem werden sich mit wachsender Bedeutung der angestellten Frau im Berufsleben, besonders in den genannten Wirtschaftszweigen als Domänen der Frauenarbeit, Möglichkeiten ergeben, die Arbeitsleistungen männlicher Angestellter durch weibliche Angestellte zu substituieren. Dies wird um so eher der Fall sein, je mehr die Gehaltsunterschiede zwischen den Geschlechtern Ausmaße annehmen, die existierenden Qualifikations- und Leistungsunterschieden nicht entsprechen.

Die Prüfung der Beziehung zwischen den durchschnittlichen Verdiensten der männlichen Angestellten und den prozentualen Beschäftigungsanteilen einzelner Leistungsgruppen und Beschäftigungsarten an allen männlichen Angestellten führt bezüglich der Leistungsgruppen zu schwachen Korrelationen (Korrelationskoeffizient der durchschnittlichen Verdienste zur Beschäftigungsstruktur in Leistungsgruppe I r = + 0,4544, zu Leistungsgruppe III r = + 0,4610, zu Leistungsgruppe V r = — 0,3024). Immerhin lassen diese Ergebnisse den Schluß zu, daß zumindest ein positiver (negativer) Zusammenhang zwischen den beschäftigungsmäßigen Besetzungen der Qualifikationsgruppen I und III (Gruppe V) und den branchenmäßigen Verdienstunterschieden bestehen kann.

Weitaus stärkere Beziehungen können aufgezeigt werden, wenn die prozentualen Beschäftigungsanteile nach Beschäftigungsarten in ihrem Einfluß auf die Gehaltsstruktur überprüft werden. Die Tendenz zu höheren Verdiensten in den Branchen ist um so eher gegeben, je geringer der Anteil der kaufmännischen Angestellten (Korrelationskoeffizient nach Bravais-Pearson r = — 0,6498) und je höher der Prozentsatz der technischen Angestellten (Koeffizient r = + 0,7317) ist. Dieses Er-

---

[41] Die Zahlen wurden entnommen der Tabelle A des Anhangs.

Tabelle 6

Die prozentuale Aufteilung der männlichen Angestellten nach Leistungsgruppen und Beschäftigungsarten und der Anteil der weiblichen Angestellten an allen beschäftigten Angestellten im November 1951 in der Bundesrepublik Deutschland

Wirtschaftsabteilungen	In v. H. aller beschäftigten männlichen Angestellten entfielen auf die männlichen Angestellten der Leistungsgruppe (Beschäftigungsart)								In v. H. aller beschäftigten Angestellen entfielen auf weibliche Angestellte
	I	II	III	IV	V	kA	tA	M	
1	2	3	4	5	6	7	8	9	10
Energiewirtschaft u. Wasserversorgung ...	1,8	9,6	36,7	38,1	13,8	56,1	29,4	14,5	17,2
Bergbau	2,9	13,0	43,6	36,5	4,0	33,2	64,2	2,6	10,2
Chem. Industrie	8,6	15,9	43,1	28,6	3,8	54,3	29,2	16,5	33,1
Kunststoff-, Gummi- u. Asbestverarbeitung	5,1	16,7	44,4	29,8	4,0	58,2	20,3	21,5	34,1
Steine, Erden	4,4	24,3	44,9	23,4	3,0	49,0	22,5	28,5	23,9
Eisen- u. NE-Metallerzeugung, Gießerei u. Stahlverformung	7,4	15,1	44,8	29,0	3,7	53,1	24,4	22,5	21,9
Stahl-, Maschinen-, Fahrzeug-, Schiffbau	4,3	16,8	48,8	26,8	3,3	40,0	41,5	18,5	24,5
Elektrotechnik, Feinmechanik und Optik, Herstellung von EBM-Waren, Musikinstrumente, Sportgeräte, Spiel- und Schmuckwaren	3,4	21,7	49,7	22,5	2,7	46,3	32,5	21,2	32,6
Holz-, Papier- und Druckgewerbe	4,2	20,0	48,7	23,6	3,5	59,2	13,3	27,5	31,2
Leder-, Textil- und Bekleidungsgewerbe	3,2	17,2	47,8	28,0	3,8	51,0	15,3	33,7	36,8
Nahrungs- u. Genußmittelgewerbe	4,5	19,2	42,9	29,4	4,0	68,9	11,7	19,4	41,3
Baugewerbe	2,0	26,3	44,0	23,9	3,8	32,5	54,2	13,3	25,8
Großhandel	3,4	17,8	38,2	36,5	4,1	94,8	3,0	2,2	37,8
Handelsvermittlung	4,4	15,6	37,7	35,2	7,1	93,8	5,4	0,8	46,2
Einzelhandel	1,6	16,9	32,2	43,9	5,4	91,9	5,2	2,9	68,4
Kredit- und sonstige Finanzierungsinstitute	3,7	5,1	35,8	43,7	11,7	99,1	0,8	0,1	36,2
Versicherungsgewerbe	2,5	14,1	40,3	37,8	5,3	97,9	2,1	—	40,5
Verkehr und Nachrichtenübermittlung	1,9	17,6	38,3	32,5	9,7	74,6	18,0	7,4	22,1
Dienstleistungen	3,0	23,3	44,2	22,9	6,6	56,5	15,6	27,9	69,7

Quellen: Übersichtstabellen A bis C im Anhang, aus der die prozentualen Beschäftigtenanteile für männliche und weibliche Angestellte in den einzelnen Wirtschaftsabteilungen berechnet wurden. Zur Berechnung der Korrelationskoeffizienten wurden die entsprechenden Durchschnittsverdienste aus den o. a. Tabellen verwendet.

gebnis weist wiederum auf die überragende Bedeutung der technischen Angestellten in der gewerblichen Wirtschaft hin, deren qualitativer und quantitativer Personalbedarf vor allem zur Erfüllung technischer Aufgaben relativ ungesättigt ist, so daß insbesondere die Wirtschaftsabteilungen, deren Nachfrage nach branchenspezifischen Technikertätigkeiten besonders groß ist (z. B. Bergbau, Stahl-, Maschinen-, Fahrzeug-, Schiffbau, Baugewerbe, Elektrotechnik u. a.), Gehaltskonzessionen machen müssen, die Gehaltsdifferenzierungen zwischen den Branchen begünstigen[42].

Da die Beschäftigungsstruktur nur *eine* der möglichen Determinanten intersektoraler Gehaltsdifferenzen ist, sollen weitere mögliche Bestimmungsgründe kurz angesprochen werden.

Zur Erklärung der Beziehungen Gehaltsstruktur — Gehaltsquotenstruktur könnte man von der Hypothese Bombachs ausgehen, daß solche Branchen am ehesten Gehaltserhöhungen konzedieren, in denen das Gehalt als Kostenfaktor nicht wiegt[43]. Danach müßte zwischen Gehaltshöhe und Gehaltsquote ein negativer Zusammenhang bestehen.

Auf Grund der wegen fehlender statistischer Unterlagen nur auf die Industrie und auf das Jahr 1957 bezogenen Angaben in Tabelle 7 läßt sich eine solche Beziehung nicht feststellen. Ordnet man die Bruttomonatsgehälter aller Angestellten nach der Verdiensthöhe in den einzelnen Wirtschaftszweigen und berechnet den Anteil der jeweiligen Gehaltssummen am Umsatz, so zeigen Branchen mit hohem Gehaltsniveau sowohl hohe (Bergbau, Stahlbau) als auch niedrige Gehaltsquoten (Mineralölverarbeitung, Stahlindustrie) und vice versa bei Branchen mit niedrigem Gehaltsniveau. Der Rangkorrelationskoeffizient aus beiden, nach der Höhe der Verdienste und der Gehaltsquote geordneten Reihen, zeigt einen Wert von R = 0,2619.

Eine stärkere Korrelation im o. a. Sinne wäre auch überraschend, weil Bereitschaft und Möglichkeit, Gehaltsforderungen zu konzedieren, nicht nur von der Höhe der Gehaltsquote abhängen, sondern auch von Konjunkturlage, Preisentwicklung, Möglichkeiten der Preisüberwälzung u. a.[44].

---

[42] Auf den wachsenden qualitativen Beschäftigungsbedarf an technischen Angestellten, insbesondere an automationsspezifischen Berufen wie Meß- und Regelmechaniker und EDV-Personal, ebenso in den technischen Bereichen wie Forschung, Entwicklung, Konstruktion, Montage, Einfahren, Einrichten, weist *Friedrichs* hin, vgl. *G. Friedrichs*, Technischer Wandel und seine Auswirkungen auf Beschäftigung und Lohn, a. a. O., S. 680 f.

[43] *G. Bombach*, Die Stabilität der industriellen Produktivitätsstruktur, in: ZfdgSt., Bd. 116, Tübingen 1960, S. 41 (bei Bombach steht Lohn anstatt Gehalt); vgl. auch zu dieser Hypothese *F. Fürstenberg*, a. a. O., S. 11 f.; *W. G. Hoffmann*, Die branchenmäßige ..., a. a. O., S. 85; *H. Lampert*, Die Lohnstruktur ..., a. a. O., S. 89; *J. Kromphardt*, a. a. O., S. 29; *G. Lehnert*, a. a. O., S. 147.

[44] Vgl. *J. Kromphardt*, a. a. O., S. 29 f.

Tabelle 7

Durchschnittliche Bruttomonatsgehälter aller Angestellten im Jahresdurchschnitt 1957[1]) sowie der Anteil der Gehaltssummen am Umsatz 1957[1]) in der Bundesrepublik Deutschland[2]) nach ausgewählten Industriezweigen[3])

Industriezweige	Durchschnittliche Brutto-monatsgehälter aller Angestellten in DM	Anteil der Gehaltssumme am Umsatz 1957 i. v. H.
1	2	3
Bergbau	774	6,7
Eisen- und Stahlindustrie	617	2,9
Fahrzeug- u. Luftfahrzeugbau	616	4,0
Mineralölverarbeitung	604	1,6
Stahlbau	579	6,4
Schiffbau	575	3,7
Chemische Industrie	560	6,1
Maschinenbau	559	7,3
Druckgewerbe	550	7,0
NE-Metallindustrie	544	2,9
Steine und Erden	538	3,8
Elektrotechnik	530	7,9
Feinmechanik und Optik	528	7,9
Glasindustrie	519	4,5
Gummi und Asbest	515	5,1
Ledererzeugung	513	2,9
Eisen-, Stahl-, Blech- u. Metallwarengewerbe	511	5,1
Textilgewerbe	509	3,7
Sägerei und Holzverarbeitung	508	2,6
Feinkeramik	507	6,1
Papierverarbeitung	502	4,3
Kunststoffverarbeitung	501	5,2
Nahrungs- u. Genußmittelgewerbe	497	2,2
Holzverarbeitung	488	3,7
Schuhindustrie	474	3,6
Bekleidung	459	3,4
Lederverarbeitung	456	3,6

[1]) Für die Untersuchung der Beziehungen zwischen der Gehaltsquote und der intersektoralen Gehaltsstruktur wurde das Jahr 1957 zugrundegelegt, weil für den Zeitpunkt 1951 die Industrieberichterstattung noch nicht hinreichend vom Statistischen Bundesamt entwickelt worden war.

[2]) Bundesrepublik ohne Saarland und Berlin.

[3]) Da entsprechende Zahlen für die übrigen Zweige der gewerblichen Wirtschaft nicht vorlagen, beschränkt sich die Untersuchung lediglich auf ausgewählte Wirtschaftszweige, die sowohl in den laufenden Verdiensterhebungen in Industrie und Handel als auch in der Industrieberichterstattung erfaßt wurden.

Quellen: Für die durchschnittlichen Bruttomonatsgehälter: WiSta 1958 (T) Tabelle 3, S. 364; für die Gehaltssummenanteile am Umsatz: Statistisches Jahrbuch 1960, S. 208 f.; v. H.-Anteile eigene Berechnungen.

Abgesehen von der statistischen Problematik einer Untersuchung zum Einfluß der branchenunterschiedlichen Produktivitäten auf die Gehaltsstruktur, den Schwierigkeiten bei der erforderlichen Trennung von Kapital- und Arbeitsproduktivität und der Unmöglichkeit, „Produktionsergebnisse“ den Angestellten zuzurechnen oder in den angestelltenspezifischen Bereichen Handel, Verkehr und Dienstleistungen i. w. S. Produktivitäten zu ermitteln, ist ein solcher Vergleich auch deswegen nicht sinnvoll, weil sich weder von der Theorie noch von der Empirie her Ansatzpunkte für eine derartige Beziehung ergeben.

Abschließend kann festgestellt werden, daß eindeutige Zusammenhänge zwischen der intersektoralen Gehaltsstruktur im Zeitpunkt 1951 und einem der angeführten möglichen Bestimmungsgründe nicht vorliegen. Beschränkt man die Untersuchung auf die Beziehung zwischen Beschäftigungsstruktur und Gehaltsstruktur, so kommt man noch am ehesten zu brauchbaren Ergebnissen, die aber nicht ohne gebührende Berücksichtigung der Schwächen der Korrelationsrechnung interpretiert werden und allenfalls ergänzend verwendet werden dürfen. Es ist zu vermuten, daß Gehaltsunterschiede zwischen den Wirtschaftszweigen in ihrer Entstehung und in ihrem Umfang durch ein Konglomerat unterschiedlichster Wirkungseinflüsse bedingt sind, die in den differierenden Strukturen branchenmäßiger Faktormärkte, insbesondere der Arbeitsmärkte, gesehen werden müssen.

III. Die intrasektorale Gehaltsstruktur

Einkommensunterschiede bestehen nicht nur *zwischen*, sondern auch jeweils *innerhalb* der einzelnen Branchen, so daß die in ihnen gezahlten Verdienste nach bestimmten Merkmalen dieser intragewerblichen Dimension untersucht werden können. In der Literatur sind zwar eine Vielzahl von theoretisch und/oder empirisch fundierten Abhandlungen zur Betrachtung von *Lohn*differenzen innerhalb der Wirtschaftszweige vorhanden[45], einer Erörterung von *Gehalts*differenzen ist jedoch kaum Beachtung geschenkt worden. Um diese Lücke zu schließen, soll im folgenden die intrasektorale Gehaltsstruktur analysiert werden; sie weist definitionsgemäß *Gehaltsunterschiede in gleichartigen Arbeitseinkom-*

---

[45] Aus der deutschen Literatur können genannt werden: *F. Fürstenberg*, a. a. O., S. 21 ff.; *J. Klaus*, a. a. O.; *W. G. Hoffmann*, Die industriellen Lohnrelationen, a. a. O., S. 60 ff.; *J. H. Müller*, Überbetriebliche Lohndifferenzen, a. a. O., S. 225 ff.; *H. Lampert*, Die Lohnstruktur . . ., a. a. O., S. 45 ff.; *H. Markmann*, Wandlungen der industriellen Lohnstruktur in Westdeutschland, in: Strukturwandlungen einer wachsenden Wirtschaft, Bd. 1, a. a. O., S. 447 ff.; *H. G. Jaspers*, a. a. O., S. 23 ff.; *J. Kromphardt*, a. a. O., insbesondere S. 128 ff.; *G. Lehnert*, a. a. O., S. 127 ff.; weitere, auch angelsächsische Literatur umfassende Angaben vgl. *H. Lampert*, Bestimmungsgründe . . ., a. a. O., S. 380 f., Fußnote 19.

men von Angestellten verschiedenen Geschlechts[46] *und/oder verschiedener Qualifikation* (verschiedener Beschäftigungsart, verschiedenen Alters, verschiedenen Familienstands, verschiedener Betriebsgröße, verschiedener Gemeindegrößenklasse u. ä.) *in gleichen Wirtschaftsabteilungen* (-zweigen) *desselben Wirtschaftsgebietes auf.*

1. Gehaltsunterschiede nach Beschäftigungsarten

Die größere Heterogenität der Angestellten im Vergleich zu den Arbeitern zeigt sich nicht nur in der feineren Unterteilung nach Leistungsgruppen, sondern auch in der Einführung eines neuen Gliederungsmerkmals[47], nämlich dem der Beschäftigungsart. Während bei den Arbeitern nach der amtlichen Statistik kein Unterschied zwischen Qualifikations- und Leistungsgruppen besteht, werden die Beschäftigungsarten bei den Angestellten nicht durch einen eindeutigen Bezug zur Leistung charakterisiert, so daß technische und kaufmännische Angestellte sowie Meister in allen Leistungsgruppen vertreten sind. Tabelle L[48] vermittelt für die Analyse der intrasektoralen Gehaltsstruktur der männlichen Angestellten nach Beschäftigungsarten in Verbindung mit den Tabellen 8 - 10 für den Zeitpunkt 1951 folgende Erkenntnisse:

1. Die Bruttomonatsverdienste der technischen Angestellten in 19 Wirtschaftsabteilungen waren z. T. erheblich höher als die Gehälter der kaufmännischen Angestellten (Ausnahme: Kredit- und sonstige Finanzierungsinstitute), und zum Teil ebenfalls — wenn auch insgesamt weniger stark differierend (Ausnahme: Bergbau) — höher als die Durchschnittseinkommen der Meister (Ausnahmen: Eisen- und NE-Metallerzeugung ..., Stahl-, Maschinen-, Fahrzeug- und Schiffbau, Einzelhandel, Verkehr und Dienstleistungen)[49].

---

[46] Der Vergleich von Verdiensten der Angestellten verschiedenen Geschlechts wird hier nicht ausführlich empirisch durchgeführt. Diese vor allem den Sozialpolitiker, nicht so sehr den Ökonomen interessierende Fragestellung wird dadurch überflüssig, daß die Verdienste männlicher und weiblicher Angestellter nach verschiedenen Merkmalen untersucht werden und damit „automatisch" Vergleichsmöglichkeiten gegeben sind.

[47] Vgl. *P. Deneffe,* Die Gehälter der Angestellten in der Bundesrepublik, a. a. O., S. 27.

[48] Zu beachten sind nur die Spalten 2, 6 und 10 der Tabelle, deren Relativzahlen aus den absoluten Verdiensten nach jeweiligen Beschäftigungsarten der Tabellen B, D, F und H errechnet wurden.

[49] Die auffallenden Verdienstunterschiede im Bergbau (technische Angestellte zu Meister) und im Kreditgewerbe (technische zu kaufmännischen Angestellten) sind unter Umständen auf die geringen Erfassungszahlen der Meister im Bergbau bzw. der technischen Angestellten im Kreditgewerbe zurückzuführen, die Zufallsfehler erheblich begünstigen.

Die Verdienste der Meister waren in allen Wirtschaftsabteilungen (Ausnahme: Bergbau[50]) höher als die der kaufmännischen Angestellten, so daß sich insgesamt ein „Gehaltsgefälle" von den technischen Angestellten über die Meister zu den kaufmännischen Angestellten konstatieren läßt.

2. Diese Tendenz bestätigt sich auch, wenn die Häufigkeitsverteilungen der Verdienstabstände zwischen den Beschäftigungsarten in den Tabellen 8, 9 und 10 zur Erklärung herangezogen werden[51].

So lagen die Gehälter der technischen Angestellten in 15 von 18 Wirtschaftszweigen zwischen 15,1 und 30,0 v. H. über den Verdiensten der kaufmännischen Angestellten (Tabelle 8) und in 14 von 16 Fällen zwischen — 2,0 und 13,0 v. H. unter bzw. über den Gehältern der Meister (Tabelle 9). Die Gehaltsabstände zwischen Meistern und kaufmännischen Angestellten lagen in 11 von 16 Fällen im Bereich von 5,1 bis 20,0 v. H. (Tabelle 10).

3. Die Häufigkeitsverteilungen weisen darüber hinaus auf eine gewisse *Gleichmäßigkeit der Verdienstabstände* zwischen den Beschäftigungsarten hin, wobei die größten (und die am häufigsten vorkommenden) Verdienstabstände zwischen „Technikern" und „Kaufleuten" bestehen, weniger große relative Differenzierungen zwischen Meistern und kaufmännischen Angestellten auftreten und die prozentualen Abweichungen zwischen technischen Angestellten und Meistern am geringsten sind.

Tabelle 8

Die Häufigkeitsverteilung der Abstände der Bruttomonatsverdienste der männlichen technischen Angestellten von denen der männlichen kaufmännischen Angestellten in der gewerblichen Wirtschaft der Bundesrepublik im Jahre 1951

Gehaltsabstand i. v. H. von den technischen Angestellten zu den kaufmännischen Angestellten	Zahl der Fälle
1	2
0,0 bis 5,0	1
5,1 bis 10,0	—
10,1 bis 15,0	2
15,1 bis 20,0	7
20,1 bis 25,0	6
25,1 bis 30,0	2

Quellen: Tabelle L im Anhang.

[50] Im Bergbau waren nur 2,6 v. H. der Angestellten als Meister beschäftigt.

[51] Die relativen Extremwerte (Spalte 2, Kreditinstitute ..., Spalte 6, Verkehr, Spalte 10, Bergbau, jeweils in Tabelle L des Anhangs) wurden nicht berücksichtigt.

Tabelle 9

Die Häufigkeitsverteilung der Abstände der Bruttomonatsverdienste der männlichen technischen Angestellten von denen der männlichen angestellten Meister in der gewerblichen Wirtschaft der Bundesrepublik im Jahre 1951

Gehaltsabstand i. v. H. von den technischen Angestellten zu den angestellten Meistern	Zahl der Fälle
1	2
— 2,0 bis 3,0	5
3,1 bis 8,0	3
8,1 bis 13,0	6
13,1 bis 18,0	1
18,1 und mehr	1

Quellen: Tabelle L im Anhang.

Tabelle 10

Die Häufigkeitsverteilung der Abstände der Bruttomonatsverdienste der männlichen angestellten Meister von denen der männlichen kaufmännischen Angestellten in der gewerblichen Wirtschaft der Bundesrepublik im Jahre 1951

Gehaltsabstand i. v. H. von den angestellten Meistern zu den kaufmännischen Angestellten	Zahl der Fälle
1	2
0,0 bis 5,0	2
5,1 bis 10,0	5
10,1 bis 15,0	2
15,1 bis 20,0	4
20,1 und mehr	3

Quellen: Tabelle L im Anhang.

Eine Begründung für diese vorgefundene Gestalt der intrasektoralen Gehaltsstruktur nach Beschäftigungsarten ist zunächst darin zu sehen, daß das allgemeine *Gehaltsniveau* der in den einzelnen Branchen dominierenden Angestelltengruppe die Gehälter der Beschäftigungsarten und damit deren Gehaltsabstände beeinflußt. Berücksichtigt man den vermutlich höheren Grad der Substituierbarkeit von technischen Angestellten durch Meister — beide „Angestelltenarten“ werden im wesentlichen technischen Tätigkeitsbereichen der gewerblichen Wirtschaft zugeteilt —, dann sind deren geringe Gehaltsabstände ebenso verständlich wie der größere Verdienstabstand dieser beiden Gruppen zu den kaufmännischen Angestellten, weil am Arbeitsmarkt bei geringerer Substituierbarkeit von einer Beschäftigungsart durch eine andere im allgemeinen größere Verdienstunterschiede auftreten.

Diese Tendenz wird auch dadurch unterstützt, daß in einzelnen Branchen ein spezifischer Bedarf an technischen Angestelltentätigkeiten besteht (so im Bergbau, Baugewerbe, Elektrotechnik, Feinmechanik und Optik u. a.), der von den betreffenden Wirtschaftszweigen dadurch gedeckt wird, daß den Knappheitsrelationen an diesem Teilarbeitsmarkt der Angestellten durch Einräumung entsprechender Gehaltsvorteile Rechnung getragen wird.

Die Ergebnisse zur intrasektoralen Gehaltsstruktur der weiblichen Angestellten nach Beschäftigungsarten sind denen der männlichen ähnlich[52]. In allen 13 Wirtschaftszweigen war das Gehaltsniveau der technischen Angestellten z. T. weit höher als das der kaufmännischen. Auch die Streuungsbreite der Gehaltsabstände[53] konzentrierte sich in 9 von 13 Fällen auf den Bereich zwischen 10 und 25 v. H. (Ausnahme: der relative Gehaltsabstand im Nahrungs- und Genußmittelgewerbe). Da die geringere Repräsentation der technischen weiblichen Angestellten

Tabelle 11

Die Häufigkeitsverteilung der Abstände der Bruttomonatsverdienste der weiblichen technischen Angestellten von denen der weiblichen kaufmännischen Angestellten in der gewerblichen Wirtschaft der Bundesrepublik im Jahre 1951

Gehaltsabstand i. v. H. von den technischen Angestellten zu den kaufmännischen Angestellten	Zahl der Fälle
1	2
0,0 bis 5,0	3
5,1 bis 10,0	1
10,1 bis 15,0	2
15,1 bis 20,0	3
20,1 bis 25,0	3
25,1 und mehr	1

Quellen: Tabelle L im Anhang.

[52] Die Vergleichbarkeit leidet allerdings darunter, daß die Beschäftigungsart Meister bei den weiblichen Angestellten nur mit rund 0,4 v. H. aller erfaßten weiblichen Angestellten vertreten ist; diese Gruppe wurde deswegen bei den weiteren Überlegungen ausgeklammert. Die technischen Angestellten hatten vor allem in den Wirtschaftsabteilungen Kreditinstitute und Versicherungsgewerbe sowie Dienstleistungen einen so geringen Repräsentationsgrad, daß der Verdienstvergleich der Beschäftigungsarten auf 13 Wirtschaftszweige beschränkt werden mußte. Vgl. Tabelle C (die drei letzten Spalten), Tabelle L, Spalte 14.

[53] Vgl. Tabelle 11.

(lediglich 3 v. H. aller weiblichen Angestellten) Zufallsfehler begünstigt, verbietet sich hier eine eingehendere Analyse. Eine Betrachtung der intragewerblichen Struktur der Verdienste von Angestellten nach Beschäftigungsarten läßt Gehaltsunterschiede nach Leistungsgruppen (sowie nach weiteren Merkmalen) unberücksichtigt, so daß im folgenden die Gehaltsdifferenzen nach der Qualifikation abgehandelt werden.

2. Gehaltsunterschiede nach Leistungsgruppen

Mit den Ursachen für die Existenz intragewerblicher Entlohnungsunterschiede nach der Qualifikation haben sich, wie Fürstenberg und Lampert ausführen[54], bereits Smith, Ricardo, Malthus, Mill, Marshall, Cantillon und Nassau-Senior beschäftigt. Unterschiedliches Können und unterschiedliche Ausbildung spiegeln sich (auch) in den Gehaltsdifferenzen zwischen den Leistungsgruppen der Angestellten wider, obwohl tatsächlich bestehende Bewertungsunterschiede in den 5 vom Statistischen Bundesamt aufgeführten Leistungsgruppen nur unvollkommen wiedergegeben werden und in der Praxis auch für die Angestelltenschaft zur Verwendung von Methoden der analytischen Arbeitsbewertung geführt haben[55].

Der aus den Verdienstangaben der männlichen Angestellten[56] für das Jahr 1951 entwickelte Teil der Tabelle M im Anhang[57] vermittelt für die intrasektorale Gehaltsstruktur nach Leistungsgruppen folgende Ergebnisse:

---

[54] *F. Fürstenberg*, a. a. O., S. 24; *H. Lampert*, Die Lohnstruktur . . ., a. a. O., S. 45.

[55] Vgl. *F. Fürstenberg*, a. a. O., S. 24. Die von der amtlichen Statistik verwendeten Abgrenzungskriterien für die einzelnen Leistungsgruppen sind umstritten (vgl. *F. Croner*, Soziologie der Angestellten, Köln, Berlin 1962, S. 229 ff.). In der vorliegenden Arbeit mußte jedoch auf die vom Statistischen Bundesamt gewählte Einteilung nach Qualifikationsgruppen zurückgegriffen werden.

Aus der in der letzten Zeit mit der wachsenden Bedeutung betrieblicher Personalwirtschaft erhöhten Zahl von Publikationen zur analytischen Arbeitsbewertung für die Angestellten vgl. einige neuere Arbeiten von: *E. Zander*, Gehaltsfestsetzung in Wirtschaft und Verwaltung, Heidelberg 1965, insbesondere S. 66 ff.; *G. Stöcker, H. Dirks*, Bewertungsverfahren im Angestelltenbereich, 2. Aufl., Neuwied 1970; *P. Schastok*, Die analytische Arbeitsbewertung für Angestellte als Grundlage der betrieblichen Gehaltspolitik, in: Organisationspraxis, Sonderdruck aus der Zeitschrift für Organisation, H. 3 (April 1968), ohne Seitenangabe; grundlegendere Beiträge zur analytischen Arbeitsbewertung im allgemeinen finden sich in: *H. Böhrs*, Arbeitsleistung und Arbeitsentlohnung, Wiesbaden 1958; *G. Lehmann*, Der Beitrag der Arbeitsphysiologie zur Lohnfindung, in: Lohnpolitik und Lohntechnik heute, a. a. O., S. 87 ff.; *E. Bramesfeld*, Der Beitrag des Arbeitsstudiums zur Lohnfindung, in: Lohnpolitik und Lohntechnik heute, a. a. O., S. 97 ff.

[56] Vgl. Tabelle B des Anhangs jeweils die „Gesamtspalten".

[57] Vgl. Spalten 2, 6 10, 14.

Setzt man die Verdienste der mittleren und am stärksten besetzten Leistungsgruppe III ins Verhältnis zu den Verdiensten in den anderen Qualifikationsgruppen, so ist ersichtlich, daß in 19 Wirtschaftsabteilungen das Gehaltsniveau von der höchsten bis zur niedrigsten Leistungsgruppe abnahm. Dabei zeichneten sich die Verdienstunterschiede in den Branchen durch relativ unterschiedliche Abstufungen aus. Auf Grund von Ausbildung und Qualifikation wurden den Angestellten in leitender Stellung (Leistungsgruppe I) erheblich höhere (z. T. doppelt so hohe) Gehälter gezahlt als den männlichen Angestellten in Leistungsgruppe III.

Trotzdem besticht die *relative Gleichmäßigkeit* der Abstände der Verdienste zwischen den Leistungsgruppen. Die Gehaltsabstände der Gruppen I und III konzentrierten sich in 16 von 18 Wirtschaftszweigen auf eine Bandbreite von 70,1 bis 100,1 v. H. und mehr. Herausragend hohe Gehaltsabstände innerhalb der Branchen können dabei für die leitenden Angestellten in der chemischen Industrie, in der Kunststoff-, Gummi- und Asbestverarbeitung, in der Handelsvermittlung und im Versicherungsgewerbe, extrem niedrige Abstände für das Baugewerbe und die Industrie Steine und Erden konstatiert werden. Charakteristische Häufigkeitsverteilungen der Verdienstabstände zeigen sich auch bei den Verhältniszahlen zwischen den Leistungsgruppen II, IV und V zur

Tabelle 12

Die Häufigkeitsverteilung der Abstände der Bruttomonatsverdienste der männlichen Angestellten der Leistungsgruppen I, II, IV und V von denen der Leistungsgruppe III in der gewerblichen Wirtschaft der Bundesrepublik im Jahre 1951

Gehaltsabstand i. v. H. von den Gehältern der Leistungsgruppe III	Zahl der Fälle – Leistungsgruppe I	II	IV	V
	2	3	4	5
0,0 bis 10,0	0	0	0	0
10,1 bis 20,0	0	2	1	0
20,1 bis 30,0	0	6	14	1
30,1 bis 40,0	0	11	4	6
40,1 bis 50,0	0	0	0	12
50,1 bis 60,0	1	0	0	0
60,1 bis 70,0	1	0	0	0
70,1 bis 80,0	2	0	0	0
80,1 bis 90,0	6	0	0	0
90,1 bis 100,0	4	0	0	0
100,1 und mehr	4	0	0	0

Quellen: Tabelle M im Anhang.

Leistungsgruppe III. Sie betragen in der angegebenen Reihenfolge: zwischen 10,1 und 40,4 v. H. bzw. 20,1 bis 40,0 v. H. bzw. 20,1 bis 50,0 v. H. für alle Wirtschaftsabteilungen[58].

Die aufgezeigten Ergebnisse zu intrasektoralen Gehaltsdifferenzen nach Leistungsgruppen lassen sich damit begründen, daß

1. die verschieden großen Abweichungen in den Durchschnittsverdiensten zwischen den Leistungsgruppen auf einem verschieden großen *Leistungs-* und *Qualifikationsgefälle* beruhen,

2. neben der Streuung der Qualifikation und Leistung in den einzelnen Branchen auch das allgemeine Gehaltsniveau die Gehälter und die Gehaltsabstände beeinflußt, worauf die *relative Gleichmäßigkeit* der Gehaltsdifferenzen zurückgeführt werden kann.

Ein unterschiedlich hohes Leistungs- und Qualifikationsgefälle, das mit der von Leistungsgruppe I bis V abnehmenden Substituierbarkeit von Angestelltentätigkeiten zusammenhängt, drückt sich darin aus, daß die Gehaltsabstände zwischen den Leistungsgruppen I und III sowie II und III ungleich größer ausfallen als zwischen den Gruppen IV und III sowie V und III[59]. Je weniger die Möglichkeit in einzelnen Branchen besteht, Arbeitskräfte höherer Qualifikation aus den nachfolgenden Leistungsgruppen zu rekrutieren, um so größer fallen im Regelfall die Gehaltsdifferentiale aus. Damit ergeben sich Parallelen zu den Erklärungen der intraindustriellen Lohnstruktur nach Leistungsgruppen für die Arbeiter, die darauf hindeuten, daß die intragewerbliche Verdienststruktur von männlichen Arbeitern und Angestellten Übereinstimmungen und relative Gleichartigkeiten aufweisen.

Aus den Gehaltsunterschieden zwischen den Leistungsgruppen für die weiblichen Angestellten lassen sich (wie bei den Gehaltsunterschieden nach Beschäftigungsarten) Parallelen zu den männlichen Angestellten aufzeigen. Die statistischen Unterlagen[60] zeigen von Branche zu Branche unterschiedliche relative Gehaltsdifferenzen zwischen den Qualifikationsgruppen, was einer relativen Gleichmäßigkeit der Verdienstabstände nicht im Wege steht, wie Tabelle 13 ausweist. In 13 von 15 Wirtschaftszweigen[61] betrug der Gehaltsabstand jeweils von Gruppe II[62]

---

[58] Vgl. Tabelle 12, Spalten 3, 4, 5.

[59] Vgl. Tabellen M und 12.

[60] Tabelle C im Anhang jeweils die Gesamtspalten, außerdem die daraus entwickelten Spalten 18, 22 und 26 der Tabelle M im Anhang.

[61] Wie die entsprechende Spalte der Tabelle C zeigt, hatten vier Wirtschaftszweige so geringe Beschäftigtenanteile, daß keine repräsentativen Gehaltsdurchschnitte errechnet werden konnten.

[62] Die Leistungsgruppe I wird zwar in Tabelle C mit angeführt, ist aber mit einem Beschäftigtenprozentsatz von 0,2 v. H. an allen weiblichen Angestellten so gering, daß diese Ergebnisse nicht verwertet wurden.

zu IV zwischen 70,1 und 100,0 v. H., von Gruppe III zu Gruppe IV in 18 von 19 Fällen zwischen 20,1 und 70,0 v. H. und schließlich von Gruppe IV zu Gruppe V in allen Wirtschaftsabteilungen zwischen 0,0 und 30,0 v. H.

Bei Durchsicht aller Branchen wies auch das Leistungs- und Qualifikationsgefälle eine unterschiedlich starke Ausprägung auf, was an den Spalten 22 und 26 der Tabelle M abgelesen werden kann: In jeder Branche war der relative Gehaltsabstand von der Leistungsgruppe III zur Leistungsgruppe IV größer als von der Leistungsgruppe V zur Leistungsgruppe IV.

Daß die relativen Gehaltsabstände von der Gruppe II zur Gruppe IV gerade im Handel am höchsten waren[63], kann in einem besonders hohen Bedarf an qualifizierten weiblichen Angestelltentätigkeiten in diesem Wirtschaftsbereich begründet sein.

Wegen der Ähnlichkeit der Ergebnisse bei männlichen und weiblichen Angestellten erübrigen sich weitere Ausführungen mit dem Hinweis auf die Erklärungsgründe für die intrasektorale Gehaltsstruktur nach Leistungsgruppen für männliche Angestellte.

Tabelle 13

Die Häufigkeitsverteilung der Abstände der Bruttomonatsverdienste der weiblichen Angestellten der Leistungsgruppen II, III und V von denen der Leistungsgruppe IV in der gewerblichen Wirtschaft der Bundesrepublik im Jahre 1951

Gehaltsabstand i. v. H. von den Gehältern der Leistungsgruppe IV	Zahl der Fälle		
	Leistungsgruppe		
	II	III	V
1	2	3	4
0,0 bis 10,0	0	0	1
10,1 bis 20,0	0	0	4
20,1 bis 30,0	0	2	14
30,1 bis 40,0	0	7	0
40,1 bis 50,0	0	9	0
50,1 bis 60,0	1	1	0
60,1 bis 70,0	1	0	0
70,1 bis 80,0	4	0	0
80,1 bis 90,0	3	0	0
90,1 bis 100,0	6	0	0

Quellen: Tabelle M im Anhang.

[63] Tabelle M, Spalte 18.

3. Gehaltsunterschiede nach Betriebsgrößenklassen

Mit Hilfe der Gehaltsstrukturerhebungen des Statistischen Bundesamtes kann eine Hypothese getestet werden, die in der Betriebsgröße[64, 65] einen wichtigen Bestimmungsfaktor der Verdienststruktur sieht und die besagt, daß mit steigender Betriebsgröße der Durchschnittsverdienst innerhalb eines Wirtschaftszweiges steigt und dadurch eine Beeinflussung der Einkommensdifferentiale stattfindet[66].

Vergleicht man die Durchschnittsverdienste der männlichen Angestellten in der Betriebsgrößenklasse mit 1000 und mehr Beschäftigten mit den Verdiensten in der kleinsten Betriebsgrößenklasse, so ergibt sich ein prozentualer Verdienstunterschied von 54 v. H., für die weiblichen Angestellten eine relative Differenz von 40 v. H. Die Bedeutung der Betriebsgröße als Bestimmungsfaktor der intrasektoralen Gehaltsstruktur von Angestellten beider Geschlechter wird im einzelnen aus den Tabellen 14 und 15 ersichtlich:

1. In allen Betriebsgrößenklassen sanken mit abnehmender Qualifikation die Durchschnittsgehälter männlicher und weiblicher Angestellter. Zwischen den Betriebsgrößenklassen traten in den einzelnen Wirtschaftsbereichen und Leistungsgruppen erhebliche Gehaltsdifferenzen auf, die dazu führen konnten, daß Gehälter von Angestellten niedrigerer Qualifikationsstufen, die aber in größeren Betrieben gezahlt wurden, z. T. weit höher ausfielen als Verdienste von Beschäftigten, die zwar einer höheren Leistungsgruppe angehörten, aber auch in einem kleineren Betrieb arbeiteten. Wegen der großen Variationsbreite zwischen Spitzengehältern und Einkommen der untersten Leistungsgruppe war es allerdings nicht möglich, daß Gehaltsunterschiede nach der Betriebs-

---

[64] Für die Untersuchung der Gehaltsunterschiede nach der Betriebsgröße stehen für die inter- und intrasektorale Dimension der Gehaltsstruktur nur die Gehaltsstrukturerhebungen des Statistischen Bundesamtes zur Verfügung; es sei für die Zeitraumanalyse vorweggenommen, daß die amtliche Statistik 1957 das Merkmal Betriebsgröße vernachlässigt. Vgl. *Gehaltsstrukturerhebung 1957*, a. a. O.

[65] Unter der Betriebsgröße wird in der Betriebswirtschaftslehre weitgehend übereinstimmend das Absatzvolumen je Zeiteinheit verstanden. Wegen der Schwierigkeiten statistischer Erfassung der Absatzvolumina in der gewerblichen Wirtschaft (man denke an Dienstleistungen!) verwendet das Statistische Bundesamt als Maßstab der Betriebsgröße die Anzahl der Beschäftigten, vgl. Tabellen 14 und 15; zur Betriebsgröße vgl. *H. Koch*, Artikel Betriebsgröße, HdSW, Bd. 2, Stuttgart, Tübingen, Göttingen 1959, S. 82 ff.

[66] Diese Auffassung wird vornehmlich für die Lohn- bzw. Gehaltsstruktur vertreten von *P. Deneffe*, Die Gehälter der Angestellten in der Bundesrepublik, a. a. O., S. 28; *F. Fürstenberg*, a. a. O., S. 14 ff.; *W. G. Hoffmann*, Die branchenmäßige ..., a. a. O., S. 68 f.; *J. H. Müller*, Überbetriebliche Lohndifferenzen, a. a. O., S. 228 f.; *H. Lampert*, Die Lohnstruktur ..., a. a. O., S. 61 ff.; *H. G. Jaspers*, a. a. O., S. 62; *J. Kromphardt*, a. a. O., S. 62.

Tabelle 14

Die durchschnittlichen Bruttomonatsverdienste[1], [2]) (in DM) der männlichen Angestellten nach Wirtschaftsabteilungen[3]), Leistungsgruppen und Betriebsgrößenklassen in der gewerblichen Wirtschaft der Bundesrepublik Deutschland[4]) im November 1951

Wirtschaftsabteilungen	Leistungsgruppen	Betriebsgrößenklassen				die Verdienste lagen in der erstgenannten Betriebsgrößenklasse i. v. H. über denen der letztgenannten Betriebsgrößenklasse			
		2—9	10 bis 99	100 bis 999	1 000 und mehr				
		A	B	C	D	B/A	C/B	D/C	D/A
1	2	3	4	5	6	7	8	9	10
alle erfaßten Wirtschaftsabteilungen	I	684	771	925	1 125	12,7	20,0	21,6	64,5
	II	499	541	639	760	8,4	18,1	18,9	52,3
	III	374	425	495	576	13,6	16,5	16,4	54,0
	IV	254	297	359	433	16,9	20,9	20,6	70,5
	V	211	250	309	367	18,5	23,6	18,8	73,9
Bergbau, Gewinnung und Verarbeitung von Steinen und Erden, Energiewirtschaft	I	—	716	939	1 443	—	31,1	53,7	—
	II	453	508	650	1 022	12,1	28,0	57,2	125,6
	III	406	437	508	711	7,6	16,2	40,0	75,1
	IV	318	336	387	502	5,7	15,2	29,7	57,9
	V	285	309	346	401	8,4	12,0	15,9	40,7
Eisen- und Metallerzeugung und -verarbeitung	I	—	726	900	1 033	—	24,0	14,8	—
	II	469	563	660	708	20,0	17,2	7,3	51,0
	III	389	462	512	539	18,8	10,8	5,3	38,6
	IV	286	321	367	403	12,2	14,3	9,8	40,9
	V	207	249	312	345	20,3	25,3	10,6	66,7
Verarbeitendes Gewerbe	I	591	775	952	1 154	31,1	22,8	21,2	95,3
	II	465	542	635	730	16,6	17,2	15,0	57,0
	III	360	419	491	547	16,4	17,2	11,4	51,9
	IV	264	306	366	415	15,9	19,6	13,4	57,2
	V	214	237	301	386	10,7	27,0	28,2	80,4
Bau-, Ausbau- und Bauhilfsgewerbe	I	593	614	798	—	3,5	30,0	—	—
	II	467	508	591	620	8,8	16,3	4,9	32,8
	III	404	432	487	528	6,9	12,7	8,4	30,7
	IV	305	319	368	390	4,6	15,4	6,0	27,9
	V	234	243	273	—	3,8	12,3	—	—
Handel, Geld- und Versicherungswesen	I	713	826	951	—	15,8	15,1	—	—
	II	510	550	660	805	7,8	20,0	22,0	57,8
	III	373	413	477	541	10,7	15,5	13,4	45,0
	IV	247	283	330	393	14,6	16,6	19,1	59,1
	V	203	244	290	302	20,2	18,9	4,1	48,8
Dienstleistungen	I	—	—	—	—	—	—	—	—
	II	—	466	—	—	—	—	—	—
	III	—	404	459	—	—	13,6	—	—
	IV	—	305	—	—	—	—	—	—
	V	—	—	—	—	—	—	—	—
Verkehrswirtschaft	I	—	700	869	—	—	24,1	—	—
	II	501	527	561	611	5,2	6,5	8,9	22,0
	III	349	387	448	483	10,9	15,8	7,8	38,4
	IV	274	304	359	397	10,9	18,1	10,6	44,9
	V	245	258	321	353	5,3	24,4	10,0	44,1

[1]) Mit einem monatlichen Bruttoverdienst unter 2 000,— DM.
[2]) Verdienste wurden auf volle DM aufgerundet.
[3]) Wirtschaftsabteilungen ausnahmsweise nach der Systematik der Arbeitsstätten von 1950.
[4]) Ohne Saarland und Berlin.

Quellen: Gehaltsstrukturerhebung 1951, a. a. O., Tabelle 12, S. 294 ff.

Tabelle 15

Die durchschnittlichen Bruttomonatsverdienste[1], [2]) (in DM) der weiblichen Angestellten nach Wirtschaftsabteilungen[3]), Leistungsgruppen und Betriebsgrößenklassen in der gewerblichen Wirtschaft der Bundesrepublik Deutschland[4]) im November 1951

Wirtschafts-abteilungen	Leistungs-gruppen	Betriebsgrößenklassen				Die Verdienste lagen in der erstgenannten Betriebsgrößenklasse i. v. H. über denen der letztgenannten Betriebsgrößenklasse			
		2—9	10 bis 99	100 bis 999	1 000 und mehr				
		A	B	C	D	B/A	C/B	D/C	D/A
1	2	3	4	5	6	7	8	9	10
alle erfaßten Wirtschafts-abteilungen	II	401	444	501	537	10,7	12,8	7,2	20,9
	III	304	333	382	427	9,5	14,7	11,8	40,5
	IV	196	233	276	312	18,9	18,5	13,0	59,2
	V	151	184	222	247	21,9	20,7	11,3	63,6
Bergbau, Gewinnung und Verarbeitung von Steinen und Erden, Energie-wirtschaft	II	—	439	492	—	—	12,1	—	—
	III	—	344	382	459	—	11,0	20,2	—
	IV	236	252	301	357	6,8	19,4	18,6	51,3
	V	182	196	250	271	7,7	27,6	8,4	48,9
Eisen- und Metallerzeugung und -verarbeitung	II	—	471	556	544	—	18,0	−2,2	—
	III	296	352	399	412	18,9	13,4	3,3	39,2
	IV	204	259	292	309	27,0	12,7	5,8	51,5
	V	158	193	232	242	22,2	20,2	4,3	53,2
Verarbeitendes Gewerbe	II	355	455	504	576	28,2	10,8	14,3	62,3
	III	303	338	382	444	11,6	13,0	16,2	46,5
	IV	189	236	283	313	24,9	19,9	10,6	65,6
	V	147	184	225	248	25,2	22,3	10,2	68,7
Bau-, Ausbau- und Bau-hilfsgewerbe	II	—	426	539	—	—	26,5	—	—
	III	287	332	409	—	15,7	23,2	—	—
	IV	211	233	300	—	10,4	28,8	—	—
	V	159	174	208	—	9,4	19,5	—	—
Handel, Geld- und Versicherungswesen	II	406	442	479	425	8,9	8,4	−11,3	4,7
	III	305	328	369	393	7,5	12,5	6,5	28,8
	IV	195	228	260	286	16,9	14,0	10,0	46,7
	V	150	182	208	235	21,3	14,3	13,0	56,7
Dienst-leistungen	II	—	305	—	—	—	—	—	—
	III	—	280	337	—	—	20,4	—	—
	IV	169	211	242	—	24,9	14,7	—	—
	V	153	189	223	—	23,5	18,0	—	—
Verkehrs-wirtschaft	II	—	424	—	—	—	—	—	—
	III	294	322	370	—	9,5	14,9	—	—
	IV	217	231	279	335	6,5	20,8	20,1	54,4
	V	177	208	257	255	17,5	23,6	−0,8	44,1

[1]) Mit einem monatlichen Bruttoverdienst unter 2 000,— DM.
[2]) Verdienste wurden auf volle DM aufgerundet.
[3]) Vgl. Fußnote 3, Tabelle 14.
[4]) Ohne Saarland und Berlin.

Quellen: Gehaltsstrukturerhebung 1951, a. a. O., Tabelle 12, S. 294 ff

größe starke Leistungsgruppenunterschiede überkompensierten[67], vielmehr lagen die Durchschnittsgehälter der obersten Betriebsgrößenklasse in der Leistungsgruppe V bei den Männern relativ wenig über oder unter den Verdiensten der Leistungsgruppe III der kleinsten Betriebsgrößenklasse[68] (Ausnahme: Handel, Geld- und Versicherungswesen mit einer negativen Differenz zur Leistungsgruppe III von DM 71,—), bei den weiblichen Angestellten zwischen den Verdiensten der Gruppen III und IV[69].

2. Mit geringen Ausnahmen (die bei den weiblichen Angestellten auftraten[70]) stiegen die Gehaltsdurchschnitte in den jeweiligen Leistungsgruppen von einer Betriebsgrößenklasse zur nächsthöheren[71], wobei die prozentualen Gehaltsabstände mit zunehmender Betriebsgröße durch unterschiedliche Werte repräsentiert wurden und die Extremwerte im Vergleich der größten mit der niedrigsten Betriebsgrößenklasse bei den Männern mit 125,6 v. H. (höchster Wert Leistungsgruppe II im Bergbau) und 22,0 v. H. (niedrigster Wert Leistungsgruppe II in den Dienstleistungen), bei den Frauen mit 68,7 v. H. (Höchstwert Leistungsgruppe V im verarbeitenden Gewerbe) und 4,7 v. H. (niedrigster Wert Leistungsgruppe II im Handel, Geld- und Versicherungswesen) angegeben werden können.

Auch ohne eine noch eingehendere Analyse des Zahlenmaterials kann behauptet werden, daß die Betriebsgröße eine wichtige Determinante der intrasektoralen Gehaltsstruktur darstellt. Aus der Feststellung des Statistischen Bundesamtes, wegen der nicht tariflichen Abstufungen der Angestelltengehälter nach der Betriebsgröße, müßte es sich beim Einfluß der Betriebsgröße auf die Gehaltsstruktur um Auswirkungen „betrieblicher Maßnahmen außerhalb des Tarifs oder den Tarif hinaus handeln“[72], könnte u. a. die zu überprüfende Hypothese abgeleitet werden, daß relative Gehaltsvorteile der Großbetriebe durch Sonderzu-

---

[67] Diese Möglichkeit ist für die intraindustrielle Lohnstruktur nach der Betriebsgröße mit positivem Ergebnis getestet worden von *H. Lampert,* Die Lohnstruktur ..., a. a. O., S. 61 f.

[68] Vgl. Tabelle 14, Spalten 3 und 6.

[69] Vgl. Tabelle 15, Spalten 3 und 6.

[70] Die Ausnahmen in der Eisen- und Metallerzeugung und -verarbeitung Leistungsgruppe II (Tabelle 15, Spalte 9), im Handel, Geld- und Versicherungswesen Gruppe II (Spalte 9) und in der Verkehrswirtschaft Gruppe V (Spalte 9) bestehen aus geringfügigen Abweichungen oder sind durch äußerst geringe Besetzungszahlen der jeweiligen Größenklasse mit beeinflußt. Im Handel, Geld- und Versicherungswesen sind z. B. in der höchsten Betriebsgrößenklasse nur rund 1 v. H. aller in Leistungsgruppe II erfaßten weiblichen Angestellten vertreten, vgl. *Gehaltsstrukturerhebung 1951,* a. a. O., Tabelle 12, S. 19.

[71] Vgl. Tabellen 14 und 15, Spalten 7 - 10.

[72] *P. Deneffe,* Die Gehälter der Angestellten in der Bundesrepublik, a. a. O., S. 28.

Tabelle 16

Die durchschnittlichen Bruttomonatsverdienste [1], [2] (in DM) der männlichen Angestellten nach Wirtschaftsabteilungen[3], Leistungsgruppen und Gemeindegrößenklassen in der gewerblichen Wirtschaft der Bundesrepublik Deutschland[4] im November 1951

Wirtschaftsabteilungen	Gemeindegrößenklasse Gemeinden mit	Bruttomonatsverdienste in der Leistungsgruppe I	II	III	IV	V
1	2	3	4	5	6	7
aller erfaßten Wirtschaftsabteilungen	weniger als 5 000 Einw.	735	539	411	292	231
	5 bis u. 20 000 Einw.	801	567	437	303	254
	20 bis u. 50 000 Einw.	837	569	452	311	269
	50 bis u. 100 000 Einw.	964	607	483	344	289
	100 000 u. mehr Einw.	924	616	485	342	290
Bergbau, Gewinnung und Verarbeitung von Steinen und Erden, Energiewirtschaft	weniger als 5 000 Einw.	700	531	443	338	297
	5 bis u. 20 000 Einw.	860	621	530	391	318
	20 bis u. 50 000 Einw.	913	681	544	406	334
	50 bis u. 100 000 Einw.	1 327	931	679	488	378
	100 000 u. mehr Einw.	1 236	861	632	461	373
Eisen- und Metallerzeugung und -verarbeitung	weniger als 5 000 Einw.	836	603	449	327	265
	5 bis u. 20 000 Einw.	787	629	473	344	281
	20 bis u. 50 000 Einw.	863	617	492	356	300
	50 bis u. 100 000 Einw.	960	651	508	372	314
	100 000 u. mehr Einw.	942	670	525	383	313
Verarbeitendes Gewerbe	weniger als 5 000 Einw.	784	553	414	308	237
	5 bis u. 20 000 Einw.	827	576	441	326	274
	20 bis u. 50 000 Einw.	819	582	458	341	274
	50 bis u. 100 000 Einw.	1 076	619	501	369	338
	100 000 u. mehr Einw.	1 006	623	489	363	287
Bau-, Ausbau- und Bauhilfsgewerbe	weniger als 5 000 Einw.	526	474	388	291	226
	5 bis u. 20 000 Einw.	586	488	412	300	239
	20 bis u. 50 000 Einw.	612	494	427	315	229
	50 bis u. 100 000 Einw.	613	507	446	339	247
	100 000 u. mehr Einw.	765	557	465	351	262
Handel, Geld- und Versicherungswesen	weniger als 5 000 Einw.	571	466	355	242	193
	5 bis u. 20 000 Einw.	803	501	375	254	208
	20 bis u. 50 000 Einw.	866	522	395	261	235
	50 bis u. 100 000 Einw.	799	534	390	269	230
	100 000 u. mehr Einw.	839	581	436	298	260
Dienstleistungen	weniger als 5 000 Einw.	—	—	—	—	—
	5 bis u. 20 000 Einw.	—	—	—	—	—
	20 bis u. 50 000 Einw.	—	—	339	—	—
	50 bis u. 100 000 Einw.	—	—	—	—	—
	100 000 u. mehr Einw.	—	500	442	317	—
Verkehrswirtschaft	weniger als 5 000 Einw.	—	490	357	302	238
	5 bis u. 20 000 Einw.	—	534	377	305	269
	20 bis u. 50 000 Einw.	—	495	370	308	281
	50 bis u. 100 000 Einw.	—	536	388	325	256
	100 000 u. mehr Einw.	761	549	434	346	317

[1]) Mit einem monatlichen Bruttoverdienst unter 2 000,— DM.
[2]) Verdienste wurden auf volle DM aufgerundet.
[3]) Vgl. Fußnote 3, Tabelle 14.
[4]) Ohne Saarland und Berlin.

Quellen: Gehaltsstrukturerhebung 1951, a. a. O., Tabelle 12, S. 294 ff.

wendungen der Arbeitgeber in Kleinbetrieben kompensiert würden[73]. Gerade für die Angestellten[74] ist der Katalog möglicher Zusatzaufwendungen der Arbeitgeber[75] sehr umfangreich. Zusätzliche Aufwendungen werden jedoch nicht primär von Inhabern kleiner Betriebe gezahlt, sondern sie steigen — wie es die amtliche Statistik ausweist — von der kleinsten Betriebsgrößenklasse bis zur zweitgrößten bei den männlichen und weiblichen Angestellten, um in der Klasse mit 1000 und mehr Beschäftigten etwas geringer zu werden[76]. Es zeigt sich also, daß die Betriebsgröße auch einen Einfluß auf die durchschnittlichen Jahressonderzuwendungen hat und mit deren Vergabe keine Beeinträchtigung der Betriebsgröße als wichtige Bestimmungsdeterminante der intragewerblichen Gehaltsstruktur verbunden ist[77].

Auf die Frage nach der Bedeutung der Betriebsgröße für die Veränderung intrasektoraler Gehaltsunterschiede kommen wir bei der Zeitraumanalyse der Gehaltsstruktur zurück[78].

4. Gehaltsunterschiede nach Gemeindegrößenklassen

Die Betrachtung der Gehaltsdifferenzen nach Gemeindegrößen schließt die Frage ein, inwieweit Interdependenzen zwischen den Einflüssen der Orts- und der Betriebsgröße auf die Gehaltsstruktur bestehen. Unterstellt man, daß die Ortszuschläge zum Verdienst mit der Größe der Gemeinde steigen[79], und berücksichtigt man, daß die Großbetriebe im Regelfall ihren Standort in den oberen Gemeindegrößenklassen haben[80], dann ist zu vermuten, daß die Angestellten mit steigender Größe der Gemeinde höhere Gehälter[81] erzielen.

---

73 Zu dieser Hypothese vgl. *F. Fürstenberg,* a. a. O., S. 16; *J. H. Müller,* Überbetriebliche Lohndifferenzen, a. a. O., S. 229.

74 Um einen Anhaltspunkt für die Unterschiede von Personalnebenkosten bei Arbeitern und Angestellten zu geben, seien hier einige Zahlen von 1966 genannt (sie sind bezogen auf das produzierende Gewerbe). Danach betrug der Personalnebenaufwand bei Unternehmen mit einer Beschäftigtenzahl über 50 für die Angestellten 47,1 v. H. des Entgelts für geleistete Arbeit, bei den Arbeitern 41,8 v. H.; vgl. *H. Messedat,* Welche betrieblichen Sozialleistungen sind heute noch sinnvoll? in: Die Aussprache, H. 8 (Aug. 1970), S. 235.

75 Aus der sehr umfangreichen Literatur zu diesem Problemkreis vgl. z. B. *F. Spiegelhalter,* Der unsichtbare Lohn, Neuwied 1961; *H. Bues,* Freiwillige betriebliche Sozialleistungen in der Bundesrepublik Deutschland, Köln, Berlin, Bonn, München 1969.

76 Vgl. *P. Deneffe,* a. a. O., Tabelle 8, S. 28.

77 Zu diesem Ergebnis für die Lohnstruktur kommen auch *P. Deneffe,* a. a. O., S. 29; *H. Lampert,* Die Lohnstruktur ..., a. a. O., S. 62.

78 Vgl. Ausführungen auf S. 174 ff.

79 Vgl. *W. G. Hoffmann,* Die branchenmäßige ..., a. a. O., S. 73.

80 *P. Deneffe,* a. a. O., Tabelle 3, S. 24; *H. Lampert,* Die Lohnstruktur ..., a. a. O., S. 63, Fußnote 63; *J. Kromphardt,* a. a. O., S. 63.

81 Gleichzeitig wird verständlich, daß Verdienstunterschiede nach der Betriebsgröße nicht unabhängig sind von den Betriebsstandorten.

Tabelle 17

Die durchschnittlichen Bruttomonatsverdienste[1], [2]) (in DM) der weiblichen Angestellten nach Wirtschaftsabteilungen[3]), Leistungsgruppen und Gemeindegrößenklassen in der gewerblichen Wirtschaft der Bundesrepublik Deutschland[4]) im November 1951

Wirtschaftsabteilung	Gemeindegrößenklasse Gemeinden mit	Bruttomonatsverdienste in der Leistungsgruppe II	III	IV	V
1	2	3	4	5	6
alle erfaßten Wirtschaftsabteilungen	weniger als 5 000 Einw.	424	320	220	165
	5 bis u. 20 000 Einw.	433	330	220	172
	20 bis u. 50 000 Einw.	427	331	225	184
	50 bis u. 100 000 Einw.	451	345	235	185
	100 000 u. mehr Einw.	456	356	251	203
Bergbau, Gewinnung und Verarbeitung von Steinen und Erden, Energiewirtschaft	weniger als 5 000 Einw.	—	333	246	179
	5 bis u. 20 000 Einw.	—	350	272	227
	20 bis u. 50 000 Einw.	—	381	277	240
	50 bis u. 100 000 Einw.	—	410	312	262
	100 000 u. mehr Einw.	—	408	327	262
Eisen- und Metallerzeugung und -verarbeitung	weniger als 5 000 Einw.	446	339	257	191
	5 bis u. 20 000 Einw.	482	358	263	203
	20 bis u. 50 000 Einw.	498	373	277	224
	50 bis u. 100 000 Einw.	482	385	280	219
	100 000 u. mehr Einw.	525	399	296	230
Verarbeitendes Gewerbe	weniger als 5 000 Einw.	452	334	237	180
	5 bis u. 20 000 Einw.	464	348	246	187
	20 bis u. 50 000 Einw.	453	346	246	196
	50 bis u. 100 000 Einw.	497	381	262	195
	100 000 u. mehr Einw.	483	377	263	210
Bau-, Ausbau- und Bauhilfsgewerbe	weniger als 5 000 Einw.	—	283	202	151
	5 bis u. 20 000 Einw.	—	324	216	165
	20 bis u. 50 000 Einw.	—	317	228	164
	50 bis u. 100 000 Einw.	—	330	229	164
	100 000 u. mehr Einw.	453	353	256	188
Handel, Geld- und Versicherungswesen	weniger als 5 000 Einw.	387	286	187	141
	5 bis u. 20 000 Einw.	403	299	195	153
	20 bis u. 50 000 Einw.	404	309	205	166
	50 bis u. 100 000 Einw.	426	312	214	170
	100 000 u. mehr Einw.	443	338	237	188
Dienstleistungen	weniger als 5 000 Einw.	—	—	238	221
	5 bis u. 20 000 Einw.	—	—	194	—
	20 bis u. 50 000 Einw.	—	—	201	174
	50 bis u. 100 000 Einw.	—	—	205	—
	100 000 u. mehr Einw.	339	300	220	202
Verkehrswirtschaft	weniger als 5 000 Einw.	—	—	214	—
	5 bis u. 20 000 Einw.	—	294	231	172
	20 bis u. 50 000 Einw.	—	299	228	182
	50 bis u. 100 000 Einw.	—	311	223	156
	100 000 u. mehr Einw.	427	339	250	228

[1]) Mit einem monatlichen Bruttoverdienst unter 2 000,— DM.
[2]) Verdienste wurden auf volle DM aufgerundet.
[3]) Vgl. Fußnote 3, Tabelle 14.
[4]) Ohne Saarland und Berlin.

Quellen: Gehaltsstrukturerhebung 1951, a. a. O., Tabelle 12, S. 294 ff.

Tatsächlich zeigt die Analyse der Tabellen 16 und 17 jedoch eine verhältnismäßig geringe Wirkung der Ortsgrößen auf die Durchschnittsverdienste der Angestellten[82]. Zwar stiegen die Gehälter der Angestellten für alle erfaßten Wirtschaftsabteilungen in den meisten Fällen an[83], das schließt jedoch relative und sogar absolute Verringerungen des Verdienstdurchschnitts mit größer werdender Gemeinde nicht aus. So verdienten die männlichen Angestellten der höchsten Gemeindegrößenklasse (über 100 000 Einwohner) in der Leistungsgruppe I und IV im Durchschnitt weniger als in der niedrigeren Klasse (50 - 100 000 Einwohner)[84]; ähnliche Differenzierungen ergaben sich in den einzelnen Wirtschaftsbereichen.

Sie konnten soweit gehen, daß den weiblichen Angestellten der kleinsten Gemeindegröße im Bereich Dienstleistungen mehr Gehalt gezahlt wurde[85] als in den Standorten mit über 100 000 Einwohnern[86]. Es ist nicht auszuschließen, daß in einzelnen Fällen die Summe der betrieblichen Standortpräferenzen kleinerer Gemeinden ein solches Gewicht erhält, daß Arbeitskräfte unter Inkaufnahme überdurchschnittlicher Gehaltserhöhungen aus größeren Gemeinden attrahiert werden können.

Gehälter in größeren Standorten der Gewerbe und niedrigeren Leistungsgruppen waren selten höher als Gehälter von höheren Leistungsgruppen in kleinen Gemeinden. Der Verdienst männlicher und weiblicher Angestellter im Bergbau und im Handel, Geld- und Versicherungswesen der Leistungsgruppe V in der höchsten Gemeindegrößenklasse übertraf die Gehälter in Leistungsgruppe IV der kleinsten Größenklasse; es kann jedoch abschließend bemerkt werden, daß der Einfluß der Gemeindegröße auf die intrasektorale Gehaltsstruktur weit geringer war, als der Einfluß der Betriebsgröße. Qualifikationsunterschiede wurden zudem von der Gemeindegröße weniger stark kompensiert als von der Betriebsgröße, wie ein Vergleich der Tabellen 14 bis 17 beweist.

---

[82] So auch *P. Deneffe,* a. a. O., S. 28, auf Grund der Tabelle 8, die jedoch nur Angestellte der Leistungsgruppe III enthält.

[83] Vgl. Spalten 2 - 7 bzw. 6 der Tabellen 16 und 17.

[84] Tabelle 16, Spalten 3 und 6.

[85] Tabelle 17, Spalten 5 und 6.

[86] Diese Aussage kann keinesfalls als repräsentativ für die Verdiensthöhe nach der Gemeindegröße im gesamten Dienstleistungsbereich angesehen werden, weil die in diesem Sektor erfaßte Zahl von weiblichen Angestellten sehr gering ist (nur 691 Angestellte) und nur einige Gewerbe wie Friseurgewerbe, Wäscherei u. a. erfaßt werden; vgl. *Gehaltsstrukturerhebung 1951,* a. a. O., Tabelle 12, S. 306 f.; außerdem ist erwiesen, daß die Nachfrage nach Dienstleistungen mit der Gemeindegröße wächst, so daß einkommenserhöhende Tendenzen auch für die Angestellten ausgelöst werden. Vgl. auch eingehendere Darstellungen bei *A. Schüller,* Dienstleistungsmärkte in der Bundesrepublik Deutschland, sichere Domänen mittelständischer Unternehmen? Abhandlungen zur Mittelstandsforschung Nr. 25, Köln und Opladen 1967, insbesondere S. 65 ff.

5. Gehaltsunterschiede nach Alter, Familienstand und Kinderzahl

In den bisherigen Erörterungen der intrasektoralen Gehaltsstruktur blieben mögliche, in persönlichen Merkmalen begründete Determinanten der Gehaltsunterschiede weitgehend unberücksichtigt. Trotz der in leistungsorientierten Verdienstsystemen vermutlich vorrangigen Bedeutung ökonomischer Bestimmungsgründe der Gehaltsstruktur[87], können die auf personalen Merkmalen beruhenden Gehaltsunterschiede nicht völlig außer acht gelassen werden. Gehaltsdifferenzen nach der Leistungsgruppe, Beschäftigungsart u. ä. können auch vom Alter, dem Familienstand und von der Kinderzahl der Angestellten beeinflußt werden.

Die in der Literatur vertretene These, die Verdiensthöhe steige mit zunehmendem Alter[88], kann zunächst mit Hilfe der Zahlenangaben in den Tabellen 18 und 19 für die männlichen und weiblichen Angestellten bestätigt werden. Mit einer Ausnahme bei den angestellten Männern (Dienstleistungen, Altersklasse D und C in Spalte 6, Tabelle 18) wuchs die absolute Höhe der Gehälter der Angestellten in 19 Wirtschaftsabteilungen von einer Altersklasse zur nächsthöheren, in den relativen Zuwächsen[89] bestanden allerdings erhebliche Unterschiede. So verdienten die über 45 Jahre alten Angestellten oft weit mehr als das doppelte der Altersklassenangehörigen unter 25 Jahren (Spitzenwerte bei den Männern und Frauen in den Branchen Kredit- und Finanzierungsinstitute, chemische Industrie und Bergbau). Bei einem Alter über 45 Jahre wurden die Verdienstabstände kleiner, während zwischen den Altersgruppen jüngerer Angestellter bei den Männern im großen und ganzen fast gleichhohe Mehrverdienste auftraten (Altersklasse C zu B und B zu A). Bei den weiblichen Angestellten waren die relativen Verdienstspannen zwischen der Altersgruppe unter 25 und der von 25 - 30 Jahre am größten.

Im Unterschied zu den Arbeitern erreichen also die Angestellten auch nach dem 30. Lebensjahr erhebliche Steigerungen ihrer Verdienste[90], die vermutlich einmal mit längerer Ausbildungszeit und höheren Ausbildungskosten in Zusammenhang stehen, andererseits Resultat einer mit höherem Alter steigenden Berufserfahrung und Qualifizierung sind, so daß die bereits analysierten Gehaltsunterschiede nach Leistungsgruppen auch vom altersmäßigen Aufbau der Angestelltenschaft beeinflußt wer-

---

[87] So argumentieren vor allem *F. Fürstenberg*, a. a. O., S. 31 ff.; *H. Lampert*, Bestimmungsgründe . . ., a. a. O., S. 378, Fußnote 2; *G. Lehnert*, a. a. O., S. 131.

[88] Zu dieser Feststellung vgl. *P. Deneffe*, Die Gehälter der Angestellten in der Bundesrepublik, a. a. O., S. 27; *F. Fürstenberg*, a. a. O., S. 32; *W. G. Hoffmann*, Die branchenmäßige . . ., a. a. O., S. 57; *H. G. Jaspers*, a. a. O., S. 33.

[89] Vgl. Spalten 6 - 9 der Tabellen 18 und 19.

[90] Vgl. *F. Fürstenberg*, a. a. O., S. 32; *D. Claessens* u. a., a. a. O., S. 121; *W. G. Hoffmann*, Die branchenmäßige . . ., a. a. O., S. 57.

Tabelle 18

Die durchschnittlichen Bruttomonatsverdienste in DM[1], [2] der männlichen Angestellten nach Wirtschaftsabteilungen und Altersklassen in der gewerblichen Wirtschaft der Bundesrepublik Deutschland[3] im November 1951

Wirtschaftsabteilungen	Altersklassen				Die Verdienste lagen in der erstgenannten Altersklasse i. v. H. über denen der letztgenannten Altersklasse			
	unter 25 A	25 bis unter 30 B	30 bis unter 45 C	45 und mehr D	D/C	C/B	B/A	D/A
1	2	3	4	5	6	7	8	9
Energiewirtschaft und Wasserversorgung	261	342	448	498	11,6	31,0	31,0	90,8
Bergbau	336	506	692	744	7,5	36,8	50,6	121,4
Chemische Industrie	280	386	557	641	15,1	44,3	37,9	128,9
Kunststoff-, Gummi- und Asbestverarbeitung	280	371	493	555	12,6	32,9	32,5	98,2
Steine, Erden	257	347	453	486	7,3	30,5	35,0	89,1
Eisen- u. NE-Metallerz., Gießerei und Stahlverformung	302	407	567	650	14,6	39,3	34,8	115,2
Stahl-, Maschinen-, Fahrzeug-, Schiffbau	278	382	505	562	11,3	32,2	37,4	102,2
Elektrotechnik, Feinmechanik und Optik, Herstellung von EBM-Waren, Musikinstrumente, Sportgeräte, Spiel- und Schmuckwaren	280	389	516	566	9,7	32,6	38,9	102,1

Tabelle 18 (Fortsetzung)

Die durchschnittlichen Bruttomonatsverdienste in DM[1], [2]) der männlichen Angestellten nach Wirtschaftsabteilungen und Altersklassen in der gewerblichen Wirtschaft der Bundesrepublik Deutschland[3]) im November 1951

Wirtschaftsabteilungen	Altersklassen unter 25 A	25 bis unter 30 B	30 bis unter 45 C	45 und mehr D	Die Verdienste lagen in der erstgenannten Altersklasse i. v. H. über denen der letztgenannten Altersklasse D/C	C/B	B/A	D/A
1	2	3	4	5	6	7	8	9
Holz-, Papier- und Druckgewerbe	256	354	461	499	8,2	30,2	38,3	94,9
Leder-, Textil- und Bekleidungsgewerbe	273	367	472	511	8,3	28,6	34,4	87,2
Nahrungs- und Genußmittelgewerbe	244	333	429	493	14,9	28,8	36,5	102,0
Baugewerbe	273	357	453	486	7,3	26,9	30,8	78,0
Großhandel	227	322	432	484	12,0	34,2	41,9	113,2
Handelsvermittlung	235	328	436	467	7,1	32,9	39,6	98,7
Einzelhandel	205	297	401	436	8,7	35,0	44,9	112,7
Kredit- und sonstige Finanzierungsinstitute	224	316	428	520	21,5	35,4	41,2	132,1
Versicherungsgewerbe	219	295	420	481	14,5	42,4	34,7	119,6
Verkehr und Nachrichtenübermittlung ..	241	324	419	444	6,0	29,3	34,4	84,2
Dienstleistungen	—	355	417	393	−5,8	17,5	—	—

[1]) Angestellte mit einem monatlichen Bruttoverdienst unter 2 000,— DM.
[2]) Bruttomonatsverdienste sind aufgerundet auf volle DM-Beträge.
[3]) Ohne Berlin und Saarland.

Quellen: Gehaltsstrukturerhebung 1951, a. a. O., Tabelle 10, S. 106 ff.; Relativzahlen eigene Berechnungen.

den[91]. Auch die Gehaltsstruktur nach Beschäftigungsarten kann von der Altersgliederung mitbestimmt werden, weil höhere Altersklassen relativ stärker mit (besser verdienenden) technischen Angestellten und Meistern als mit kaufmännischen Angestellten besetzt waren[92].

Schließlich ist die Frage nach Art und Umfang der Gehaltsdifferenzen auf Grund der Merkmale Familienstand und Kinderzahl zu prüfen. Aus den Tabellen 20 und 21 wird die „breite Rolle“[93] des Postens Sozialzulagen deutlich, denn bei allen Ledigen und Verheirateten ohne Kinder waren die Gehälter absolut niedriger als bei den Verheirateten, Verwitweten und Geschiedenen mit 4 (bzw. 3) und mehr Kindern.

Wie die relativen Verdienstunterschiede zeigen, wirkte sich der Familienstand in allen Wirtschaftsbereichen (einzige Ausnahme: weibliche Angestellte im Handel, Geld- und Versicherungswesen) weit stärker aus als die Kinderzahl[94], wobei die relativen Differenzen nach dem Geschlecht der Angestellten auch dadurch zustande kommen könnten, daß den Frauen ebenfalls verdienender Männer keine Sozialzulagen gewährt wurden, wenn die Männer diese bereits erhielten[95]. Die relativen Verdienstunterschiede zwischen den Angestellten mit Kindern und den Nichtledigen ohne Kinder waren am ausgeprägtesten im Handel, Geld- und Versicherungswesen (Werte 20,2 v. H. bei den Männern, 17,0 v. H. bei den weiblichen Angestellten).

Ohne einer Zusammenfassung vorgreifen zu wollen, kann für die intrasektorale Gehaltsstruktur zum Zeitpunkt 1951 gesagt werden, daß die Betriebsgröße die Gehaltsunterschiede wesentlich beeinflußte und die Gemeindegrößenklasse eine weniger wirksame Determinante der Gehaltsdifferenzen darstellte. Beide Faktoren überkompensierten Verdienstunterschiede nach Leistungsgruppen, allerdings auch wegen der großen Streubreite der Gehälter weitaus weniger stark als bei den Arbeitern[96]. Auch Leistungsgruppe und Beschäftigungsart sind gehaltsstrukturdeterminierende Faktoren, die zum Teil von den personenbezogenen Bestimmungsgründen der Gehaltsstruktur wie dem Alter oder dem Familienstand mitbeeinflußt, aber nicht annähernd kompensiert

---

[91] Ein prägnantes Beispiel stellt das Kredit- und Bankgewerbe dar, in dem die „Dispositionsbefugnis“ (Leistungsgruppe I) erst nach langjähriger Betriebszugehörigkeit und entsprechendem Alter erworben wird. Vgl. auch *D. Claessens* u. a., a. a. O., S. 23.

[92] So argumentiert auch *P. Deneffe*, a. a. O., S. 23.

[93] Ders., a. a. O., S. 28.

[94] Vgl. Tabellen 20 und 21, Spalten 5 und 6.

[95] Vgl. *P. Deneffe*, a. a. O., S. 28 f.

[96] Zu den entsprechenden Lohndifferenzierungen bei den Arbeitern vgl. *H. Lampert*, Die Lohnstruktur . . ., a. a. O., S. 61 ff., S. 63 ff.

Tabelle 19

Die durchschnittlichen Bruttomonatsverdienste in DM[1], [2]) der weiblichen Angestellten nach Wirtschaftsabteilungen und Altersklassen in der gewerblichen Wirtschaft der Bundesrepublik Deutschland[3]) im November 1951

Wirtschaftsabteilungen	Altersklassen				Die Verdienste lagen in der erstgenannten Altersklasse i. v. H. über denen der letztgenannten Altersklasse			
	unter 25 A	25 bis unter 30 B	30 bis unter 45 C	45 und mehr D	D/C	C/B	B/A	D/A
1	2	3	4	5	6	7	8	9
Energiewirtschaft und Wasserversorgung	226	295	350	387	10,6	18,6	30,5	71,2
Bergbau	249	336	412	462	12,1	22,6	34,9	85,5
Chemische Industrie	224	317	368	409	11,1	16,1	41,5	82,6
Kunststoff-, Gummi- und Asbestverarbeitung	218	294	340	370	8,8	15,6	34,9	69,7
Steine, Erden	202	271	319	355	11,3	17,7	34,2	75,7
Eisen- u. NE-Metallerz., Gießerei und Stahlverformung	246	325	375	409	9,9	14,5	32,1	66,3
Stahl-, Maschinen-, Fahrzeug-, Schiffbau	217	300	341	369	8,2	13,7	38,2	70,0
Elektrotechnik, Feinmechanik und Optik, Herstellung von EBM-Waren, Musikinstrumente, Sportgeräte, Spiel- und Schmuckwaren	222	299	340	371	9,1	13,7	34,7	67,1

Tabelle 19 (Fortsetzung)

Die durchschnittlichen Bruttomonatsverdienste in DM[1], [2] der weiblichen Angestellten nach Wirtschaftsabteilungen und Altersklassen in der gewerblichen Wirtschaft der Bundesrepublik Deutschland[3] im November 1951

Wirtschaftsabteilungen	Altersklassen				Die Verdienste lagen in der erstgenannten Altersklasse i. v. H. über denen der letztgenannten Altersklasse			
	unter 25 A	25 bis unter 30 B	30 bis unter 45 C	45 und mehr D	D/C	C/B	B/A	D/A
1	2	3	4	5	6	7	8	9
Holz-, Papier- und Druckgewerbe	199	267	315	354	12,4	18,0	34,2	77,9
Leder-, Textil- und Bekleidungsgewerbe	208	280	328	36C	9,8	17,1	34,6	73,1
Nahrungs- und Genußmittelgewerbe	179	243	277	307	10,8	14,0	35,8	71,5
Baugewerbe	188	253	280	315	12,5	10,7	34,6	67,6
Großhandel	189	261	305	334	9,5	16,7	38,1	76,7
Handelsvermittlung	186	252	289	330	14,2	14,7	35,5	77,4
Einzelhandel	163	227	270	293	8,5	18,9	39,3	79,8
Kredit- und sonstige Finanzierungsinstitute	190	271	333	374	12,3	22,9	42,6	96,8
Versicherungsgewerbe	190	256	320	341	6,6	25,0	34,7	79,5
Verkehr und Nachrichtenübermittlung ..	200	271	294	338	15,0	8,5	35,5	69,0
Dienstleistungen	178	214	239	247	3,3	11,7	20,2	38,8

[1] Angestellte mit einem monatlichen Bruttoverdienst unter 2 000,— DM.
[2] Bruttomonatsverdienste sind aufgerundet auf volle DM-Beträge.
[3] Ohne Berlin und Saarland.

Quellen: Gehaltsstrukturerhebung 1951, a. a. O., Tabelle 10, S. 164 ff.; Relativzahlen eigene Berechnungen.

Tabelle 20

Die Bruttomonatsverdienste[1]) der männlichen Angestellten nach Familienstand und Kinderzahl[2]) in den Wirtschaftsabteilungen[3]) der Bundesrepublik Deutschland im November 1951

Wirtschaftsabteilungen	Bruttomonatsverdienste in DM			i. v. H. übertrafen die Gehälter	
	Ledige	Verheiratete, Verwitwete, Geschiedene		der Nichtledigen ohne Kinder die der Ledigen	der Angestellten mit Kindern die der Nichtledigen ohne Kinder
		ohne Kinder	mit vier und mehr Kindern		
1	2	3	4	5	6
alle erfaßten Wirtschaftsabteilungen	301	476	554	58,1	16,4
Bergbau, Gewinnung und Verarbeitung von Steinen und Erden, Energiewirtschaft	354	544	634	53,7	16,5
Eisen- und Metallerzeugung und -verarbeitung	352	527	606	49,7	15,0
verarbeitendes Gewerbe	325	487	561	49,8	15,2
Bau-, Ausbau- und Bauhilfsgewerbe	323	451	498	39,6	10,4
Handel, Geld- und Versicherungswesen	265	420	505	58,5	20,2
Dienstleistungen	293	382	—	30,4	—
Verkehrswirtschaft	285	418	451	46,2	7,9

[1]) Die Zahlenangaben der Gehaltsstrukturerhebung 1951 wurden auf volle DM-Beträge aufgerundet.
[2]) Kinder, für die Steuerermäßigung gewährt wird.
[3]) Für die Tabelle 20 wurde ausnahmsweise die Systematik der Arbeitsstätten von 1950, die der ausgewerteten Gehaltsstrukturerhebung zugrunde lag, verwendet.

Quellen: Gehaltsstrukturerhebung 1951, a. a. O., Tabelle 13, S. 310 ff., Relativzahlen eigene Berechnungen.

werden[97]. Aus diesem Grund sollen die ökonomischen Determinanten der Gehaltsstruktur auch im folgenden im Mittelpunkt der Betrachtungen stehen.

IV. Die regionale Gehaltsstruktur

In den letzten Jahren wiesen zahlreiche Veröffentlichungen über regional- oder raumwirtschaftliche Fragestellungen auf ein zunehmendes Interesse der Wissenschaft auch an den Faktoren hin, die regionale Einkommensunterschiede verursachen[98]. Die räumliche Dimension der Lohnstruktur ist zwar sowohl in speziellen Untersuchungen[99], die andere Dimensionen ebenfalls berücksichtigten, analysiert worden[100], zu regionalen *Gehalts*differenzen lassen sich jedoch nur sporadisch Erklärungsansätze finden[101]. Das liegt auch daran, daß die intersektorale und regionale Dimension der Verdienststruktur sich teilweise überschneiden[102], weil „die Standorte der Unternehmungen und Betriebe eines

---

[97] „Lebensalter und Qualifikation der Angestellten stehen in deutlich erkennbarer Wechselbeziehung." Vgl. *K. M. Bolte,* Die Angestelltenfrage im Lichte der Zahlen, in: H. Bayer (Hrsg.), Der Angestellte zwischen Arbeiterschaft und Management, Internationale Tagung der Sozialakademie Dortmund, Berlin 1961, S. 78.

[98] Nur einige Publikationen seien beispielhaft aufgeführt: *D. Marx,* Wachstumsorientierte Regionalpolitik, a. a. O.; *H. Brede* u. *Ch. Ossorio-Capella,* Die Agglomerationsräume in der Bundesrepublik Deutschland, a. a. O.; *K. Schneider* (Hrsg.), Beiträge zur Regionalpolitik, SdVfS, N. F., Bd. 41, Berlin 1968; *W. Isard,* Location and Space Economy, 6. Aufl., Cambridge, London 1968; Ders. (Hrsg.), Methods of Regional Analysis, a. a. O.; *A. Fischer,* Die Struktur von Wirtschaftsräumen, a. a. O.; *W. Kau,* Theorie und Anwendung raumwirtschaftlicher Potentialmodelle, a. a. O.; *W. Hoffmann, L. Reyher,* Ziele und Möglichkeiten regionaler Arbeitsmarktforschung im IAP, in: Mitteilungen, 3. Jg., H. 2, 1970, S. 212 ff.; *J. Frerich,* Bestimmungsfaktoren für die regionale Differenzierung des Wirtschaftswachstums und ihr Zusammenwirken, in: Die Mitarbeit, Zeitschrift zur Gesellschafts- und Kulturpolitik, 19. Jg., H. 4 (Dez. 1970), S. 332 ff.; *R. Jochimsen* und *U. E. Simonis* (Hrsg.), Theorie und Praxis der Infrastrukturpolitik, SdVfS, N. F., Bd. 54, Berlin 1970; *H. Siebert,* Regionales Wirtschaftswachstum und interregionale Mobilität, a. a. O.

[99] Z. B. von *F. G. Fett,* a. a. O.; *J. Peron,* a. a. O.; *W. Steden,* a. a. O.; vgl. auch die Literaturangaben bei *H. Lampert,* Bestimmungsgründe ..., a. a. O., S. 382 f.

[100] So bei *F. Fürstenberg,* a. a. O., S. 18 ff.; *W. G. Hoffmann,* Die branchenmäßige ..., a. a. O., S. 77; Ders., Die industriellen Lohnrelationen, a. a. O., S. 67 ff.; *H. Lampert,* Die Lohnstruktur ..., a. a. O., S. 95 ff.; *H. G. Jaspers,* a. a. O., S. 66 ff.; *H. Lampert,* Bestimmungsgründe ..., a. a. O.

[101] Vgl. lediglich *H. G. Jaspers,* a. a. O., S. 66 ff. und *H. Lampert,* Bestimmungsgründe ..., a. a. O.; dort enthaltene theoretische Überlegungen zu Determinanten der regionalen Lohnstruktur können weitgehend für unsere Überlegungen angewendet werden.

[102] *Kromphardt* verzichtet deswegen (und auch wegen fehlender Unterlagen) auf diesen Aspekt der Lohnstruktur, vgl. *J. Kromphardt,* a. a. O., S. 6; und *H. Lampert,* Die Lohnstruktur ..., a. a. O., S. 106; *H.-J. Bodenhöfer,* Arbeitsmobilität und regionales Wachstum, a. a. O., S. 120.

Tabelle 21

Die Bruttomonatsverdienste[1]) der weiblichen Angestellten nach Familienstand und Kinderzahl[2]) in den Wirtschaftsabteilungen[3]) der Bundesrepublik Deutschland im November 1951

Wirtschaftsabteilungen	Bruttomonatsverdienste in DM			i. v. H. übertrafen die Gehälter	
	Ledige	Verheiratete, Verwitwete, Geschiedene		der Nicht-ledigen ohne Kinder die der Ledigen	der Angestellten mit Kindern die der Nicht-ledigen ohne Kinder
		ohne Kinder	mit drei und mehr Kindern		
1	2	3	4	5	6
alle erfaßten Wirtschaftsabteilungen	245	279	298	13,9	6,8
Bergbau, Gewinnung und Verarbeitung von Steinen und Erden, Energiewirtschaft	300	323	—	7,7	—
Eisen- und Metallerzeugung und -verarbeitung	286	317	334	10,8	5,4
verarbeitendes Gewerbe	264	295	303	11,7	2,7
Bau-, Ausbau- und Bauhilfsgewerbe	234	261	286	11,5	9,6
Handel, Geld- und Versicherungswesen	226	264	309	16,8	17,0
Dienstleistungen	221	230	—	4,1	—
Verkehrswirtschaft	257	278	—	8,2	—

[1]) Die Zahlenangaben der Gehaltsstrukturerhebung 1951 wurden auf volle DM-Beträge aufgerundet.
[2]) Kinder, für die Steuerermäßigung gewährt wird.
[3]) Vgl. Fußnote 3 der Tabelle 20.

Quellen: Gehaltsstrukturerhebung 1951, a. a. O., Tabelle 13, S. 318 ff., Relativzahlen eigene Berechnungen.

Industriezweigs räumlich ungleichmäßig verteilt sind"[103] und weil auf die regionale Einkommensstruktur eine Reihe von „Sonderfaktoren" einwirkt, die einer Quantifizierung nicht zugänglich ist[104].

Es bedarf keiner weiteren Erläuterung, daß die im folgenden analysierte regionale *Nominalgehaltsstruktur* Einwendungen dahingehend ausgesetzt ist, daß mit Hilfe von Deflationierungskoeffizienten berechnete Realeinkommensgrößen dem regionalen Untersuchungsaspekt eher Rechnung tragen würden[105].

Bevor die regionale Gehaltsstrukturdimension zu einem Zeitpunkt empirisch untersucht wird, muß sie definiert werden. Danach weist die regionale Gehaltsstruktur *Gehaltsunterschiede in gleichartigen Arbeitseinkommen von Angestellten gleichen Geschlechts und gleicher Qualifikation* (gleicher Beschäftigungsart, gleicher Betriebsgröße, gleichen Alters u. a.) *in gleichen Wirtschaftsabteilungen* (-zweigen) *aber in unterschiedlichen Regionen auf*[106].

1. Das Gehaltsniveau in den einzelnen Bundesländern

Betrachtet man zunächst die Durchschnittsgehälter der männlichen sowie der weiblichen Angestellten nach Regionen im Zeitpunkt 1951[107], so kristallisiert sich ein Gehaltsgefälle vom Land Nordrhein-Westfalen bis zum Land Schleswig-Holstein heraus, wobei der relative Unterschied der Verdienste zwischen diesen beiden Regionen mit 28,4 v. H. ganz erheblich ist. Im einzelnen wird die Gehaltshierarchie der Bundesländer dadurch geprägt, daß nach dem mit einem relativen Abstand von 7,6 v. H. auf Nordrhein-Westfalen folgenden Land Hamburg die weiteren Rangplätze (mit jeweils geringfügiger Verminderung des Durchschnittsgehalts) von Baden-Württemberg und Hessen eingenommen werden. Es folgen Rheinland-Pfalz und Bayern, deren Gehaltsdurchschnitte ebenfalls nur geringfügig differieren, während die Länder Bremen, Niedersachsen und Schleswig-Holstein die niedrigsten Angestelltenverdienste in der Bundesrepublik aufweisen.

Die geschilderte Rangfolge der Verdienste nach Ländern bleibt im wesentlichen existent, wenn man geringfügige Abweichungen unbe-

---

[103] *H. Lampert*, Bestimmungsgründe . . ., a. a. O., S. 378, Fußnote 2.

[104] *Lampert* nennt klimatische, landschaftliche und soziologische Faktoren, in: *H. Lampert*, Die Lohnstruktur . . ., a. a. O., S. 95.

[105] Dennoch treffen auch Vergleiche von Realverdiensten schwerwiegende Vorbehalte, vor allem bezüglich des Aussagewerts von verwendeten Preisindizes der Lebenshaltung. Vgl. *J. H. Müller*, Nivellierung . . ., a. a. O., S. 109 ff.; *H. G. Fett*, a. a. O., S. 8 ff.; *R. Skiba* unter Mitarbeit von *H. Adam*, Das westdeutsche Lohnniveau zwischen den beiden Weltkriegen und nach der Währungsreform, a. a. O., S. 31.

[106] Ähnlich definiert *H. Lampert* in: Bestimmungsgründe . . ., a. a. O., S. 378.

[107] Vgl. die Spalte für 1951 in Tabelle R des Anhangs.

rücksichtigt läßt, die aus der Aufteilung der Angestellten nach dem Geschlecht resultieren[108]. Hamburg liegt bei den weiblichen Angestellten an der Spitze der Gehaltsskala, es folgen Hessen, Nordrhein-Westfalen und Baden-Württemberg. Die Rangplätze 5 - 9 entsprechen der Reihenfolge bei den männlichen Angestellten. Betrachtet man die Verdienste in den Bundesländern nach Leistungsgruppen, so ergeben sich Änderungen[109] der aufgezeigten Gehaltshierarchie, die z. T. darin begründet sind, daß die Gehaltsunterschiede nach dem Qualifikationsgrad sehr hohe Werte annehmen können. Außerdem zeigt sich hier einmal mehr die Bedeutung der Homogenitätsforderung für Gehaltsstrukturuntersuchungen, so daß wir uns auf die Analyse der regionalen Verdienstunterschiede der Angestellten in Leistungsgruppe III (bzw. IV bei den weiblichen Angestellten) beschränken können, womit auch der Definition der regionalen Gehaltsstruktur entsprochen wird, die u. a. das Erfordernis *gleicher* Qualifikation in *unterschiedlichen* Wirtschaftsgebieten enthielt.

Trotz dieser nachgewiesenen Heterogenität des Faktors Arbeit im Angestelltenbereich werden einige vermutliche Erklärungsdeterminanten zum regionalen Gehaltsgefälle aller Angestellten ohne eingehendere empirische Analyse angeführt, um in der Literatur vorhandene Ansätze vor allem zur Erklärung der regionalen Lohnunterschiede für Gehaltsdifferenzen zu überprüfen.

Eine Beziehung zwischen dem Gehaltsniveau und der *Bevölkerungsdichte* von Regionen[110] scheint sich zwar theoretisch mit Hilfe hoher Lebenshaltungskosten und Grundrenten erklären zu lassen, hält aber empirischer Überprüfung kaum stand[111].

In vorangegangenen Ausführungen ist eine z. T. beachtliche Erhöhung des Gehaltsniveaus mit wachsender Betriebsgröße und Gemeindegrößenklasse festgestellt worden. In Nordrhein-Westfalen konzentrieren sich zwar 41,4 v. H. der Wohnbevölkerung auf Gemeinden mit über 100 000 Einwohnern[112], das Land mit dem drittgrößten Anteil der Wohnbevölke-

---

108 Vgl. Tabelle N im Anhang, Gesamtspalte.

109 Hamburg liegt bei den männlichen Angestellten in Leistungsgruppe I auf Rang 1 der Hierarchie, in der folgenden Leistungsgruppe II auf Platz 6; noch größere Rangplatzabweichungen (u. a. vermutlich durch geringen Repräsentationsgrad bedingt) lassen sich bei Schleswig-Holstein feststellen, vgl. zu diesen Angaben Tabelle N des Anhangs.

110 Vgl. *H. Lampert*, Die Lohnstruktur ..., a. a. O., S. 96; *Lampert* weist einen Zusammenhang zwischen dem regionalen Lohnniveau und der Bevölkerungsdichte nach.

111 Ordnet man die Bundesländer nach der Höhe der Durchschnittsgehälter und bildet eine Rangreihe nach der Bevölkerungsdichte (pro Quadratkilometer) der einzelnen Länder (vgl. Statistisches Jahrbuch 1953, S. 31), so ergibt sich mit einem Rangkorrelationskoeffizienten von R = 0,5250 ein schwacher Zusammenhang; Bremen als Bundesland mit der zweitgrößten Bevölkerungsdichte liegt im Gehaltsniveau aller Angestellten z. B. an 7. Stelle!

112 Statistisches Jahrbuch 1953, S. 40 (Gebietsstand vom 31. 12. 1951).

rung in dieser Größenklasse (23,9 v. H.), Schleswig-Holstein, liegt allerdings mit weitem Abstand am Ende der Gehaltshierarchie nach Regionen. Schon eher scheint mit Hilfe der *Betriebsgrößenkonzentration* nach Ländern ein Faktor gegeben zu sein, der regionale Gehaltsunterschiede (mit)beeinflußt, zumindest bezüglich Nordrhein-Westfalens, wo 44,4 v. H. aller Beschäftigten in der Industrie auf die höchste Betriebsgrößenklasse (1000 und mehr Beschäftigte) entfallen, und Schleswig-Holstein, das nach Rheinland-Pfalz den geringsten Anteil der Beschäftigten (28,5 v. H.) in der höchsten Betriebsgrößenklasse aufweist[113].

Das unterschiedliche Gehaltsniveau der Länder kann nach diesen Ausführungen allenfalls mit einer differierenden Stärke von Betriebsgrößenkonzentration erklärt werden. Ein Einfluß der Faktoren Bevölkerungskonzentration und Bevölkerungsdichte kann jedoch, gegebenenfalls im Zusammenwirken mit dem Faktor Betriebsgrößenkonzentration, nicht ausgeschlossen werden[114]. Eine genauere quantitative Analyse, in der diese Strukturfaktoren in ihrem Einfluß auf Gehaltsunterschiede getestet würden, ist nach dem Stand des Zahlenmaterials (besonders durch das Fehlen einer speziellen Angestelltenstatistik bedingt) nicht möglich[114].

Ein Zusammenhang zwischen den *Wanderungen* im Jahre 1951 und dem Gehaltsgefälle nach Bundesländern ist ebenfalls so lange nicht feststellbar, wie die Wanderungsstatistik keine Angaben zur regionalen Mobilität der Angestellten enthält. Es kann zwar vermutet werden, daß auch Gehaltsunterschiede auf Grund ihrer „Preisindikations- und Arbeitskräftelenkungsfunktion"[115] einen Sog zu besser bezahlten Arbeitsplätzen einer anderen Region verursachen, mit Hilfe von *alle*

---

[113] Zu den Zahlenangaben, die dem Statistischen Jahrbuch 1957, S. 218, entstammen, müssen folgende einschränkende Bemerkungen gemacht werden: 1. ist nur das verarbeitende Gewerbe und dessen Betriebsgrößenkonzentration nach Ländern angesprochen; im verarbeitenden Gewerbe wird ja auch die Masse der Angestellten erfaßt. 2. Eine Aufteilung nach Betriebsgrößenklassen und Ländern ist für den Zeitpunkt der Gehaltsstrukturerhebung 1951 nicht vorhanden, so daß die Zahlen von 1955 herangezogen werden mußten. 3. Beziehen sich die Angaben auf alle Beschäftigten, also auch auf die Arbeiter. Eine entsprechende Aufteilung der Angestellten nach Betriebsgrößenklassen ist lediglich in den Gehaltsstrukturerhebungen vorgenommen worden, ohne daß die regionale Dimension berücksichtigt worden wäre.

[114] Diese Faktoren nennt *Lampert,* außerdem den Industrialisierungsgrad von Regionen. Vgl. *H. Lampert,* Die Lohnstruktur ..., a. a. O., S. 100; *Lampert* ist sich jedoch über die Problematik, mit derartig „globalen Aggregaten" Lohnunterschiede aufzuzeigen, im klaren. Wie schwierig eine Analyse regionaler Einkommensunterschiede ist, wird in einer Untersuchung des DIW deutlich, in der zur Eliminierung von drei Strukturfaktoren nicht weniger als 25 Variable in ein Modell eingebaut wurden, vgl. *B. Dreher,* die Arbeitnehmereinkommen West-Berlins im interregionalen Vergleich, a. a. O., S. 34 ff.

[115] *H. Lampert,* Die Lohnstruktur ..., a. a. O., S. 100; vgl. auch *H.-J. Bodenhöfer,* a. a. O., S. 121.

Beschäftigten erfassenden Binnenwanderungszahlen ist jedoch keine empirische „Beweisführung“ möglich[116].

Ob die räumliche Verteilung der gewerblichen Wirtschaft eine Determinante der regionalen Gehaltsstruktur ist, wird deshalb im folgenden für die männlichen und weiblichen Angestellten überprüft.

2. Regionale Gehaltsstruktur der männlichen Angestellten[117] und regionale Wirtschaftsstruktur[118]

Die räumliche Dimension der Gehaltsstruktur ergibt sich aus der Differenzierung des Arbeitsmarktes in regionale Teilmärkte. Sollen nun zunächst die regionalen Gehaltsunterschiede der männlichen Angestellten nach einer bestimmten Qualifikationsgruppe erfaßt werden, so müßten Einflüsse verschiedener Merkmale wie Betriebsgröße, Heterogenität der Wirtschaftszweige u. ä. nach Erarbeitung eines Strukturbereinigungskonzepts eliminiert werden, was im Rahmen dieser Arbeit wegen des enormen statistischen Aufwandes nicht möglich ist[119]. Der Ansatz dieser Arbeit ging ja davon aus, daß zwischen den Dimensionen der Gehaltsstruktur Interdependenzen bestehen, die einer vollständigen quantitativen Isolierung einzelner Bestimmungsfaktoren entgegenwirken.

So beeinflußt die regionale Verteilung der Wirtschaftszweige über die regionale Gehaltsdifferenzierung hinaus die intersektoralen Verdienstunterschiede[120], d. h. die Gehälter einer Branche stehen im Spannungsfeld zwischen den in der Branche gezahlten und den in der Region vorherrschenden Gehältern[121].

116 Den größten absoluten Zuwanderungsüberschuß hat auf der Basis 1952 (frühere Zahlen sind nicht veröffentlicht) Nordrhein-Westfalen, den größten Wanderungsverlust Schleswig-Holstein; obwohl beide Länder in ihren Gehaltsdurchschnitten die Extrempositionen der Gehaltshierarchie einnehmen, ist aus dieser Übereinstimmung kein exakter Hinweis auf Beziehungen zwischen Gehaltsgefälle und Wanderungsintensität möglich. Es kann allerdings erwähnt werden, daß Forschungsergebnisse der Soziologen darauf hindeuten, daß die regionale Mobilitätsbereitschaft der Angestellten größer ist als bei den Arbeitern. Vgl. *L. Schuster*, Die Mobilität der Arbeitnehmer, eine vergleichende Analyse von vier Erhebungen, in: Mitteilungen, 2. Jg., Nr. 7 (März 1969), S. 532 f.

117 Erfaßt wurden nur die männlichen Angestellten der Leistungsgruppe III.

118 Die regionale Wirtschaftsstruktur wird hier bestimmt durch die räumliche Verteilung des Faktors Arbeit. Zum Begriff Wirtschaftsstruktur vgl. *A. Fischer*, Die Struktur von Wirtschaftsräumen, a. a. O., S. 22 ff.

119 Vgl. *B. Dreher*, a. a. O., S. 46 und die statistischen Unterlagen zur intersektoralen Zeitraumanalyse, die zeigen, wie schwierig es ist, auch nur einen Strukturfaktor (hier die Beschäftigungsstruktur) zu eliminieren.

120 *H.-J. Bodenhöfer*, a. a. O., S. 120.

121 Analog zu *H. Lampert*, Die Lohnstruktur ..., a. a. O., S. 106; ähnliche Überlegungen finden sich bei *W. G. Hoffmann*, Die branchenmäßige ..., a. a. O., S. 47 ff.; Ders., Die industriellen Lohnrelationen, a. a. O., S. 67 ff.; *H. Lampert*, Bestimmungsgründe ..., a. a. O., S. 378; *W. Steden*, a. a. O., S. 47.

Diese theoretischen Überlegungen werden im folgenden empirisch überprüft und gleichzeitig eine mögliche Übereinstimmung der regionalen Gehaltsstruktur mit der regionalen Lohnstruktur der Arbeiter getestet[122].

Die Tabellen T und W des Anhangs wurden aus Tabelle S entwickelt, die für alle Gehaltsstrukturerhebungszeitpunkte und 19 Wirtschaftsabteilungen Beschäftigungszahlen und Durchschnittsverdienste nach Bundesländern enthält. Aus Tabelle T sind die Relativzahlen für die Zeitpunktanalyse ersichtlich, die sich aus der Gegenüberstellung des jeweiligen Verdienstdurchschnitts in einzelnen Wirtschaftszweigen der jeweiligen Bundesländer mit dem Verdienstdurchschnitt der einzelnen Wirtschaftszweige im gesamten Bundesgebiet ergeben. Weitere Berechnungen zeigen in der Spannweite und der mean deviation[123] Streuungsmaße für die regionale Streuung der Gehälter der jeweiligen Branchen.

In Tabelle W wurden die Durchschnittsgehälter aller Wirtschaftszweige der jeweiligen Regionen in Beziehung gesetzt zu den Durchschnittsverdiensten in den einzelnen Wirtschaftszweigen. Auf diese Weise können die intersektoralen Gehaltsunterschiede in einzelnen Bundesländern sichtbar gemacht und verglichen werden, außerdem kann aber der Zusammenhang zwischen der Wirtschaftsstruktur eines Landes und dessen intersektoraler Gehaltsstruktur analysiert werden.

---

[122] Ein solcher Vergleich ist um so reizvoller, als der Verfasser sich im Aufbau der benötigten Tabellen und in der Verwendung des statistischen Instrumentariums weitgehend an der Arbeit *Lamperts* orientiert. Vgl. *H. Lampert,* Die Lohnstruktur ..., a. a. O., S. 106 ff.; die Tabellen wurden wegen ihres Umfangs und zur Weiterverwendung für die Zeitraumanalyse im Anhang untergebracht.

[123] Der Gehaltsdurchschnitt aller Bundesländer gleich Gehaltsdurchschnitt im Bundesgebiet ergibt sich als:

$$\overline{G} = \frac{\sum_{j=1}^{m} \sum_{i=1}^{n_i} G_{ij}}{\sum_{j=1}^{m} n_j}$$

(j = 1 ... m gleich Bundesländer,
i = ... n_j gleich Beschäftigte je Bundesland j).
Der jeweilige Landesdurchschnitt zum Durchschnitt aller Länder ergibt sich als:

$$V_j = \frac{\overline{G}_j}{\overline{G}} \cdot 100\,;$$

ist $\widetilde{V}$ der Median einer so gebildeten Reihe von Verhältniszahlen für die einzelnen Länder, dann ergibt sich die mean deviation als:

$$MD = \frac{\sum_{j=1}^{m} \left| V_j - \widetilde{V} \right|}{m}$$

Die angeführten statistischen Übersichten erbringen folgende Ergebnisse:

1. Für alle Wirtschaftsabteilungen bestand zwischen Nordrhein-Westfalen und Rheinland-Pfalz die größte absolute Gehaltsdifferenz in Höhe von 110 DM (Tabelle S). Für die Wirtschaftszweige errechnete sich eine maximale absolute regionale Differenz für den Bergbau mit 306 DM, ein minimaler absoluter Unterschied mit 35 DM für das Baugewerbe.

2. Die regionale Streuung der Verdienste wird sowohl in der Spannweite als auch in der mean deviation deutlich (Tabelle T, Werte für 1951). Während alle Wirtschaftsabteilungen zum Zeitpunkt 1951 eine regionale Streuung von 4,86 aufwiesen, waren Spannweite und durchschnittliche Abweichung wiederum am größten im Bergbau (42; 10,20), die kleinste Spannweite ergab sich im Baugewerbe (8), die kleinste mean deviation im Versicherungsgewerbe (2,17).

3. In den einzelnen Ländern ergaben sich erhebliche intersektorale Verdienstunterschiede[124, 125].

Die größte relative Spannweite ist für Nordrhein-Westfalen auf Grund der relativen Gehaltsunterschiede von Bergbau und Einzelhandel (= 68 v. H.), der relativ kleinste Unterschied in den Extremwerten für Baden-Württemberg (= 26,4 v. H.) — gebildet aus dem 14,2 v. H. über dem Gehaltsdurchschnitt dieses Bundeslandes liegenden Verdienstdurchschnitt im Wirtschaftszweig Energiewirtschaft, Wasserversorgung und dem 12,2 v. H. unter dem Landesdurchschnittsgehalt liegenden Verdienst im Einzelhandel — festzustellen. Die intergewerbliche Streuung der Gehälter ist mit 12,22 am größten für Bayern, am kleinsten für Baden-Württemberg mit 6,09.

Begründungen für die intersektoralen Gehaltsstreuungen der Bundesländer sind vor allem in differierenden Strukturen der Gewerbezweige, verschiedenen Betriebsgrößenstrukturen, unterschiedlicher Verteilung der Betriebe auf Gemeindegrößenklassen u. a. Faktoren zu sehen[126]. Die bisherigen Erörterungen und Ergebnisse zur intersektoralen Gehaltsstruktur können hier weitgehend Anwendung finden.

Einen entscheidenden Einfluß auf die interregionalen Verdienstunterschiede übt nach Lampert die räumliche Verteilung der Industrie aus, „weil diese für die Interdependenz der Arbeitsmärkte von Bedeutung

---

[124] Vgl. Tabelle W im Anhang, jeweils Spalten für 1951.

[125] Zu den Werten für Spannweiten und mean deviations der intersektoralen Gehaltsstrukturen vgl. Tabelle 49, vor allem Spalten 2, 6, 10, 14, 18, 22, 26, 30. Da die Tabellen zur regionalen Gehaltsstruktur ausnahmslos auch zur Zeitraumbetrachtung benötigt wurden, sind in der Zeitpunktanalyse dieser Dimension keine Tabellen enthalten.

[126] So auch *H. Lampert*, Die Lohnstruktur . . ., a. a. O., S. 111.

ist"[127]. Die regionale Interdependenz der Arbeitsmärkte einer Volkswirtschaft hängt vor allem davon ab, „ob die gemeinsame Nachfrage nach Arbeitskräften bestimmter Kategorie die regionalen Arbeitsmärkte verbindet. Je stärker verbunden die regionalen Arbeitsmärkte sind, um so mehr ist zu erwarten, daß die Lohnunterschiede gering sind"[128]. Diese Hypothese überprüft Lampert für die regionale Lohnstruktur, indem regionale Reihenstreuung der Beschäftigten und die Rangfolge der Wirtschaftszweige nach der Höhe der Verdienststreuung gegenübergestellt werden[129]. Er kommt zu dem Ergebnis, daß die regionale Verdienststreuung um so größer (kleiner) ist, je größer (kleiner) die regionale Streuung der Arbeitskräfte ist[130]. Testet man diese Hypothese für die Angestellten unter Beachtung der kritischen Einwendungen am genannten Verfahren, so lassen sich keine Beziehungen zwischen regionaler Gehalts- und Beschäftigtenstreuung feststellen[131].

Es kann angenommen werden, daß der hier empirisch nicht isolierbare Einfluß unterschiedlicher Betriebsgrößenstrukturen und die Heterogenität der Wirtschaftszweige solche Beziehungen „überkompensieren". Die geringe Interdependenz zwischen regionaler Verdienst- und Beschäftigtenstreuung wird sicherlich z. T. auch darauf zurückzuführen sein, daß einige Extremwerte aus dem geringen Repräsentationsgrad einzelner Wirtschaftszweige (Verkehr, Dienstleistungen) resultieren.

---

[127] Ders., Die Lohnstruktur . . ., a. a. O., S. 109.

[128] Ders., Die Lohnstruktur . . ., a. a. O., S. 109.

[129] Ders., Die Lohnstruktur . . ., a. a. O., S. 109.

[130] *H. Lampert,* Die Lohnstruktur . . ., a. a. O., S. 109; dieses Verfahren ist einigen Einwendungen ausgesetzt; es werden die Verdienste der Beschäftigten einer Leistungsgruppe Beschäftigungszahlen in der Industrie gegenübergestellt, die Arbeiter, Angestellte, Inhaber und mithelfende Familienangehörige mit einschließen. (Vgl. z. B. Definition der Beschäftigten, in: Statistisches Jahrbuch 1959, S. 169). Richtiger wäre es gewesen, die repräsentative Auswahl der Arbeiter, deren Löhne und Beschäftigungszahlen den Lohnstrukturerhebungen entnommen werden können, für diesen Test zu verwenden. Versieht man die in der oben genannten Quelle verwendeten Reihenstreuungen ebenso wie die mean deviation nach ihrer Höhe mit Rangziffern und berechnet den Rangkorrelationskoeffizienten, dann ergibt sich ein Wert ($R = 0{,}6216$), der für 31 Wirtschaftszweige nur eine relativ schwache Beziehung zwischen regionaler Streuung der Arbeitskräfte und Verdienste erkennen läßt.

[131] Wegen der im Zeitablauf am Arbeitsmarkt stärker werdenden Kräfte (außer den ökonomischen auch institutionelle wie Gewerkschaften und Staat) zur Intensivierung der Interdependenzen zwischen den regionalen Arbeitsmärkten wurde ausnahmsweise der Zeitpunkt 1966 für eine empirische Analyse benutzt, mit dem Ergebnis eines Rangkorrelationskoeffizienten von $R = 0{,}0472$; nach Eliminierung der größten Abweichungen im Verkehr (Reihenstreuung der beschäftigten Angestellten 51,8, Rangplatz 3, Verdienststreuung 2,17, Rang 18) und der Dienstleistungen (Ränge 1 und 19), ergibt sich immerhin ein Koeffizient von $R = 0{,}2678$. Ähnliche Ergebnisse treten übrigens auch dann auf, wenn statt der Reihenstreuung aller beschäftigten Angestellten diejenigen der Leistungsgruppe III mit den Verdienststreuungen in Beziehung gesetzt werden ($R = 0{,}0165$; $R = 0{,}2044$).

3. Regionale Gehaltsstruktur der weiblichen Angestellten und regionale Wirtschaftsstruktur

Vorgehensweise, Aufbau des empirischen Materials[132] und Erklärungsansätze sind in der Zeitpunktanalyse regionaler Gehaltsunterschiede der weiblichen Angestellten ähnlich denen der angestellten Männer. Die aus Tabelle U entwickelte Übersicht zu interregionalen Verdienstdifferentialen von angestellten Frauen der Leistungsgruppe IV (Tabelle V) vermittelt folgende Ergebnisse:

1. Die größte regionale Streuung der Gehälter ist festzustellen für den Wirtschaftszweig Eisen- und NE-Metallerzeugung, Gießerei und Stahlverformung mit einer mean deviation von 7,17 (Spannweite 22), die kleinste relative Abweichung vom Bundesdurchschnitt einer Branche ist im Kredit- und Finanzierungsgewerbe (mean deviation 3,14, Spannweite 15) anzutreffen. Da auch im Versicherungsgewerbe die regionale Gehaltsstreuung sehr gering ist (3,83), läßt sich vermuten, (und das gilt auch für die männlichen Angestellten dieser Gewerbe, vgl. Tabelle T), daß die verhältnismäßig geringe Zahl der Arbeitsstätten[133] im Geld-, Bank-, Börsen- und Versicherungswesen und die Konzentrationstendenz in diesen Branchen relativ einheitliche Gehaltsregelungen von Zentralverwaltungen für das Bundesgebiet begünstigen und durch stärkere regionale Gehaltsdifferenzierungen vermieden werden.

2. Die interregionale Streuung der Gehälter weiblicher Angestellter war 1951 für alle Wirtschaftszweige mit einer mean deviation von 6,29 stärker als bei den männlichen Angestellten (4,86), was ein Hinweis auf die stärkeren Interdependenzen regionaler Teilarbeitsmärkte bei den männlichen Arbeitnehmern sein kann, aber auch mit dem überwiegenden Einsatz weiblicher Arbeitskräfte, besonders in Gewerben mit kleineren Betriebsgrößen wie Großhandel, Handelsvermittlung und Einzelhandel zusammenhängen kann, deren große Zahl und unterschiedliche gebietsmäßige Verteilung eine regionaldifferenzierende Gehaltsentwicklung begünstigten.

3. Testet man den Zusammenhang zwischen der Beschäftigungsstreuung der weiblichen Angestellten und der Streuung ihrer Verdienste, da die Nachfrage nach Arbeitskräften in einer Region als Funktion der Struktur der gewerblichen Wirtschaft aufgefaßt werden kann[134], so wird das für die männlichen Angestellten vorgefundene Ergebnis bestätigt: regionale Reihenstreuung der weiblichen Angestellten

---

[132] Vgl. Tabellen U, V und X des Anhangs.

[133] Im Geld-, Bank- und Börsenwesen existierten 14 090, im Versicherungswesen 1773 Arbeitsstätten bei insgesamt 2 266 261 Arbeitsstätten in der Bundesrepublik, die am 13. 9. 1950 anläßlich der Arbeitsstättenzählung festgestellt wurden; vgl. *Statistisches Jahrbuch 1953*, S. 196, S. 201.

[134] *H. Lampert*, Die Lohnstruktur . . ., a. a. O., S. 109.

und ihre Verdienststreuungen stehen in keinem erkennbaren Zusammenhang[135].

Die aus Untersuchungen der regionalen Lohnstruktur abgeleitete und theoretisch einleuchtende Arbeitshypothese, daß die regionale Streuung der Verdienste um so größer (kleiner) ist, je größer (kleiner) die regionale Arbeitskräftestreuung ist[136], kann für Angestellte beider Geschlechter nicht bestätigt werden[137].

4. Die intersektoralen Gehaltsstrukturen der einzelnen Länder (Tabelle X) weisen beachtliche Streuungen auf. Die auffallend hohen Verdienste weiblicher Angestellter im Bergbau und die niedrigen Gehälter im Einzelhandel führen zu einem maximalen absoluten Gehaltsunterschied in Nordrhein-Westfalen von 185,— DM (Spannweite 75,2, mean deviation 13,46)[138]. Die geringste absolute Differenz mit 82,— DM (Spannweite 30,8, mean deviation 7,39)[139] findet sich im Bundesland Baden-Württemberg. Auch die Streuungen der Verdienste weiblicher Angestellter innerhalb der Bundesländer sind als Ergebnis von Determinanten anzusehen, die bei der Erörterung der Regionalverdienste von männlichen Angestellten schon genannt worden sind.

V. Zusammenfassung der Ergebnisse zur Zeitpunktanalyse der Gehaltsstruktur im Jahre 1951

Die Betrachtung der Gehaltsdifferenzen männlicher und weiblicher Angestellter mit Hilfe des Zahlenmaterials der ersten Gehaltsstrukturerhebung vom November 1951 hat nicht nur einen Einblick in die „Größenordnung" bestimmter Gehaltsunterschiede vermittelt, sondern auch wichtige Determinanten der Angestelltenverdienststruktur transparent werden lassen, die im Mittelpunkt einer intertemporalen Analyse stehen sollen; insofern kommt der Zeitpunktbetrachtung für die weiteren Ausführungen eine Selektionsfunktion zu. Außerdem war mit

---

135 Berechnet man die Reihenstreuung der weiblichen Angestellten der Leistungsgruppe IV, in dem die Abweichungen des auf die Beschäftigten eines Wirtschaftszweiges eines Bundeslandes entfallenden Anteils an den Beschäftigten dieses Wirtschaftszweiges in der Bundesrepublik Deutschland vom Anteil der in der gesamten gewerblichen Wirtschaft eines Bundeslandes Beschäftigten an den in der gesamten gewerblichen Wirtschaft der BRD Beschäftigten (vgl. *H. Lampert,* Die Lohnstruktur ..., a. a. O., S. 108) festgestellt werden und ordnet die Reihenstreuung sowie die Verdienststreuung nach ihrer Höhe, so ergibt sich ein negativer Rangkorrelationskoeffizient in Höhe von $R = -0{,}1238$, der also keineswegs eine positive Beziehung zwischen relativ hohen Verdienststreuungen und relativ hohen Beschäftigungsstreuungen widerspiegelt.

136 *H. Lampert,* Die Lohnstruktur ..., a. a. O., S. 109.

137 Mögliche Erklärungen siehe unter den entsprechenden Ausführungen für die männlichen Angestellten.

138 Vgl. Tabelle 50, Spalte 2.

139 Vgl. Tabelle 50, Spalte 6.

der Analyse der Gehaltsstruktur der Angestellten im Jahre 1951 eine Möglichkeit gegeben, die von Lampert untersuchte Lohnstruktur der Arbeiter im Jahre 1951 einem kritischen Vergleich zu unterziehen und zu überprüfen, inwieweit die von ihm genannten Determinanten der Lohnstruktur auch für die Gehaltsstruktur Geltung haben.

Schichtbilder der Verdienste und Gehaltsunterschiede nach Bruttomonatsverdienstklassen erlaubten zwar keine detaillierte Analyse der Gehaltsstruktur, gewährten aber dennoch einen allgemeinen Überblick zu der Verdienstsituation der Angestellten beider Geschlechter, die sich im *Gehaltsniveau* und in der *Streuungsbreite* der Verdienste bzw. in der „Ausgewogenheit" der Gehaltsschichtung so deutlich voneinander unterschieden, daß die zukünftige getrennte Darstellung ihrer Gehaltsdifferenzen als erstes Ergebnis der Untersuchung angesehen werden konnte. Die *Streuungsbreite* der Verdienste ließ den Schluß zu, daß es sich bei den Angestellten um eine sehr heterogene Arbeitnehmergruppe handelte, die die verschiedensten, nach Art und Umfang differierenden Tätigkeiten umschließt[140]. Das unterstrich einmal mehr die Forderung nach Bildung homogener Einheiten, auf die in der empirischen Strukturanalyse zurückgegangen werden muß, um verwertbare Ergebnisse zu erzielen und die tatsächlichen Bestimmungsgrößen der Gehaltsstruktur herauszustellen.

In der zunächst vorgenommenen Interpretation des statistischen Materials in bezug auf Gehaltsunterschiede *zwischen* 19 Branchen der gewerblichen Wirtschaft wurde der Einfluß der *Qualifikationsstruktur* der Angestellten auf Verdiensthierarchie und -unterschiede sichtbar; ob die *Entwicklung* und das *Wachstum* der Gewerbe die vorgefundene Gehaltsverringerung von den Grundstoff- und Produktionsgüterindustrien zu den Investitions- und Verbrauchsgüterindustrien, zu den Dienstleistungen bis zum Handel ebenfalls beeinflußten, konnte nicht erschöpfend beantwortet werden. Es ist jedoch zu vermuten, daß Leistungs- und Qualifikationsanforderungen im Zusammenwirken mit der Entwicklung der Gewerbe die Gehaltsstruktur entscheidend geprägt haben. Insofern ergab sich auch eine Übereinstimmung mit der Zeitpunktanalyse der Lohnstruktur für das Jahr 1951[141]. Diese Feststellung deutet bereits darauf hin, daß ähnliche Kräfte Gestalt und Entwicklung der Lohn- *und* Gehaltsstruktur bestimmt haben müssen.

---

140 Abgesehen davon, daß in der Gehaltsstrukturerhebung 1951 nur Angestellte mit einem Verdienst bis zu 2000,— DM pro Monat erfaßt wurden, nennt *Bolte* eine Reihe verschiedenartigster Berufsmöglichkeiten der Angestellten, wie Generaldirektor, Orchestermusiker, Krankenschwester, Verkäufer, Chefchirurg. Vgl. *K. M. Bolte,* Die Berufsstruktur im industrialisierten Deutschland, a. a. O., S. 47.

141 Weitere Übereinstimmungen mit den Ergebnissen der Lohnstruktur vgl. in der Zeitraumanalyse der Gehaltsstruktur.

Die größere intersektorale Streuungsbreite der Gehälter männlicher Angestellter im Vergleich zu den weiblichen Angestellten kann mit den größeren Qualifikations- und Leistungsunterschieden bei den Männern begründet werden. Die Annahme, daß die branchenmäßigen Durchschnittsgehälter aller Angestellten mit größer werdendem Anteil weiblicher Angestellter tendenziell abnehmen, konnte mit Hilfe von Korrelationsrechnungen bestätigt werden; gleichzeitig wurde die Bedeutung der Zusammensetzung der Angestelltenschaft nach dem Geschlecht für die Existenz von Gehaltsunterschieden unterstrichen, zumal doppelt so viele Beschäftigte als z. B. bei den Arbeitern weiblichen Geschlechts waren[142].

Überlegungen und Berechnungen zu einigen vermuteten Determinanten der intersektoralen Gehaltsstruktur wie der Beschäftigten-, Gehaltsquoten- und Produktivitätsstruktur bestätigten am ehesten einen Zusammenhang zwischen der Verteilung der beschäftigten Angestellten nach Wirtschaftszweigen und den Verdienstabstufungen, wobei die Gehälter derjenigen Wirtschaftszweige dazu tendierten höher zu sein, die einen niedrigen Frauenanteil und/oder einen höheren Anteil hochqualifizierter Angestellter und/oder einen hohen Prozentsatz technischer Angestellter auswiesen.

Mit der Erklärung intersektoraler Gehaltsdifferenzen im Jahre 1951 zeichnen sich Schwerpunkte einer intertemporalen Betrachtung dieser Dimension ab. Es müssen vor allem beachtet werden:

1. die Gehaltshierarchie und ihre Bestimmungsgründe,

2. die unterschiedliche Zusammensetzung der Branchenbelegschaften nach Geschlechtern und ihre Auswirkungen auf Gehaltsunterschiede,

3. die unterschiedlichen Qualifikations- und Leistungserfordernisse in den Branchen (auch in Verbindung mit den Beschäftigungsarten) und ihre Auswirkungen auf Gehaltsunterschiede,

4. die Veränderungen der Beschäftigungsstruktur und die Veränderungen der Gehaltsunterschiede.

Weitere Erkenntnisse zur Gehaltsstruktur vermittelte die Analyse der intrasektoralen Gehaltsunterschiede.

Übersichten zu Häufigkeitsverteilungen der Gehaltsabstände wiesen auf eine gewisse *Gleichmäßigkeit* der Verdienstabstufungen zwischen den Beschäftigten hin. Eine Begründung dafür kann darin gesehen werden, daß das *allgemeine Gehaltsniveau* der einzelnen Branchen die Gehaltsdifferenzen beeinflußte.

---

[142] 38 v. H. aller von der Gehaltsstrukturerhebung 1951 erfaßten Angestellten waren weiblich, während es bei den Arbeitern nur 19 v. H. waren; vgl. *Gehaltsstrukturerhebung 1951*, a. a. O., S. 5.

Das nachgewiesene Gehaltsgefälle von den technischen Angestellten über die Meister zu den kaufmännischen Angestellten kann mit dem unterschiedlichen hohen Grad der Substituierbarkeit dieser Beschäftigungsarten am Arbeitsmarkt der Angestellten erklärt werden.

Auch die intrasektorale Gehaltsstruktur nach Leistungsgruppen, die in verschieden starken Differenzierungen der Verdienste zwischen den Qualifikationsgruppen zum Ausdruck kam, ist im Kern auf differierende Leistungs- und Qualifikationspotentiale der Angestellten zurückzuführen. Daneben beeinflußte wiederum das allgemeine Gehaltsniveau die Verdienstabstände und bewirkte eine *relative Gleichmäßigkeit* der Gehaltsunterschiede.

Weitere wichtige Determinanten intragewerblicher Einkommensunterschiede waren Betriebsgröße und Gemeindegrößenklassen, die z. T. Gehaltsunterschiede nach der Qualifikation überkompensierten (vor allem die Betriebsgröße). Der mit steigender Betriebsgröße anwachsende Gehaltsvorsprung der Angestellten in Großbetrieben wurde durch erhöhte Sonderzuwendungen von Inhabern kleinerer Betriebe keineswegs ausgeglichen, die Gehaltsunterschiede blieben im großen und ganzen erhalten.

Persönliche Merkmale wie Alter, Familienstand und Kinderzahl spielen in leistungsorientierten Verdienstsystemen im allgemeinen eine sekundäre Rolle. Dennoch stiegen gerade bei den Angestellten wegen des hohen Berufseintrittsalters — bedingt durch längere Ausbildungszeiten als z. B. bei den Arbeitern — und wegen der mit höherem Alter gewachsenen Berufserfahrung und/oder Qualifizierung die Gehälter prozentual an.

Für die Analyse der intrasektoralen Gehaltsstruktur im Zeitverlauf sind nach diesen Ausführungen vor allem von Bedeutung:

1. Gehaltsunterschiede nach Beschäftigungsarten und Leistungsgruppen und ihre Veränderungen,

2. Gehaltsunterschiede nach der Betriebsgröße und ihre Veränderungen[143].

Regionale Gehaltsunterschiede und -hierarchien entstehen u. a. dadurch, daß die einzelnen Bundesländer nach Bevölkerungsdichte, Betriebsgrößenkonzentration, Bevölkerungskonzentration und Struktur der gewerblichen Wirtschaft verschieden sind. Dabei waren Zusammenhänge zwischen einzelnen dieser vermuteten Determinanten und dem bestehenden regionalen Gehaltsgefälle schon allein deswegen schwer

---

[143] Das Statistische Bundesamt liefert keine Verdienstangaben zur Gemeindegrößenklasse über einen längeren Zeitraum hinaus, so daß dieses Merkmal in der intertemporalen Betrachtung nicht explizit erfaßt werden kann, indirekt aber über die Interdependenzen mit der regionalen Gehaltsstruktur berücksichtigt wird.

aufzuzeigen, weil eine benötigte detaillierte Angestelltenstatistik nicht zur Verfügung stand.

Außerdem wurden regionale Gehaltsstrukturuntersuchungen dadurch behindert, daß eine notwendige Eliminierung von Merkmalen wie z. B. der Betriebsgröße und der Heterogenität der Wirtschaftszweige ohne sehr aufwendige statistische Berechnungen nicht möglich war.

Immerhin konnten Beziehungen zwischen der Wirtschaftsstruktur eines Landes gemessen an den beschäftigten Angestellten in den jeweiligen regionalen Teilarbeitsmärkten und den regionalen Gehaltsstreuungen für beide Geschlechter getestet werden, da angenommen werden kann, daß die regionale Verdienststreuung mit der stärkeren Streuung der beschäftigten Angestellten stärker wird. Weder für die männlichen noch für die weiblichen Angestellten war eine solche Beziehung empirisch belegbar, so daß vermutet werden kann, daß durch Einflüsse regionaler Betriebsgrößenstrukturen und der Heterogenität der Wirtschaftszweige ein solcher Zusammenhang nicht transparent wurde. Für die regionale Zeitraumanalyse ergeben sich damit (unter Beachtung der erforderlichen Einschränkungen wegen der Problematik der Abgrenzung von Regionen) folgende Aufgaben:

1. die Untersuchung der Veränderung des Gehaltsniveaus in den einzelnen Ländern bzw. die Überprüfung der Existenz regionaler Gehaltshierarchien,

2. die Darstellung der Veränderung interregionaler Gehaltsunterschiede,

3. die Darstellung der Entwicklung der intersektoralen Gehaltsdifferenzen der einzelnen Länder.

In der empirischen und theoretischen Analyse der Veränderungen der Gehaltsstruktur (Kapitel D) im Zeitraum 1951 bis 1966 werden die sich aus der Zeitpunktanalyse ergebenden Aufgabenstellungen weiterverfolgt und Determinanten herausgearbeitet, die bestimmte Veränderungen der Einkommensunterschiede am Arbeitsmarkt der Angestellten bewirkt haben.

D. Zeitraumanalyse der Gehaltsstruktur der Angestellten — Mittelfristige intertemporale Analyse der Gehaltsstruktur — (1951 bis 1966)

Untersuchungen zur Entwicklung von Verdienstunterschieden kommen vor allem zu folgenden Ergebnissen:

1. Die intersektorale Lohnstruktur weist im Zeitverlauf eine „beachtliche relative (formale) Stabilität“[1] auf[2].

2. Die Lohnstruktur insgesamt bzw. deren einzelne Dimensionen lassen vor allem langfristig eher Tendenzen der Nivellierung als der Konstanz oder Differenzierung der Einkommensunterschiede erkennen[3].

3. Eine langfristig feststellbare Nivellierungstendenz schließt kurzfristige Differenzierungen der Verdienstunterschiede nicht aus[4].

---

[1] Dieser Terminus findet sich z. B. bei *H. Lampert*, Bestimmungsgründe ..., a. a. O., S. 384.

[2] Vgl. dazu die auch Lohnhierarchien außerhalb der Bundesrepublik berücksichtigende Literaturübersicht bei *H. Lampert*, Bestimmungsgründe ..., a. a. O., S. 385; ein weiteres wichtiges Ergebnis vorliegender Lohnstrukturuntersuchungen, die relative (formale) Übereinstimmung nationaler intersektoraler Lohnhierarchien (vgl. *H. Lampert*, Die Lohnstruktur ..., a. a. O., S. 114 ff.; Ders., Bestimmungsgründe ..., a. a. O., S. 386) wird in dieser Arbeit ausgeklammert, weil die Überprüfung der internationalen Ähnlichkeit der Gehaltsstrukturen weitere umfangreiche empirische Untersuchungen erforderlich machen würde.

[3] Für die Bundesrepublik haben folgende Autoren eine tendenzielle Verkleinerung der Lohnunterschiede theoretisch und/oder empirisch nachgewiesen (unabhängig davon, welche Dimension untersucht wurde und ob die Industrie oder die gesamte gewerbliche Wirtschaft Gegenstand der Untersuchung gewesen ist; spezielle Literatur dazu in den entsprechenden Abschnitten dieses Kapitels): *W. Sies, H. Schlegel*, a. a. O.; *J. H. Müller*, Nivellierung ..., a. a. O.; *F. Grumbach* u. *H. König*, Beschäftigung und Löhne der deutschen Industriewirtschaft 1888 - 1954, in: WWA, Bd. 79, 1957 (II), S. 125 ff.; *G. Menges, H. Kolbeck*, a. a. O., insbesondere S. 67 ff.; *J. Peron*, a. a. O., insbesondere S. 136 ff.; *H. Lampert*, Die Lohnstruktur ..., a. a. O., S. 131 f.; Ders., Die Entwicklung ..., a. a. O., S. 108 ff.; Ders., Bestimmungsgründe ..., a. a. O., S. 377 ff.; *R. Skiba* u. Mitarbeit von *H Adam*, a. a. O.; *J. Kromphardt*, a. a. O., insbesondere S. 36 ff.; *W. Steden*, a. a. O., insbesondere S. 34 ff.; *R. Skiba*, Arbeiterlöhne, Angestelltengehälter und Beamtenbezüge in der Vor- und Nachkriegszeit, in: WWI-Mitteilungen, 23. Jg., H. 9 (Spt. 1970), S. 262 ff. Einen umfassenden Literaturüberblick zu Nivellierungstendenzen außerdeutscher Lohnstrukturen bietet *H. Lampert*, Die Entwicklung ..., a. a. O., S. 114; Ders., Bestimmungsgründe ..., a. a. O., S. 387 f.

[4] Vgl. *F. Fürstenberg*, a. a. O., S. 69 ff.; *J. Klaus*, a. a. O., S. 107; *H. Lampert*, Die Lohnstruktur ..., a. a. O., S. 132; *W. Braun*, a. a. O., S. 61; *G. Lehnert*, a. a. O., S. 155; *W. Steden*, a. a. O., S. 37.

Für die mittelfristige[5] intertemporale Betrachtung der Gehaltsunterschiede, der in der Literatur noch weniger Beachtung geschenkt wurde als langfristigen Gehaltsstrukturanalysen[6], ergeben sich folgende Fragestellungen:

1. Inwieweit zeichnet sich die Gehaltsstruktur im Zeitablauf durch eine relative (formale) Stabilität aus?

2. Verringern sich im Zeitablauf die Gehaltsunterschiede insgesamt bzw. nach den einzelnen Dimensionen, bleiben sie konstant oder tritt eine Vergrößerung der Differenzen ein?

Die Beantwortung dieser Fragen steht im Mittelpunkt der Ausführungen des Kapitels D, zunächst für die Entwicklung von Gehaltsunterschieden zwischen den Branchen[7].

I. Die intersektorale Gehaltsstruktur im Zeitverlauf

Aus der intersektoralen Zeitpunktanalyse der Gehaltsdifferenzen sind für die Erörterung intergewerblicher Gehaltsunterschiede im Zeitverlauf Ansatzpunkte gewonnen worden, denen im folgenden nachgegangen wird. Dabei ist zunächst die Frage von Interesse, ob sich die für die Lohnstruktur der Arbeiter festgestellte Lohnhierarchie auch für die Gehaltsstruktur der Angestellten nachweisen und begründen läßt.

---

[5] Da die Untersuchung einen Zeitraum von fünfzehn Jahren umspannt, kann hier mit *Kromphardt* von einer mittelfristigen Analyse gesprochen werden. Vgl. *J. Kromphardt*, a. a. O., S. 5 und S. 31 ff. Der Terminus mittelfristig (für den *Kromphardt* keine weitere Begründung gibt) ist auch deswegen gerechtfertigt, weil den meisten Arbeiten zur Lohnstruktur sehr lange Zeiträume zugrunde liegen; vgl. z. B. *G. Bry*, a. a. O. (1871 - 1945); *F. Grumbach* u. *H. König*, a. a. O. (1888 - 1954); *R. Skiba* u. Mitarbeit von *H. Adam*, a. a. O. (1918 - 1939 und 1948 - 1968). Ansonsten ist der Streit um Fristigkeiten in der Wissenschaft nicht nur ungeklärt, sondern auch recht müßig.

[6] Ansatzpunkte mittelfristiger Betrachtungen der Gehaltsstruktur lassen sich allenfalls feststellen bei *H. G. Jaspers*, a. a. O.; *J. Kromphardt*, a. a. O., insbesondere S. 8 ff.; der Nachkriegszeitraum bietet sich für diese Arbeit auch deswegen an, weil hier eine Periode relativ gleichmäßigen, nur von kleinen Rezessionen unterbrochenen Wachstums vorliegt; „eine Einbeziehung der Zwischenkriegszeit würde dagegen den Einschluß einer Periode bedeuten, in der *konjunkturelle* und *außerökonomische* Bewegungen die wirtschaftliche Entwicklung weit stärker bestimmten als das Wachstum". (*J. Kromphardt*, a. a. O., S. 5).

[7] Der Nachweis von Hierarchien hat für die intrasektorale Dimension keinen Sinn, da die Rangfolge durch die Art der einzelnen Merkmale (Leistungsgruppe, Betriebsgröße, Beschäftigungsart) im allgemeinen bereits vorgegeben ist und außerdem die Untergliederung der Merkmale (5 Leistungsgruppen, 3 Beschäftigungsarten usw.) für die Feststellung von Hierarchien ungeeignet ist.

1. Die relative (formale) Stabilität der intersektoralen Gehaltsstruktur männlicher Angestellter

Eine Reihe von Autoren hat insbesondere für die interindustrielle *Lohn*struktur eine beachtliche relative Stabilität[8] im Zeitverlauf festgestellt, indem sie die nach der Höhe der Durchschnittslöhne geordneten Wirtschaftszweige mit Rangordnungsziffern versahen und überprüften, inwieweit die Rangplatzfolge nach bestimmten Zeitabschnitten noch übereinstimmte[9].

Eine Untersuchung zu einer in diesem Sinne möglichen relativen Stabilität der *Gehalts*struktur ist bisher ebensowenig vorgenommen worden wie der Nachweis „gleichbleibender“ Verdiensthierarchien für die gesamte gewerbliche Wirtschaft.

Die Tabellen 22 und 23 weisen jeweils für einzelne Beschäftigungsarten und Leistungsgruppen die Rangkorrelationskoeffizienten nach Spearman[10] aus und zeigen, daß für die männlichen Angestellten aller Qualifikationsstufen und Beschäftigungsarten von einer relativen Stabilität der Gehaltsstruktur selbst für den Vergleich der Rangplätze der Verdienste in den Jahren 1951 und 1966 gesprochen werden kann (R = 0,728).

Für alle angestellten Männer fallen die berechneten Werte um so höher aus, je geringer die zeitliche Differenz zwischen den betrachteten Erhebungsjahren ist. Das gilt im Regelfall auch für die Angestellten der einzelnen Leistungsgruppen und Beschäftigungsarten: Die „Ähnlich-

---

[8] Zu Recht weist *Lampert* darauf hin, daß die Stabilität einer Lohnstruktur nicht mit ihrer Konstanz „im Sinne gleichbleibender absoluter oder relativer Lohnunterschiede nach Industriezweigen gleichgesetzt werden (darf).“ Auch bei gleichbleibender Rangfolge der Industriezweige nach Durchschnittsverdiensten können sich Konstanz-, Nivellierungs- oder Differenzierungserscheinungen der Lohnstruktur ergeben. (Dies wird auch deutlich, wenn man sich z. B. den Unterschied zwischen Maß- und Rangkorrelationen vor Augen führt!) Vgl. *H. Lampert,* Die Entwicklung ..., a. a. O., S. 110; wie wichtig der obige Hinweis ist, zeigt die Arbeit *Brauns,* der die intertemporale *Konstanz* oder *Varianz* der Lohnstruktur u. a. mit Rangordnungsziffern nachzuweisen sucht; vgl. *W. Braun,* a. a. O., S. 51.

[9] Als Beispiele dienen die Untersuchungen von: *F. Grumbach* u. *H. König,* a. a. O., S. 142; *G. Bombach,* Die Stabilität der industriellen Produktivitätsstruktur, a. a. O., S. 39; *W. G. Hoffmann,* Die branchenmäßige ..., a. a. O., S. 48 - 51; *H. Lampert,* Die Lohnstruktur ..., a. a. O., S. 114 ff.; *OECD* (Hrsg.), Wages and Labor Mobility, a. a. O., S. 15 - 16; *Sachverständigenrat* zur Begutachtung der gesamtwirtschaftlichen Entwicklung, Jahresgutachten 1965/66, Stabilisierung ohne Stagnation, Stuttgart und Mainz 1965, S. 151 f., insbesondere Tabelle 64; *H. Lampert,* Die Entwicklung ..., a. a. O., S. 109 ff.; *J. Kromphardt,* a. a. O., S. 21, S. 35 f.; *H. Gerfin,* Ausmaß und Wirkung der Lohndrift, a. a. O., S. 514.

[10] Dem Rangkorrelationskoeffizienten lagen die sich aus der absoluten Höhe der Durchschnittsverdienste ergebenden Rangplätze der Wirtschaftszweige zugrunde.

Tabelle 22

Rangkorrelationskoeffizienten für die Durchschnittsgehälter der männlichen Angestellten nach Wirtschaftsabteilungen und Beschäftigungsarten 1951, 1957, 1962 und 1966

Vergleichszeitpunkte Beschäftigungsarten	1951/ 1957	1957/ 1962	1962/ 1966	1951/ 1962	1957/ 1966	1951/ 1966
1	2	3	4	5	6	7
alle Beschäftigungsarten	0,931	0,933	0,983	0,732	0,890	0,728
kfm. Angestellte	0,920	0,867	0,937	0,763	0,740	0,621
techn. Angestellte	0,492	0,597	0,941	0,505	0,506	0,433
Meister	0,788	0,829	0,863	0,736	0,600	0,420

Quellen: Eigene Berechnungen nach Tabelle 26.

keit" der Gehaltshierarchien ist am größten im Zeitraum 1962/1966 (4 Jahre), am kleinsten für den Zeitraum 1951/1966 (15 Jahre).

Diese Ergebnisse schließen nicht aus, daß sich z. T. beachtlich geringe Zusammenhänge zwischen den jeweiligen Gehaltshierarchien vorfinden lassen, die u. a. mit relativen Gehaltserhöhungen und -herabsetzungen in einzelnen Wirtschaftszweigen und der entsprechenden Änderung der

Tabelle 23

Rangkorrelationskoeffizienten für die Durchschnittsgehälter der männlichen Angestellten nach Wirtschaftsabteilungen und Leistungsgruppen 1951, 1957, 1962 und 1966

Vergleichszeitpunkte Leistungsgruppen	1951/ 1957	1957/ 1962	1962/ 1966	1951/ 1962	1957/ 1966	1951/ 1966
1	2	3	4	5	6	7
alle Leistungsgruppen	0,931	0,933	0,983	0,732	0,890	0,728
Leistungsgruppe I	0,859	0,846	0,908	0,630	0,860	0,589
Leistungsgruppe II	0,872	0,810	0,807	0,733	0,582	0,443
Leistungsgruppe III	0,956	0,868	0,932	0,793	0,853	0,718
Leistungsgruppe IV	0,911	0,870	0,950	0,783	0,760	0,674
Leistungsgruppe V	0,838	0,853	0,487	0,800	0,527	0,497

Quellen: Eigene Berechnungen nach Tabelle 26.

Rangplätze zusammenhängen. Auffallend niedrige Rangkorrelationskoeffizienten finden sich vor allem bei den technischen Angestellten (Ausnahme R = 0,941 für den Zeitraum 1962/1966), bei den Meistern für den Zeitraum 1951/1966 (R = 0,433), in den Leistungsgruppen I (1951/1966 R = 0,589), II (1957/1966 R = 0,582, 1951/1966 R = 0,443) und V (1962/1966 R = 0,487, 1957/1966 R = 0,527, 1951/1966 R = 0,497). Dennoch kann bei 18 Wirtschaftszweigen der Spearmansche Rangkorrelationskoeffizient unter Zugrundelegung einer Sicherheitswahrscheinlichkeit von 95 v. H. als signifikant angesehen werden, wenn er absolut größer als 0,4 ist[11].

Die vorgefundenen Ergebnisse zur relativen Stabilität der Gehaltsstruktur männlicher Angestellter decken sich im wesentlichen mit den Berechnungen des Sachverständigenrats[12] und des Statistischen Bundesamtes[13].

Bevor mögliche Bestimmungsgründe der Gehaltshierarchie erläutert werden, soll noch überprüft werden, ob sich auch die intersektorale Gehaltsstruktur der weiblichen Angestellten durch eine relative Stabilität auszeichnet.

2. Die relative (formale) Stabilität der intersektoralen Gehaltsstruktur weiblicher Angestellter

Trotz der grundsätzlich von den männlichen Angestellten differierenden Verteilung der weiblichen Angestellten auf die Leistungsgruppen, Beschäftigungsarten und Wirtschaftszweige läßt sich aus den Tabellen 24 und 25 eine relative Stabilität der intergewerblichen Gehaltsstruktur erkennen. Die Ergebnisse ähneln denen über die angestellten Männer auch insofern, als mit wachsender Entfernung der Vergleichszeitpunkte die Zusammenhänge zwischen den Rangreihen weniger stark ausfallen, was am deutlichsten beim Vergleich von Werten der Zeiträume 1962/1966 und 1951/1966 sichtbar wird.

Auch bei den weiblichen Angestellten führen einige Berechnungen zu extrem niedrigen Werten, von denen mehrere (Leistungsgruppe II 1951/

---

11 Vgl. *J. Pfanzagl,* Allgemeine Methodenlehre der Statistik, Bd. II, a. a. O., S. 299.

12 *Sachverständigenrat* zur Begutachtung der gesamtwirtschaftlichen Entwicklung, a. a. O., Tabelle 64, S. 153 (Korrelationskoeffizient für das Bundesgebiet). Diese Zahlen gelten allerdings nur für die Industrie und für den Zeitraum 1951 bis 1960 bzw. 1964.

13 Zum Vergleich können nur Berechnungen des Bundesamtes für den Zeitraum 1962/1966 herangezogen werden, die allerdings, basierend auf Rangreihen von 52 Wirtschaftszweigen, niedrigere Werte (R = 0,89 für alle männlichen Angestellten) als die o. a. ergeben; vgl. *Gehaltsstrukturerhebung 1966,* a. a. O., S. 16; *W. v. d. Decken, H.-G. Kloß,* Die Verdienste der Angestellten, Ergebnis der Gehalts- und Lohnstrukturerhebung 1966, in: WiSta 1969 (T), S. 423.

Tabelle 24

Rangkorrelationskoeffizienten für die Durchschnittsgehälter der weiblichen Angestellten nach Wirtschaftsabteilungen und Beschäftigungsarten[1]) 1951, 1957, 1962 und 1966

Vergleichszeitpunkte Beschäftigungsarten	1951/ 1957	1957/ 1962	1962/ 1966	1951/ 1962	1957/ 1966	1951/ 1966
1	2	3	4	5	6	7
alle Beschäftigungsarten	0,840	0,773	0,836	0,819	0,677	0,619
kfm. Angestellte	0,878	0,834	0,846	0,778	0,728	0,503
techn. Angestellte	0,751	0,742	0,886	0,782	0,644	0,602

[1]) Eine Berechnung der Koeffizienten für die Meister erübrigt sich, weil die Anteilsquote der Meister an den weiblichen Angestellten sehr gering ist.
So ergab sich z. B. 1966 eine Beteiligung von weiblichen Meisterangestellten an allen weiblichen Angestellten von 0,3 %.
In den Gehaltsstrukturerhebungen früherer Jahre war der Prozentsatz ähnlich gering. Vgl. Gehaltsstruktur 1966, a. a. O., S. 121, unterster Block, erste Zeile.

Quellen: Eigene Berechnungen nach Tabelle 27.

Tabelle 25

Rangkorrelationskoeffizienten für die Durchschnittsgehälter der weiblichen Angestellten nach Wirtschaftsabteilungen und Leistungsgruppen[1]) 1951, 1957, 1962 und 1966

Vergleichszeitpunkte Leistungsgruppen	1951/ 1957	1957/ 1962	1962/ 1966	1951/ 1962	1957/ 1966	1951/ 1966
1	2	3	4	5	6	7
alle Leistungsgruppen	0,840	0,773	0,836	0,819	0,677	0,619
Leistungsgruppe II	0,774	0,706	0,826	0,295	0,733	0,269
Leistungsgruppe III	0,910	0,917	0,971	0,913	0,897	0,832
Leistungsgruppe IV	0,902	0,918	0,842	0,927	0,814	0,841
Leistungsgruppe V	0,769	0,891	0,406	0,780	0,488	0,358

[1]) Die Berechnung der Koeffizienten für Leistungsgruppe I würde zu stark abweichen und kaum zu verwendbaren Ergebnissen führen. Eine Außerachtlassung der Leistungsgruppe I ist auch deswegen geboten, weil sie nur einen sehr geringen Teil der weiblichen Angestellten auf sich vereinigt. Er liegt z. B. 1966 bei etwa 1 % aller weiblichen Angestellten. Vgl. Gehaltsstruktur 1966, a. a. O., S. 8, Tabelle 3.

Quellen: Eigene Berechnungen nach Tabelle 27.

1962 R = 0,295 und 1951/1966 R = 0,269) nicht signifikant sind, wenn sie an dem o. a. Kriterium gemessen werden[14].

Sieht man von weiteren niedrigen Rangkorrelationskoeffizienten ab (1951/1966 bei kaufmännischen und technischen Angestellten, Leistungsgruppe V 1951/1966 R = 0,358; 1957/1966 R = 0,488; 1962/1966 R = 0,406), dann weisen von allen 42 errechneten Werten immerhin 35 eine recht hohe, nur 7 eine niedrige Korrelation auf[15].

Den Ergebnissen zur Überprüfung relativer Stabilitäten von intersektoralen Gehaltsstrukturen männlicher und weiblicher Angestellter ist gemeinsam die Konzentration niedriger Werte vor allem auf die Beschäftigungsart technische Angestellte, auf die oberen Qualifikationsstufen (I und II) und die Leistungsgruppe V, während kaufmännische Angestellte (Ausnahme weibliche kaufmännische Angestellte 1951/1966) und mittlere Qualifikationsgruppen im Zeitverlauf vorwiegend strenge Zusammenhänge der Gehaltsstrukturen widerspiegeln.

Da die Erklärung der relativen Stabilität der intergewerblichen Gehaltsstruktur in engem Zusammenhang mit der Frage steht, welche Gestalt die intersektorale Gehaltsstruktur im Zeitverlauf zeigte[16], muß zunächst überprüft werden, welche Rangplätze die einzelnen Wirtschaftszweige im intertemporalen Vergleich in der Gehaltshierarchie einnahmen; daran anschließend kann die bereits in der Zeitpunktanalyse begonnene Diskussion zu den *Bestimmungsgründen* der Gehaltshierarchie[17] wieder aufgenommen werden.

3. Die Gehaltshierarchie männlicher und weiblicher Angestellter und ihre Determinanten

Die aus den Tabellen A bis I entwickelte Rangfolge der Wirtschaftszweige nach Durchschnittsverdiensten für Leistungsgruppen sowie Beschäftigungsarten ist aus den Tabellen 26 und 27 zu ersehen. Beschränken wir uns zunächst auf die Reihenfolge der Durchschnittsverdienste aller männlichen und weiblichen Angestellten, so fallen die Spitzenpositionen des Bergbaus (bzw. der chemischen Industrie bei den weiblichen Angestellten 1962 und 1966) und der unterste Rangplatz des Einzelhandels (bzw. der Dienstleistungen 1957 bei den weiblichen Angestellten) in der Verdiensthierarchie bei intertemporalem Vergleich auf. Im allgemeinen gibt es jedoch kaum Wirtschaftszweige, die ihre Rangstelle im Zeitablauf beibehalten haben:

---

[14] Vgl. *J. Pfanzagl*, a. a. O., S. 299.

[15] Die adäquaten Zahlenangaben für die männlichen Angestellten lauten: von insgesamt 54 Koeffizienten waren 41 relativ hoch, 13 relativ niedrig.

[16] Analog zu *H. Lampert*, Die Entwicklung ..., a. a. O., S. 111.

[17] Vgl. S. 58 ff. in dieser Arbeit.

Tabelle 26

Die Rangordnungsziffern der Bruttomonatsgehälter der männlichen Angestellten nach Wirtschaftsabteilungen, Leistungsgruppen und Beschäftigungsarten 1951, 1957, 1962 und 1966

Leistungsgruppen Beschäftigungsarten Wirtschaftsabteilungen	Alle Leistungsgr. Beschäftigungsarten				Leistungsgruppe I				Leistungsgruppe II				Leistungsgruppe III				Leistungsgruppe IV			
	1951	1957	1962	1966	1951	1957	1962	1966	1951	1957	1962	1966	1951	1957	1962	1966	1951	1957	1962	1966
1	2	3	4	5	6	7	8	9	10	11	12	13	14	15	16	17	18	19	20	21
1 Energ.-wirtsch., Wasserv.	7	7,5	11	11,5	4	4	4	3	4	3	3	3	4	3	3	3	3,5	2	3	3,5
2 Bergbau	1	1	1	1	1	1	1	1	1	1	2	2	1	1	1	1	1	1	1	1
3 Chem. Ind.	3	3	2	2	2	3	2	2	3	2	1	1	3	4	2	2	3,5	4	2	2
4 Kunstst., Gummi, Asbest	6	9	10	10	5	9	7	10	8	6	9	7,5	8	10	11	11,5	7	10	9,5	8,5
5 Steine u. Erden	10	10	9	8,5	15	11,5	10	11	17,5	14	12	11	12	11,5	8	9	12	11,5	9,5	6,5
6 Eisen- u. NE-Metallerzeugung	2	2	3	4	3	2	3	4	2	4	5	15	2	2	4	9	2	3	8	13
7 Stahl-, Masch.- u. Fahrzg.bau	5	5	5,5	7	11	5	6	5,5	7	5	6	6	5	6	6	6,5	5	5	7	8,5

Leistungsgruppen Beschäftigungsarten Wirtschaftsabteilungen	Leistungsgruppe V				kfm. Angestellte				techn. Angestellte				Meister			
	1951	1957	1962	1966	1951	1957	1962	1966	1951	1957	1962	1966	1951	1957	1962	1966
1	22	23	24	25	26	27	28	29	30	31	32	33	34	35	36	37
1 Energ.-wirtsch., Wasserv.	4	2	1	2,5	8,5	11	14	14	8	6	9	7	7	5	7	7,5
2 Bergbau	1	1	3	6	1	1	3	2	1	1	1	1	5,5	2	6	13
3 Chem. Ind.	3	4	2	7	3	3	1	1	2	2	2	2	2	3	2	2
4 Kunstst., Gummi, Asbest	6	10	14	9	5	6	9	9,5	4	12	12	12	5,5	8	8	12
5 Steine u. Erden	10	14	8,5	5	10	12	8	9,5	11	9	7,5	9	12	11	11	7,5
6 Eisen- u. NE-Metallerzeugung	2	5,5	6	11,5	2	2	2	4	3	4	5	7	1	1	1	2
7 Stahl-, Masch.- u. Fahrzg.bau	8	5,5	7	15	6	5	6	5,5	7	11	11	11	3	4	3	4,5

Quellen: Tabellen A, B, D, F, H im Anhang

Tabelle 26 (Fortsetzung)

Die Rangordnungsziffern der Bruttomonatsgehälter der männlichen Angestellten nach Wirtschaftsabteilungen, Leistungsgruppen und Beschäftigungsarten 1951, 1957, 1962 und 1966

Leistungsgruppen Beschäftigungsarten Wirtschaftsabteilungen	Alle Leistungsgr. Beschäftigungsarten				Leistungsgruppe I				Leistungsgruppe II				Leistungsgruppe III				Leistungsgruppe IV				Leistungsgruppe V				kfm. Angestellte				techn. Angestellte				Meister			
	1951	1957	1962	1966	1951	1957	1962	1966	1951	1957	1962	1966	1951	1957	1962	1966	1951	1957	1962	1966	1951	1957	1962	1966	1951	1957	1962	1966	1951	1957	1962	1966	1951	1957	1962	1966
1	2	3	4	5	6	7	8	9	10	11	12	13	14	15	16	17	18	19	20	21	22	23	24	25	26	27	28	29	30	31	32	33	34	35	36	37
8 Elek. techn., Feinmech.	4	4	7	8,5	8	7	5	5,5	5	9	8	9,5	7	7	10	11,5	6	6	11	10	7	8	11,5	13,5	4	4	7	8	5	7	10	13,5	4	6	10	9,5
9 Holz, Papier, Druck	9	7,5	8	5	13	13,5	12	13,5	11	11,5	10	12	11	9	7	5	14	9	4	3,5	11	11	4	17	8,5	7	5	3	9	5	6	5	11	9	9	9,5
10 Leder-, Textil-, Bekleid.	8	12	14	14	6	10	13	16,5	9	8	13	15	9	13	14	14,5	8	8	12	11,5	13	12	13	10	7	10	11,5	13	6	15	16	15,5	8	12	14	16
11 Nahrungs- u. Genußmittel	12	11	12	13	14	15	16	12	13	13	11	13	13,5	11,5	12	13	11	7	6	6,5	14	9	11,5	2,5	11	8	10	12	10	14	7,5	10	14	7	5	6
12 Baugew.	11	6	4	3	18	16	11	15	16	11,5	4	5	10	8	5	4	10	14	13	11,5	15	15	16	8	17	16	13	11	12	10	4	3,5	10	10	4	4,5
13 Großhand.	17,5	17	17	18	12	11,5	15	16,5	12	17	18	18	18	16	18	18	18	16	18	17	17	16	17	17	16	17	18	18	13	13	14	13,5	17	13	15	14,5
14 Handelsvermittlg.	16	14	15	15,5	10	13,3	18	18	14	15	17	17	15	15	16	16	17	15	17	15	16	13	15	11,5	14	13	16	16	15	8	15	15,5	16	14	17	14,5
15 Einzelhandel	19	13	19	19	16	18	19	19	17,5	18	19	19	19	18	19	19	19	18	19	18	19	17	19	19	19	18	19	19	17	17	19	19	15	15	16	17
16 Kredit- u. Fin.Gew.	13	15	18	17	9	6	14	8,5	6	10	7	4	6	5	13	6,5	13	11,5	14	14	9	3	5	1	12	15	17	16	18	3	18	18	—	—	18	—
17 Versicher.-Gewerbe	14,5	13	16	15,5	7	8	9	8,5	10	7	15	15	13,5	14	17	17	15	13	15	16	12	7	8,5	13,5	13	9	15	16	14	16	13	7	—	—	—	—
18 Verk. u. Nachr.-übermittlg.	14,5	—	5,5	6	17	—	8	7	15	—	14	9,5	17	—	9	9	9	—	5	5	5	—	10	4	15	—	4	7	19	—	3	3,5	9	—	12	11
19 Dienstleistungen	17,5	16	13	11,5	—	17	17	13,5	19	16	16	7,5	16	17	15	14,5	16	17	16	19	18	18	18	17	18	14	11,5	5,5	16	18	17	17	13	—	13	1

Quellen: Tabellen A, B, D, F, H im Anhang

Tabelle 27

Die Rangordnungsziffern der Bruttomonatsgehälter der weiblichen Angestellten nach Wirtschaftsabteilungen, Leistungsgruppen und Beschäftigungsarten 1951, 1957, 1962 und 1966

Leistungsgruppen Beschäftigungsarten Wirtschaftsabteilungen	Alle Leistungsgr. Beschäftigungsarten				Leistungsgruppe II				Leistungsgruppe III				Leistungsgruppe IV				Leistungsgruppe V				kfm. Angestellte				techn. Angestellte			
	1951	1957	1962	1966	1951	1957	1962	1966	1951	1957	1962	1966	1951	1957	1962	1966	1951	1957	1962	1966	1951	1957	1962	1966	1951	1957	1962	1966
1	2	3	4	5	6	7	8	9	10	11	12	13	14	15	16	17	18	19	20	21	22	23	24	25	26	27	28	29
1 Energ.-wirtsch., Wasserv.	4	2	2	2	—	—	2	2	5	1	1	1	2,5	2	1	1	2	1	1	1	3,5	2	1	2	3	2	2	2
2 Bergbau	1	1	3	3	—	11	14	12	1	4	4	4	1	1	3	4	1	2	5,5	16	1	1	2,5	3	—	1	4	7
3 Chem. Ind.	3	4	1	1	1	1	1	1	2	5	2	2	4	7,5	4	3	4	5	5,5	3	3,5	4	2,5	1	2	3	1	1
4 Kunstst., Gummi, Asbest	6	12	7,5	9	—	—	3	11	8	12	9,5	10,5	5	9	8	6,5	6	10	7	8	7	10,5	11	11,5	8,5	10,5	5	5
5 Steine u. Erden	10	13	10	9	10	7	5	9,5	11	9	8	6,5	10	11	9	6,5	13	12	8	11	10	10,5	9,5	8	10	12	10	14,5
6 Eisen- u. NE-Metallerzeugung	2	3	4	9	4	2	4	3	3	2	3	5	2,5	4	2	10	3	6	2	16	2	3	4	11,5	6	4	8	8
7 Stahl-, Masch.- u. Fahrzg.bau	7	6	5	9	2	2	7	5	7	6	6	6,5	7,5	5	6	10	8	3	4	11	6	6	5	3	11	15	14	16

Quelle: Tabellen A, C, E, G, I im Anhang.

Die Rangordnungsziffern der Bruttomonatsgehälter der weiblichen Angestellten nach Wirtschaftsabteilungen, Leistungsgruppen und Beschäftigungsarten 1951, 1957, 1962 und 1966

Leistungsgruppen Beschäftigungsarten Wirtschaftsabteilungen	Alle Leistungsgr. Beschäftigungsarten				Leistungsgruppe II				Leistungsgruppe III				Leistungsgruppe IV				Leistungsgruppe V				kfm. Angestellte				techn. Angestellte			
	1951	1957	1962	1966	1951	1957	1962	1966	1951	1957	1962	1966	1951	1957	1962	1966	1951	1957	1962	1966	1951	1957	1962	1966	1951	1957	1962	1966
1	2	3	4	5	6	7	8	9	10	11	12	13	14	15	16	17	18	19	20	21	22	23	24	25	26	27	28	29
8 Elek. techn., Feinmech.	5	7	7,5	12,5	3	5	10	9,5	6	8	7	8	7,5	7,5	7	6,5	5	4	3	8	5	7	7	11,5	8,5	14	12	14,5
9 Holz, Papier, Druck	11	9,5	6	6	5	8	11	8	12	13	9,5	10,5	12	12	12	10	11	13	9,5	6	12	9	6	6	7	6	6	2,5
10 Leder-, Textil-, Bekleid.	8	8	13	14,5	7	6	13	14	9	11	15	15	9	10	11	12,5	10	9	11	8	9	13	14	15	4	5	7	5
11 Nahrungs- u. Genußmittel	17	11	12	16	11	12	16	14	14	14	14	13,5	17	13	10	14	18	8	9,5	4,5	17	12	13	16	5	8	3	2,5
12 Baugew.	16	14	11	4,5	12	10	12	5	13	10	11	12	14	14	15	15	16	15	16	18	16	14	9,5	4,5	13	7	9	11,5
13 Großhand.	14	16	17	17	9	13	18	18	17	16	17	17	15	16	17	17	15	16	15	13,5	14	16	17	17	12	10,5	11	9,5
14 Handelsvermittlg.	15	15	15	14,5	8	15	17	17	15	15	16	16	16	15	16	16	17	14	17	13,5	15	15	15	14	—	9	17	17
15 Einzelhandel	19	17	19	19	14	14	15	14	18	17	18	18	19	17	19	19	19	17	19	19	19	17	19	19	14	13	16	11,5
16 Kredit- u. Fin.Gew.	9	9,5	16	12,5	—	9	6	5	4	3	5	3	6	3	5	2	9	7	13	2	8	8	16	11,5	—	—	18	18
17 Versicher.-Gewerbe	12	5	14	9	6	4	8	7	10	7	12	13,5	11	6	13	12,5	14	11	12	11	11	5	12	8	—	—	13	9,5
18 Verk. u. Nachr.-übermittlg.	13	—	9	4,5	13	—	9	—	16	—	13	9	13	—	14	6,5	7	—	14	4,5	13	—	8	4,5	1	—	—	—
19 Dienstleistungen	18	18	18	18	15	16	19	16	19	18	19	19	18	18	18	18	12	18	18	16	18	18	18	18	—	16	15	13

Quelle: Tabellen A, C, E, G, I im Anhang.

Veränderungen der Positionen in der Gehaltshierarchie sind bedingt durch branchenspezifische Besonderheiten, denen im einzelnen nicht nachgegangen werden kann[18]. Bisherige Ergebnisse empirischer Arbeiten zur *Lohn*hierarchie führen vor allem zu zwei Fragestellungen bezüglich der Verdiensthierarchie der Angestellten:

1. Läßt sich für die gesamte gewerbliche Wirtschaft im Zeitraum 1951 bis 1966 eine relativ stabile Gehaltshierarchie feststellen[19]?

2. Gelten die für die Industrie vorgefundenen Lohngefälle von der Grundstoff- und Produktionsgüterindustrie über die Investitionsgüterindustrie zur Verbrauchsgüterindustrie auch für die Rangfolge der Gehälter in diesen Industriegruppen[20]?

Trotz einzelner Differenzierungen in der Rangfolge der Wirtschaftszweige lassen sich aus der Tabelle A und aus den Rangziffern der Tabellen 26 und 27 sinkende Durchschnittsgehälter vom Wirtschaftsbereich Energiewirtschaft, Wasserversorgung und Bergbau über das verarbeitende Gewerbe[21], die „Dienstleistungen“[22] bis zum Handel für alle männlichen und weiblichen Angestellten in sämtlichen Erhebungszeitpunkten feststellen. Diese Rangfolge abnehmender Verdienste von der Energiewirtschaft bis zum Handel wird voll bestätigt, wenn man die Durch-

---

[18] Auffallend starke Rangplatzverschiebungen ergeben sich für die männlichen Angestellten im Baugewerbe (1951 Rang 11, 1966 Rang 3), im Verkehrsgewerbe (1951 Platz 14,5, 1966 Platz 6), für die weiblichen Angestellten in den gleichen Branchen (Baugewerbe von Platz 16 1951 auf Platz 4,5 1966; Verkehrsgewerbe von Rang 13 1951 auf Rang 4,5 1966). Die Verbesserung der Positionen dieser Gewerbe in der Gehaltshierarchie ist u. a. auch bedingt durch den enormen Bedarf an Bau- und Verkehrsleistungen in einer wachsenden Wirtschaft. Außerdem wird in den genannten Beispielen die Interdependenz männlicher und weiblicher Verdienste deutlich; eine spürbare Einkommensverbesserung bei den männlichen Angestellten führt im Regelfall auch zu einer Verdienststeigerung bei den weiblichen Angestellten.

[19] Leider gibt es noch keine umfassende Untersuchung zu Lohnhierarchien in der gesamten gewerblichen Wirtschaft, so daß Vergleiche von Verdienstrangfolgen für Arbeiter und Angestellte nicht ohne weitere empirische Analyse bzw. nur mit entsprechenden Vorbehalten möglich sind.

[20] Lohnhierarchien in der Industrie haben vor allem festgestellt *H. Lampert,* Die Entwicklung ..., a. a. O., S. 113; Ders., Bestimmungsgründe ..., a. a. O., S. 385; vgl. auch *W. G. Hoffmann,* Die branchenmäßige ..., a. a. O., S. 126. *Hoffmann* schreibt: „Zusammenfassend kann man behaupten, daß die Lohnstruktur international besonders deutlich in einer Trennung der Branchen in zwei Hauptgruppen zum Ausdruck kommt, die sich grob als Konsum- und Investitionsgüterindustrien kennzeichnen lassen.“

Mit dem Vergleich der industriellen Lohn- und Gehaltshierarchie ist eine Überprüfung der Arbeitshypothese möglich, die bei Hochlohnindustrien die Tendenz zu hohen Gehältern und vice versa für Niedriglohnindustrien beinhaltet.

[21] Einschließlich Baugewerbe.

[22] Wegen des geringen Repräsentationsgrades des Verkehrs- und Nachrichtenwesens und der Dienstleistungen, der Zufallsfehler begünstigt, wurden diese Branchen mit den Kreditinstituten und dem Versicherungsgewerbe zum Bereich „Dienstleistungen“ zusammengefaßt.

schnittsgehälter für einzelne Leistungsgruppen und Beschäftigungsarten in die Betrachtung einbezieht:

In insgesamt 64 Fällen ergaben sich lediglich 13 Abweichungen von der Verdienstrangfolge der Wirtschaftsgruppen, vor allem in den Leistungsgruppen V (bei den männlichen Angestellten wurden 1957, 1962 und 1966 im „Dienstleistungsgewerbe" höhere Gehälter gezahlt als im verarbeitenden Gewerbe, ebenso bei den weiblichen Angestellten 1951 und 1966)[23] und II (1957, 1962 und 1966 waren die Verdienste der weiblichen Angestellten im verarbeitenden Gewerbe höher als in der Energiewirtschaft)[24] sowie bei den kaufmännischen Angestellten (die Männer verdienten 1962 und 1966 im verarbeitenden Gewerbe mehr als in der Energiewirtschaft). Geringfügige Verschiebungen finden sich auch bei den technischen Angestellten (männliche Angestellte 1951, weibliche Angestellte 1966) und bei den Meistern (1962 und 1966).

Die angeführten Abweichungen von der Verdiensthierarchie nach Wirtschaftsgruppen deuteten sich schon in den z. T. niedrigen Stabilitätsgraden der „extremen" Leistungsgruppen und einzelner Beschäftigungsarten sowie in einigen auffallenden Rangplatzverschiebungen innerhalb dieser Gruppen an.

Unterteilt man das produzierende Gewerbe in Anlehnung an das Vorgehen in der Zeitpunktanalyse[25] in Grundstoff- und Produktionsgüterindustrien, Investitionsgüterindustrien und Verbrauchsgüterindustrien und vergleicht die in ihnen erzielten Durchschnittsgehälter im Zeitverlauf, dann ergibt sich ein Gehaltsgefälle in der Reihenfolge der genannten Industriegruppen für alle Untersuchungszeitpunkte, womit die für die Industrie der Bundesrepublik herausgefundene Hierarchie der Arbeiterverdienste[26] auch für die Angestelltenverdienste bestätigt werden kann. Weiterhin läßt sich die Hypothese verifizieren, daß in Hochlohnindustrien im Regelfall auch hohe Gehälter gezahlt werden, in Industrien mit niedrigen Löhnen niedrige Gehälter.

Zur Erklärung der vorgefundenen Stabilität der intersektoralen Gehaltsstruktur und der im Zeitverlauf auffallend invariablen Gehaltshierarchie genügt es nicht festzustellen, daß es in jedem Land so etwas gibt wie eine Lohn- oder Gehaltshierarchie, die sich nach kurzfristigen Verschiebungen immer wieder einstellt[27], sondern es müßten „branchen-

---

[23] Für männliche Angestellte vgl. Tabellen A, B, D, F, H, für weibliche Angestellte Tabellen A, C, E, G, I des Anhangs und Tabellen 26 und 27.

[24] Hier spielte der geringe Repräsentationsgrad weiblicher Angestellter vermutlich eine bedeutende Rolle, so daß von diesen drei Ausnahmen eigentlich abgesehen werden kann.

[25] Vgl. Tabellen 3 und 4 in dieser Arbeit.

[26] Vgl. *H. Lampert,* Die Entwicklung ..., a. a. O., S. 111 ff.; Ders., Bestimmungsgründe ..., a. a. O., S. 385.

[27] *G Bombach,* Die Stabilität der industriellen Produktivitätsstruktur, a. a. O., S. 39.

monographische Forschungen"[28] durchgeführt werden, die die in verschiedenen Wirtschaftsgruppen differierenden Preis-, Produktivitäts-, Ertrags- und Beschäftigungsstrukturen in ihrem Einfluß auf die Verdiensthierarchie aufzeigen. Von diesen Determinanten werden auch die Konstellationen an den jeweiligen branchenspezifischen Arbeitsmärkten der Angestellten und die Gehaltsunterschiede mitbestimmt[29]. Dennoch ergeben sich aus der empirischen Analyse einige Anhaltspunkte für die Begründung der Gestalt der vorhandenen Gehaltshierarchie.

Von nicht unwesentlicher Bedeutung für die Rangfolge der Wirtschaftsgruppen nach Durchschnittsverdiensten ist die unterschiedliche Repräsentanz weiblicher Arbeitnehmer; sie sind am stärksten vertreten in den Wirtschaftsgruppen Handel und Dienstleistungen, am schwächsten im Energiesektor[30]. Da in der Zeitpunktanalyse ein starker Zusammenhang zwischen der Höhe der Durchschnittsverdienste und dem Anteil der Frauen an den beschäftigten Angestellten konstatiert wurde[31], ist hierin offensichtlich ein Bestimmungsgrund dafür zu sehen, daß die Energiewirtschaft die Spitze der Gehaltshierarchie einnimmt, der Handel im Zeitverlauf den letzten Rangplatz bekleidet.

Eine weitere Determinante des Verdienstgefälles ist in der unterschiedlichen Verteilung vergleichsweise höher bezahlter technischer Angestellter und Meister und niedriger bezahlter kaufmännischer Angestellter zu sehen. Traditionell stark vertreten sind die kaufmännischen Angestellten im Handel und in den Dienstleistungen, im produzierenden Gewerbe überwiegen die technischen Angestelltentätigkeiten einschließlich der Meister.

In engem Zusammenhang mit der Verteilung der Angestellten nach Beschäftigungsarten steht die Frage des Einflusses der Qualifikationsstruktur auf die Rangfolge der Verdienste, da „es sich bei den weniger qualifizierten Tätigkeiten meist um einfache Büroarbeiten handelt, die von kaufmännischen Angestellten verrichtet werden[32]." Handel und Dienstleistungen beschäftigen erheblich mehr Angestellte niedrigerer

---

[28] Ders., a. a. O., S. 41.

[29] Von solchen branchenspezifischen Analysen und der möglichen Verwertung ihrer Inhalte für die Erklärung der Gehaltshierarchie sind wir jedoch noch weit entfernt. Ansätze für die genannten Forschungsmöglichkeiten zeichnen sich z. B. in den folgenden Arbeiten ab: *D. F. Abb*, Die Lohn- und Gehaltsstruktur in den Tarifverträgen des deutschen Handwerks, Studien und Berichte des Forschungsinstituts für Handwerkswirtschaft an der Universität Frankfurt am Main, Studie Nr. 56, Frankfurt am Main 1961; *A. E. Sandmaier*, Tarifverträge und Lohnstruktur im graphischen Gewerbe, Diss. Tübingen 1968.

[30] Vgl. z. B. *Gehaltsstrukturerhebung 1966*, a. a. O., S. 6.

[31] Vgl. S. 61 ff. dieser Arbeit.

[32] Vgl. *Gehaltsstrukturerhebung 1966*, a. a. O., S. 8.

Qualifikationsgruppen als das produzierende Gewerbe, während dort qualifiziertere Angestelltentätigkeiten weit stärker vertreten sind[33].

Überprüft man anhand der von Lampert entwickelten Systematik der Bestimmungsgründe von Einkommensunterschieden[34], welche der dort genannten Determinanten als Erklärungsmöglichkeiten für die in einer Gehaltshierarchie zum Ausdruck kommenden Gehaltsunterschiede in Frage kommen, dann scheiden die im Prinzip für alle Wirtschaftsbereiche im Zeitraum 1951 bis 1966 wirksam gewordenen Faktoren, wie Unvollkommenheit der Arbeitsmärkte, Marktlagenunterschiede, Marktformenunterschiede auf den Arbeitsmärkten und Raumbedingtheit aus.

Als mögliche Bestimmungsgründe der Gehaltshierarchie verbleiben die bereits in der Zeitpunktanalyse angeführte Heterogenität des Faktors Arbeit, die sich in Prestige- und Neigungsunterschieden, Belastungs- und Arbeitsleistungsunterschieden, Ausbildungsaufwands- und „natürlichen" Knappheitsunterschieden ausdrückt sowie Unterschiede in der Nachfrage nach Arbeit[35].

Soziologische Forschungsergebnisse zeigen, daß Prestige- und Neigungsunterschiede bei den Angestellten eine erheblich bedeutendere Rolle spielen als bei den Arbeitern[36] und damit intersektorale Gehaltsunterschiede erklären können. Gerade in den Wirtschaftsbereichen, die sich im unteren Teil der Gehaltshierarchie befinden, wie Handel, Sparkassen, Banken und Versicherungen, ist der Prozentsatz derjenigen männlichen und weiblichen Angestellten relativ groß, die zu den Schichten mit höherem Sozialprestige gehören, während in den Grundstoffgüterindustrien der Anteil von Angestelltentätigkeiten höheren Sozialprestiges geringer ist[37]. Es kann daher angenommen werden, daß Prestige- und Neigungsunterschiede Gehaltsabstufungen zwischen den Wirtschaftsbereichen zumindest mitbeeinflußt haben.

---

[33] Vgl. Gehaltsstrukturerhebung 1966, a. a. O., S. 8, Tabelle 2, aus der die Verteilung der Angestellten auf die Wirtschaftsbereiche von 1951 bis 1966 ersichtlich ist.

[34] *H. Lampert*, Bestimmungsgründe ..., a. a. O., S. 392 ff.

[35] Ders., a. a. O., S. 412.

[36] Vgl. *Th. Caplow*, Soziologie der Arbeit, Meisenheim am Glan 1958, S. 47 ff.; *F. Croner*, Soziologie der Angestellten, Köln, Berlin 1962, S. 52 ff., S. 68 ff.; *H. Hofbauer*, Zur sozialen Gliederung der Arbeitnehmerschaft, Arbeiter und Angestellte in der Gesellschaftshierarchie, Köln, Opladen 1965, S. 87 f.; *U. Jaeggi, H. Wiedemann*, Der Angestellte in der Industriegesellschaft, Stuttgart, Berlin, Köln, Mainz 1966, S. 96 ff.; *K. M. Bolte*, Berufsstruktur und Berufsmobilität, in: Beruf und Gesellschaft in Deutschland, a. a. O., S. 156 ff.

[37] Diese Überlegungen ergeben sich aus einer Untersuchung von *Kleining* und *Moore*, die über ein Verfahren berichten, „daß quantitative Daten über die Gliederung der deutschen Gesellschaft in soziale Schichten erbringt". Vgl. *G. Kleining* und *H. Moore*, Soziale Selbsteinstufung, ein Instrument zur Messung sozialer Schichten, in: KZfSS, 20. Jg., 1968, S. 502 ff., insbesondere S. 520 f., S. 540 ff., S. 549.

Unterschiede im Ausbildungsaufwand sind — im Gegensatz zu den Arbeitern[38] — zwischen höheren und niedrigeren Qualifikationsgraden der Angestellten in erheblichem Umfang vorhanden[39]. Da die Ausbildungsaufwendungen mit höherer Qualifikationsgruppe steigen, die Zugehörigkeit zu einer höheren Qualifikationsgruppe in der Regel aber mit einem höheren Einkommen verbunden ist, werden vermehrte Ausbildungskosten durch entsprechend höhere Verdienste kompensiert. Berücksichtigt man die in der empirischen Analyse festgestellten relativ großen Bedarfe der Grundstoff-, Produktionsgüter- und Investitionsgüterindustrien an qualifizierten Arbeitsleistungen, so wird verständlich, daß diese Wirtschaftsbereiche im oberen Teil der Gehaltshierarchie zu finden sind. Die Zahl der Tätigkeiten, die technische Fachqualifikation erfordert, ist in den genannten Wirtschaftsbereichen im Zeitraum 1951 bis 1966 ebenfalls gestiegen[40], so daß auch dieser Einfluß die Herausbildung intersektoraler Gehaltsunterschiede begünstigt hat.

Durch „natürliche" Seltenheit bedingte Gehaltsunterschiede dürften besonders in der Gruppe der hochqualifizierten Angestellten auftreten, da davon ausgegangen werden kann, daß das Angebot an diesen Tätigkeiten in einzelnen Wirtschaftsbereichen besonders unelastisch ist[41]. Weit weniger als bei den Arbeitern fallen für die Angestellten physische Belastungen durch Arbeitsumweltbedingungen ins Gewicht. Charakteristische Anforderungsarten für Angestelltenarbeitsplätze wie Dispositionsbefugnis, Vertrauenswürdigkeit, Kombinations- und Gestaltungsgewandtheit, Umgangs- und Ausdrucksgewandtheit, Aufmerksamkeit und Konzentration[42] sind vorwiegend im psychischen Bereich zu finden und im Prinzip für alle Wirtschaftsbereiche wirksam gewesen.

In der Zeitpunktanalyse der intersektoralen Gehaltsstruktur wurde festgestellt, daß die Gehaltshierarchie u. a. ein Ergebnis der Entwicklung

---

[38] Nach einer Untersuchung von *Claessens* u. a. brauchten 47,9 v. H. aller Angestellten, jedoch nur 20,5 v. H. aller Arbeiter eine Lehre, keine Ausbildung war erforderlich bei 13,7 v. H. der Angestellten, aber 52,4 v. H. der Arbeiter; vgl. *D. Claessens* u. a., Angestellte und Arbeiter in der Betriebspyramide, a. a. O., S. 43.

[39] Das ergibt sich schon aus den Klassifikationsmerkmalen, die das statistische Bundesamt den einzelnen Leistungsgruppen zugrunde legt.

[40] Diese Tendenzen bestätigen auch *F. Stooß*, Die Veränderungen der beruflichen Gliederung der Erwerbspersonen nach Wirtschaftszweigen in der Bundesrepublik 1950 - 1961, in: Institut für Arbeitsmarkt- und Berufsforschung, Mitteilungen Nr. 4, 1968, S. 248 - 301; in einem Schema zur Veränderung ausgewählter Berufsgruppen (vgl. S. 299) stehen Kunststofftechniker, Elektromaschinen- und Elektroapparatebauer, Ingenieure, Techniker und verwandte Berufe nach der Höhe der Veränderungsraten auf den ersten drei Rangplätzen. Ähnliche Ausführungen vgl. bei *Altmann, Kammerer,* Wandel der Berufsstruktur, in: RKW-Schriftenreihe technischer Fortschritt und kultureller Wandel, Frankfurt am Main 1970, S. 62.

[41] Vgl. *Altmann, Kammerer,* a. a. O., S. 66.

[42] Vgl. *D. Claessens* u. a., a. a. O., S. 44.

der Gewerbe war und die Verdienste von alteingesessenen „angestelltenintensiven“ Wirtschaftsbereichen (Handel, Verkehr) zu jüngeren Bereichen der gewerblichen Wirtschaft (Investitionsgüterindustrien, Banken, Versicherungen) zunahmen. Für den Zeitraum 1951 bis 1966 stellt sich die Frage, warum diese Verdiensthierarchie trotz unterschiedlichen Wachstums einzelner Wirtschaftsbereiche, dem damit verbundenen Strukturwandel und den zeitlichen und räumlichen Unterschieden in der Nachfrage nach Angestelltentätigkeiten im wesentlichen relativ invariant geblieben ist.

Zunächst zeigt die Entwicklung der Angestelltenbeschäftigung, daß nach dem zweiten Weltkrieg in allen Wirtschaftsbereichen (mit Ausnahme der Landwirtschaft[43]) eine Erhöhung der absoluten Angestelltenzahlen stattgefunden hat, wobei sich die relativen Beschäftigtenanteile der Angestellten, die auf die einzelnen Wirtschaftsbereiche entfallen, im Zeitverlauf unterschiedlich verändert haben. Während im produzierenden Gewerbe der Prozentsatz der beschäftigten Angestellten an allen Angestellten von 31,5 im Jahre 1950 auf 37,1 im Jahre 1966 am stärksten wuchs und die Dienstleistungen zwischen diesen Zeitpunkten ebenfalls eine prozentuale Erhöhung der Angestellten von 33,5 auf 35,7 verzeichneten, sank die Angestelltenbeschäftigung in Handel und Verkehr von 34,1 v. H. auf 26,9 v. H.[44]

Handel und Verkehr als traditionelle Betätigungsbereiche für die älteste Gruppe der Angestellten[45] beschäftigten nicht nur einen relativ immer geringer werdenden Teil der Angestellten, sie nahmen auch in der Verdiensthierarchie den letzten Rang ein. Diese relative Abnahme der Handelsangestellten ist vor allem aus den überdurchschnittlichen Expansionsprozessen und den wachsenden Bedarfen an Angestelltentätigkeiten in vorwiegend industriellen Bereichen der Wirtschaft zu erklären. Besonders die Investitionsgüterindustrien wie Stahl-, Maschinen-, Schiff- und Fahrzeugbau, Elektrotechnik, Feinmechanik und Optik, Metallwarengewerbe, chemische Industrie und verwandte Gewerbe, wiesen hohe Angestelltenzuwachsraten auf, während die Expansionsraten der Beschäftigung in Verbrauchsgüterindustrien wie Textilgewerbe, Leder- und Bekleidungsgewerbe, Nahrungs- und Genußmittelherstellung wesentlich geringer waren. Hohe Beschäftigungsexpansionen verzeichneten auch die Dienstleistungsbereiche, insbesondere das

---

[43] Vgl. z. B. *H. Steiner*, Soziale Strukturveränderungen im modernen Kapitalismus, a. a. O., S. 31.
[44] Die Zahlen für 1950 wurden entnommen dem Statistischen Jahrbuch 1957, S. 117; für 1966 vgl. WiSta 1967 (Z), S. 72.
[45] Gemeint sind die Handelsangestellten, vgl. *W. Linke*, Die Stellung der Angestellten in der modernen Gesellschaft, Köln 1962, S. 23.

Banken- und Versicherungsgewerbe[46], eine Entwicklung, die sich in einer weiter wachsenden Wirtschaft eher verstärken als abschwächen wird[47].

Diese in unterschiedlichen Zeiträumen auftretenden verschieden starken Expansionsraten der Angestelltenbeschäftigung in den einzelnen Wirtschaftsbereichen haben auch in Verbindung mit Verdienstkonzessionen zur Rekrutierung benötigter Arbeitspotentiale aus anderen Branchen vermutlich die Gehaltsunterschiede und die Positionen der Gewerbe in der Gehaltshierarchie beeinflußt.

Auch räumliche Unterschiede in der Nachfrage können für die Gestalt der Gehaltsstruktur bestimmend gewesen sein. Dies kann zumindest für den industriellen Bereich anhand neuerer empirischer Untersuchungen bestätigt werden, wonach von den Grundstoff- und Produktionsgüterindustrien zu den Investitionsgüterindustrien bis zu den Verbrauchsgüterindustrien die Zahl der Betriebe relativ abnimmt, die ihren Standort in Agglomerationsräumen haben[48]. Da anzunehmen ist, daß die Nachfrage nach Arbeitskräften in industriellen Ballungsgebieten im Regelfall größer ist als das Angebot, dürften diese Arbeitsmarktrelationen auch die Herausbildung einer typischen Gehaltshierarchie begünstigt haben.

Die für die gesamte gewerbliche Wirtschaft im Zeitraum 1951 bis 1966 empirisch nachgewiesene relative Stabilität der Gehaltshierarchie und die innerhalb der Industrie von den Grundstoff- und Produktionsgüterindustrien, zu den Investitions- bis zu den Verbrauchsgüterindustrien sinkenden Gehälter sind demnach vor allem dadurch zu erklären, daß

1. zwischen den Bereichen der gewerblichen Wirtschaft bestehende Unterschiede in Prestige und Neigung, im Ausbildungsaufwand, in der Qualifikationsstruktur und in der „natürlichen“ Seltenheit im Prinzip bestehen geblieben sind;

2. trotz der zwischen den alteingesessenen und neu in den industriellen Expansionsprozeß eintretenden Wirtschaftszweigen existierenden zeitlichen und räumlichen Unterschieden in der Nachfrage nach Arbeitsleistungen der Angestellten die Gehaltszuwächse nicht groß genug

---

[46] Vgl. dazu die nach den Gehaltsstrukturerhebungen erfaßten Beschäftigtenzahlen in den Tabellen A - I des Anhangs, außerdem *F. Stooß,* a. a. O., S. 301 und *Altmann, Kammerer,* a. a. O., S. 31 f.

[47] Vgl. *A. Schüller,* Dienstleistungsmärkte in der Bundesrepublik Deutschland, a. a. O., S. 32 ff., und *Bayrisches Staatsministerium für Arbeit und soziale Fürsorge* (Hrsg.), Soziale Probleme der Automation in Bayern, München 1969, S. 147.

[48] Vgl. *W. Uebe,* Industriestruktur und Standort, Prognos-Studien, Bd. 1, Stuttgart, Berlin, Köln, Mainz 1967, insbesondere S. 37 ff.; *H. Brede,* Bestimmungsfaktoren industrieller Standorte, eine empirische Untersuchung, Schriftenreihe des Ifo-Instituts für Wirtschaftsforschung, Nr. 75, Berlin, München 1971, insbesondere S. 139, Tabelle 3.

waren, um eine grundlegende Änderung der Rangfolge der Wirtschaftszweige nach der Gehaltshöhe zu bewirken;

3. sich für die Wirtschaftszweige die Notwendigkeit ergab, ihren Rang in der Gehaltshierarchie zu halten, um auf dem Arbeitsmarkt konkurrenzfähig zu bleiben und überproportionale Abwanderungsverluste zu vermeiden;

4. die gehaltspolitischen Aktivitäten der nach dem Industrieverbandsprinzip[49] organisierten Gewerkschaften bei in den letzten Jahren ständig steigendem Organisationsgrad der Angestellten[50] darauf hinzielten, bestimmte Positionen in der Gehaltshierarchie zu behaupten[51].

Die folgenden Ausführungen dienen vor allem der Beantwortung der Frage, ob die in der Bundesrepublik festgestellte relative (formale) Stabilität der intersektoralen Gehaltsstruktur mit einer Konstanz, Nivellierung oder Differenzierung der Gehaltsunterschiede verbunden war und wie die empirisch nachgewiesenen Entwicklungstendenzen der intersektoralen Gehaltsunterschiede begründet werden können.

4. Die Entwicklung der Gehaltsunterschiede männlicher Angestellter für einzelne Beschäftigungsarten und Leistungsgruppen

In bisherigen Untersuchungen der intergewerblichen oder interindustriellen Dimension der Lohnstruktur ist für die Bundesrepublik[52]

---

[49] Das Industrieverbandsprinzip überwiegt im DGB, bei dem der überaus größere Teil der organisierten Angestellten Mitglied ist (1971 rund 1 Million Mitglieder). Dagegen ist die DAG nach dem Berufsverbandsprinzip organisiert und hatte 1971 etwa 470 000 Mitglieder. Zu den Organisationsprinzipien vgl. *DAG* (Hrsg.), Gesellschaft und Beruf, Angestellte in der Leistungsgesellschaft, Hamburg 1967, S. 61 ff.; *E. Buchholz,* Die Wirtschaftsverbände in der Wirtschaftsgesellschaft, Tübingen 1969, S. 113 ff.; *K. M. Bolte,* Die Berufsstruktur im industrialisierten Deutschland, a. a. O., S. 68 f.; zu den Zahlen vgl. o. V., Eine Million Angestellte sind im DGB organisiert, in: Die Quelle, 22. Jg., Nr. 11 (Nov. 1971), S. 466.

[50] Nach Angaben des DGB hat der Mitgliederbestand der DAG seit 1965 abgenommen, der des DGB sich seit diesem Zeitpunkt um 200 000 Mitglieder erhöht; vgl. o. V., Eine Million Angestellte sind im DGB organisiert, a. a. O., S. 466. In diesem Zusammenhang ist an die Allgemeinverbindlichkeit abgeschlossener Tarifverträge für alle Angestellten zu erinnern.

[51] Vgl. *E. Liefmann-Keil,* Ökonomische Theorie der Sozialpolitik, Berlin, Göttingen, Heidelberg 1961, S. 287; *H. Lampert,* Bestimmungsgründe ..., a. a. O., S. 414; *J. Kromphardt,* a. a. O., S. 22.

[52] Für die Bundesrepublik können folgende Arbeiten genannt werden: *J. H. Müller,* a. a. O., S. 157 ff.; *F. Grumbach* und *H. König,* a. a. O., S. 140 ff.; *G. Menges* und *H. Kolbeck,* a. a. O., insbesondere S. 67 ff.; *G. Bry,* a. a. O., S. 114; *H. Markmann,* Wandlungen der industriellen Lohnstruktur in Westdeutschland, a. a. O., S. 444 ff.; *H. Lampert,* Die Lohnstruktur ..., a. a. O., S. 117 ff.; *W. Braun,* a. a. O., S. 61; *Sachverständigenrat* zur Begutachtung der gesamtwirtschaftlichen Entwicklung, Stabilisierung ohne Stagnation, a. a. O., S. 151 ff., insbesondere Tabelle 64; *H. Lampert,* Die Entwicklung ..., a. a. O., S. 114 ff.; *J. Kromphardt,* a. a. O., S. 38; *R. Skiba* unter Mitarbeit von *H. Adam,* a. a. O., S. 173 f.; *R. Skiba,* Arbeiterlöhne, Angestelltengehälter und Beamtenbezüge in der Vor- und Nachkriegszeit, a. a. O., S. 264 ff.

und auch für eine Reihe anderer Länder[53] vorwiegend eine langfristige Tendenz zu einer Verringerung der Einkommensunterschiede festgestellt worden.

Die intersektorale Entwicklung der Gehälter wird, wenn überhaupt, nur sporadisch angesprochen[54] oder als Sonderproblem behandelt, so aufschlußreich eine solche Analyse auch sein mag[55]. Um die Veränderung der Gehaltsunterschiede — zunächst für einzelne Beschäftigungsarten und Leistungsgruppen — zu testen, werden die Gehälter der männlichen Angestellten in der Nachkriegszeit herangezogen, obwohl „echte Strukturwandlungen im Bereiche der Arbeitsentgelte eine Sache des ‚long-run' sind"[56] und die Lohn- und Gehaltsstruktur ein gewisses Beharrungsvermögen hat, weil die ihr zugrundeliegenden Zusammenhänge — Nachfragestruktur, Kapitalausstattung und Produktionsprozesse, Bevölkerungswachstum, Ausbildung, Berufswahl usw. — nur langsamen Änderungen unterworfen sind[57]. Dennoch bietet „die hier untersuchte Phase der jüngsten deutschen Wirtschaftsgeschichte bei all ihrer relativen Kürze ... infolge ... der rapiden Wachstums- und Umschichtungsprozesse ... eine ‚Zeitrafferperspektive', durch welche sich Strukturwandlungen bereits jetzt enthüllen, die bei ‚normalem' Gang der Dinge erst in viel längeren Zeiträumen sichtbar geworden wären"[58].

Die Extremwerte der interbranchenmäßigen Gehaltsstruktur weisen 1966 gegenüber 1962, 1957 und 1951 sowohl für die Angestelltenverdienste aller Leistungsgruppen und Beschäftigungsarten als auch

---

[53] Vgl. *H. Lampert*, Die Lohnstruktur ..., a. a. O., S. 114 ff.; *Ch. Busch-Lüty*, Gesamtwirtschaftliche Lohnpolitik, Veröffentlichungen der List-Gesellschaft, Bd. 38, Tübingen 1964, S. 154 ff.; *H. Lampert*, Die Entwicklung ..., a. a. O., S. 114 ff., insbesondere Literaturangaben in Fußnote 17; Ders., Bestimmungsgründe ..., a. a. O., S. 387, insbesondere die Angaben zur Lohnstrukturnivellierung in anderen Ländern in Fußnote 41; *J. Kromphardt*, a. a. O., S. 38 ff.

[54] Z. B. von *J. H. Müller*, a. a. O., S. 154 ff.; *G. Menges* und *H. Kolbeck*, a. a. O., S. 67 ff.; *E. Bandholz*, Der Lohn, a. a. O., S. 112 ff.; *Ch. Busch-Lüty*, a. a. O., S. 154 ff.; *Sachverständigenrat* zur Begutachtung der gesamtwirtschaftlichen Entwicklung, Stabilisierung ohne Stagnation, a. a. O., S. 153, Tabelle 64. Umfassender mit der Gehaltsstruktur haben sich *Jaspers*, *Skiba* und *Kromphardt* beschäftigt. *Jaspers* beweist allerdings theoretisch und empirisch eine Invariabilität der Lohn- und Gehaltsstruktur im Zeitverlauf; diese Annahme hält der Überprüfung durch die vorliegende Arbeit nicht stand. Allein die Begrenztheit des statistischen Instrumentariums (es werden nur relative Abweichungen berechnet) ist zu kritisieren. Nach *Hoffmann* herrscht ebenfalls der Eindruck vor, daß die Lohnstruktur (darin impliziert sind die Gehälter!) eine Tendenz zur Konstanz hat; vgl. *W. G. Hoffmann*, Die Lohnstruktur der Industrie im zeitlichen und räumlichen Vergleich, a. a. O., S. 22; Ders., Die branchenmäßige ..., a. a. O., S. 48.

[55] *H. Markmann*, a. a. O., S. 442; vgl. auch *E. Bandholz*, a. a. O., S. 112: „Ausgesprochen schwierig wird das Problem der Lohnstruktur allerdings, wenn die Angestellten mit in die Betrachtung einbezogen werden."

[56] *H. Markmann*, a. a. O., S. 442.

[57] *K. W. Rothschild*, Lohntheorie, a. a. O., S. 98.

[58] *H. Markmann*, a. a. O., S. 442 f.; *Markmann* untersuchte den Zeitraum von 1949 bis 1961.

für die Einkommen in jeder der fünf Leistungsgruppen und jeder der drei Beschäftigungsarten eine z. T. beachtliche Verringerung der prozentualen Abstände aus[59]; dabei haben sich die absoluten Gehaltsabstände zwischen den Extremwerten für alle Leistungsgruppen und Beschäftigungsarten von 343,— DM im Jahre 1951, 371,— DM im Jahre 1957, 404,— DM im Jahre 1962 auf 420,— DM im Jahre 1966 vergrößert, während die absoluten Extremwertunterschiede vor allem für die einzelnen Leistungsgruppen von Erhebungszeitpunkt zu Erhebungszeitpunkt neben Vergrößerungen auch Verkleinerungen aufzeigen[60].

Aus den Zahlenangaben der Tabelle 28 läßt sich weiterhin erkennen, daß in den einzelnen Erhebungszeitpunkten die absoluten und relativen Gehaltsabstände für die Beschäftigungsarten von den Meistern zu den kaufmännischen Angestellten bis zu den technischen Angestellten abnehmen[61]. Daraus kann geschlossen werden, daß sich die Heterogenität des Angestellten von den Meistern zu den kaufmännischen Angestellten und zu den technischen Angestellten vermutlich erhöht oder daß die intersektorale Substitution der technischen Angestellten am Arbeitsmarkt wahrscheinlich geringer war, als die der kaufmännischen Angestellten und Meister.

In den einzelnen Leistungsgruppen entwickelten sich absolute und relative Gehaltsdifferenzen unterschiedlich: Die absoluten Abstände waren 1951 um so geringer, je niedriger die Qualifikationsstufe war; in den folgenden drei Erhebungszeitpunkten wird diese Reihenfolge unterbrochen durch größere Unterschiede in Leistungsgruppe IV als in Leistungsgruppe III. Die relativen Abstände waren jeweils am geringsten in Leistungsgruppe III, am größten in Leistungsgruppe V (1951) und Leistungsgruppe IV (1957 bis 1966). Die für die Arbeiter konstatierte Verringerung der Heterogenität der Arbeitskräfte mit sinkender Qualifikationsstufe[62] scheint also für die Angestellten nicht zuzutreffen: vielmehr ist die intersektorale Substituierbarkeit von Angestellten der mittleren Leistungsgruppe (III) am größten, die der Leistungsgruppe V bzw. IV am geringsten. Dieses Ergebnis ist allerdings unter den einschränkenden Vorbehalten zu beurteilen, denen Extremwertbetrachtungen ausgesetzt sind: Bei Berechnung der Extremwerte werden nur *zwei* Gehaltsdurchschnitte der Wirtschaftszweige zugrunde gelegt, die den obersten und untersten Rang der jeweiligen intersektoralen Gehaltshierarchie einnehmen.

---

[59] Ausnahme: gleichbleibender relativer Abstand in Leistungsgruppe II 1962 und 1966.

[60] Vgl. die absoluten Differenzen in den Leistungsgruppen II, III, IV und V der Tabelle 28.

[61] Ausnahme: Erhebung 1957, Spalten 8 und 9 der Tabelle 28.

[62] Vgl. *H. Lampert*, Die Entwicklung ..., a. a. O., S. 115.

Tabelle 28

Die Extremwerte der intersektoralen Gehaltsstruktur der männlichen Angestellten für einzelne Leistungsgruppen und Beschäftigungsarten 1951, 1957, 1962 und 1966

Erhebungszeitpunkt	1951				1957				1962				1966			
Leistungsgruppen Beschäftigungsarten	max. DM	min. DM	abs. Diff. DM	rel. Diff. %	max. DM	min. DM	abs. Diff. DM	rel. Diff. %	max. DM	min. DM	abs. Diff. DM	rel. Diff. %	max. DM	min. DM	abs. Diff. DM	rel. Diff. %
1	2	3	4	5	6	7	8	9	10	11	12	13	14	15	16	17
Alle Leistungsgr. . .	689	346	343	49,8	895	524	371	41,5	1 167	763	404	34,6	1 460	1 040	420	28,8
kfm. Angest.	588	340	248	42,2	757	420	237	31,3	1 066	755	311	29,2	1 380	1 030	350	25,4
techn. Angest.	749	408	341	45,5	986	543	443	44,9	1 252	801	451	36,0	1 570	1 130	440	28,0
Meister	614	411	203	33,1	854	584	270	31,6	1 131	855	276	24,4	1 400	1 120	280	20,0
Leistungsgruppe I . .	1 363	667	696	51,1	1 673	1 045	728	37,5	2 255	1 461	794	35,2	2 550	1 760	790	31,0
Leistungsgruppe II . .	985	470	515	52,3	1 161	748	413	35,6	1 417	1 036	381	26,9	1 820	1 330	490	26,9
Leistungsgruppe III	723	385	338	46,8	808	527	281	34,8	1 028	790	238	23,2	1 300	1 030	270	20,8
Leistungsgruppe IV	522	250	272	52,1	657	332	325	49,5	844	532	312	37,0	1 040	690	350	33,7
Leistungsgruppe V . .	431	195	236	54,8	494	271	223	45,1	647	464	183	28,3	840	640	200	23,8

Quellen: Eigene Berechnungen nach den Tabellen A, B, D, F, H im Anhang.

Dennoch deutet sich bereits in der Entwicklung der Extremwerte eine Tendenz zur Verringerung der Gehaltsunterschiede im Zeitverlauf an. Präzisere Aussagen zur Veränderung der intersektoralen Gehaltsstruktur sind jedoch erst dann möglich, wenn die Gehälter der Angestellten in *allen* erfaßten Wirtschaftszweigen in die Berechnungen einbezogen werden.

Die Tabellen 29 und 30[63] bestätigen u. a. die Nivellierungstendenz der intersektoralen Gehaltsstruktur und vermitteln im einzelnen folgende Erkenntnisse:

1. Die *absoluten* Streuungen der Gehälter nach Wirtschaftszweigen um den Gehaltsdurchschnitt der gewerblichen Wirtschaft sind für die männlichen Angestellten aller Leistungsgruppen und Beschäftigungsarten seit 1951 von Erhebungszeitpunkt zu Erhebungszeitpunkt gestiegen (1951 betrug die absolute Streuung 70,9 DM, 1957 82,3 DM, 1962 105,6 DM und 1966 111,7 DM).

2. Diese Feststellung trifft auch für die absolute Verdienststreuung der kaufmännischen Angestellten und der Meister zu, lediglich die intersektoralen Gehaltsdifferenzen der technischen Angestellten sind (nach vorübergehender geringfügiger Verringerung 1957 und 1962) im Vergleich der Jahre 1951 und 1966 annähernd gleichgeblieben[64].

3. Die Zeitpunktanalyse der intersektoralen Gehaltsstruktur für einzelne Beschäftigungsarten in den jeweiligen Erhebungsjahren deutet darauf hin, daß die Arbeitsleistungen der technischen Angestellten 1951 und 1957 (absolute Streuungen 88,9 und 84,8 DM) am Arbeitsmarkt in geringerem Maße substituiert werden konnten als die der kaufmännischen Angestellten und Meister, während 1962 und 1966 die Substi-

---

[63] Die Formel für die Standardabweichung lautet:

$$s = \sqrt{\frac{\sum_{i=1}^{n} (x_i - \bar{x})^2 \, a_i}{\sum_{i=1}^{n}}} \, .$$

für den Variationskoeffizienten

$$V = \frac{s}{\bar{x}} \cdot 100 \, .$$

Zur Gewichtung mit den Beschäftigungszahlen in den einzelnen Branchen vgl. *W. G. Hoffmann*, Die branchenmäßige ..., a. a. O., S. 27 f. *Hoffmann* betont hier ausdrücklich, daß ein Verfahren *ohne* Gewichtung der Branchen nur dann vertretbar ist, „wenn eine gewisse Gewähr für die Einheitlichkeit des zugrundeliegenden Branchenschemas gegeben ist“. Die Heterogenität der in der Gehaltsstrukturanalyse erfaßten Wirtschaftsbereiche erlaubt gerade dieses Verfahren nicht. Weitere Begründungen *für* die Gewichtung der Branchen bei Berechnung der Streuungsmaße finden sich bei *H. Lampert*, Die Entwicklung ..., a. a. O., S. 117, Fußnote 20.

[64] Tabelle 29, Spalten 2 bis 5.

Tabelle 29

Die absoluten und relativen Streuungen der Bruttomonatsgehälter der männlichen Angestellten für einzelne Beschäftigungsarten in den Wirtschaftsabteilungen der Bundesrepublik 1951, 1957, 1962 und 1966 (intersektorale Gehaltsstruktur unter Berücksichtigung der Beschäftigungsarten)

Beschäftigungsart	absolute Streuung				relative Streuung			
	1951 DM	1957 DM	1962 DM	1966 DM	1951 i. v. H.	1957 i. v. H.	1962 i. v. H.	1966 i. v. H.
1	2	3	4	5	6	7	8	9
alle Beschäftigungsarten	70,9	82,3	105,6	111,7	15,8	12,5	11,2	8,9
kfm. Angestellte	47,7	54,9	85,2	94,1	11,5	8,9	9,6	7,9
techn. Angestellte	88,9	84,8	77,3	88,2	16,6	10,9	7,2	6,4
Meister	46,4	61,6	78,7	84,3	9,5	8,8	7,9	6,5

Quellen: Eigene Berechnungen nach den Tabellen A, B, D, F, H im Anhang.

Tabelle 30

Die absoluten und relativen Streuungen der Bruttomonatsgehälter der männlichen Angestellten für einzelne Leistungsgruppen in den Wirtschaftsabteilungen der Bundesrepublik 1951, 1957, 1962 und 1966 (intersektorale Gehaltsstruktur unter Berücksichtigung der Leistungsgruppen)

Leistungsgruppen	absolute Streuung				relative Streuung			
	1951 DM	1957 DM	1962 DM	1966 DM	1951 i. v. H.	1957 i. v. H.	1962 i. v. H.	1966 i. v. H.
1	2	3	4	5	6	7	8	9
alle Leistungsgruppen	70,9	82,3	105,6	111,7	15,8	12,5	11,2	8,9
Leistungsgruppe I	136,7	136,4	186,6	192,2	15,5	10,8	10,7	9,1
Leistungsgruppe II	80,2	96,5	94,7	118,8	13,5	11,0	7,7	7,6
Leistungsgruppe III	66,2	65,4	66,1	85,2	14,3	10,3	7,3	7,2
Leistungsgruppe IV	57,9	75,3	78,0	81,8	17,8	17,3	12,4	9,7
Leistungsgruppe V	49,6	53,7	48,6	82,8	18,2	14,8	8,9	11,0

Quellen: Eigene Berechnungen nach den Tabellen A, B, D, F, H im Anhang.

tutionsmöglichkeiten von kaufmännischen Angestelltentätigkeiten (absolute Streuungen 85,2 und 94,1 DM) vermutlich geringer waren als die der übrigen Angestelltenkategorien.

Die Streuungshöhen in den einzelnen Beschäftigungsarten differierten im Jahre 1966 nur noch unwesentlich[65], so daß angenommen werden kann, daß die sich in einer wachsenden Wirtschaft verstärkenden Interdependenzen zwischen den Teilarbeitsmärkten für die Beschäftigungskategorien die intersektoralen Substitutionsmöglichkeiten gleichermaßen begünstigt haben.

4. Die *absoluten* Verdienststreuungen in allen Leistungsgruppen waren

a) 1957 größer (oder annäherend gleich groß, wie in den Leistungsgruppen I und III) als 1951,

b) 1962 größer (oder geringfügig kleiner, wie in den Leistungsgruppen II und V) als 1957,

c) 1966 größer als 1962.

5. In der Höhe der *absoluten* Verdienststreuungen der einzelnen Leistungsgruppen in den jeweiligen Erhebungszeitpunkten deutet sich die Heterogenität der qualifizierten Angestelltentätigkeiten (Leistungsgruppen I und II) und die Homogenität der schematischen Angestelltenarbeiten (Leistungsgruppen III, IV und V) an.

Für die Zeitpunkte 1951, 1957, 1962 und 1966 kann demnach vermutet werden, daß eine Substitution von Arbeitsleistungen der Qralifikationsgruppen I und II weniger ausgeprägt stattgefunden hat als bei den Qualifikationsgruppen III, IV und V. Angestelltentätigkeiten, die ein hohes Ausbildungsniveau, langjährige Berufserfahrung und spezielle Qualifikationen erfordern, konnten am Arbeitsmarkt weniger gut ersetzt werden als Tätigkeiten mit geringerem Qualifikationsniveau[66].

6. die *relativen* Gehaltsunterschiede haben sich trotz einer z. T. beträchtlichen Steigerung der Gehaltsniveaus für *alle* männlichen Angestellten verringert, am stärksten in der Periode 1951/1957, schwächer im Zeitraum 1957/1962 und wieder stärker im Vergleich der Jahre 1962 und 1966[67].

7. Eine Verringerung der relativen Verdienste läßt sich auch für die einzelnen Beschäftigungsarten im Zeitablauf konstatieren (mit Ausnahme einer leichten Differenzierung bei den kaufmännschen Angestellten im Vergleich 1957 und 1962), wobei die Nivellierung der Gehalts-

---

[65] Vgl. Tabelle 29, Spalte 5.

[66] Vgl. ähnliche Ausführungen zur interindustriellen Lohnstruktur nach Leistungsgruppen bei *H. Lampert*, Die Lohnstruktur . . ., a. a. O., S. 119 f.

[67] Vgl. Tabellen 29 und 30, 1. Zeile, Spalten 6 bis 9.

differenzen angestellter Techniker im gesamten Zeitraum 1951 bis 1966 am stärksten ausgeprägt war, die der Meister am schwächsten[68].

8. Mit einer Ausnahme (Zeitraum 1962/1966 in Leistungsgruppe V) nivellierten sich auch die Gehaltsunterschiede für die einzelnen Leistungsgruppen. Die relativen Streuungswerte waren für die Angestellten aller Qualifikationsgruppen

a) 1957 kleiner als 1951,

b) 1962 kleiner als 1957,

c) 1966 kleiner als 1962 (außer Leistungsgruppe V)[69].

Ob sich für die Gehaltsunterschiede der weiblichen Angestellten ähnliche Nivellierungstendenzen feststellen lassen, wird im folgenden überprüft.

5. Die Entwicklung der Gehaltsunterschiede weiblicher Angestellter für einzelne Beschäftigungsarten und Leistungsgruppen

Trotz der begrenzten Aussagefähigkeit von Extremwertvergleichen bei der Analyse der intersektoralen Gehaltsstruktur lassen sich aus Tabelle 31 einige Anhaltspunkte zur intergewerblichen Entwicklung der Gehaltsunterschiede weiblicher Angestellter unter Berücksichtigung der Beschäftigungsarten und Leistungsgruppen gewinnen.

Für die weiblichen Angestellten insgesamt und für die einzelnen Beschäftigungsarten und Leistungsgruppen vergrößerten sich die absoluten Gehaltsunterschiede zwischen den Extremwerten der intergewerblichen Gehaltshierarchie von Erhebungszeitpunkt zu Erhebungszeitpunkt[70], die relativen Verdienstdifferenzen zeigten eine überwiegende Verringerungstendenz[71].

Standardabweichungen und Variationskoeffizienten in den Tabellen 32 und 33 ermöglichen einen exakteren Einblick in die Veränderungen der intersektoralen Gehaltsstruktur der angestellten Frauen und vermitteln folgende Erkenntnisse:

1. Die *absoluten* Streuungen der Durchschnittsgehälter nach Wirtschaftszweigen um das gewichtete Durchschnittsgehalt aller Wirtschafts-

---

68 Die Variationskoeffizienten für die technischen Angestellten nahmen im Zeitraum 1951 bis 1966 von 16,6 v. H. auf 6,4 v. H. ab, für die Meister von 9,5 v. H. auf 6,5 v. H.

69 Vgl. Tabelle 30, Spalten 6 bis 9.

70 Die absoluten Differenzen in den Leistungsgruppen III und V verringerten sich vom Jahre 1951 zum Jahre 1957 geringfügig, vgl. Tabelle 31, Spalten 4 und 8.

71 Mit Ausnahme der technischen weiblichen Angestellten, bei denen sich die relativen Gehaltsunterschiede vergrößerten, vgl. Tabelle 31, Spalten 5, 9, 13 und 17.

Tabelle 31

Die Extremwerte der intersektoralen Gehaltsstruktur der weiblichen Angestellten für einzelne Leistungsgruppen und Beschäftigungsarten 1951, 1957, 1962 und 1966

Erhebungszeitpunkt	1951				1957				1962				1966			
Leistungsgruppen/ Beschäftigungsarten	max. DM	min. DM	abs. Diff. DM	rel. Diff. i. v. H.	max. DM	min. DM	abs. Diff. DM	rel. Diff. i. v. H.	max. DM	min. DM	abs. Diff. DM	rel. Diff. i. v. H.	max. DM	min. DM	abs. Diff. DM	rel. Diff. i. v. H.
1	2	3	4	5	6	7	8	9	10	11	12	13	14	15	16	17
alle Leistungsgr./ Beschäftigungsarten	348	222	126	36,2	469	297	172	36,7	635	459	176	27,7	880	640	240	27,3
kfm. Angest.	348	221	127	36,4	467	294	173	37,0	631	458	173	27,4	860	630	230	26,7
techn. Angest.	363	272	91	25,1	549	376	173	31,5	714	485	229	32,1	970	680	290	29,9
Leistungsgruppe II	533	325	208	39,0	903	604	299	33,1	1 203	811	392	32,6	1 600	1 060	540	33,8
Leistungsgruppe III	488	293	195	40,0	592	404	188	31,8	803	580	223	27,8	1 030	760	270	26,2
Leistungsgruppe IV	367	207	160	43,6	449	272	177	39,4	592	414	178	30,1	790	570	220	27,8
Leistungsgruppe V	272	159	113	41,5	305	201	104	34,1	464	342	122	26,3	640	470	170	26,6

Quellen: Eigene Berechnungen nach den Tabellen A, C, E, G, I im Anhang.

zweige waren für die weiblichen Angestellten insgesamt sowie für die einzelnen Beschäftigungsarten und Leistungsgruppen

a) 1957 größer als 1951,

b) 1962 größer als 1957,

c) 1966 größer als 1962[72].

2. Berücksichtigt man, daß die absoluten Streuungswerte in allen Erhebungszeitpunkten von den technischen Angestellten zu den kaufmännischen Angestellten sowie mit niedrigerem Qualifikationsgrad geringer werden[73], so kann vermutet werden, daß auch bei den weiblichen Angestellten technische und qualifiziertere Arbeitsleistungen in den Zeitpunkten 1951, 1957, 1962 und 1966 am Arbeitsmarkt in geringerem Maße substituierbar waren als die der anderen Angestelltenkategorien. Diese Tatsache ist deswegen theoretisch einleuchtend, weil die mit höherer Qualifikationsstufe in der Regel steigende Heterogenität der Arbeitskräfte auch den Grad der intersektoralen Substituierbarkeit beeinflußt.

3. Die *relativen* Gehaltsdifferenzen zeichnen sich durch folgende Entwicklungen aus:

a) Für alle weiblichen Angestellten der einzelnen Beschäftigungsarten bzw. Leistungsgruppen nivellierten sich die intersektoralen Gehaltsunterschiede im Zeitverlauf[74]. Dabei war die Angleichung der Gehaltsdifferenzen schwächer im Zeitraum 1951/1957 (Verkleinerung der Variationskoeffizienten von 11,7 v. H. auf 11,1 v. H.), stärker in den Zeiträumen 1957/1962 (Verringerung der relativen Streuung von 11,1 v. H. auf 10,1 v. H.) und 1962/1966 (Verkleinerung der Werte von 10,1 v. H. auf 8,7 v. H.).

b) Eine Nivellierungstendenz wiesen auch die intersektoralen Gehaltsunterschiede der weiblichen kaufmännischen Angestellten sowie der Leistungsgruppen IV und V auf, während bei den Verdiensten der weiblichen technischen Angestellten und der Leistungsgruppen II und III Differenzierungserscheinungen der Gehaltsstruktur überwogen[75].

c) Im gesamten Untersuchungszeitraum 1951 bis 1966 festgestellte Angleichungstendenzen der Verdienstunterschiede schlossen Differenzierungen der Gehaltsunterschiede zwischen einzelnen Erhebungszeitpunkten nicht aus. So erhöhte sich der Variationskoeffizient in den

---

72 Vgl. Tabellen 32 und 33, jeweils Spalten 2 bis 5.

73 Ausnahme: 1951 betrug die absolute Streuung in Leistungsgruppe III 30,9 DM, in Leistungsgruppe IV 31,0 DM; vgl. Tabelle 33, Spalte 2.

74 Vgl. Tabellen 32 und 33, 1. Zeile, Spalten 6 bis 9.

75 Vgl. Tabellen 32 und 33. Spalten 6 bis 9.

Tabelle 32

Die absoluten und relativen Streuungen der Bruttomonatsgehälter der weiblichen Angestellten für einzelne Beschäftigungsarten in den Wirtschaftsabteilungen der Bundesrepublik 1951, 1957, 1962 und 1966 (intersektorale Gehaltsstruktur unter Berücksichtigung der Beschäftigungsarten)

Beschäftigungsart	absolute Streuung				relative Streuung			
	1951 DM	1957 DM	1962 DM	1966 DM	1951 i. v. H.	1957 i. v. H.	1962 i. v. H.	1966 i. v. H.
1	2	3	4	5	6	7	8	9
alle Beschäftigungsarten	30,0	39,4	52,7	63,8	11,7	11,1	10,1	8,7
kfm. Angestellte	29,2	38,1	50,8	65,0	11,5	10,8	9,8	9,0
techn. Angestellte	29,4	45,6	57,4	80,4	9,4	10,4	9,4	9,8

Quellen: Eigene Berechnungen nach den Tabellen A, C, E, G, I im Anhang.

Tabelle 33

Die absoluten und relativen Streuungen der Bruttomonatsgehälter der weiblichen Angestellten für einzelne Leistungsgruppen in den Wirtschaftsabteilungen der Bundesrepublik 1951, 1957, 1962 und 1966 (intersektorale Gehaltsstruktur unter Berücksichtigung der Leistungsgruppen)

Leistungsgruppe	absolute Streuung				relative Streuung			
	1951 DM	1957 DM	1962 DM	1966 DM	1951 i. v. H.	1957 i. v. H.	1962 i. v. H.	1966 i. v. H.
1	2	3	4	5	6	7	8	9
alle Leistungsgruppen	30,0	39,4	52,7	63,8	11,7	11,1	10,1	8,7
Leistungsgruppe II	36,3	54,7	81,9	110,7	8,1	8,1	8,9	9,4
Leistungsgruppe III	30,9	50,5	70,1	98,1	8,9	10,9	10,7	10,1
Leistungsgruppe IV	31,0	50,3	55,3	67,6	13,0	15,7	11,8	10,6
Leistungsgruppe V	26,6	27,7	32,7	48,9	14,1	10,7	8,0	8,9

Quellen: Eigene Berechnungen nach den Tabellen A, C, E, G, I im Anhang.

Leistungsgruppen III und IV zwischen 1951 und 1957 von 8,9 v. H. auf 10,9 v. H. bzw. von 13,0 v. H. auf 15,7 v. H.[76].

Als Ergebnis der intersektoralen Zeitraumanalyse der Gehaltsstruktur männlicher und weiblicher Angestellter unter Berücksichtigung der Merkmale Qualifikation und Beschäftigungsart läßt sich zunächst eine dominierende Veränderung der Verdienstunterschiede im Sinne einer Angleichung der Einkommensdifferenzen festhalten.

Im Schrifttum tauchen Zweifel auf, ob eine derartige Aussage zur Veränderung der *Verdienststruktur* mit einer Veränderung der Gehaltsstruktur im Sinne der Struktur der *Gehaltssätze* gleichgesetzt werden darf. Da die üblicherweise als Gehaltsstruktur bezeichnete Verdienststruktur sowohl durch Änderungen der Gehalts*sätze* als auch z. B. durch Änderungen der Struktur der Beschäftigten nach Wirtschaftszweigen (nach dem Alter, dem Geschlecht, nach Betriebsgrößenklassen usw.) beeinflußt werden kann, besteht ein weiterer Schritt zur Approximation an die „reale" Gestalt der Gehaltsstruktur und ihrer Veränderungen darin, daß der Einfluß von Änderungen der Beschäftigtenstruktur der Angestellten nach Wirtschaftszweigen auf die Verdienststruktur weitgehend ausgeschaltet wird[77].

6. Der Einfluß von Veränderungen der Beschäftigungsstruktur auf die intersektorale Verdienststruktur männlicher Angestellter

Die Frage, ob Veränderungen der Beschäftigungsstruktur einen Einfluß auf die intersektorale Lohnstruktur ausüben, wird in einer Reihe von Untersuchungen jüngeren Datums verneint[78], ein entsprechender Test für die intergewerbliche Gehaltsstruktur steht noch aus[79].

---

[76] Vgl. Tabelle 33, Spalten 6 und 7.

[77] Diese Überlegungen wurden analog zur interindustriellen Lohnstrukturuntersuchung von *Lampert* konzipiert; vgl. *H. Lampert*, Die Entwicklung ..., a. a. O., S. 118. *Lampert* empfiehlt aus o. a. Gründen auch eine Unterscheidung von Verdienststruktur und Lohnsatz-(Gehaltssatz)struktur; vgl. auch die Arbeit *Hoffmanns* zur branchenmäßigen Lohnstruktur, in der diese Gedanken im Kern antizipiert sind, wenn er jeweils unterscheidet zwischen dem Einfluß von Veränderungen der Zusammensetzungen der Branchenbelegschaften nach Geschlecht, Qualifikation, Alter usw. und dem durch die Veränderung der Lohnsätze bedingten Einfluß; *W. G. Hoffmann*, Die branchenmäßige ..., a. a. O., S. 53 ff.

[78] *W. G. Hoffmann*, Die industriellen Lohnrelationen, a. a. O., S. 78 ff.; *OECD* (Hrsg.), Wages and Labour Mobility, a. a. O., S. 17; *P. Schwanse*, Beschäftigungsstruktur und Wirtschaftswachstum in der Bundesrepublik Deutschland 1950 - 1963, Berlin 1965, S. 59 ff.; *Sachverständigenrat* zur Begutachtung der gesamtwirtschaftlichen Entwicklung, Stabilisierung ohne Stagnation, a. a. O., S. 151 f., insbesondere Ziff. 242 und 243 und Tabelle 111 auf S. 249; *A. Christmann*, Zum Lenkungsproblem auf dem Arbeitsmarkt, Beiträge zur Wirtschafts- und Gesellschaftsgestaltung (Festschrift für Bruno Gleitze),

In unserer bisherigen Analyse der Gehaltsunterschiede zwischen den Wirtschaftszweigen waren Einflüsse der Struktur der Beschäftigten auf die Verdienststruktur weitgehend eliminiert, weil die Verdienste der Angestellten getrennt nach dem Geschlecht, nach Qualifikationsgruppen und nach Beschäftigungsarten ausgewiesen wurden[80]. Da der Einfluß von Änderungen der Beschäftigtenstruktur der Angestellten nach Wirtschaftszweigen bisher nicht ausgeschaltet wurde, soll dies — zunächst für die männlichen Angestellten — versucht werden, um Aufschlüsse darüber zu erhalten, ob die für die intersektorale Verdienststruktur der Angestellten konstatierte überwiegende Nivellierungstendenz im Zeitraum 1951 bis 1966 auf Änderungen der Beschäftigtenstruktur und der Struktur der Gehaltssätze zurückgeführt werden kann.

Um den (statistischen[81]) Einfluß von Wanderungen der Angestellten zwischen den Wirtschaftszweigen auf die Verdienststruktur zu eliminieren, wurde für die Jahre 1951, 1957 und 1962 ein fiktive Verdienststruktur berechnet. Dabei wurde von der Annahme ausgegangen, daß 1951, 1957 und 1962 die Angestellten genauso nach Wirtschaftszweigen, Leistungsgruppen und Beschäftigungsarten verteilt waren wie 1966,

---

Hrsg. F. Lenz, Berlin 1968, S. 249 ff.; *J. Kromphardt,* a. a. O., S. 50 ff. Anders dagegen *G. Lehnert,* a. a. O., S. 140, der für die schweizerische Industrie für den Zeitraum 1946 - 1958 eine positive Korrelation zwischen Lohn- und Beschäftigungsveränderungen nachweist.

[79] Der Sachverständigenrat errechnete einen Korrelationskoeffizienten zwischen relativer Veränderung der Zahl der Angestellten 1964 gegenüber 1960 und der relativen Veränderung der Monatsverdienste in demselben Zeitraum von + 0,05 für die männlichen, von + 0,19 für die weiblichen Angestellten; vgl. *Sachverständigenrat* zur Begutachtung der gesamtwirtschaftlichen Entwicklung, Stabilisierung ohne Stagnation, a. a. O., S. 249, Tabelle 111; bei *Kromphardt,* der die Gehaltsstruktur unter dem Terminus Lohnstruktur subsumiert, ist der Zusammenhang zwischen Verschiebungen der Beschäftigungsstruktur und der Lohnstruktur mit r = 0,415 angegeben.

[80] In diesen in Anlehnung an *Lampert* vorgenommenen Ausführungen (vgl. *H. Lampert,* Die Entwicklung ..., a. a. O., S. 118) fehlt das Merkmal Alter, das aber wegen seiner Interdependenz mit dem Merkmal Qualifikation bei den Angestellten außer acht gelassen werden soll. Die vorgegebene Ausschaltung der Beschäftigungsstruktur nach verschiedenen Merkmalen auf die Lohn-(Gehalts-)unterschiede ist nicht ganz exakt, da die Änderung der Struktur der Beschäftigten nach dem Alter, Geschlecht usw. in ihrem Einfluß auf die Lohn(Gehalts-)Struktur nicht gänzlich dadurch eliminiert wird, daß die Veränderungen der Verdienststrukturen nach diesen Merkmalen getrennt untersucht werden. Bei Abstraktion von diesen möglichen Fehlerquellen muß Änderungen der Beschäftigungsstruktur nach Wirtschaftszweigen und Betriebsgrößenklassen (neben regionalen Veränderungen der Beschäftigungsstrukturen) auf die festgestellte Nivellierung der Gehälter die größte Bedeutung beigemessen werden.

[81] Besondere Bedeutung erlangt die Bemerkung *Lamperts,* daß es sich bei dem gewählten Verfahren lediglich um eine Ausschaltung des statistischen Einflusses von Beschäftigungsveränderungen, nicht um eine Ausschaltung des Einflusses von Änderungen der Beschäftigtenstruktur an sich handelt. Vgl. *H. Lampert,* Die Entwicklung ..., a. a. O., S. 118 f., Fußnote 21.

jedoch die für die genannten Zeitpunkte ausgewiesenen Verdienste erhielten[82].

Die auf der Grundlage von fiktiven durchschnittlichen Bruttomonatsgehältern im Verfahren der Standardisierung[83] berechneten „bereinigten" Standardabweichungen und Variationskoeffizienten der intersektoralen Gehaltsstruktur unter Berücksichtigung der Beschäftigungsarten und Leistungsgruppen für die Jahre 1951, 1957 und 1962 sind aus den Tabellen 34 und 35 ersichtlich, die bereits erwähnten realen Werte werden den „bereinigten" gegenübergestellt.

Der Vergleich „bereinigter" und realer absoluter und relativer Verdienststreuungen führt zu folgenden Erkenntnissen:

1. Die Streuungen der „bereinigten" absoluten Verdienstunterschiede für die Angestellten insgesamt sowie für die einzelnen Beschäftigungsarten und Leistungsgruppen waren in 24 Fällen 1966, 1962 und 1957 größer als 1951. Nur in 3 Fällen ergab sich von einem Zeitpunkt zu dem darauf folgenden eine Verringerung der Verdienststreuung[84]. Damit wiesen die „bereinigten" Werte in dieselbe Richtung wie die realen Streuungen.

2. In 20 von 27 Fällen waren die „bereinigten" Standardabweichungen kleiner als die tatsächlichen[85]. Wanderungen der Angestellten haben also verhindert, daß die absoluten Verdienstunterschiede noch stärker ausgeprägt wurden als es aus den realen Werten ersichtlich ist. Daraus kann der Schluß gezogen werden, daß sich die Vergrößerung der absoluten Unterschiede in den Gehaltssätzen wegen der Wanderungen von Angestellten aus Wirtschaftszweigen mit niedrigeren Verdiensten in Wirtschaftszweige mit höheren Verdiensten nicht in eine entsprechend große Differenzierung der Verdienstunterschiede umsetzte[86].

---

[82] Die fiktiven durchschnittlichen Bruttomonatsgehälter der männlichen Angestellten für die einzelnen Beschäftigungsarten und Leistungsgruppen finden sich in Tabelle Y des Anhangs.

[83] Zum Verfahren der Standardisierung vgl. *J. Pfanzagl*, Allgemeine Methodenlehre der Statistik, Bd. I, S. 59 ff.

[84] Bei den technischen Angestellten im Vergleich 1957 und 1962, in der Leistungsgruppe II im Vergleich 1951 und 1957, in Leistungsgruppe V im Vergleich 1957 und 1962. Da die Standardabweichungen und Variationskoeffizienten für die Leistungsgruppen und Beschäftigungsarten insgesamt gleich waren (vgl. Tabellen 34 und 35, die beiden ersten Zeilen), ergaben sich für die absoluten und relativen Verdienststreuungen jeweils 27 Vergleichswerte (12 Werte für die Beschäftigungsarten, 15 Werte für die Leistungsgruppen).

[85] Die bereinigten Werte waren größer für die kaufmännischen Angestellten 1951, die Meister 1951 und 1957, Leistungsgruppe I 1957, Leistungsgruppe II 1951, Leistungsgruppe V 1957 und 1962.

[86] Vgl. *H. Lampert*, Die Entwicklung ..., a. a. O., S. 120. Die Ähnlichkeit der genannten Ergebnisse zur Verdienststruktur der Angestellten mit der Verdienststruktur der Arbeiter ist um so auffallender, wenn man berücksichtigt, daß den Untersuchungen der intersektoralen Verdienststruktur der Angestellten die gesamte gewerbliche Wirtschaft zugrundegelegt wurde.

Tabelle 34

Reale und bereinigte Standardabweichungen und Variationskoeffizienten der intersektoralen Verdienststruktur der männlichen Angestellten für einzelne Beschäftigungsarten 1951, 1957, 1962 und 1966

Beschäftigungsart	Standardabweichungen (in DM)				Variationskoeffizient (i. v. H.)			
	1951	1957	1962	1966	1951	1957	1962	1966
1	2	3	4	5	6	7	8	9
Alle Beschäftigungsarten								
real	70,9	82,3	105,6	111,7	15,8	12,5	11,2	8,9
bereinigt	69,2	78,4	98,3	111,7	15,0	11,7	10,3	8,9
kaufmännische Angestellte								
real	47,7	54,9	85,2	94,1	11,5	8,9	9,6	7,9
bereinigt	50,2	54,8	84,2	94,1	11,9	8,8	9,5	7,9
technische Angestellte								
real	88,9	84,8	77,3	88,2	16,6	10,9	7,2	6,4
bereinigt	70,2	75,2	70,7	88,2	13,0	9,8	6,7	6,4
Meister								
real	46,4	61,6	78,7	84,3	9,5	8,8	7,9	6,5
bereinigt	49,5	63,0	74,7	84,3	9,9	9,0	7,4	6,5

Quellen: Tabelle 29 und Tabelle Y im Anhang.

Tabelle 35

Reale und bereinigte Standardabweichungen und Variationskoeffizienten der intersektoralen Verdienststruktur der männlichen Angestellten für einzelne Leistungsgruppen 1951, 1957, 1962 und 1966

Leistungsgruppe	Standardabweichung (in DM)				Variationskoeffizient (in v. H.)			
	1951	1957	1962	1966	1951	1957	1962	1966
1	2	3	4	5	6	7	8	9
Alle Leistungsgruppen								
real	70,9	82,3	105,6	111,7	15,8	12,5	11,2	8,9
bereinigt	69,2	78,4	98,3	111,7	15,0	11,7	10,3	8,9
Leistungsgruppe I								
real	136,7	136,7	186,6	192,2	15,5	10,8	10,7	9,1
bereinigt	133,7	145,4	174,9	192,2	15,1	11,4	10,1	9,1
Leistungsgruppe II								
real	80,2	96,5	94,7	118,8	13,5	11,0	7,7	7,6
bereinigt	87,5	87,0	89,4	118,8	14,2	9,8	7,3	7,6
Leistungsgruppe III								
real	66,2	65,4	66,1	85,2	14,3	10,3	7,3	7,2
bereinigt	59,8	61,8	64,1	85,2	12,7	9,5	7,1	7,2
Leistungsgruppe IV								
real	57,9	75,3	78,0	81,8	17,8	17,3	12,4	9,7
bereinigt	54,4	69,8	75,8	81,8	16,5	16,0	12,1	9,7
Leistungsgruppe V								
real	49,6	53,7	48,6	82,8	18,2	14,8	8,9	11,0
bereinigt	40,7	56,6	50,6	82,8	15,2	15,6	9,3	11,0

Quellen: Tabelle 30 und Tabelle Y im Anhang.

3. Die „bereinigten" Variationskoeffizienten lassen ebenso wie die realen einen deutlichen Nivellierungstrend der intergewerblichen Verdienststruktur im Vergleich der Werte in den Jahren 1957 und 1951 (Ausnahme Leistungsgruppe V), 1962 und 1957 (Ausnahme kaufmännische Angestellte) sowie 1966 und 1962 (Ausnahme eine annähernde Konstanz der Verdienststruktur in den Leistungsgruppen II und III, eine Differenzierung in Leistungsgruppe V) erkennen. Auch die bereinigten Variationskoeffizienten lassen den Schluß zu, daß es sich im Zeitraum 1951/1957 um eine starke Nivellierungsphase der intersektoralen Verdienststruktur handelte, während in den Zeiträumen 1957/1962 und 1962/1966 eine geringere (und sogar gleichstarke[87]) Angleichung der Verdienstdifferenzen stattgefunden hat[88].

4. Ebenso wie beim Vergleich realer und „bereinigter" absoluter Streuungswerte waren von 27 Werten für die „bereinigten" Variationskoeffizienten 20 kleiner als die entsprechenden Realwerte. Daraus kann gefolgert werden, daß die Nivellierung der intersektoralen Verdienststruktur schwächer gewesen wäre, wenn 1951, 1957 und 1962 die intersektorale Beschäftigungsstruktur von 1966 vorgelegen hätte. Wenn auch mit diesem Ergebnis keine Korrelation zwischen Veränderungen der intergewerblichen Beschäftigungsstruktur und Veränderungen der Verdienststruktur der Angestellten errechnet wurde, so kann doch festgestellt werden, daß die Veränderung der intersektoralen Beschäftigungsstruktur einen die Verringerung der Gehaltsunterschiede zwischen den Wirtschaftszweigen verstärkenden Faktor darstellte. Änderungen der Gehaltssätze und Änderungen der Beschäftigtenstruktur wirkten in die gleiche Richtung[89].

7. Der Einfluß von Veränderungen der Beschäftigungsstruktur auf die intersektorale Verdienststruktur weiblicher Angestellter

Auch für die weiblichen Angestellten kann mit Hilfe des für die männlichen Angestellten verwendeten Verfahrens überprüft werden, wie die Verdienststruktur im Zeitraum 1951 bis 1966 ausgesehen hätte, wenn der (statistische) Einfluß von Wanderungen weiblicher Angestellter zwischen den Wirtschaftszweigen eliminiert wird[90].

---

87 Vgl. Tabellen 34 bzw. 35, 2. Zeile, Spalten 7, 8 und 9.

88 Die interindustrielle Verdienststruktur der Arbeiter war im Zeitraum 1951/1957 durch eine relative Konstanz bzw. leichte Nivellierung, 1957 bis 1962 durch eine starke Nivellierung gekennzeichnet. Vgl. *H. Lampert*, Die Entwicklung ..., a. a. O., S. 121.

89 So auch für die interindustrielle Lohnstruktur *H. Lampert*, Die Entwicklung ..., a. a. O., S. 121.

90 Die fiktiven durchschnittlichen Bruttomonatsgehälter der weiblichen Angestellten für die einzelnen Beschäftigungsarten und Leistungsgruppen finden sich in Tabelle Z des Anhangs.

Tabelle 36

Reale und bereinigte Standardabweichungen und Variationskoeffizienten der intersektoralen Verdienststruktur der weiblichen Angestellten für einzelne Beschäftigungsarten 1951, 1957, 1962 und 1966

Beschäftigungsart	Standardabweichung (in DM)				Variationskoeffizient (in v. H.)			
	1951	1957	1962	1966	1951	1957	1962	1966
1	2	3	4	5	6	7	8	9
Alle Beschäftigungsarten								
real	30,0	39,4	52,7	63,8	11,7	11,1	10,1	8,7
bereinigt	31,8	40,7	52,3	63,8	12,2	11,3	9,9	8,7
kaufmännische Angestellte								
real	29,2	38,1	50,8	65,0	11,5	10,8	9,8	9,0
bereinigt	34,2	39,5	50,5	65,0	13,2	11,0	9,7	9,0
techn. Angestellte								
real	29,4	45,6	57,4	80,4	9,4	10,4	9,4	9,8
bereinigt	26,8	45,1	57,4	80,4	8,4	10,5	9,4	9,8

Quellen: Tabelle 32 und Tabelle Z im Anhang.

Tabelle 37

Reale und bereinigte Standardabweichungen und Variationskoeffizienten der intersektoralen Verdienststruktur der weiblichen Angestellten nach Leistungsgruppen 1951, 1957, 1962 und 1966

Leistungsgruppe	Standardabweichung (in DM)				Variationskoeffizient (in v. H.)			
	1951	1957	1962	1966	1951	1957	1962	1966
1	2	3	4	5	6	7	8	9
Alle Leistungsgruppen								
real	30,0	39,4	52,7	63,8	11,7	11,1	10,1	8,7
bereinigt	31,8	40,7	52,3	63,8	12,2	11,3	9,9	8,7
Leistungsgruppe II								
real	36,3	54,7	81,9	110,7	8,1	8,1	8,9	9,4
bereinigt	48,0	62,6	82,8	110,7	10,8	9,1	9,0	9,4
Leistungsgruppe III								
real	30,9	50,5	70,1	88,1	8,9	10,9	10,7	10,1
bereinigt	35,5	55,9	70,6	88,1	10,2	11,6	10,7	10,1
Leistungsgruppe IV								
real	31,0	50,3	55,3	67,6	13,0	15,7	11,8	10,6
bereinigt	34,0	52,6	55,8	67,6	13,9	15,9	11,6	10,6
Leistungsgruppe V								
real	26,6	27,7	32,7	48,9	14,1	10,7	8,0	8,9
bereinigt	23,8	27,7	32,3	48,9	11,9	10,6	8,0	8,9

Quellen: Tabelle 33 und Tabelle Z im Anhang.

Ein Vergleich der aus den Tabellen 36 und 37 ersichtlicher „bereinigten" und realen absoluten und relativen Verdienststreuungen führt zu folgenden Ergebnissen:

1. Die „bereinigten" Standardabweichungen lassen für alle Leistungsgruppen und Beschäftigungsarten eine Erhöhung der absoluten Verdienststreuungen im Zeitverlauf erkennen, die tendenzielle Entwicklung der realen und bereinigten Werte weisen also in die gleiche Richtung.

2. Ein Vergleich realer und „bereinigter" Verdienststreuungen zeigt allerdings in 13 von 21 Fällen[91] eine Vergrößerung der Standardabweichungen, in 8 Fällen gleiche Höhe oder geringfügige Verkleinerungen der Werte. Daraus kann gefolgert werden, daß die Änderungen der intersektoralen Beschäftigungsstruktur, insbesondere der weiblichen Angestellten der Leistungsgruppen II, III und IV[92] sowie der weiblichen kaufmännischen Angestellten[93], vor allem in den Jahren 1951 und 1957 der Vergrößerung der absoluten Unterschiede in den Gehaltssätzen nicht in dem Umfang entgegenwirkten, daß die Differenzierung mehr als ausgeglichen wurde. Es kann deswegen angenommen werden, daß die Wanderungen der weiblichen Angestellten insgesamt, besonders aber der angeführten weiblichen Angestelltenkategorien, relativ gering waren oder nicht zu einer besseren Allokation führten[94]. Arbeitskräftewanderungen waren danach bei den männlichen Angestellten im Zeitraum 1951 bis 1966 in stärkerem Maße vorhanden als bei den weiblichen Angestellten.

3. Die aus den „bereinigten" Variationskoeffizienten ersichtlichen Veränderungen der relativen Verdienstunterschiede weisen für den gesamten Zeitraum 1951 bis 1966 auf eine Nivellierung hin (Ausnahme technische Angestellte), was für kleinere Zeiträume (insbesondere beim Vergleich 1951/1957) Differenzierungen nicht ausschließt. Die Nivellierung der intersektoralen Verdienststruktur war in dieser Phase insgesamt etwas schwächer, in den Zeiträumen 1957/1962 und 1962/1966 etwas stärker, bereinigte und reale Werte entwickelten sich im Zeitverlauf sehr ähnlich.

4. Die „bereinigten" Variationskoeffizienten waren in 12 von 21 Fällen größer, in 3 Fällen gleich[95] und in 6 Fällen zum Teil nur geringfügig kleiner als die „Realwerte". Daraus kann gefolgert werden, daß bei

---

[91] Die Standardabweichungen für alle Beschäftigungsarten bzw. alle Leistungsgruppen sind gleich hoch, so daß die Gesamtwerte nur einmal erfaßt werden. Die obigen Zahlen schlüsseln sich also auf in 9 Werte für die Beschäftigungsarten und 12 Werte für die Leistungsgruppen.

[92] Vgl. Tabelle 37, Spalten 2 und 3.

[93] Vgl. Tabelle 36, Spalten 2 und 3.

[94] Vgl. *H. Lampert*, Die Entwicklung ..., a. a. O., S. 120.

[95] Es handelt sich dabei um die Werte für die technischen Angestellten und für die Leistungsgruppen III und V im Jahre 1962.

unterstellter gleicher Beschäftigtenstruktur des Jahres 1966 für alle Erhebungszeitpunkte die Nivellierung der intergewerblichen Verdienstunterschiede etwas *stärker* gewesen wäre, als sie aus den realen Variationskoeffizienten entnommen werden kann. Die tatsächlichen Änderungen der Beschäftigtenstruktur der weiblichen Angestellten bewirkten daher keine Verstärkung, sondern eher eine Abschwächung der Nivellierung der relativen Verdienstunterschiede, so daß Änderungen der Gehaltssätze und Änderungen der intersektoralen Beschäftigtenstruktur nicht nachweisbar in die gleiche Richtung wirkten. Das zeigt sich besonders deutlich in den realen und „bereinigten" Werten der Leistungsgruppen II und III in Tabelle 37, die bei unterstellter Beschäftigtenstruktur von 1966 eine Verringerung der bereinigten Variationskoeffizienten im Zeitraum 1951 bis 1966 anzeigten, während die realen Werte in demselben Zeitraum eine Differenzierung auswiesen.

8. Die Entwicklung der Gehaltsunterschiede männlicher Angestellter unter Berücksichtigung der Betriebsgröße

Eine detaillierte Analyse der intersektoralen Gehaltsstruktur unter Berücksichtigung des Merkmals Betriebsgröße wird dadurch erschwert, daß die Bildung von Zeitreihen für alle Erhebungszeitpunkte auf Grund des vorliegenden statistischen Materials nicht möglich ist.

In der Tabelle J des Anhangs wurden Beschäftigtenzahlen und Gehaltsdurchschnitte der männlichen Angestellten nach Wirtschafts*sektoren* und aggregierten Betriebsgrößenklassen[96] für die Jahre 1951 und 1966 errechnet. Zwei aus dieser Übersicht gewonnene Ergebnisse sind von besonderer Bedeutung:

1. In der Reihenfolge der Durchschnittsverdienste nach Sektoren bestätigt sich die bereits festgestellte relative (formale) Stabilität der Gehaltsstruktur, wenn man die für alle Betriebsgrößen zusammengefaßten Zahlen vergleicht[97]. Das gilt auch für die Werte einzelner Betriebsgrößenklassen.

2. Im Vergleich der Beschäftigtenanteile der jeweiligen Betriebsgrößenklassen für 1951 und 1966 zeichnet sich eine starke Konzentrationstendenz von den kleineren zu den größeren Betrieben ab[98].

---

[96] Diese Zusammenfassung einzelner Betriebsgrößen birgt Fehlerquellen in sich; diese Maßnahme war jedoch erforderlich, um für die beiden Untersuchungszeitpunkte 1951 und 1966 die gleichen Betriebsgrößenklassen zugrundelegen zu können.

[97] Wegen der Gliederung des vorhandenen statistischen Materials nach Wirtschaftsbereichen, mußten Handel, Kredit- und Versicherungsgewerbe zusammengefaßt werden, was aber die allgemeine Tendenz der Verringerung der Gehaltsniveaus vom produzierenden Gewerbe zu den Dienstleistungen (einschließlich Handel) dennoch anschaulich werden läßt.

[98] Zum Problem der Messung der Betriebsgröße an der Beschäftigtenzahl vgl. Kapitel C, Abschnitt III, Fußnote 65; Die Konzentration in der von 1951

Die Zahl der in allen Wirtschaftsabteilungen beschäftigten männlichen Angestellten nahm im Jahre 1951 von der Betriebsgrößenklasse mit 2 bis 99 Beschäftigten zu den Betriebsgrößenklassen mit 100 bis 999 bzw. mit 1000 und mehr Beschäftigten ab[99], während im Jahre 1966 die Anzahl der Beschäftigten mit steigender Betriebsgröße beträchtlich anwuchs[100].

Bezieht man die Entwicklung der Beschäftigten unter Berücksichtigung der einzelnen Betriebsgrößen in den verschiedenen Wirschaftssektoren in die Betrachtung ein, so fällt eine im Zeitverlauf sich verstärkende Konzentration der Angestellten auf die höchste Betriebsgrößenklasse derjenigen Wirtschaftsbereiche auf, in denen die höchsten Gehälter gezahlt wurden. Es handelte sich dabei insbesondere um die Wirtschaftsbereiche Energiewirtschaft, Wasserversorgung, Bergbau und verarbeitendes Gewerbe[101]. Auch in den Wirtschaftsbereichen Handel, Kreditinstitute, Versicherungen, Verkehr und Dienstleistungen zeichnete sich im Zeitraum 1951 bis 1966 eine verstärkte Beschäftigung von Angestellten in Großbetrieben ab, dennoch nahmen die absoluten Angestelltenzahlen in diesen Sektoren, die ein jeweils relativ niedriges Gehaltsniveau aufwiesen, mit steigender Betriebsgröße ab[102].

---

bis 1966 gewachsenen deutschen Wirtschaft ist in zahlreichen Untersuchungen auch nach anderen Kriterien als der „Beschäftigungszahl“ festgestellt worden, so in: *F. Neumark* (Hrsg.), Die Konzentration in der Wirtschaft, SdVfS, N. F., Bd. 22, Berlin 1961; *D. Grosser* (Hrsg.), Konzentration ohne Kontrolle, Kritik, Bd. II, Köln und Opladen 1969; *E. Salin, J. Stohler* (Hrsg.) mit *P. Pawlowky*, Notwendigkeit und Gefahr der wirtschaftlichen Konzentration in nationaler und internationaler Sicht, Tübingen 1969; *D. Schwarz*, Die Konzentration des Betriebsvermögens in der gewerblichen Wirtschaft der Bundesrepublik Deutschland 1953, 1957 und 1960, ein Beitrag zur empirischen Konzentrationsforschung, Institut für angewandte Wirtschaftsforschung, Schriftenreihe Bd. 13, Tübingen 1969; *W. Fischer* und *P. Czada*, Wandlungen in der deutschen Industriestruktur im 20. Jahrhundert, in: Entstehung und Wandel der modernen Gesellschaft, Festschrift für H. Rosenberg, Hrsg. G. A. Ritter, Berlin 1970, S. 144 ff. und die dort angegebene Literatur; zur Messung der Betriebs- und Unternehmenskonzentration vgl. *H. Paschen*, Die Messung der Betriebs- und Unternehmenskonzentration, mit einer quantitativen Untersuchung über die Konzentration in der Eisen- und Stahlindustrie der EGKS-Länder, Freiburg i. Br. 1969; *L. Jüttner-Kramny*, Probleme der Messung des Konzentrationsgrades, in: WuW, 21. Jg., H. 1 (Jan. 1971), S. 16 ff.

[99] Im Jahre 1951 arbeiteten von insgesamt 197 773 erfaßten männlichen Angestellten 114 822 in der niedrigsten Betriebsgrößenklasse, 50 828 in der nächsthöheren Klasse und nur 32 123 in der Betriebsgrößenklasse mit 1000 und mehr Beschäftigten; vgl. Tabelle J im Anhang, letzte Zeile, Spalten 2, 4, 6 und 8.

[100] Von 2 001 970 im Jahre 1966 erfaßten männlichen Angestellten waren 564 080 in Betrieben der Größenordnung 2 bis 99 Beschäftigte, 635 750 in Betrieben mit 100 bis 999 Beschäftigten und 802 140 in Betrieben der höchsten Betriebsgrößenklasse beschäftigt; vgl. Tabelle J im Anhang, letzte Zeile, Spalten 10, 12, 14 und 16.

[101] Vgl. Tabelle J im Anhang, Spalten 10, 12, 14 und 16.

[102] Vgl. Tabelle J im Anhang, Spalten 10, 12, 14 und 16.

Auf Grund dieses Sachverhalts ergibt sich die Frage, ob die Entwicklung der Gehaltsunterschiede in einem Zusammenhang mit der wachsenden Betriebskonzentration gesehen werden kann.

Zur Beantwortung dieser Frage ist es zunächst notwendig festzustellen, wie sich die intersektoralen Gehaltsdifferenzen unter Berücksichtigung der Betriebsgröße im Zeitverlauf verändert haben. Dazu vermittelt Tabelle 38 einige Anhaltspunkte.

Veränderungen der intergewerblichen Gehaltsstruktur für einzelne Betriebsgrößen im Zeitraum 1951 bis 1966 werden aus dem Umfang der Annäherung der Verdienste in den verschiedenen Wirtschaftssektoren der jeweiligen Betriebsgrößenklassen an den Gehaltsdurchschnitt aller Wirtschaftsabteilungen in diesen Betriebsgrößenklassen ersichtlich. Setzt man den Verdienstdurchschnitt für alle Wirtschaftsbereiche der jeweiligen Betriebsgröße 1951 und 1966 gleich 100, so ergeben sich Relativzahlen, die den jeweiligen prozentualen Abstand der Gehälter in den einzelnen Wirtschaftsabteilungen vom Bundesdurchschnitt der Gehälter in bestimmten Betriebsgrößenklassen festhalten.

Mit Ausnahme des Baugewerbes näherten sich die Werte für alle Betriebsgrößen (Spalten 5 und 9) 1966 weit stärker dem Gehaltsdurchschnitt der gesamten gewerblichen Wirtschaft an, so daß die für einzelne Leistungsgruppen und Beschäftigungsarten festgestellte Nivellierungstendenz der intersektoralen Gehaltsstruktur unter Berücksichtigung der Betriebsgröße bestätigt wird. Daß diese Verkleinerung der Gehaltsunterschiede eher auf eine Verringerung der Verdienstdifferenzen in der höchsten als in den kleineren Betriebsgrößenklassen zurückging, wird aus dem Vergleich der Relativwerte in den Spalten 4 und 8 bzw. 3 und 7 oder 2 und 6 deutlich[103].

Für die auch nach dem Merkmal Betriebsgröße bestätigte Nivellierung der intergewerblichen Gehaltsstruktur läßt sich ein Zusammenhang mit der Entwicklung der Konzentration in den Wirtschaftssektoren vermuten.

1966 war die Betriebskonzentration, wie Tabelle 39 zeigt, weit größer als 1951, lediglich im Verkehrsgewerbe ist der Anteil der in der höchsten Betriebsgrößenklasse erfaßten männlichen Angestellten nicht gestiegen[104]. Die Verringerunng des Anteils der Angestellten in den Kleinbetrieben zugunsten des Anteils der Angestellten in Mittel- und

---

[103] Genauere Ergebnisse liefern nur nach stärkerer Disaggregierung in die Wirtschaftszweige berechnete Variationskoeffizienten für die einzelnen Betriebsgrößenklassen.

[104] Zu beachten ist aber in diesem Wirtschaftszweig die prozentuale Verdoppelung des Beschäftigtenanteils in der Betriebsgröße mit 100 bis 999 Beschäftigten (von 25,2 v. H. im Jahre 1951 auf 49,0 v. H. im Jahre 1966).

Tabelle 38

Die intersektorale Gehaltsstruktur[1]) der männlichen Angestellten[2]) unter Berücksichtigung der Betriebsgrößenklassen[3]) und Wirtschaftsabteilungen[4]) in der Bundesrepublik Deutschland[5]) 1951 und 1966

Betriebsgrößenklassen / Wirtschaftsabteilungen	1951				1966			
	2—99 Besch. i. v. H.	100—999 Besch. i. v. H.	1000 u. mehr Besch. i. v. H.	alle Betr.-größenkl. Besch. i. v. H.	2—99 Besch. i. v. H.	100—999 Besch. i. v. H.	1000 u. mehr Besch. i. v. H.	alle Betr.-größenkl. Besch. i. v. H.
1	2	3	4	5	6	7	8	9
1 Energiewirtschaft Wasserversorgung Bergbau	106	100	115	121	104	99	106	108
2 Verarbeitendes Gewerbe	107	103	97	108	108	102	102	105
3 Baugewerbe	105	101	92	97	112	114	108	110
4 Handel, Kreditinstitute, Versicherungsgewerbe	94	93	87	86	93	92	87	89
5 Verkehr u. Nachrichtenübermittlung	94	91	—	87	105	117	82	100

[1]) Für die Messung der intersektoralen Gehaltsstruktur kann hier der Variationskoeffizient nicht verwendet werden, weil er wegen der geringen Zahl der vorhandenen Reihenglieder kaum zu brauchbaren Ergebnissen führen würde. Stattdessen wird der jeweilige Durchschnittslohn der jeweiligen Betriebsgrößenklasse (letzte Zeile der Tabelle J) = 100 gesetzt und die Durchschnittsverdienste der Wirtschaftsabteilungen zum Durchschnittsgehalt aller Wirtschaftsabteilungen in Beziehung gesetzt.

[2–5]) Siehe Tabelle J im Anhang.

Quellen: Tabelle J, Spalten 3, 5, 7, 9, 11, 13, 15, 17 und eigene Berechnungen.

Tabelle 39

Die Verteilung[1]) der männlichen und weiblichen Angestellten[2]) nach Betriebsgrößenklassen[3]) und Wirtschaftsabteilungen[4]) in der Bundesrepublik Deutschland[5]) 1951 und 1966

Betriebsgrößenklassen / Wirtschaftsabteilungen	männliche Angestellte						weibliche Angestellte					
	1951			1966			1951			1966		
	2—99 Besch. i. v. H.	100-999 Besch. i. v. H.	1000 u. mehr Besch. i. v. H.	2-99 Besch. i. v. H.	100-999 Besch. i. v. H.	1000 u. mehr Besch. i. v. H.	2-99 Besch. i. v. H.	100-999 Besch. i. v. H.	1000 u. mehr Besch. i. v. H.	2-99 Besch. i. v. H.	100-999 Besch. i. v. H.	1000 u. mehr Besch. i. v. H.
1	2	3	4	5	6	7	8	9	10	11	12	13
1 Energiewirtsch., Wasserversorg. Bergbau	28,4	28,4	43,2	6,3	18,8	74,9	39,0	33,2	27,8	10,0	27,4	62,6
2 Verarbeitendes Gewerbe	40,4	34,1	25,5	16,2	34,2	49,6	50,7	31,7	17,6	20,7	35,7	43,6
3 Baugewerbe	73,4	25,6	1,0	42,0	43,7	14,3	84,4	15,3	0,3	54,2	34,8	11,0
4 Handel, Kreditinst., Versicherungsgewerbe ...	84,5	14,3	1,2	49,4	27,7	22,9	84,8	14,0	1,2	50,1	25,9	24,0
5 Verkehr u. Nachrichtenübermittlung	59,6	25,2	15,2	41,6	49,0	9,4	(78,2)	(16,7)	(5,1)	(50,8)	(46,3)	(2,9)
6 Dienstleistungen	73,8	26,2	—	73,0	19,9	7,1	76,4	23,6	—	93,4	5,6	1,0
7 alle Wirtschaftsabteilungen	51,1	25,7	16,2	28,2	31,8	40,0	71,6	20,8	7,6	40,8	28,7	30,5

[1]) Die Angestelltenzahlen aller Betriebsgrößen wurden in Beziehung gesetzt zu den Beschäftigtenanteilen der einzelnen Betriebsgrößenklassen, so daß die Summe aller Klassen in den jeweiligen Wirtschaftsabteilungen gleich 100,0 ergibt.
[2-5]) Vgl. die entsprechenden Fußnoten der Tabellen J und K im Anhang.

Quellen: Die Beschäftigtenzahlen der Tabellen J und K des Anhangs wurden den Berechnungen der obigen Prozentzahlen zugrunde gelegt.

Großbetrieben[105] läßt die Annahme zu, daß die Veränderung der Beschäftigtenstruktur nach Betriebsgrößenklassen die Nivellierung der intersektoralen Gehaltsstruktur von 1951 bis 1966 wesentlich mitbeeinflußt hat[106]. Diese Vermutung wird auch dadurch gestützt, daß „die Verschiebung zu den Großbetrieben in vielen Bereichen bei den Angestellten ausgeprägter (war) als bei den Arbeitern“[107].

Unter Beachtung des vorliegenden Konzentrationstrends und der Feststellung, daß bestimmte Sektoren wie Energiewirtschaft, Wasserversorgung, Bergbau sowie verarbeitendes Gewerbe schon im Frühstadium ihrer Entstehung im Gegensatz zu den Dienstleistungen, dem Handel usw. großbetriebliche Organisationsformen annahmen, kann man davon ausgehen, daß die Möglichkeiten, größere Betriebseinheiten zu bilden, für die erste Gruppe im Zeitablauf geringer wird als für die zweite[108]. Da sich die Gehaltssätze mit steigender Betriebsgröße nachweisbar erhöhen[109], kann bei unterstellter stärkerer Ausnutzung vorhandenen größeren Konzentrationsspielraums durch die zur zweiten Gruppe gehörigen Wirtschaftsbereiche und dem damit in dieser Gruppe möglichen schnelleren Anstieg der Gehaltsdurchschnitte als in den zur ersten Gruppe zählenden Wirtschaftsbereichen, zweifellos eine Nivellierung der Gehälter erwartet werden[110]. Diese Überlegungen treffen allerdings eher für langfristige Entwicklungen zu und erfordern eingehendere empirische Analysen.

Zusammenfassend kann festgehalten werden, daß auch die intergewerbliche Gehaltsstruktur der männlichen Angestellten unter Berücksichtigung der Betriebsgröße tendenzielle Verkleinerungen der Gehaltsunterschiede im Zeitverlauf aufweist, die z. T. auf Änderungen der Beschäftigtenstruktur nach der Betriebsgröße zurückgeführt werden müssen[111].

---

105 Diese Tendenz ist auch bei den Arbeitern zu verzeichnen; vgl. *H. Lampert,* Die Entwicklung ..., a. a. O., S. 123.

106 So auch *Lampert* für die Arbeiter; Ders., Die Entwicklung ..., a. a. O., S. 123.

107 *J. Kromphardt,* a. a. O., S. 81.

108 Diese Behauptung wird am Wirtschaftssektor 1 für den Vergleich 1951 bis 1966 verständlicher. 1951 waren 43,2 v. H. der Angestellten, 1966 schon rund ³/₄ aller beschäftigten männlichen Angestellten in der höchsten Betriebsgrößenklasse erfaßt. Dagegen sind bei der zweiten Gruppe noch genügend „Konzentrationsspielräume“.

109 Vgl. *W. G. Hoffmann,* Die branchenmäßige ..., a. a. O., S. 69; *H. G. Jaspers,* a. a. O., S. 62; *J. Kromphardt,* a. a. O., S. 65; *Gehaltsstrukturerhebung 1966,* a. a. O., S. 13.

110 So argumentiert auch *W. G. Hoffmann,* Die branchenmäßige ..., a. a. O., S. 77.

111 Die Nivellierung der Gehaltsunterschiede für einzelne Beschäftigungsarten und Leistungsgruppen kann z. T. ebenso hervorgerufen werden durch Veränderungen der Betriebsgrößenkonzentration, da auch zwischen Unternehmensgröße und Leistungsgruppengefüge der Angestellten ein Zusammenhang besteht. Vgl. *Gehaltsstrukturerhebung 1966,* a. a. O., S. 11.

9. Die Entwicklung der Gehaltsunterschiede weiblicher Angestellter unter Berücksichtigung der Betriebsgröße

Auch bei den weiblichen Angestellten zeigen die absoluten Beschäftigtenzahlen[112] und die relativen Beschäftigtenanteile[113] der einzelnen Betriebsgrößenklassen an den erfaßten Angestellten insgesamt im Vergleich der Erhebungsjahre 1951 und 1966 einen starken Trend zur Vergrößerung der betrieblichen Konzentration, besonders in den Wirtschaftsbereichen, die relativ hohe Durchschnittsgehälter aufweisen. Trotzdem ist immer noch die Masse der weiblichen Angestellten im Gegensatz zu den angestellten Männern in der kleinsten Betriebsgrößenklasse beschäftigt[114], was auf die relativ kleinen Betriebsgrößen vor allem im Handel und in den Dienstleistungen zurückzuführen ist.

Die Gehaltsunterschiede der weiblichen Angestellten verringerten sich im Zeitverlauf, wie aus Tabelle 40 zu entnehmen ist, da die Werte für alle Betriebsgrößenklassen[115] sich 1966 mehr dem Gehaltsdurchschnitt der gewerblichen Wirtschaft angeglichen haben als 1951. Eine Ausnahme liegt — auch übereinstimmend mit den männlichen Angestellten — in einer Differenzierung im Baugewerbe vor.

Sieht man vom Verkehrsgewerbe ab, so sind in allen Wirtschaftsbereichen die Anteile weiblicher Beschäftigter in der höchsten Betriebsgrößenklasse seit 1951 sehr stark gestiegen, vor allem auf Kosten der kleinsten Betriebsgröße, deren Beschäftigtenanteile (mit Ausnahme der Dienstleistungen) stark abgenommen haben. Das legt die Vermutung nahe, daß diese Veränderung der Beschäftigtenstruktur der weiblichen Angestellten nach Betriebsgrößenklassen die Nivellierung der intersektoralen Verdienststruktur beeinflußt hat. Erklärungsgründe für diesen Sachverhalt lassen sich analog zu den Ausführungen bei den männlichen Angestellten entwickeln. Eine Eliminierung des statistischen Einflusses von Veränderungen der Beschäftigtenstruktur nach Betriebsgrößenklassen auf die Verdienststruktur in der Weise, wie sie für die Veränderungen der intersektoralen Beschäftigtenstruktur vorgenommen wurde, ist mit Hilfe des vorhandenen Zahlenmaterials nicht möglich. Außerdem würde die geringe Zahl der Wirtschaftsbereiche, für die nach der Betriebsgröße gegliederte Zahlenangaben vorliegen, vermutlich für männliche und weibliche Angestellte zu empirisch kaum verwertbaren Ergebnissen führen.

---

112 Vgl. Tabelle K, Spalten 2, 4, 6, 8, 10, 12, 14, 16.

113 Tabelle 39, Spalten 8 bis 13.

114 Im Jahre 1951 waren 51,1 v. H. der männlichen Angestellten, jedoch 71,6 v. H. der weiblichen Angestellten, 1966 28,2 v. H. der männlichen Angestellten aber 40,8 v. H. der weiblichen Angestellten in der niedrigsten Betriebsgrößenklasse erfaßt; vgl. Tabelle 39, letzte Zeile, Spalten 2, 5, 8 und 11.

115 Tabelle 40, Spalten 5 und 9.

Tabelle 40

Die intersektorale Gehaltsstruktur[1]) der weiblichen Angestellten[2]) unter Berücksichtigung der Betriebsgrößenklassen[3]) und Wirtschaftsabteilungen[4]) in der Bundesrepublik Deutschland[5]) 1951 und 1966

Betriebsgrößenklassen / Wirtschaftsabteilungen	1951				1966			
	2—99	100—999	1000 u. mehr	alle Betr.-größen-klassen i. v. H.	2—99	100—999	1000 u. mehr	alle Betr.-größen-klassen
1	2	3	4	5	6	7	8	9
1 Energiewirtsch., Wasserversorgung, Bergbau	111	108	100	119	116	115	112	116
2 Verarb. Gewerbe	106	104	94	110	109	104	104	105
3 Baugewerbe	97	105	—	95	107	114	116	108
4 Handel, Kreditinstitute, Vers.gewerbe	98	94	86	93	—	96	92	95
5 Verkehr und Nachrichtenübermittlung	105	102	95	103	97	—	—	—
6 Dienstleistungen	90	89	—	88	103	108	105	99

[1]) Vgl. Fußnote 1, Tabelle 38.
[2–5]) Siehe Tabelle J im Anhang.

Quellen: Tabelle K, Spalten 3, 5, 7, 9, 11, 13, 15, 17 und eigene Berechnungen.

Zusammenfassend zur Entwicklung der intersektoralen Gehaltsstruktur läßt sich feststellen, daß die im Zeitverlauf konstatierte Nivellierung nicht nur auf Änderungen der Struktur der Gehaltssätze, sondern auch auf Veränderungen der Beschäftigtenstruktur nach Wirtschaftszweigen und Betriebsgrößenklassen zurückzuführen ist.

Über den *Umfang* des Einwirkungsgrades von Beschäftigungsstrukturveränderungen auf die interbranchenmäßige Verdienststruktur kann so lange keine exakte Aussage gemacht werden, als branchenspezifische Untersuchungen dieser Interdependenzen besonders über längere Zeiträume nicht vorliegen.

Die Analyse der Veränderung der intersektoralen Gehaltsunterschiede im Zeitverlauf wird abgeschlossen mit dem Versuch einer theoretischen Erklärung der empirisch nachgewiesenen Verkleinerung der Gehaltsdifferenzen zwischen den Wirtschaftszweigen im Zeitraum 1951 bis 1966.

10. Die theoretische Erklärung der Nivellierung der intersektoralen Gehaltsstruktur männlicher und weiblicher Angestellter

Veränderungen der Gehaltsunterschiede werden durch Veränderungen der Determinanten von Gehaltsunterschieden verursacht[116]. Diese Determinanten können theoretisch aus Unterschieden im Arbeitsangebot und in der Arbeitsnachfrage am volkswirtschaftlichen Arbeitsmarkt der Angestellten entwickelt werden und lassen sich für die intersektorale Verdienststruktur einteilen in heterogenitäts-, raum-, verhaltens-, marktverfassungs- und time-lag-bedingte Verdienstunterschiede[117]. Die Änderung der nachweislich oder wahrscheinlich dominierenden Determinanten der interbranchenmäßigen Einkommensstruktur hat höchstwahrscheinlich einen *langfristigen* Nettoeffekt einer Verringerung der Verdienstunterschiede bewerkstelligt[118].

Es ist möglich, daß auch die mittelfristige Veränderung der genannten Einflußfaktoren die empirisch nachgewiesene Nivellierung der Gehaltsunterschiede im Untersuchungszeitraum beeinflußt hat; zu vermuten ist jedoch, daß die Nivellierung der intersektoralen Gehaltsstruktur von 1951 bis 1966 weniger auf die Veränderung institutioneller Determinanten der Gehaltsstruktur zurückzuführen ist als auf die Einwirkung ökonomischer Bestimmungsgründe, weil sich die Verfassung des Arbeitsmarktes, die staatliche Lohnpolitik, die Struktur und Organisation der Gewerkschaften und der Prozeß der Festsetzung von Arbeitsbedingungen im Untersuchungszeitraum kaum verändert haben.

116 Vgl. *H. Lampert,* Bestimmungsgründe . . ., a. a. O., S. 415.
117 Ders., Bestimmungsgründe . . ., a. a. O., S. 408.
118 Ders., Bestimmungsgründe . . ., a. a. O., S. 417, 439, 440 f.

Auch die räumliche Integration der Arbeitsmärkte hat sich nicht so stark verändert, daß damit die konstatierte Nivellierung erklärt werden könnte[119].

Grundlegend verändert hat sich im Zeitraum 1951 bis 1966 der volkswirtschaftliche Beschäftigungsgrad der Angestellten. Mißt man den Beschäftigungsgrad der Angestellten an der Arbeitslosenquote der Angestellten[120], dann zeichnet sich in der Entwicklung des Beschäftigungsgrades seit 1950 eine starke Tendenz zu einer Vollbeschäftigung der Angestellten ab. Die Arbeitslosenquote der männlichen (weiblichen) Angestellten sank von 8,3 % (6,5 %) im Jahre 1950 auf 1,4 % (2,3 %) im Jahre 1958, auf 0,4 % (0,4 %) im Jahre 1962 und wies im Jahre 1966 Werte von 0,4 % (0,3 %) aus[121].

Da man davon ausgehen kann, daß eine Volkswirtschaft bei einer Arbeitslosenquote von 0,8 % vollbeschäftigt ist, läßt sich die Untersuchungsperiode in einen Zeitraum, in dem die Vollbeschäftigung für männliche und weibliche Angestellte nahezu erreicht wurde (1951 bis 1957), und in einen Zeitraum, in dem überwiegend ein andauernder Vollbeschäftigungszustand vorherrschte (1958 bis 1966), einteilen.

In einer Reihe von Untersuchungen zur Lohnstruktur wird ein Zusammenhang zwischen den Veränderungen des Beschäftigungsgrades und Veränderungen intergewerblicher Lohnunterschiede dahingehend vermutet, daß bei steigendem Beschäftigungsgrad Nivellierungstendenzen der branchenmäßigen Lohnstruktur ausgelöst werden[122]. Diese These

---

119 Ders., Die Entwicklung ..., a. a. O., S. 126.

120 Die Arbeitslosenquote der Angestellten wurde nach folgender Formel berechnet:

$$\frac{\text{erwerbsfähige männliche (weibliche) Angestellte} \\ \text{— beschäftigte männliche (weibliche) Angestellte}}{\text{erwerbsfähige männliche (weibliche) Angestellte}} \cdot 100$$

121 Die Bundesanstalt für Arbeit faßt sporadisch die Statistik der Arbeitslosen nach Berufsgruppen zu Übersichten zusammen, aus denen sich Arbeitslosenziffern der Angestelltenberufsgruppen entnehmen lassen. Mit Hilfe dieser Zahlen und den bekannten Beschäftigungszahlen der Angestellten ist m. E. die einzige Möglichkeit geboten, Arbeitslosenquoten für Angestellte zu berechnen. Man muß allerdings in Kauf nehmen, daß keine die jährliche Entwicklung aufzeigenden Zeitreihen gebildet werden können. So war die Berechnung von Arbeitslosenquoten der Angestellten nur möglich für die Jahre 1950, 1958, 1961, 1962 und 1966. Die den Arbeitslosenquoten zugrundeliegenden Zahlen sind in der angeführten Reihenfolge der Erhebungsjahre entnommen aus: ANBA, 7. Jg., H. 3 (Febr. 1959), Beilage S. 14; ANBA, 9. Jg., H. 11 (Nov. 1961), S. 544; ANBA, 10. Jg., H. 10 (Okt. 1962), S. 493; ANBA, 16. Jg., Jahreszahlen zur Arbeitsstatistik 1968, Beilage zu H. 8 (Aug. 1969), S. 58 ff.

122 So z. B. bei *H. Stich,* Die Entwicklung der Arbeitseinkommen, eine geschichtlich-theoretische Betrachtung unter besonderer Berücksichtigung der Industriearbeiterlöhne sowie der Problematik der Einkommens-Nivellierung, Diss. Nürnberg 1955, S. 3, S. 107 f.; *H. Lampert,* Die Lohnstruktur ..., a. a. O., S. 166 ff.; *W. Braun,* a. a. O., S. 57; *H. Lampert,* Die Entwicklung ..., a. a. O.,

wird für die Veränderungen der intersektoralen Gehaltsstruktur bestätigt, da sich der Untersuchungszeitraum sowohl für die männlichen als auch für die weiblichen Angestellten in eine Phase schwächerer Nivellierung der Gehaltsunterschiede in der Periode volkswirtschaftlicher Expansion bis zum Eintritt in die Vollbeschäftigung (1951 bis 1957) und eine Phase stärkerer Nivellierung der Einkommensdifferenzen in der Periode anhaltender Vollbeschäftigung (1958 bis 1966) einteilen läßt[123].

Diese Nivellierung der intersektoralen Gehaltsstruktur ist deswegen verständlich, weil in einer insgesamt wachsenden Wirtschaft mit steigendem Beschäftigungsgrad die Interdependenzen zwischen den Arbeitsmärkten stärker werden. Einer Vergrößerung der Nachfrage nach Arbeitskräften, die vor allem von den expandierenden Wirtschaftszweigen ausgelöst wird, steht im Regelfall eine Verknappung des Angebots an Arbeitsleistungen in den schrumpfenden oder stagnierenden Bereichen der Wirtschaft gegenüber. Diese Angebotsveränderung wird durch die mit steigendem Beschäftigungsgrad steigende Mobilität der Arbeitskräfte begünstigt, weil die „Voraussetzungen für die zwischenbetriebliche, regionale und berufliche Mobilität dadurch günstiger werden, daß sich die Risiken des Arbeitsplatzwechsels und der Aufgabe der mit dem Arbeitsplatz verbundenen Senioritätsrechte verringern ..."[124]. Bewegungen des Arbeitskräftepotentials der Angestellten zwischen den Wirtschaftszweigen sind um so eher zu erwarten, als die Wirtschaftszweige mit relativ niedrigem Gehaltsniveau in Zeiten steigenden Beschäftigungsgrades und in einer vollbeschäftigten Wirtschaft nicht in der Lage sind, Gehaltserhöhungen zu konzedieren, die prozentual mindestens so hoch sind wie in Wirtschaftszweigen mit relativ höherem Gehaltsniveau. Da gleich hohe prozentuale Einkommenserhöhungen für die Angestellten in expandierenden bzw. schrumpfenden Wirtschaftszweigen die absoluten intersektoralen Gehaltsunterschiede vergrößern würden, müssen jedoch in den besonders abwanderungsgefährdeten Wirtschaftszweigen sogar überproportional hohe Einkommensverbesserungen gewährt werden, um die zur betrieblichen Existenzsicherung benötigten Arbeitskräfte zu halten, ein ausreichendes Arbeitsangebot sicherzustellen und dem Nachfragesog der wachsenden Gewerbe wirksam entgegenzutreten[125].

S. 126 ff.; Ders., Bestimmungsgründe ..., a. a, O., S. 418. Auch *Hoffmann* folgt im Prinzip diesem Argument, obwohl er es nur mit Einschränkungen akzeptiert; vgl. *W. G. Hoffmann,* Die Lohnstruktur der Industrie im zeitlichen und räumlichen Vergleich, a. a. O., S. 27.

[123] Vgl. Tabellen 29 und 32, jeweils 1. Zeile.

[124] *H. Lampert,* Die Entwicklung ..., a. a. O., S. 127 f.

[125] Zu diesen Ausführungen vgl. *H. Stich,* a. a. O., S. 107; *H. Lampert,* Die Lohnstruktur ..., a. a. O., S. 167; Ders., Die Entwicklung ..., a. a. O., S. 127 f.; Ders., Bestimmungsgründe ..., S. 424.

Diese These wird gestützt durch die Entwicklung der Tarif- und Effektivgehälter im Zeitraum 1951 bis 1966 in den einzelnen Wirtschaftsbereichen. Die Zunahme der tariflichen Monatsgehälter nach Indexpunkten war zwischen den Zeitpunkten 1951/1957, 1957/1962 und 1962/1966 zum Teil erheblich stärker in den Wirtschaftsbereichen mit einem relativ niedrigen Gehaltsniveau als in den Wirtschaftsbereichen mit relativ hohem Gehaltsniveau. In den drei genannten Zeiträumen zeigte sich eine stärkere tarifliche Erhöhung der Gehälter männlicher Angestellter im Wirtschaftsbereich Handel, Kreditinstitute, Versicherungsgewerbe[126], in den Verbrauchsgüterindustrien[127] und in der Nahrungs- und Genußmittelindustrie[128] als in den Grundstoff- und Produktionsgüterindustrien[129] einschließlich des Bergbaus[130], der Energiewirtschaft und der Wasserversorgung[131] sowie der Investitionsgüterindustrien[132, 133].

Auch für die weiblichen Angestellten lassen sich unterschiedlich hohe Zunahmen der Indizes tariflicher Monatsgehälter in den erwähnten Wirtschaftsbereichen und Zeiträumen feststellen[134].

Die Tendenz stärkerer Erhöhungsraten der Gehälter in Wirtschaftszweigen mit niedrigerem Gehaltsniveau als in Wirtschaftszweigen mit höherem Verdienstniveau läßt sich auch durch die Zunahme der Effektivgehälter männlicher und weiblicher Angestellter nachweisen. So stiegen die effektiven Gehälter in den Verbrauchs-, Nahrungs- und Genußmittelindustrien und im Wirtschaftsbereich Handel, Kreditinstitute, Versicherungsgewerbe bei Angestellten beider Geschlechter stärker

---

126 In der Reihenfolge der Zeiträume 1951/1957, 1957/1962 und 1962/1966 ergab sich folgende Zunahme der Tarifgehälter in Indexpunkten: 26,5, 30,7, 31,7.

127 Zunahme in Indexpunkten: 24,1, 36,1, 32,2.

128 Zunahme in Indexpunkten: 27,9, 35,2, 34,0.

129 Zunahme in Indexpunkten: 25,1, 38,5, 34,3.

130 Zunahme in Indexpunkten: 23,2, 19,4, 24,7.

131 Zunahme in Indexpunkten: 28,7, 30,6, 29,8.

132 Zunahme in Indexpunkten: 25,6, 35,1, 30,6.

133 Die Indizes der tariflichen Monatsgehälter für männliche (und weibliche) Angestellte (Basis 1958 = 100), die den eigenen Berechnungen der Zuwachsraten der Tarifgehälter zugrundelagen, wurden entnommen aus: *Bundesministerium für Arbeit und Sozialordnung* (Hrsg.), Hauptergebnisse der Arbeits- und Sozialstatistik 1963, Bonn, o. O. und o. J., S. 85; Dass. (Hrsg.), Hauptergebnisse der Arbeits- und Sozialstatistik 1966, o. O. und o. J., S. 99.

Da für das letztgenannte Jahr die Indizes auf der Basis 1962 = 100 berechnet wurden, erfolgte eine Umrechnung der Tarifgehälter des Jahres 1966 auf die Basis 1958 = 100 nach der Formel:

$$\frac{\text{Index des Beobachtungsjahres}}{\text{Index des gewünschten Basisjahres}} \cdot 100;$$

die statistischen Angaben erfolgten ohne Berlin.

134 Z. B. betrugen die Zunahmen in den Investitionsgüterindustrien 27,8, 34,7 und 30,4 Indexpunkte, in der Nahrungs- und Genußmittelindustrie 29,4, 36,0 und 35,1 Indexpunkte.

an als in den Grundstoff- und Produktionsgüterindustrien einschließlich des Bergbaus, der Energiewirtschaft und der Wasserversorgung[135].

Von Bedeutung erscheint noch die Tatsache, daß die Erhöhung der tariflichen und effektiven Gehaltssätze der Angestellten in Wirtschaftsbereichen mit niedrigen Durchschnittsverdiensten besonders in dem Zeitraum zum Ausdruck kommt, in dem eine ausgeprägte Vollbeschäftigung vorlag (1958 bis 1966) und in dem sich die intersektorale Gehaltsstruktur für männliche und weibliche Angestellte stärker nivelliert hat als im Zeitraum 1951 bis 1957[136]. Es kann daher angenommen werden, daß der Beschäftigungsgrad eine wesentliche Determinante der festgestellten Angleichungstendenzen der Gehaltssätze im Zeitverlauf darstellt. Die Untersuchungsergebnisse Lamperts und Brauns zum Einfluß des Beschäftigungsgrades auf interindustrielle *Lohn*unterschiede werden mit dieser Aussage bestätigt[137].

Außer den Veränderungen des volkswirtschaftlichen Beschäftigungsgrades haben vermutlich die mittelfristigen Veränderungen weiterer Determinanten intersektoraler Gehaltsunterschiede die Nivellierung der Gehaltsdifferenzen zwischen den Wirtschaftszweigen begünstigt. Es handelt sich vor allem um die Veränderung der Bestimmungsgründe heterogenitätsbedingter Gehaltsunterschiede, worunter die Verringerung der relativen Knappheit bestimmter Arbeitskräftekategorien innerhalb der Angestelltenschaft, die Änderung von Leistungs- und Belastungsunterschieden sowie die Veränderung von Berufsprestige und Neigung der Angestellten subsumiert werden können.

Nicht nur diese, das qualitative und quantitative Angebot an Arbeitsleistungen der Angestellten verändernden Determinanten haben möglicherweise intersektorale Verdienstdifferenzen beeinflußt, sondern auch die Veränderung der Bestimmungsgründe nachfragemodifizierter Ein-

---

135 In der Reihenfolge der Zeiträume 1951/1957, 1957/1962, 1962/1966 ergab sich in nachstehend aufgeführten Wirtschaftsbereichen folgende Zunahme der Effektivgehälter männlicher (weiblicher) Angestellter nach Indexpunkten: Handel, Kreditinstitute, Versicherungsgewerbe: 27,8, 37,1, 46,1 (25,7, 39,0, 51,3); Nahrungs- und Genußmittelgewerbe: 25,7, 40,6, 45,0 (32,9, 41,3, 48,7); Verbrauchsgüterindustrien: 23,8, 39,3, 48,3 (23,9, 40,8, 48,8); Investitionsgüterindustrien: 21,2, 34,9, 45,2 (22,6, 38,1, 48,8); Grundstoff- und Produktionsgüterindustrien: 19,0, 35,6, 47,4 (26,2, 37,9, 50,7); Energiewirtschaft und Wasserversorgung: 25,9, 34,6, 42,6 (27,4, 32,2, 46,3); Bergbau: 34,1, 22,9, 38,1 (23,9, 23,2, 47,4).

Für die Indizes der effektiven Bruttomonatsgehälter (Basis 1958 = 100) der Jahre 1957 und 1962 vgl. *Bundesministerium für Arbeit und Sozialordnung* (Hrsg.), Hauptergebnisse der Arbeits- und Sozialstatistik 1963, Bonn, o. O. und o. J., S. 83; für 1966 Dass. (Hrsg.), Hauptergebnisse der Arbeits- und Sozialstatistik 1966, o. O. und o. J., S. 98; die Zahlenangaben für 1951 gehen auf eigene Indexberechnungen mit Hilfe der Gehaltsstrukturerhebung 1951 zurück; vgl. *Gehaltsstrukturerhebung 1951*, a. a. O., Tabelle 10, S. 106 - 216.

136 Vgl. Tabellen 29 und 32, 1. Zeile.

137 Vgl. *W. Braun*, a. a. O., S. 57 f.; *H. Lampert*, Die Entwicklung ..., a. a. O., S. 126 ff.

kommensunterschiede wie die Änderung der Nachfrage nach Angestelltentätigkeiten insgesamt, sowie die Änderungen der inter- und intragewerblichen Struktur der Nachfrage nach Angestelltenarbeit[138]. Veränderungen von Angebot und Nachfrage beeinflussen auch die Arbeitsmarktkonstellationen auf den Arbeitsmärkten einzelner Wirtschaftszweige und damit die Entwicklung intersektoraler Verdienstunterschiede.

Da die Überprüfung des Einflusses dieser Veränderungen an branchenspezifischen Arbeitsmärkten gleichbedeutend ist mit der Frage nach dem Einfluß des Beschäftigungsgrades auf die einzelnen Angestelltenarbeitsmärkte der Wirtschaftszweige, ist mit dem bereits erbrachten Nachweis einer Beziehung zwischen der Veränderung des Beschäftigungsgrades und der Veränderung der intersektoralen Gehaltsstruktur die empirisch für den Zeitraum 1951 bis 1966 nachgewiesene Nivellierungstendenz dieser Dimension der Gehaltsstruktur hinreichend erklärt. Im übrigen werden u. a. Änderungen der intragewerblichen Struktur der Nachfrage nach Angestelltentätigkeiten dann zur Erklärung herangezogen werden müssen, wenn es um die theoretische Begründung von Entwicklungen der im nächsten Abschnitt überprüften intrasektoralen Gehaltsunterschiede geht.

II. Die intrasektorale Gehaltsstruktur im Zeitverlauf

Bei der Analyse der intrasektoralen Gehaltsstruktur des Jahres 1951 wurden Verdienstunterschiede der Angestellten nach einer Reihe von Merkmalen festgestellt[139], von denen sich für die Untersuchung der intragewerblichen Gehaltsdifferenzen im Zeitverlauf die Beschäftigungsart, die Leistungsgruppe und die Betriebsgröße[140] wegen ihrer besonderen Bedeutung in leistungsorientierten Verdienstsystemen anboten. In den Zielsetzungen zu dieser Arbeit wurde ja bereits hervorgehoben, daß vorwiegend ökonomischen Determinanten der Gehaltsstruktur eine besondere Beachtung eingeräumt werden sollte[141].

Auch personenbezogene Strukturelemente der intrasektoralen Gehaltsstruktur wie Alter, Familienstand, Kinderzahl usw. sind für die Konstituierung und Veränderung der Gehaltsunterschiede von Bedeutung[142], sie werden aber hier ausgeklammert, weil gerade bei den

---

[138] Zu den angeführten Determinanten vgl. *H. Lampert*, Bestimmungsgründe ..., a. a. O., S. 420 ff.

[139] Vgl. S. 70 ff. dieser Arbeit.

[140] Diese Merkmale wurden in der Zusammenfassung der Ergebnisse zur intrasektoralen Zeitpunktanalyse besonders hervorgehoben; vgl. S. 118 dieser Arbeit.

[141] Vgl. S. 32 f. dieser Arbeit.

[142] Vgl. S. 87 ff.

Angestellten Interdependenzen zwischen Qualifikation und Alter bestehen und für weitere, Gehaltsunterschiede determinierende persönliche Merkmale keine Zeitreihen gebildet werden können, die alle Erhebungen einschließen[143].

Zur intraindustriellen *Lohn*struktur gibt es vor allem in der angloamerikanischen Literatur[144] eine Reihe von Veröffentlichungen, in denen Lohnunterschiede nach Beschäftigungsgruppen, persönlichen Merkmalen und Betrieben abgehandelt werden; Lohndifferenzen der genannten Art wurden jedoch seltener für die Bundesrepublik untersucht[145]. Die mittelfristige Analyse der intrasektoralen Dimension der *Gehalts*struktur ist bisher weitgehend vernachlässigt worden; das mag auch darin begründet sein, daß die einzelnen Dimensionen der Gehaltsstruktur *theoretisch* isoliert werden können[146], eine exakte *empirische* Trennung von intra- und intersektoraler Gehaltsstruktur jedoch nicht möglich ist[147], weil z. B. über die ungleichmäßige intersektorale Verteilung der verschiedenen Arbeitsqualifikationen die „skill differentials" bereits weitgehend als Bestandteile der interbranchenmäßigen Gehaltsunterschiede in die bisherigen Betrachtungen eingegangen sind[148].

1. Die Entwicklung der Gehaltsunterschiede zwischen Beschäftigungsarten und Leistungsgruppen männlicher Angestellter

Verdienstunterschieden zwischen soziologischen Gruppen[149], besonders zwischen Arbeitern und Angestellten[150], wurde bisher mehr Beachtung geschenkt als der Analyse von Gehaltsunterschieden zwischen verschie-

143 So wurden z. B. Kinderzahl und Familienstand lediglich in den Erhebungen 1951 und 1966 ausgewiesen. Das Merkmal Betriebsgröße wird zwar für die inter- und intrasektorale Dimension der Gehaltsstruktur ebenfalls nur für diese beiden Zeitpunkte verglichen, hat aber das oben angesprochene größere „ökonomische Gewicht" und ist daher der Herausarbeitung persönlicher Merkmale trotz der Lückenhaftigkeit der Unterlagen vorzuziehen.

144 *H. Lampert*, Bestimmungsgründe ..., a. a. O., S. 380 f., Fußnote 19 I.

145 Vgl. S. 70 dieser Arbeit.

146 Vgl. *H. Lampert*, Die Lohnstruktur ..., a. a. O., S. 26 ff.; Ders., Bestimmungsgründe ..., a. a. O.

147 Zu den Interdependenzen zwischen beiden Dimensionen der Verdienststruktur vgl. *G. Lehnert*, a. a. O., S. 131, Fußnote 30.

148 So argumentiert z. B. *Ch. Busch-Lüty*, Gesamtwirtschaftliche Lohnpolitik, a. a. O., S. 163.

149 Dazu einige Literaturangaben: *W. Sies*, *H. Schlegel*, Die Nivellierung des Lohn- und Gehaltsniveaus in Westdeutschland, a. a. O., insbesondere S. 14 ff.; *J. H. Müller*, Nivellierung ..., a. a. O.; *F. Fürstenberg*, a. a. O., S. 23; *K. M. Bolte*, Die Angestelltenfrage im Lichte der Zahlen, a. a. O., S. 97 ff.; *J. H. Müller*, Überbetriebliche Lohndifferenzen, a. a. O., S. 230 ff.; *R. Skiba* unter Mitarbeit von *H. Adam*, a. a. O., S. 155 ff.; *R. Skiba*, Arbeiterlöhne, Angestelltengehälter und Beamtenbezüge in der Vor- und Nachkriegszeit, a. a. O., S. 262 ff.

150 Außer den genannten Veröffentlichungen ist noch besonders hinzuweisen auf *D. Claessens* u. a., Angestellte und Arbeiter in der Betriebspyramide, a. a. O., S. 131 ff.; *E. Bandholz*, a. a. O., S. 112 ff.; *W. G. Hoffmann*, Die in-

denen Qualifikationsgruppen und Beschäftigungsarten innerhalb der Angestelltenschaft[151]. Sporadische Andeutungen zu Veränderungen der intragewerblichen Gehaltsstruktur nach diesen Merkmalen ersetzen nicht die erforderliche systematischere empirische Analyse dieser Zusammenhänge[152]. Um die Entwicklung der intrasektoralen Gehaltsstruktur festzustellen, wurden Gehaltsquotienten berechnet, die sich aus dem Verhältnis der Gehälter einer Beschäftigungsart zu einer anderen Beschäftigungsart in jeweils der gleichen Branche der gewerblichen Wirtschaft ergeben. Je stärker sich die relativen Gehaltsunterschiede zwischen den Beschäftigungsarten im Zeitverlauf angleichen, um so eher kann man von einer Nivellierung der intrasektoralen Gehaltsstruktur nach Beschäftigungsarten sprechen.

Die Gehaltsquotienten der männlichen Angestellten in Tabelle 41 zeigen für die Beschäftigungsarten zunächst zweierlei:

1. das in der Zeitpunktanalyse der intrasektoralen Gehaltsstruktur nach Beschäftigungsarten festgestellte Gehaltsgefälle von den technischen Angestellten über die Meister zu den kaufmännischen Angestellten[153] ist auch im Zeitverlauf erhalten geblieben. Die relativen Gehaltsunterschiede waren zwischen technischen Angestellten und kaufmännischen Angestellten am größten, kleiner zwischen Meistern und kaufmännischen Angestellten und am geringsten zwischen technischen Angestellten und Meistern.

2. Die Gehaltsunterschiede zwischen den Beschäftigungsarten haben sich im Zeitverlauf eindeutig nivelliert. Dabei waren die Gehaltsunterschiede von einem Erhebungszeitpunkt zum jeweils nächsten kleiner geworden; beim Vergleich der Gehälter technischer Angestellter und Meister im Zeitraum 1951/1957 zeigt sich allerdings eine geringfügige Differenzierung der Gehaltsunterschiede[154].

Tabelle L des Anhangs[155] erlaubt mit Hilfe der Gehaltsquotienten nach Beschäftigungsarten in den einzelnen Wirtschaftszweigen Rück-

---

dustriellen Lohnrelationen, a. a. O., S. 56 ff.; *H. G. Jaspers*, a. a. O., S. 35 ff.; *R. F. Hamilton*, Einkommen und Klassenstruktur, der Fall der Bundesrepublik, in: KZfSS, 20. Jg., 1968, S. 266 ff.; *A. Burghardt*, Soziale Determinanten der beruflichen Lohnstruktur, in: KZfSS, 22. Jg., 1970, S. 685; *J. Kromphardt*, a. a. O., z. B. S. 128 ff.

151 Innerhalb der nach diesen Merkmalen untersuchten Gehaltsstruktur wird vor allem eine Nivellierungstendenz im Zeitablauf bestätigt von *H. G. Jaspers*, a. a. O., S. 47 (obwohl *Jaspers* Konzeption von der Invariabilität der Lohnstruktur ausgeht und er sie auch empirisch nachzuweisen versucht); *Kromphardt* stellt im Zeitraum 1951 bis 1962 eine leichte Differenzierung der intrasektoralen Gehaltsstruktur nach der Qualifikation fest; *J. Kromphardt*, a. a. O., S. 132; vgl. auch *R. F. Hamilton*, a. a. O., S. 268.

152 Fußnote 151 und *F. Bandholz*, a. a. O., S. 113.

153 Vgl. S. 71 ff. dieser Arbeit.

154 Das konstatiert auch das Statistische Bundesamt, vgl. *Gehaltsstrukturerhebung 1966*, a. a. O., S. 12.

155 Vgl. Tabelle L, Spalten 2 bis 13.

Tabelle 41

Gehaltsquotienten, Standardabweichungen und Variationskoeffizienten der intrasektoralen Gehaltsstruktur der männlichen Angestellten nach Beschäftigungsarten und Leistungsgruppen in der Bundesrepublik 1951—1966

Besch.arten/ Leistungsgr.	Gehaltsquotienten				Standardabweichungen				Variationskoeffizienten			
	1951	1957	1962	1966	1951	1957	1962	1966	1951	1957	1962	1966
1	2	3	4	5	6	7	8	9	10	11	12	13
tA/kA	129,5	126,2	120,8	116,0	14,4	14,1	11,4	10,2	11,1	11,2	9,4	8,8
tA/M	109,6	111,2	106,9	106,2	8,5	9,1	9,1	8,8	7,8	8,2	8,5	8,3
M/kA	118,1	113,5	113,0	109,2	12,1	9,9	10,5	7,7	10,2	8,7	9,3	7,1
I/III	189,7	198,0	193,2	179,7	15,4	10,8	12,4	10,3	8,1	5,5	6,4	5,7
II/III	128,0	137,9	135,7	132,2	6,2	7,7	3,8	4,6	4,8	5,6	2,8	3,5
IV/III	70,3	68,3	69,7	71,2	4,2	5,1	5,1	4,4	6,0	7,7	7,3	6,2
V/III	58,8	56,9	60,5	63,6	5,1	4,7	3,8	5,0	8,7	8,3	6,3	7,9

Quellen: Für die Gehaltsquotienten Tabellen B, D, F, H, für die restlichen Werte Tabellen L und M des Anhangs.

schlüsse über das Zustandekommen dieser Ergebnisse und gibt Aufschluß zu der z. T. nach Branchen unterschiedlichen Entwicklung der intrasektoralen Verdienststruktur.

Sieht man von gelegentlichen Differenzierungen in den Durchschnittsverdiensten während kleinerer Zeiträume ab, so ergab sich für den Zeitraum 1951 bis 1966 in den Verdienstunterschieden zwischen technischen Angestellten sowie Meistern und kaufmännischen Angestellten eine ausgeprägte Nivellierungstendenz in 15 von 19 bzw. in 14 von 17 Wirtschaftsabteilungen[156]. Die Gehälter der kaufmännischen Angestellten waren also im Zeitverlauf relativ stärker gestiegen als die der technischen Angestellten und Meister. Weniger ausgeprägt war die Angleichung der Gehaltsunterschiede zwischen technischen Angestellten und Meistern; nur in 9 von 17 Branchen verringerten sich die Verdienstdifferenzen im Zeitraum 1951 bis 1966.

Überprüft man diese Ergebnisse mit Hilfe der aus allen Gehaltsquotienten der Wirtschaftszweige (Tabelle L) berechneten Standardabweichungen[157] und Variationskoeffizienten[157] der intrasektoralen Gehaltsstruktur nach Beschäftigungsarten, so wird die überwiegende

---

[156] Ausnahmen in den intrasektoralen Gehaltsunterschieden zwischen technischen und kaufmännischen Angestellten lagen vor im Großhandel, in den Kredit- und Finanzierungsinstituten, im Versicherungsgewerbe und im Verkehr; vgl. Tabelle L, Spalten 2 und 4. Zwischen den technischen und kaufmännischen Angestellten haben sich die Verdienstunterschiede im Bergbau, Nahrungs- und Genußmittelgewerbe und im Großhandel vergrößert; vgl. Tabelle L, Spalten 10 und 13. Gehaltsunterschiede zwischen diesen Beschäftigungsarten im Kredit- und Finanzierungswesen sowie im Versicherungsgewerbe konnten nicht festgestellt werden; daraus erklärt sich die Zahl von nur siebzehn untersuchten Wirtschaftszweigen.

[157] Zur Vermeidung von Verwechslungen mit Berechnungen in den Abhandlungen zur intersektoralen Gehaltsstruktur sei folgendes vermerkt: Die Standardabweichungen geben die Streuungen der Gehaltsquotienten von 19 Wirtschaftsabteilungen um den Gehaltsquotienten für alle Wirtschaftszweige an; dieser Gehaltsquotient für alle Wirtschaftszweige ergibt sich für die einzelnen Erhebungsjahre aus dem Verhältnis des Durchschnittsgehalts einer Beschäftigungsart in der Bundesrepublik zu dem Durchschnittsgehalt einer anderen Beschäftigungsart. So betrug die Verhältniszahl aus dem Durchschnittsverdienst der technischen Angestellten und dem Durchschnittsverdienst der kaufmännischen Angestellten in der Bundesrepublik 1951 129,5 v. H. (vgl. Tabelle 41, Spalte 2); in diesem Erhebungsjahr und für die genannten Beschäftigungsarten wichen die Gehaltsquotienten für die einzelnen Branchen durchschnittlich um 14,4 von dem Gehaltsquotienten für die gesamte gewerbliche Wirtschaft (129,5 v. H.) ab (vgl. Tabelle 41, Spalte 6). Die Formel für die Standardabweichung lautet:

$$s = \sqrt{\frac{\sum_{i=1}^{n} (x_i - \bar{x})^2}{n}}$$

wobei $\bar{x}$ der Gehaltsquotient für alle Wirtschaftszweige, x_i (i = 1 bis 19) die einzelnen branchenspezifischen Gehaltsquotienten darstellen.

Nivellierungstendenz der intragewerblichen Gehaltsdifferenzen nach Beschäftigungsarten bestätigt[158].

Die Streuungen der Gehaltsquotienten einzelner Wirtschaftsabteilungen um den Gehaltsquotienten für alle Wirtschaftszweige wurden im Zeitverlauf für das Verhältnis der Verdienste technischer Angestellter und Meister zu den Verdiensten kaufmännischer Angestellter kleiner, für das Verhältnis der Verdienste technischer Angestellter und Meister blieben sie fast gleichgroß.

Die Variationskoeffizienten als Maße für die relative Abweichung der Reihenglieder von den jeweiligen Gehaltsquotienten für alle Wirtschaftszweige wurden im Zeitverlauf überwiegend kleiner, d. h. die intrasektoralen Gehaltsunterschiede haben sich zwischen den Beschäftigungsarten technische Angestellte und kaufmännische Angestellte sowie zwischen den Meistern und den kaufmännischen Angestellten im Zeitraum 1951 bis 1966 nivelliert; zwischen den technischen Angestellten und Meistern ergab sich in diesem Zeitraum eine ganz leichte relative Vergrößerung der Gehaltsdifferenzen[159].

Bevor mögliche Erklärungen für die aufgezeigte Entwicklung nach Beschäftigungsarten diskutiert werden, soll noch die intragewerbliche Gehaltsstruktur der männlichen Angestellten nach Leistungsgruppen analysiert werden. In Tabelle M des Anhangs[160] wurden die relativen Verdienstunterschiede zwischen den Leistungsgruppen in den 19 Wirtschaftsabteilungen berechnet, indem die Durchschnittsgehälter in den einzelnen Leistungsgruppen ins Verhältnis gesetzt wurden zu der am stärksten besetzten mittleren Leistungsgruppe III[161].

Die Formel für den Variationskoeffizienten lautet:

$$V = \frac{s}{\bar{x}} \cdot 100 .$$

Es ist verständlich, daß auf der Basis relativer Durchschnittsgehälter (also unabhängig vom absoluten Niveau ständig steigender Gehaltssätze) berechnete Standardabweichungen keine Vergrößerung der Streuungen (wie bei den Standardabweichungen der intersektoralen Gehaltsstruktur) zeigen, sondern eine Verkleinerung, da die einzelnen Branchengehaltsquotienten — wie wir gesehen haben — im Zeitverlauf in der Regel kleiner werden. Zum Rechenverfahren vgl. *G. Lehnert*, a. a. O., S. 127.

158 Vgl. Tabelle 41, Spalten 6 bis 13 für Beschäftigungsarten.

159 Vgl. Tabelle 41, oberer Teil, Spalten 10 bis 13; die Verkleinerung der Verdienstunterschiede bestätigt das Statistische Bundesamt, allerdings lediglich mit Hilfe des Vergleichs von Entwicklungen der Durchschnittsverdienste nach der Beschäftigungsart; vgl. *Gehaltsstrukturerhebung 1966*, a. a. O., S. 12.

160 Spalten 2 bis 17.

161 Da die Verdienste im Regelfall mit sinkender Qualifikation abnehmen, liegen die Gehaltsquotienten der Leistungsgruppen IV/III und V/III unter 100. Je näher sie im Zeitverlauf an 100 heranrücken, um so eher kann man von einer Angleichung der Gehälter sprechen(das gilt analog auch für die Verhältnisse zwischen den Leistungsgruppen I/III und II/III).

Insgesamt ergab sich kein einheitlicher Trend der Verringerung von Verdienstunterschieden zwischen den Leistungsgruppen von einem Erhebungszeitpunkt zum nächsten, obwohl für den gesamten betrachteten Zeitraum die intrasektoralen Gehaltsunterschiede kleiner wurden. Das zeigen auch die Gehaltsquotienten in Tabelle 41[162] (mit Ausnahme der Gehaltsquotienten zwischen den Leistungsgruppen II und III).

Die in den Standardabweichungen zum Ausdruck kommende Streuungsbreite der Gehaltsquotienten wird vor allem zwischen den Qualifikationsgruppen I und III sowie II und III im Zeitverlauf geringer, während sich die Streuungsbreiten der Gehaltsquotienten der Leistungsgruppen IV und V zur Referenzgruppe im Zeitraum 1951 bis 1966 nur unerheblich verändern[163].

Die Variationskoeffizienten[164] lassen zwischen den oberen Leistungsgruppen (I + II) und der Leistungsgruppe III eine überwiegende Nivellierungstendenz der intrasektoralen Verdienststruktur, zwischen den Leistungsgruppen IV und III eine leichte Differenzierung und zwischen der untersten und mittleren Qualifikationsgruppe eine schwache Nivellierung der Gehaltsunterschiede erkennen.

Die allgemeine Tendenz zur Verringerung des Verdienstgefälles zwischen den Leistungsgruppen im Zeitverlauf ist vor allem dadurch zu begründen, daß in den höheren Qualifikationsstufen ein relativ schwächeres Ansteigen der Verdienste, in den unteren Leistungsgruppen eine relativ stärkere Anhebung der Verdienste stattgefunden hat. Die sich vorwiegend im Sinne einer Nivellierung verändernde intrasektorale Gehaltsstruktur der männlichen Angestellten nach den Beschäftigungsarten technische und kaufmännische Angestellte ist vor allem auf eine relativ kräftigere Einkommenssteigerung für die Kaufleute zurückzuführen. Der Funktionswandel kaufmännischer Angestelltentätigkeiten führte im Zuge der Rationalisierung der Büroarbeit zu einer immer größeren Fülle qualifizierterer Aufgaben und Anforderungen[165]; die dadurch bedingte vermehrte Nachfrage nach qualifizierteren kaufmännischen Angestelltentätigkeiten traf auf ein begrenztes und mit der allmählichen Hebung des allgemeinen Bildungsniveaus nur langsam wachsendes Arbeitsangebot an qualitativ hochwertigen kaufmännischen Arbeitskräften. Diese sich in einer vollbeschäftigten Wirtschaft noch verschärfenden Knappheitsgrade und die Konkurrenz der Unternehmer um das vorhandene qualifizierte Arbeitskräftepotential der kaufmännischen Angestellten, schlugen sich in einer entsprechenden Höherdotie-

---

[162] Unterer Teil der Tabelle 41, Spalten 2 bis 5.

[163] Vgl. Tabelle 41, Spalten 6 bis 9.

[164] Vgl. Tabelle 41, Spalten 10 bis 13.

[165] *W. Mann, F. Molle,* Der Funktionswandel kaufmännischer Angestellter des Büro- und Verwaltungsbereichs in berufspolitischer Sicht, Köln und Opladen 1964, S. 70 f.

rung dieser Angestelltenkategorie nieder. Außerdem erforderte die maschinelle Datenverarbeitung im kaufmännischen Büro nicht nur neue, sondern weit mehr technisch als kaufmännisch orientierte Angestelltentypen[166] wie Programmierer und Codierer[167], deren Gehälter den Verdiensten technischer Angestellter angeglichen wurden.

Das Vordringen der Organisations-, Verwaltungs- und Büroberufe vor allem im Zuge des raschen technischen Wandels[168] und die abnehmende Bindung dieser Berufe an eine Branche förderten einerseits die intersektorale Mobilität dieser Arbeitskräfte und beeinflußten über einen stärkeren intersektoralen Zusammenhang der Arbeitsmärkte die interbranchenmäßige Gehaltsstruktur, andererseits wurden die Interdependenzen auf den beruflichen Teilarbeitsmärkten innerhalb der einzelnen Branchen verstärkt, weil der Grad der brancheninternen Substituierbarkeit der genannten Berufe wahrscheinlich relativ hoch ist. Folge eines solchen engen Zusammenhangs zwischen den Tätigkeitsgruppen innerhalb der Branchen ist vermutlich eine Nivellierung der intrasektoralen Gehaltsunterschiede von technischen und kaufmännischen Angestellten gewesen.

In welchem *Umfang* diese Interdependenzen am Arbeitsmarkt der Angestellten Nivellierungen der intragewerblichen Verdienststruktur bewirkt haben, kann nur in speziellen empirischen Untersuchungen geklärt werden.

Die innerhalb der Branchen nachgewiesene Nivellierung der intrasektoralen Gehaltsunterschiede der oberen Leistungsgruppen und die Tendenz zu einer geringfügigen Differenzierung bei den unteren Leistungsgruppen ist außerdem dadurch begründbar, daß die Knappheitsgrade auf diesen Teilarbeitsmärkten geringerer Qualifikationen überproportionale Gehaltssteigerungen induzieren; einfache und schematische Arbeiten werden um so besser bezahlt, je mehr sich die „Fähigkeitspyramide"[169] in die oberen Qualifikationen verlagert und aus dem gesamten Arbeitskräftepotential einer Volkswirtschaft (also z. B. aus

166 Diese wurden aber zum größten Teil als kaufmännische und nicht als technische Angestellte erfaßt.

167 Vgl. *W. Mann, F. Molle,* a. a. O., S. 70; vgl. auch *K. M. Bolte,* Die Berufsstruktur im industrialisierten Deutschland, Entwicklungen und Probleme, a. a. O., S. 147; außerdem *F. Friedrich,* Technischer Wandel und seine Auswirkungen auf Beschäftigung und Lohn, a. a. O., S. 688 ff. und die dort angegebene Literatur.

168 Vgl. z. B. *RKW* (Hrsg.), Wirtschaftliche und soziale Aspekte des technischen Wandels in der Bundesrepublik Deutschland, 1. Bd., Frankfurt 1970, S. 90 f.

169 *F. Kneschaurek,* Wachstumsbedingte Wandlungen der Beschäftigungsstruktur im industriellen Produktionssektor, in: Strukturwandlungen einer wachsenden Wirtschaft, SdVfS, Bd. 30/II, Hrsg. F. Neumark, Berlin 1964, S. 732 ff.; vgl. auch *J. Kromphardt,* a. a. O., S. 137.

der Arbeiterschaft) relativ geringe Rekrutierungsmöglichkeiten für vorhandene Bedarfe an Angestelltentätigkeiten der unteren Leistungsgruppen bestehen[170].

2. Die Entwicklung der Gehaltsunterschiede zwischen Beschäftigungsarten und Leistungsgruppen weiblicher Angestellter

Über die Veränderungen der intrasektoralen Gehaltsstruktur der weiblichen Angestellten nach Beschäftigungsarten und nach Qualifikationsgruppen geben die Gehaltsquotienten der einzelnen Wirtschaftszweige in den Tabellen L[171] und M[172], die Gehaltsquotienten für die gesamte gewerbliche Wirtschaft sowie Standardabweichungen und Variationskoeffizienten der Tabelle 42[173] Auskunft.

Im Regelfall lagen die Gehälter technischer weiblicher Angestellter über denen der kaufmännischen Angestellten. Die Tendenz ist jedoch nicht so klar ausgeprägt wie bei den männlichen Angestellten, da in einer Reihe von Wirtschaftszweigen[174] die kaufmännischen weiblichen Angestellten höhere Durchschnittsgehälter als die technischen Angestellten erzielten[175].

Im Zuge des Vordringens technischer Berufe und der damit verbundenen erhöhten Nachfrage auch nach weiblichen technischen Angestelltentätigkeiten entspricht das höhere Gehaltsniveau auch dem relativen Knappheitsgrad dieser Beschäftigungsart am Arbeitsmarkt der Angestellten.

In 10 von 13 untersuchten Wirtschaftszweigen[176] waren im Vergleich der Jahre 1966 und 1951 die Gehaltsquotienten geringer, d. h. die

---

[170] Diese Möglichkeit ist um so weniger gegeben, je mehr sich die Verdienste der Arbeiter (vor allem der Facharbeiter und der angelernten Arbeiter) denen der Angestellten vorwiegend unterer Qualifikationsstufen angeglichen haben oder sie sogar übertreffen. Vgl. auch *J. Kromphardt*, a. a. O., S. 132. Die Aussagekraft der obigen Feststellung leidet auch nicht darunter, daß ein allgemeiner Rückgang einfacher und schematischer Angestelltentätigkeiten im Zeitraum 1951 bis 1966 festzustellen ist. Vgl. *J. Kromphardt*, a. a. O., S. 137; *Gehaltsstrukturerhebung 1966*, a. a. O., S. 8.

[171] Spalten 14 bis 17.

[172] Spalten 18 bis 19.

[173] Spalten 2 bis 13.

[174] Steine und Erden, Stahl-, Maschinen-, Fahrzeug- und Schiffbau, Baugewerbe und Handelsvermittlung.

[175] Es ist durchaus möglich, daß der geringe prozentuale Anteil der technischen Angestellten an allen weiblichen Angestellten — zwischen 1951 und 1966 ergibt sich ein Prozentsatz von 3 bis 4 v. H. — zur Verzerrung einiger Ergebnisse beigetragen hat. Deswegen muß das Schwergewicht der Interpretation des empirischen Materials auf der Herausstellung möglicherweise vorhandener Trends liegen.

[176] In den einzelnen „Domänen" der kaufmännischen Angestellten wie dem Kredit- und Finanzierungsgewerbe und dem Versicherungsgewerbe war ebenso wie bei den männlichen Angestellten die Zahl der technischen weiblichen Angestellten so gering, daß ihre Durchschnittsverdienste mit zu großen

Tabelle 42

Gehaltsquotienten, Standardabweichungen und Variationskoeffizienten der intrasektoralen Gehaltsstruktur der weiblichen Angestellten nach Beschäftigungsarten und Leistungsgruppen in der Bundesrepublik 1951—1966

Besch.arten/ Leistungsgr.	Gehaltsquotienten				Standardabweichungen				Variationskoeffizienten			
	1951	1957	1962	1966	1951	1957	1962	1966	1951	1957	1962	1966
1	2	3	4	5	6	7	8	9	10	11	12	13
$\frac{tA}{kA}$	123,1	124,7	117,6	113,9	12,7	10,2	9,5	11,2	10,3	8,2	8,1	9,8
$\frac{II}{IV}$	187,4	211,6	196,0	184,4	14,1	22,9	14,3	15,0	7,5	10,8	7,3	8,1
$\frac{III}{IV}$	144,8	145,0	139,4	135,9	8,8	7,9	5,7	5,4	6,1	5,4	4,1	4,0
$\frac{V}{IV}$	79,1	80,9	86,6	85,9	5,2	8,7	6,7	7,8	6,6	10,8	7,7	9,1

Quellen: Für die Gehaltsquotienten Tabellen C, E, G, I, für die restlichen Werte Tabellen L und M des Anhangs.

Gehaltsunterschiede zwischen den *Beschäftigungsarten* haben sich vorwiegend verringert, was auch aus den entsprechenden Quotienten für alle Branchen und den Variationskoeffizienten (bei Verkleinerung der Streuungen um das „relative Durchschnittsgehalt") der Tabelle 42 hervorgeht.

Die in den einzelnen Erhebungszeitpunkten berechneten Werte zeigten insgesamt eine Nivellierungstendenz der Gehaltsdifferenzen zwischen kaufmännischen und technischen weiblichen Angestellten an, die Ergebnisse zur intrasektoralen Gehaltsstruktur nach Beschäftigungsarten der männlichen und weiblichen Angestellten sind einander ähnlich. Es ist zu vermuten, daß mit der Erhöhung des Gehaltsniveaus der männlichen „Kaufleute" auch den weiblichen kaufmännischen Angestellten höhere Gehälter gezahlt wurden, so daß das Gehaltsniveau in den einzelnen Branchen und in der jeweiligen Beschäftigungsart zu einer Annäherung der Verdienstdifferenzen geführt hat[177].

Vergleicht man die Verdienstunterschiede zwischen den *Leistungsgruppen* im Zeitraum 1951 bis 1966, so ergab sich eine sehr geringe Differenzierung im Verhältnis der Verdienste der Qualifikationsstufen II und IV, ebenfalls eine Differenzierung zwischen den Gehaltsunterschieden der Leistungsgruppen V und IV[178] und eine Verkleinerung der Gehaltsunterschiede zwischen den Qualifikationsgruppen III und IV.

Es fragt sich, wie die im Unterschied zu den männlichen Angestellten stärker ausgeprägte Tendenz zur Vergrößerung der relativen Gehaltsunterschiede zwischen der obersten Qualifikationsgruppe II und der Referenzgruppe (Leistungsgruppe IV) und die überwiegende Angleichung der Gehaltsdifferenzen zwischen den unteren Qualifikationsstufen für beide Geschlechter im gesamten Untersuchungszeitraum zu erklären sind.

Zufallsfehlern behaftet gewesen wären (vgl. auch Verkehrswesen, Bergbau, Dienstleistungen, Handelsvermittlung, vor allem bei den weiblichen Angestellten). In den Vergleich 1951 bis 1966 wurden deswegen nur 13 Wirtschaftszweige einbezogen.

[177] Die Bedeutung des Gehaltsniveaus in den einzelnen Branchen wurde bereits in der Zeitpunktanalyse angesprochen. Vgl. S. 77 dieser Arbeit.

[178] Diese Feststellungen beruhen auf einer Auswertung der Veränderungen der Variationskoeffizienten im Zeitverlauf. Gerade für das Verhältnis der Verdienste der Leistungsgruppen V und IV ist es jedoch unerläßlich, Gehaltsquotienten in den einzelnen Wirtschaftszweigen (Tabelle M, Spalten 26 bis 29), die Gehaltsquotienten für die gesamte gewerbliche Wirtschaft (Tabelle 42, Spalten 2 bis 5) und die Variationskoeffizienten zusammen zu betrachten, da nur wenige auffallende Veränderungen der Gehaltsquotienten im Sinne einer Differenzierung der Gehaltsunterschiede vor allem in der Energiewirtschaft, im Bergbau und in der Eisen- und NE-Metallerzeugung die Variationskoeffizienten beeinflußt haben. Legt man die Veränderung der einzelnen Gehaltsquotienten zugrunde, dann sind in 14 von 19 Wirtschaftszweigen die Verdienstunterschiede zwischen den Leistungsgruppen V und IV im Vergleich der Jahre 1951 und 1966 geringer geworden, die Nivellierungstendenz überwiegt also (vgl. Tabelle M, Spalten 25 und 29).

Sowohl bei den männlichen wie bei den weiblichen Angestellten ist eine starke Verschiebung der intrasektoralen Beschäftigtenstruktur nach Leistungsgruppen zu den höheren Qualifikationen festzustellen, während die Beschäftigtenzahlen der unteren Qualifikationsgruppen im Zeitverlauf stark abgenommen haben[179]. Die Leistungsgruppe V ist jedoch bei den weiblichen Angestellten bei weitem nicht so sehr geschrumpft wie bei den angestellten Männern, die Leistungsgruppe II ist bei den Männern weitaus stärker vertreten[180]. Es ist daher zu vermuten, daß die sich in einer wachsenden Wirtschaft erhöhende Nachfrage (auch) nach qualifizierteren weiblichen Angestelltentätigkeiten zur Einräumung überproportionaler Gehaltssteigerungen für verantwortliche und selbständige Arbeitsleistungen geführt hat, die sich in einer (möglicherweise vorübergehenden) Vergrößerung der Gehaltsdifferenzen zwischen Spitzenpositionen und einfacheren Tätigkeiten niederschlug. Trotz der relativen Abnahme der weiblichen Beschäftigten in Leistungsgruppe V und der Verschiebung der „Fähigkeitspyramide" muß ein immer noch umfangreicher Bedarf an schematischen und mechanischen Arbeitsleistungen gedeckt werden, so daß besonders für aus der weiblichen Arbeiterschaft zu rekrutierende Angestellte Verdienstanreize geschaffen werden müssen, die zu einer Erhöhung der Gehälter in Leistungsgruppe V und damit zu einer Verkleinerung der Verdienstunterschiede zwischen den unteren Qualifikationsstufen geführt haben können.

Darüber hinaus sind die Interdependenzen zwischen der inter- und intrasektoralen Gehaltsstruktur zu beachten: Differenzierungen der *inter*gewerblichen Gehaltsstruktur weiblicher Angestellter in den höheren Leistungsgruppen[181] haben auch Auswirkungen auf die *intra*gewerbliche Verdienststruktur nach der Qualifikation.

Da kein die Gehaltsstruktur beeinflussendes Merkmal unabhängig von einem anderen gesehen werden kann, soll im folgenden überprüft werden, welchen charakteristischen Veränderungstendenzen die intrasektorale Gehaltsstruktur beider Geschlechter nach der Betriebsgröße unterworfen war.

---

179 Vgl. dazu die Beschäftigtenzahlen nach Leistungsgruppen in den Tabellen B, D, F, H mit denen der Tabellen C, F, G, I; außerdem *Gehaltsstrukturerhebung 1966*, a. a. O., S. 8, und *J. Kromphardt*, a. a. O., S. 140.

180 Das Statistische Bundesamt veranschaulicht diese Aussage in Tabelle 2 der Gehaltsstrukturerhebung 1966: von 100 männlichen Angestellten waren 1951 18, 1966 24 in Leistungsgruppe II, 1951 waren 5 v. H. der Angestellten in Leistungsgruppe V, 1966 aber nur 2 v. H.; bei den weiblichen Angestellten lauten die entsprechenden Zahlen: für Gruppe II 3 v. H. und 4 v. H., für Gruppe V 17 v. H. und 10 v. H.; vgl. *Gehaltsstrukturerhebung 1966*, a. a. O., S. 8.

181 Vgl. dazu die Entwicklung der Variationskoeffizienten zur Leistungsgruppe II in Tabelle 33, Spalten 6 bis 9 und die Veränderung der Koeffizienten in Tabelle 42 (Leistungsgruppe II/IV), Spalten 10 bis 13.

3. Die Entwicklung der Gehaltsunterschiede männlicher Angestellter zwischen den Betriebsgrößenklassen

Die aus der Tabelle J im Anhang entwickelte Tabelle 43 gibt Aufschluß darüber, ob sich die Gehaltsunterschiede zwischen den nach der Zahl der beschäftigten männlichen Angestellten klassifizierten Betriebsgrößen im Zeitraum 1951 bis 1966 verändert haben[182].

Ein Vergleich der Relativwerte von 1951 und 1966 für alle Wirtschaftsabteilungen zeigt eine deutliche Nivellierungstendenz der Gehaltsdifferenzen zwischen den einzelnen Betriebsgrößenklassen. 1951 lagen die Gehälter in der Klasse mit 100 bis 999 Beschäftigten um 24 v. H. über den Gehältern der untersten Betriebsgröße[183], 1966 nur noch um 10 v. H., die entsprechenden Prozentsätze für die höchste Betriebsgrößenklasse lauten 45 v. H. 1951 und 15 v. H. 1966[184].

Eine Verringerung der Gehaltsunterschiede kann darüber hinaus mit Ausnahme einer geringfügigen Differenzierung im Baugewerbe und einer Konstanz im Handel in den übrigen Bereichen der gewerblichen Wirtschaft und für die Gesamtheit der Betriebsgrößenklassen[185] festgestellt werden, wobei die Nivellierung in Energiewirtschaft, Wasserversorgung und Bergbau sowie im verarbeitenden Gewerbe am deutlichsten ausgeprägt ist. Auch der Zeitraumvergleich einzelner Betriebsgrößenklassen in den verschiedenen Wirtschaftsbereichen führt zu ähnlichen Ergebnissen: sowohl in der Betriebsgröße mit 100 bis 999 Beschäftigten (Ausnahme: leichte Differenzierung in den Dienstleistungen) als auch in der höchsten Größenklasse sind die Verdienstdifferenzen geringer geworden. Der Nivellierungsgrad war am stärksten in der obersten Betriebsgrößenklasse und in den Wirtschaftsabteilungen Energiewirtschaft, verarbeitendes Gewerbe und Handel, Kreditinstitute und Versicherungsgewerbe[186].

---

182 Zu der statistischen Problematik eines solchen Vergleichs und zur Messung der Betriebsgröße siehe die Ausführungen auf S. 168 ff. und die Anmerkungen zu Tabelle J im Anhang.

183 Tabelle 43, Spalten 3 und 7.

184 Vgl. Tabelle 43, Spalten 4 und 8.

185 Tabelle 43, Spalten 5 und 9.

186 Eine Nivellierung der intrasektoralen Gehaltsstruktur nach der Betriebsgröße stellten ebenfalls fest: *H. G. Jaspers*, a. a. O., S. 62; *Jaspers* stellt seine mittelfristige Untersuchung allerdings nur auf die Industrieangestellten ab. Bei der Bedeutung der Betriebsgröße für die Nivellierung der intragewerblichen Gehaltsstruktur hätte Jaspers spätestens an dieser Stelle beachten müssen, daß seine These von der (mittelfristigen) Konstanz oder Invariabilität der Lohn-(Gehalts)struktur zumindest empirisch nicht haltbar ist (im übrigen werden bei *Jaspers* die Erhebungszeitpunkte des Statistischen Bundesamtes vertauscht: 1957 fand keine Gehaltserhebung nach dem Merkmal Betriebsgröße statt; vgl. S. 61, S. 62 und S. 63 seiner Arbeit). *Kromphardt* weist eine mittelfristige Nivellierung der Lohn- und Gehaltsdifferenzen nach der Betriebsgröße für alle Angestellten und für die am stärksten besetzte Leistungsgruppe nach; vgl. *J. Kromphardt*, a. a. O., S. 73.

Tabelle 43

Die intrasektorale Gehaltsstruktur[1]) der männlichen Angestellten[2]) nach Betriebsgrößenklassen[3]) und Wirtschaftsabteilungen[4]) in der Bundesrepublik Deutschland 1951 und 1966[5])

Betriebsgrößenklassen Wirtschaftsabteilungen	1951				1966			
	2-99 i. v. H.	100-999 i. v. H.	1000 u. mehr i. v. H.	alle Betriebsgrößenklassen i. v. H.	2-99 i. v. H.	100-999 i. v. H.	1000 u. mehr i. v. H.	alle Betriebsgrößenklassen i. v. H.
1	2	3	4	5	6	7	8	9
1 Energiewirtschaft, Wasserversorgung, Bergbau	100	117	158	130	100	104	117	113
2 Verarbeitendes Gewerbe	100	119	132	114	100	103	109	106
3 Baugewerbe	100	120	128	105	100	112	110	107
4 Handel, Kreditinstitute, Versicherungsgewerbe	100	123	135	104	100	108	107	104
5 Verkehr, Nachrichtenübermittlung[6])	100	111	115	105	100	94	99	97
6 Dienstleistungen	100	119	—	105	100	121	89	103
Alle Wirtschaftsabteilungen	100	124	145	114	100	110	115	109

[1]) Zur Berechnung der intrasektoralen Gehaltsstruktur wurde die kleinste Betriebsgrößenklasse gleich 100 gesetzt, die restlichen Betriebsgrößenklassen jeweils zu dieser in Beziehung gebracht.
[2-5]) Vgl. Fußnoten 2 - 5 in Tabelle J.
[6]) Hier wurden, um Vergleichsgrößen zu erhalten, für 1966 die Werte für die Verkehrswirtschaft von 1962 zugrunde gelegt. Vgl. Fußnote 8, Tabelle J.

Quellen: Eigene Berechnungen nach den Durchschnittsgehältern der Tabelle J im Anhang.

Es stellt sich die Frage, ob diese Veränderung der intrasektoralen Verdienstunterschiede mit der bereits festgestellten ausgeprägten Konzentration der Angestellten auf die Großbetriebe in Zusammenhang gebracht werden kann[187].

Tatsächlich war die Konzentrationstendenz auf die höchste Betriebsgrößenklasse im Zeitverlauf am stärksten in den genannten Branchen anzutreffen[187]. Die Änderung der Beschäftigtenstruktur der männlichen Angestellten hat insgesamt ein beachtliches Ausmaß angenommen.

Hält man die Gehaltsstruktur des Jahres 1966 nach Tabelle J des Anhangs konstant, unterstellt aber die Beschäftigtenstruktur des Jahres 1951, so ergeben sich mit steigender Betriebsgröße 1966 für die Wirtschaftsabteilungen insgesamt Durchschnittsgehälter von 1149,—, 1256,— und 1346,— DM (für alle Betriebsgrößenklassen und Wirtschaftsabteilungen 1239,—DM), die entsprechenden Relativzahlen (das Gehalt der untersten Betriebsgrößenklasse wird wieder = 100 gesetzt) lauten 100, 109 und 117 (108 für alle Betriebsgrößenklassen). Die Nivellierung der intrasektoralen Gehaltsunterschiede wäre also insgesamt annähernd gleich stark ausgeprägt gewesen, wenn der Einfluß von Beschäftigtenstrukturveränderungen isoliert worden wäre[188]. Daraus folgt, daß die Verringerung der Verdienstdifferenzen nach der Betriebsgröße nicht notwendigerweise mit dem starken Anstieg der männlichen Angestelltentätigkeiten in den Großbetrieben in Zusammenhang gebracht werden kann[189].

Die im Wachstum der Wirtschaft sich verstärkenden Interdependenzen auf den Arbeitsmärkten, die Konkurrenz zwischen den Betrieben verschiedener Größenordnung um die Arbeitskräfte haben vermutlich die tendenzielle Verringerung der Gehaltssätze nach der Betriebsgröße begünstigt. Eine Nivellierung der Gehaltsunterschiede unter Berücksichtigung der Betriebsgröße ist auch deswegen zu erwarten, weil Großbetriebe auf Grund ihrer Kapitalkraft zwar eher in der Lage sind, überproportionale Gehaltserhöhungen zu konzedieren, um ihren Bedarf vor allem an qualifizierteren Angestelltentätigkeiten zu decken, die kleineren Betriebe dem Nachfragesog der Großbetriebe jedoch beson-

---

187 Vgl. Tabelle 39, Spalten 2 bis 7.

188 Ähnliche Ergebnisse lassen sich nachweisen, wenn statt einer konstanten Gehaltsstruktur die Beschäftigtenstruktur des Jahres 1966 auch für 1951 unterstellt worden wäre: die relativen Gehälter in den Wirtschaftsabteilungen insgesamt (vgl. Tabelle 43, letzte Zeile) lauten dann mit steigender Betriebsgröße 100, 124, 142 (und 115 für alle Betriebsgrößen) anstatt 100, 124 und 145 (und 114 für alle Betriebsgrößen).

189 Zu Recht erwähnt *Kromphardt,* der zu ähnlichen Ergebnissen für den Zeitraum 1951 bis 1962 kommt, daß detailliertere Angaben für einzelne Wirtschaftszweige benötigt werden, um den Einfluß von Branchenverschiebungen zu eliminieren. Dies ist nach dem vorgegebenen statistischen Material nicht möglich; vgl. *J. Kromphardt,* a. a. O., S. 83.

ders dann mit überproportionalen Gehaltsverbesserungen entgegentreten müssen, wenn die Verringerung ihres Arbeitskräftepotentials die Aufrechterhaltung des Betriebsablaufs zu gefährden droht[190].

4. Die Entwicklung der Gehaltsunterschiede weiblicher Angestellter zwischen den Betriebsgrößenklassen

Die Zahlenangaben der Tabellen K (im Anhang) und 44 vermitteln einige Ergebnisse zur Veränderung der intrasektoralen Gehaltsstruktur der weiblichen Angestellten nach der Betriebsgröße. Mit Ausnahme des Baugewerbes nivellierten sich die Gehaltsdifferenzen im Vergleich der Jahre 1951 und 1966 für die Betriebsgrößenklassen und Wirtschaftsabteilungen insgesamt[191]. Auch zwischen den Betriebsgrößen der einzelnen Wirtschaftsbereiche ergab sich eine relative Annäherung der Verdienste, die im Regelfall stärker in der höchsten Betriebsgrößenklasse zum Ausdruck kam als in der Klasse mit 100 bis 999 Beschäftigten.

Da auch bei den weiblichen Angestellten ein ausgeprägter Trend zum Großbetrieb festgestellt wurde[192], kann eine Hypothese getestet werden, nach der mit zunehmender Konzentration der weiblichen Angestellten auf die höheren Betriebsgrößenklassen und den damit verbundenen Veränderungen der Beschäftigtenstruktur eine Nivellierung der Gehaltsunterschiede verbunden sein könnte.

Hält man die Gehaltsstruktur des Jahres 1966 (nach Tabelle K) konstant und unterstellt die Beschäftigtenstruktur des Jahres 1951, dann ergeben sich mit steigender Betriebsgröße Durchschnittsgehälter von 694,—, 750,— und 787,— DM (724,— DM für alle Betriebsgrößenklassen). Eine Gegenüberstellung der aus diesen Angaben errechenbaren Verhältniszahlen von 1966 (100, 108, 113; 104) mit den ursprünglichen Werten von 1966 (100, 107, 110; 106) zeigt, daß die Nivellierung der intrasektoralen Verdienstunterschiede unter Berücksichtigung der Betriebsgröße bei Isolierung von Änderungen der Beschäftigtenstruktur nach der Betriebsgröße etwas schwächer gewesen wäre, als sie es tatsächlich war. Damit war auch die für die weiblichen Angestellten feststellbare Vergrößerung der Beschäftigtenanteile in den Großbetrieben vermutlich für die Entwicklung der intrasektoralen Gehaltsstruktur von ebenso geringer Bedeutung wie bei den männlichen Angestellten.

---

[190] Es bleibt noch zu erwähnen, daß die „statistisch ermittelten Lohnrelationen zwischen den Betriebsgrößenklassen ... auch dadurch beeinflußt sein (können), daß die einzelnen Wirtschaftszweige mehrere, in bezug auf das Lohnniveau inhomogene Untergruppen umfassen, die ungleichmäßig auf die Größenklassen verteilt sind.“ Vgl. *J. Kromphardt,* a. a. O., S. 63.

[191] Vgl. Tabelle 44, Spalten 5 und 9.

[192] Vgl. Tabelle 39, Spalten 8 bis 13.

Tabelle 44

Die intrasektorale Gehaltsstruktur[1]) der weiblichen Angestellten[2]) nach Betriebsgrößenklassen[3]) und Wirtschaftsabteilungen[4]) in der Bundesrepublik Deutschland 1951 und 1966[5])

Betriebsgrößenklassen Wirtschaftsabteilungen	1951				1966			
	2-99 i. v. H.	100-999 i. v. H.	1 000 und mehr i. v. H.	alle Betriebsgrößen i. v. H.	2-99 i. v. H.	100-999 i. v. H.	und mehr i. v. H.	alle Betriebsgrößen i. v. H.
1	2	3	4	5	6	7	8	9
1 Energiewirtschaft, Wasserversorgung, Bergbau	100	119	129	115	100	106	106	106
2 Verarbeitendes Gewerbe	100	120	128	111	100	103	105	103
3 Baugewerbe	100	133	—	105	100	114	119	107
4 Handel, Kreditinst., Versicherungsgewerbe	100	118	126	103	100	106	104	103
5 Verkehr, Nachrichtenübermittlung[6])	100	119	129	105	100	98	—	100
6 Dienstleistungen	100	122	—	105	100	113	113	101
Alle Wirtschaftsabteilungen	100	123	144	108	100	107	110	106

[1]) Zum Rechenverfahren vgl. Fußnote 1, Tabelle 43.
[2-5]) Vgl. Fußnoten 2 - 5 in Tabelle J.
[6]) Vgl. Fußnote 6, Tabelle 43.

Quellen: Eigene Berechnungen nach den Durchschnittsgehältern der Tabelle K im Anhang.

Im folgenden wird versucht, die in der empirischen Analyse im Zeitraum 1951 bis 1966 konstatierte vorwiegende Verringerungstendenz intragewerblicher Gehaltsunterschiede männlicher und weiblicher Angestellter nach Leistungsgruppen, Beschäftigungsarten und Betriebsgrößen über die bereits formulierten Erklärungsansätze hinausgehend theoretisch zu begründen.

5. Die theoretische Erklärung der Entwicklung der intrasektoralen Gehaltsstruktur der Angestellten

Für die Begründung der Veränderung intrasektoraler Gehaltsunterschiede der Angestellten im Sinne einer vorherrschenden Nivellierungstendenz zwischen den Jahren 1951 und 1966 kann zunächst auf eine Determinante zurückgegriffen werden, die auch für die Erklärung der intersektoralen Gehaltsstruktur im Zeitverlauf besondere Bedeutung erlangt hat: den volkswirtschaftlichen Beschäftigungsgrad der Angestellten.

Am Beispiel der Entwicklung intrasektoraler Gehaltsunterschiede im Untersuchungszeitraum kann eine These überprüft werden, nach der ein Zusammenhang zwischen dem volkswirtschaftlichen Beschäftigungsgrad und der intragewerblichen Verdienststruktur dahingehend vermutet wird, daß in Zeiten der Vollbeschäftigung die Einkommensdifferenzen zwischen den Beschäftigungsgruppen geringer werden[193].

Der Zeitraum 1951 bis 1966 läßt sich mit Hilfe der Arbeitslosenquote der Angestellten — wie wir bereits bei der theoretischen Erklärung der intersektoralen Gehaltsstruktur gesehen haben — in eine Periode wirtschaftlicher Expansion bis zum Eintritt in die Vollbeschäftigung (1951 bis 1957) und eine Periode anhaltender Vollbeschäftigung (1958 bis 1966) unterteilen.

Im Zeitraum 1951 bis 1957 zeigten die intragewerblichen Gehaltsunterschiede der männlichen Angestellten eine leichte Tendenz zur Nivellierung, die der weiblichen Angestellten eine schwache Tendenz

---

[193] Die Auffassung wird vor allem vertreten von den Autoren *Reder* und *Ober;* vgl. *W. M. Reder,* The Occupational Wage Structure, in: Perspectives on Wage Determination, A Book of Readings, *C. R. McConnell* (ed.), New York u. a., 1970, S. 200 ff., und *B. J. McCormick,* Wages, Manchester 1969, S. 110 ff.; *H. Ober,* Occupational Wage Differentials in Industry, in: W. Woytinsky and Associates, Employment and Wages in the United States, New York 1953, S. 474; außerdem *A. L. Gitlow,* Labor and Manpower Economics, 3. Aufl., Homewood, Illinois, S. 216 ff.

Nach Meinung von *Perlman* müssen bei Vollbeschäftigung Differenzierungserscheinungen auftreten; vgl. *R. Perlman,* Forces Widening Occupational Differentials, in: The Review of Economics and Statistics, Vol. 40, 1958, S. 107 ff. Mit den Argumenten *Perlman's* and *Reder's* hat sich *Lampert* ausführlich auseinandergesetzt; vgl. *H. Lampert,* Die Lohnstruktur ..., S. 153 ff.

zur Differenzierung, im Zeitraum 1958 bis 1966 haben sich die Gehaltsdifferenzen zwischen den Beschäftigungsgruppen weitgehend angenähert[194], so daß die eben erwähnten Vermutungen von Reder und Ober auch für die mittelfristige Betrachtung von Verdienstunterschieden bestätigt werden können.

Die Nivellierung intrasektoraler Gehaltsunterschiede in einer vollbeschäftigten wachsenden Wirtschaft wird vor allem dann einsichtig, wenn man die Veränderungen von Umfang und Struktur des Angebots und der Nachfrage nach Angestelltentätigkeiten auf dem Arbeitsmarkt der Angestellten in der Bundesrepublik in die Betrachtung einbezieht. Von besonderer Bedeutung für die Quantität und die qualitative Struktur des angebotenen Arbeitspotentials der Angestellten ist der durchschnittliche Ausbildungsstand der Bevölkerung, weil für das Angebot an Personen, die einen Angestelltenberuf erstreben, überwiegend mindestens eine abgeschlossene Volksschulbildung und häufig eine längere Schulausbildung vorausgesetzt wird[195]. Die Qualifikationsstruktur der Bevölkerung in der Bundesrepublik hat sich seit 1950 nachhaltig verbessert, wie an der Umschichtung in den Arten des Schulabschlusses zu einer Ausbildung mit längerer Schulzeit gezeigt werden kann[196].

Damit waren Voraussetzungen geschaffen, daß sich die Angestelltenschaft nicht nur nach ihrer Gesamtzahl[197], sondern auch nach ihrer Qualifikationsstruktur verändern konnte, so daß das Angebot an qualifizierteren Arbeitsleistungen männlicher und weiblicher Angestellter im Zeitverlauf zunahm[198] und tendenziell ein Druck auf die Gehaltsunterschiede zwischen diesen und den weniger qualifizierten Arbeitskräften ausgeübt wurde[199].

Diese Veränderungen des Angebots an Angestelltenarbeit trafen am volkswirtschaftlichen Arbeitsmarkt der Angestellten auf quantitative und qualitative Nachfrageveränderungen nach Angestelltentätigkeiten, die sich vor allem aus dem rapiden Wachstumsprozeß der deutschen Volkswirtschaft, insbesondere seit dem Jahre 1951, den damit verbun-

---

194 Vgl. Tabelle 41 und 42, jeweils Spalten 2 bis 5 und 10 bis 13.

195 *J. Kromphardt*, a. a. O., S. 123 f.

196 Vgl. *E. Liefmann-Keil*, Erwerbstätigkeit, Ausbildung und wirtschaftliches Wachstum, in Strukturwandlungen einer wachsenden Wirtschaft, in: SdVfS, N. F., Bd. 30/I, S. 437, Tabelle XXV; *H. G. Jaspers*, a. a. O., S. 217; *A. Hegelheimer*, Berufsbildung und Arbeitswelt, Schriftenreihe des Bundesministers für Arbeit und Sozialordnung, H. 17, Stuttgart, Köln, Berlin, Mainz 1971, S. 48.

197 Der Anteil der Angestellten an den Erwerbspersonen stieg von 16,0 v. H. im Jahre 1950 auf 28,0 v. H. im Jahre 1967; vgl. *K. M. Bolte*, Die Berufsstruktur im industrialisierten Deutschland, Entwicklungen und Probleme, a. a. O., S. 51.

198 Vgl. *Gehaltsstrukturerhebung 1966*, a. a. O., S. 8, insbesondere Tabelle 2.

199 *J. Kromphardt*, a. a. O., S. 124.

denen Strukturwandlungen und dem technischen Fortschritt und technischen Wandel erklären lassen[200].

Die Gesamtnachfrage nach Angestelltentätigkeiten ist in der gewerblichen Wirtschaft der Bundesrepublik seit 1951 stark angestiegen, besonders in den Wirtschaftsbereichen verarbeitendes Gewerbe und Dienstleistungen[201]. Der für die Arbeiter im Zeitraum 1951 bis 1966 feststellbare zunehmende Beschäftigtenabbau durch technischen Wandel und die wachsende Tendenz Arbeit durch Kapital zu substituieren[202], betraf die Angestellten in weit geringerem Maße[203] als die Arbeiter.

Allerdings hat sich im Zeitverlauf der quantitative und gleichzeitig der qualitative Beschäftigtenbedarf zwischen Angestellten einzelner Beschäftigungsgruppen geändert. Diese Veränderungen drückten sich vor allem darin aus, daß

1. mit dem Vordringen der Mechanisierung und Automatisierung, der Arbeitsteilung und Arbeitszerlegung im Bereich der Büro- und Verwaltungsberufe (kaufmännische Angestellte) einerseits viele Arbeiten entqualifiziert wurden, die Bedeutung der „mittleren" Angestellten sank, Anlerntätigkeiten verwaltender und maschinenbedienender Art relativ zunahmen, die branchenintern und -extern relativ leicht substituierbar waren, andererseits die Zahl der gehobenen, qualifizierten und spezialisierten Arbeiten, die z. B. mit Einsatz und Organisation elektronischer Datenverarbeitung in Verwaltung und Büro erforderlich wurden, erhöht wurde;

2. die stärker automationsgeeigneten Angestelltentätigkeiten im kaufmännischen Sektor insgesamt zurückgingen und die Grenzen zwischen technischen und kaufmännischen Angestellten deswegen immer mehr

---

[200] Zum Wachstum und Strukturwandel der Wirtschaft in der Bundesrepublik seit 1950 vgl. insbesondere *H. König* (Hrsg.), Wandlungen der Wirtschaftsstruktur in der Bundesrepublik Deutschland, SdVfS, N. F., Bd. 26, Berlin 1962; *F. Neumark* (Hrsg.), Strukturwandlungen einer wachsenden Wirtschaft, SdVfS., N. F., Bd. 30/I und II, Berlin 1964; *W. Stützel*, Betrachtungen zum Wachstum der westdeutschen Wirtschaft, in: HJWG, 13. Jg., Tübingen 1968, S. 82 ff.; *F. W. Fröhlich*, Wachstumsbedingte Strukturwandlungen und ihre Auswirkungen auf den Arbeitsmarkt, a. a. O.; *R. Hopp*, Schwankungen des wirtschaftlichen Wachstums in Westdeutschland 1954 - 1967, Meisenheim am Glan 1969; *W. G. Hoffmann* (Hrsg.), Untersuchungen zum Wachstum der deutschen Wirtschaft, Schriften zur angewandten Wirtschaftsforschung, Bd. 26, Tübingen 1971; *D. Schröder*, Wachstum und Gesellschaftspolitik, Gesellschaftspolitische Grundlagen der längerfristigen Sicherung des wirtschaftlichen Wachstums, Prognosstudien, Bd. 4, Stuttgart, Berlin, Köln, Mainz 1971.

[201] Vgl. Ausführungen auf S. 124 ff.

[202] *G. Friedrichs*, Technischer Wandel und seine Auswirkungen auf Beschäftigung und Lohn, a. a. O., S. 649 ff.; *RKW* (Hrsg.), Wirtschaftliche und soziale Aspekte des technischen Wandels in der Bundesrepublik Deutschland, a. a. O., S. 36; *O. Mühlhäuser*, Beschäftigungseffekte des technischen Wandels, in: RKW (Hrsg.), Technischer Fortschritt und struktureller Wandel, Baden-Baden 1970, S. 38 ff.

[203] *O. Mühlhäuser*, a. a. O., S. 40.

schwanden, weil im Zusammenhang mit der Einführung komplizierter Maschinen sich für die kaufmännischen Angestellten auch Kenntnisse technischer Abläufe als notwendig erwiesen;

3. die Nachfrage an qualifizierten technischen Fachkräften insbesondere an Ingenieuren und Technikern, zunahm, denen Entwurf, Konstruktion, Bau und Wartung von technischen Anlagen bzw. Planung und Arbeitsorganisation in den Betrieben oblag und bei denen branchenspezifische Kenntnisse in stärkerem Maße erforderlich waren als bei den kaufmännischen Angestellten;

4. die Nachfrage an Angestellten mit Meisterfunktionen im wesentlichen im Zeitverlauf den gleichen Umfang aufwies, jedoch mit der wachsenden Kompliziertheit technischer Vorgänge eine erhebliche Steigerung des Qualifikationsniveaus dieser Beschäftigungsart notwendig wurde[204].

Auf Grund der angedeuteten Wandlungen von Angebot und Nachfrage in einer vollbeschäftigten wachsenden Wirtschaft waren mittelfristige Nivellierungen intrasektoraler Gehaltsunterschiede vor allem zwischen technischen Angestelltentätigkeiten (technische Angestellte und Meister) und kaufmännischen Angestelltentätigkeiten sowie zwischen Angestellten gehobener und niedrigerer Qualifikationsstufen zu erwarten, weil

1. die bracheninterne Substituierbarkeit der kaufmännischen Angestellten und der Angestellten niedriger Qualifikationsstufen vermutlich relativ höher war als die der Meister und der technischen Angestellten sowie der hochqualifizierten Angestellten,

2. die Gruppen der stärker substituierbaren kaufmännischen Angestellten und der Angestellten niedrigerer Leistungsgruppen eine größere Zahl von Beschäftigten aufwiesen als die der Meister, der technischen Angestellten und der Angestellten höherer Leistungsgruppen.

---

204 Zu den Punkten 1 - 4 vgl. vor allem *Ifo-Institut für Wirtschaftsforschung* (Hrsg.), Soziale Auswirkungen des technischen Fortschritts, Berlin, München 1962, S. 53 ff.; *U. Jaeggi, H. Wiedemann*, Der Angestellte im automatisierten Büro, Schriftenreihe des Bundesministers für Arbeit und Sozialordnung, H. 10, Stuttgart 1963; *W. Mann, F. Molle*, Der Funktionswandel kaufmännischer Angestellter des Büro- und Verwaltungsbereichs in berufspolitischer Sicht, a. a. O.; *DAG* (Hrsg.), Automation, ein Diskussionsbeitrag der deutschen Angestelltengewerkschaft, Hamburg 1965, S. 18 ff.; *O. Neuloh*, Die weiße Automation, die Zukunft der Angestelltenschaft, Köln 1966; *F. Schiefer*, Elektronische Datenverarbeitung und Angestellte, das Eindringen elektronischer Datenverarbeitung in die Büroarbeit mit seinen Auswirkungen auf die Orientierung der Angestellten und die soziale Organisation des Bürobetriebes, Kölner Beiträge zur Sozialforschung und angewandten Soziologie, Bd. 9, Meisenheim am Glan 1969; *Bayrisches Staatsministerium für Arbeit und soziale Fürsorge* (Hrsg.), Soziale Probleme der Automation in Bayern, a. a. O., S. 156 ff.; *Altmann, Kammerer*, Wandel der Berufsstruktur, a. a. O., S. 61 ff.; *G. Friedrichs* (Hrsg.), Computer und Angestellte, Bd. II, Frankfurt am Main 1971, insbesondere S. 467 ff., S. 523 ff., S. 601 ff.

Die wahrscheinlich im Zeitraum von 1951 bis 1966 besonders in der Periode der Vollbeschäftigung von 1958 bis 1966 stärker gewordenen Interdependenzen auf den bracheninternen Arbeitsmärkten für Angestellte aller Beschäftigungsarten und Leistungsgruppen und die mit der Mechanisierung und Automatisierung verbundenen Änderungen der quantitativen und qualitativen Struktur der Angestelltenarbeit haben dazu geführt, daß der intrasektorale Zusammenhang der Gehaltsstruktur zwischen den Beschäftigungsarten und Qualifikationsstufen stärker wurde und die intragewerblichen Gehaltsunterschiede überwiegend angeglichen wurden.

Die sich seit 1951 im Wirtschaftswachstum verstärkende Konzentrationstendenz[205] hat vermutlich ebenfalls den intrasektoralen Gehaltsstrukturzusammenhang verstärkt und eine Verringerung der Gehaltsunterschiede begünstigt. Gerade in den Wirtschaftsbereichen Energiewirtschaft, Wasserversorgung, Bergbau und verarbeitendes Gewerbe, die von 1951 bis 1966 für die männlichen und weiblichen Angestellten die stärksten Veränderungen in Richtung auf großbetriebliche Organisationsformen aufwiesen, haben sich die intrasektoralen Gehaltsunterschiede relativ stark angeglichen[206]. Die Frage, ob durch kollektive Gehaltsvereinbarungen die Nivellierung der intragewerblichen Gehaltsunterschiede nach Beschäftigungsgruppen begünstigt wurde, ist deswegen berechtigt, weil ein erklärtes Ziel der Gewerkschaften in der Nivellierung der Einkommen besteht und vor allem in Forderungen nach relativ stärkerer Anhebung der niedrigeren Verdienste, z. B. unterer Qualifikationsgruppen, zum Ausdruck kommt[207].

Ein Nachweis gewerkschaftlicher Erfolge zur Erreichung dieses Ziels ist mit erheblichen Schwierigkeiten verbunden, weil

1. die Gewerkschaften primär die *tarifliche* Gehaltsstruktur beeinflußten, nicht aber die *effektive* Gehaltsstruktur[208],

---

[205] Vgl. lediglich *K. Brandt*, Konzentration und wirtschaftliches Wachstum, in: Die Konzentration in der Wirtschaft, H. Arndt (Hrsg.), SdVfS, N. F., Bd. 20/I, 2. Aufl., Berlin 1971, S. 253 ff.

[206] Vgl. Tabellen 39, 43 und 44.

Diese Vermutung kann aufrechterhalten werden trotz der obigen Feststellung, daß sich (statistisch) kein Zusammenhang zwischen der Konzentration und der Veränderung intrasektoraler Gehaltsunterschiede für die *gesamte* Wirtschaft feststellen läßt.

[207] Vgl. *E. Liefmann-Keil*, Ökonomische Theorie der Sozialpolitik, a. a. O., S. 287 ff.; *H. Gerfin*, Ausmaß und Wirkung der Lohndrift, in: Lohnpolitik und Einkommensverteilung, a. a. O., S. 513; *G. Himmelmann*, Lohnbildung durch Kollektivverhandlungen, eine politologische Analyse unter besonderer Berücksichtigung der Strategie und Taktik der Gewerkschaften, Volkswirtschaftliche Schriften, H. 165, Berlin 1971, S. 93.

[208] *H. Lampert*, Die Lohnstruktur ..., a. a. O., S. 195; *W. Mieth*, a. a. O., S. 171 ff.; *H. Lampert*, Bestimmungsgründe ..., a. a. O., S. 434.

2. eine Auswirkung der tariflich beschlossenen Gehaltserhöhungen auf die effektiven Gehaltssätze vor allem dann vermutet werden könnte, wenn Tarif- und Effektivgehälter im Zeitverlauf annähernd gleiche prozentuale Erhöhungen aufgewiesen hätten, eine Entwicklung, die unter Vollbeschäftigungsbedingungen realistischer erschiene als in Zeiten eines genügend großen Arbeitslosenpotentials der Angestellten[209].

Tatsächlich zeigten jedoch die Effektivgehälter besonders im Zeitraum 1958 bis 1966 innerhalb der Wirtschaftsbereiche und gemessen an der Zunahme in Indexpunkten z. T. weit höhere Zuwachsraten als die Tarifgehälter[210], so daß die intrasektorale Nivellierung der Gehaltsstruktur kaum ausschließlich auf gewerkschaftliche Aktivitäten zurückgeführt werden kann.

Einwirkungsmöglichkeiten der Angestelltengewerkschaften auf die Angleichung intragewerblicher Gehaltsdifferenzen müssen auch deswegen als begrenzt angesehen werden, weil die Gewerkschaftsvertreter häufig aus organisationspolitischen Gründen mit Gehaltsforderungen an den Verhandlungstisch traten, „die einen Kompromiß zwischen gleichmäßigen absoluten Zuschlägen und gleichen prozentualen Erhöhungen"[211] beinhalteten. Dieses Verhalten wird dadurch erklärlich, daß die Angestelltengewerkschaften versuchten, einerseits höher qualifizierte Angestellte anzuziehen, andererseits die weniger qualifizierten Angestellten, die die Masse der Gewerkschaftsmitglieder darstellten, nicht benachteiligen wollten und deswegen einen Kompromiß zwischen der für die qualifizierten Angestellten günstigeren prozentualen Gehaltserhöhung und den für die niedriger bezahlten Angestellten günstigeren absoluten Zuschlägen bevorzugten[212].

Die Prüfung der Frage, ob andere, aus der Struktur und Organisation der Angestelltengewerkschaften resultierende Faktoren, wie der niedrige Anteil organisierter Angestellter insgesamt, insbesondere der weiblichen Angestellten, die bessere gewerkschaftliche Organisation der Meister und technischen Angestellten gegenüber den kaufmännischen Angestellten, die verschiedenen Organisationsformen der Angestellten-

---

209 Den möglichen Einfluß der Gewerkschaften auf die Effektivverdienste hat *Dall'Asta* durch eine Befragung von Unternehmern zu analysieren versucht. Als Ergebnis stellte sich heraus, daß in Zeiten der Vollbeschäftigung gewerkschaftlich ausgehandelte Tariflohnerhöhungen entsprechende prozentuale Effektivlohnerhöhungen der Unternehmer bewirkten. Vgl. *E. R. Dall' Asta*, Theorie der Lohnpolitik, Volkswirtschaftliche Schriften, H. 156, Berlin 1971, S. 110.

210 Vgl. Fußnoten 126 bis 135 in diesem Kapitel.

211 *J. Klaus*, Die Veränderungen der Lohnstruktur, a. a. O., S. 77; vgl. auch die Auffassung von *E. Bandholz*, Der Lohn, a. a. O., S. 113, und *W. Mieth*, a. a. O., S. 168.

212 Vgl. *J. Klaus*, a. a. O., S. 77.

gewerkschaften (Industrieverbandsprinzip im DGB, Berufsverbandsprinzip in der DAG)[213] einen gewerkschaftlichen Einfluß u. a. auf die Verringerung intragewerblicher Gehaltsunterschiede verhindert haben, würde spezielle Untersuchungen erforderlich machen.

Wahrscheinlich ist die überwiegende Nivellierung der intrasektoralen Gehaltsstruktur nach Beschäftigungsarten, Leistungsgruppen und nach der Betriebsgröße im Untersuchungszeitraum weniger auf institutionelle als auf ökonomische Kräfte zurückzuführen, die vor allem im Wirtschaftswachstum und in der Vollbeschäftigung wirksam werden.

Für die weitere Entwicklung der intragewerblichen Gehaltsunterschiede nach Beschäftigungsgruppen wird man analog zu Lampert davon ausgehen können, daß die Nivellierung der Gehaltsunterschiede nicht über den Punkt hinausgehen kann, an dem die „net advantages“ nicht mehr groß genug sind, um ein Äquivalent für die Ausbildungszeit, die Ausbildungsmühen und die Ausbildungskosten der qualifizierten Angestellten darzustellen[214].

III. Die regionale Gehaltsstruktur im Zeitverlauf

Die theoretische und/oder empirische Erforschung von Ursachen und Bestimmungsgründen regionaler Gehaltsgefälle sowie von Gehaltsunterschieden und deren Veränderungen ist für die Bundesrepublik bisher stark vernachlässigt worden.

---

[213] Vgl. *W. Hansen,* Die wirtschaftliche und soziale Lage der Angestellten (in gewerkschaftlicher Sicht), in: Der Angestellte zwischen Arbeiterschaft und Management, a. a. O., S. 217 ff.; *G. Hartfiel,* Angestellte und Angestelltengewerkschaften in Deutschland, a. a. O., S. 198 ff.; *E. Bandholz,* Der Lohn, a. a. O., S. 113; *DAG* (Hrsg.), Gesellschaft und Beruf, Angestellte in der Leistungsgesellschaft, a. a. O., S. 61 ff.; *E. Buchholz,* Die Wirtschaftsverbände in der Wirtschaftsgesellschaft, a. a. O., S. 113 ff.; *K. M. Bolte,* Die Berufsstruktur im industrialisierten Deutschland, a. a. O., S. 68 ff.; *S. Braun, J. Fuhrmann,* Angestelltenmentalität, berufliche Position und gesellschaftliches Denken der Industrieangestellten, Bericht über eine industriesoziologische Untersuchung, Neuwied 1970, S. 415 ff.; *H. Dürrbeck,* Gewerkschaften und Angestellte, in: Computer und Angestellte, Bd. II, a. a. O., S. 1086 ff.

[214] Vgl. *H. Lampert,* Die Lohnstruktur . . ., a. a. O., S. 163; einen Zusammenhang zwischen Ausbildungszeit und -kosten und Lohn- bzw. Gehaltsunterschieden haben u. a. festgestellt *K.-D. Schmidt* unter Mitarbeit von *P. Baumgarten,* Berufliche Ausbildung und Einkommen, in: Theoretische und empirische Beiträge zur Wirtschaftsforschung, A. E. Ott (Hrsg.), Schriftenreihe des Instituts für angewandte Wirtschaftsforschung, Tübingen, Bd. 7, Tübingen 1967, S. 155 ff.; *G. Brinkmann,* Der Einfluß der Ausbildung auf das Gehalt von außertariflich bezahlten Angestellten der Wirtschaft, Ergebnisse einer Untersuchung aus dem Jahre 1968, in: Mitteilungen, 3. Jg., H. 2, 1970, S. 124 ff.; *J. Hippenstiel,* Die Gehaltsfindung bei den außertariflichen Angestellten in der Bundesrepublik Deutschland, a. a. O.; *L. K. Eltermann,* Ansätze zur Analyse der Gehaltsdifferenzierung bei außertariflichen Angestellten, in: Berichte des Deutschen Industrieinstituts zur Sozialpolitik, Nr. 3, 6. Jg., Köln 1972.

Zur Untersuchung der regionalen Lohnunterschiede existieren jedoch einige Veröffentlichungen[215], deren (vor allem theoretische) Ergebnisse für die Betrachtung der regionalen Dimension der Gehaltsstruktur nutzbar gemacht werden können, um die Aufgabenstellungen weiter zu verfolgen, die aus der Zeitpunktbetrachtung als besonders wichtig für die Zeitraumanalyse herauskristallisiert worden sind[216].

Vordringliche Bedeutung erlangt dabei die Frage, ob die in vielen Ländern[217] und auch in der Bundesrepublik[218] empirisch belegte langfristig wirksame Tendenz zur überwiegenden Verkleinerung relativer regionaler *Lohn*unterschiede auch für die mittelfristigen Veränderungen der regionalen *Gehalts*struktur zutrifft..

Bevor darauf eingegangen wird, soll geklärt werden, ob sich das für 1951 nachgewiesene Gehaltsgefälle nach Bundesländern bis zum Jahre 1966 geändert hat[219].

1. Gehaltshierarchien und Gehaltsgefälle nach Bundesländern (Regionen)[220]

Die Tabellen N bis R des Anhangs vermitteln eine Übersicht zu den Beschäftigtenzahlen und Bruttomonatsverdiensten der männlichen und weiblichen Angestellten nach den einzelnen Bundesländern. Vernach-

[215] *B. Wronsky,* Regionale Lohnunterschiede und Industriestandort, Mitteilungen des Instituts für Raumforschung, H. 33, Bad Godesberg 1956; *G. Bry,* a. a. O., S. 106 ff.; *J. Peron,* Entwicklung der regionalen Lohndifferenzierung in Deutschland seit 1880, a. a. O.; *H. Lampert,* Die Lohnstruktur ..., a. a. O., S. 129 ff.; Ders., Bestimmungsgründe ..., a. a. O.; *W. Steden,* a. a. O.; vgl. auch die Literaturangaben zur Zeitpunktanalyse der regionalen Gehaltsstruktur auf S. 94 ff.

[216] Vgl. S. 108 dieser Arbeit.

[217] *Lampert* führt als Beispiele die regionalen Lohnstrukturen in den USA, Australien, Großbritannien, Frankreich und Italien an; vgl. *H. Lampert,* Die Lohnstruktur ..., a. a. O., S. 129 ff.; Ders., Bestimmungsgründe ..., a. a. O., S. 388, Fußnote 41.

[218] *Bry* untersucht für Deutschland die Periode von 1885 bis 1941 und schreibt: „The data on wage rates for masons ... suggest that regional differences were significantly reduced ...“; vgl. *G. Bry,* a. a. O., S. 108 und Tabelle 26.

Peron analysiert die Periode 1880 bis 1957 und stellt ebenfalls eine Nivellierung der Lohndifferenzen fest; vgl. *J. Peron,* a. a. O., S. 136 ff.

Nach Berechnungen von *Jaspers* nivelliert sich die Gehaltsstruktur im Zeitraum 1951 bis 1962, die Lohnstruktur differenziert sich leicht. (Das Maß für diese Feststellungen, die Spannweite, ist allerdings unzureichend!). Vgl. *H. G. Jaspers,* a. a. O., S. 74.

Steden weist für die Lohnstruktur einen Differenzierungsprozeß in der Zeit von 1952 bis 1958, einen Nivellierungstrend von 1958 bis 1965 nach; *W. Steden,* a. a. O., S. 37.

[219] 1951 führte Nordrhein-Westfalen bzw. Hamburg (bei den weiblichen Angestellten) die Gehaltshierarchie an, den letzten Rang nahm jeweils Schleswig-Holstein ein.

[220] Zu den Problemen der Abgrenzung von Regionen und des Regionalvergleichs siehe S. 35 dieser Arbeit und *O. Boustedt,* Probleme des Regionalvergleichs in der Aufgliederung der Bundesrepublik nach Ländern, in: Informationen, Hrsg. Institut für Raumordnung, 20. Jg., Nr. 9, 1970, S. 263 ff.

lässigt man zunächst die regionalen Gehaltsunterschiede nach der Qualifikation[221] und vergleicht die Durchschnittsgehälter für alle Leistungsgruppen in den jeweiligen Erhebungsjahren mit dem Bundesdurchschnitt, dann ergab sich ein für alle Zeitpunkte charakteristisches höheres Gehaltsniveau der Länder Nordrhein-Westfalen, Hamburg und Baden-Württemberg bei den männlichen Angestellten[222] und weiblichen Angestellten, bei denen außerdem der Durchschnittsverdienst in Hessen höher lag[223].

Weit unter dem Bundesdurchschnitt lagen die Monatsgehälter der männlichen Angestellten in Schleswig-Holstein (für die Jahre 1951, 1957 und 1962) und Bayern bzw. Bremen (1966), die der weiblichen Angestellten in Schleswig-Holstein (1951), Niedersachsen (1957 und 1962) und Rheinland-Pfalz (1966). Das in der Zeitpunktanalyse festgestellte Gehaltsgefälle von Nordrhein-Westfalen für die männlichen Angestellten bzw. Hamburg für die weiblichen Angestellten bis zum Verdienstdurchschnitt im Land Schleswig-Holstein ist also im Zeitverlauf vor allem wegen der Verschiebungen im unteren Teil der Rangreihen zumindest für die weiblichen Angestellten nicht bestehen geblieben[224]. Dennoch hielten sich, wie Tabelle 45 zu entnehmen ist, die Veränderungen der Rangplätze der Länder nach Gehaltsdurchschnitten in engen Grenzen und gingen selten über eine Verbesserung oder Verschlechterung um zwei Positionen hinaus[225].

Einen Überblick zur *Höhe* der Gehaltsunterschiede zwischen den Bundesländern vermitteln die Spannweiten, die aus den Verdienstdifferenzen zwischen den Ländern mit höchstem und niedrigstem Gehaltsniveau errechnet wurden. Die Extremwertunterschiede sind z. T. recht erheblich und betrugen für die männlichen (weiblichen) Angestellten im Jahre 1951 109,— DM (58,— DM), im Jahre 1957 105,— DM (67,— DM), im Jahre 1962 116,— DM (89,— DM) und im Jahre 1966 108,— DM (127,— DM)[226].

---

[221] Bei der Erörterung der Veränderungen regionaler Gehaltsunterschiede werden nur die Verdienste *gleicher* Qualifikationsstufe (bei den männlichen Angestellten Leistungsgruppe III, bei den weiblichen Angestellten Leistungsgruppe IV) zugrundegelegt.

[222] Für die Zeitpunkte 1962 und 1966 sahen wir vom Saarland ab, um die Vergleichbarkeit für den gesamten Zeitraum zu sichern. Das Saarland lag im Gehaltsdurchschnitt ebenfalls über dem Gehaltsniveau der Bundesrepublik.

[223] Berlin lag bei den weiblichen Angestellten ebenfalls in den Jahren 1962 und 1966 über dem Bundesdurchschnitt.

[224] Der Vergleich wurde allerdings erschwert, weil 1966 für Schleswig-Holstein keine Gehaltsstrukturerhebung stattgefunden hat.

[225] So z. B. verschlechterte Bremen seine Rangposition bei den männlichen Angestellten vom 5. Platz 1957 zum 8. Platz 1962, Schleswig-Holstein verbesserte seine Stellung in der Gehaltshierarchie vom 9. Platz 1951 zum 6. Platz 1962.

[226] Vgl. Tabellen N bis Q im Anhang, jeweils die Gesamtspalten.

Tabelle 45

Die Gehaltshierarchie[1]) nach Bundesländern[2]) 1951, 1957, 1962 und 1966[3])

Bundesland	männliche Angestellte				weibliche Angestellte			
	1951	1957	1962	1966	1951	1957	1962	1966
1	2	3	4	5	6	7	8	9
Nordrhein-Westfalen	1	1	1 (1)	1 (1)	3	3	4 (4)	3,5 (4,5)
Hamburg	2	2,5	2 (3)	3 (3,5)	1	1	1 (1)	1 (1)
Baden-Württemberg	3	2,5	3 (4)	2 (2)	4	4	3 (3)	3,5 (4,5)
Hessen	4	4	4 (5)	4 (5)	2	2	2 (2)	2 (2)
Bayern	5	7	7 (9)	7,5 (9,5)	5	6	5 (6)	5,5 (6,5)
Rheinland-Pfalz	6	6	5 (6)	5 (6)	6	8	8 (10)	8 (10)
Bremen	7	5	8 (10)	7,5 (9,5)	7	5	7 (9)	7 (8,5)
Niedersachsen	8	8	6 (8)	6 (7)	8	9	9 (8)	5,5 (6,5)
Schleswig-Holstein	9	9	9 (11)	— —	9	7	6 (11)	— —
Saarland	—	—	— (2)	— (3,5)	—	—	— (7)	— (8,5)
Berlin	—	—	— (7)	— (8)	—	—	— (5)	— (3)

[1]) Die Rangordnungsziffern entsprechen der jeweiligen Höhe des Durchschnittsgehaltes in den betreffenden Ländern.
[2]) 1951 und 1957 ohne Berlin und Saarland, für Schleswig-Holstein wurde im Jahre 1966 keine Erhebung der Angestelltenverdienste durchgeführt.
[3]) Zahlen für 1966 nach den Erhebungen der statistischen Landesämter. Vgl. Anmerkungen im Anhang.

Quellen: „Gesamtspalten" der Tabellen N - Q im Anhang.

Trotz der geringen Zahl von Ländern, deren Ränge zur Berechnung der Korrelationskoeffizienten zugrunde gelegt werden konnten, kann aus den Werten der Tabelle 46 auf eine relative (formale) Stabilität der regionalen Gehaltsstruktur geschlossen werden. Lediglich in zwei Fällen[227] ergab die Spearmansche Rangkorrelation Meßwerte, die nur knapp über R = 0,830 lagen[228, 229].

Eine detaillierte Überprüfung der Verdienstrangfolge der Bundesländer nach Qualifikationsstufen ist nicht erforderlich, da die für alle Leistungsgruppen interpretierten Berechnungen im allgemeinen bestätigt wurden, besonders für die Angestelltentätigkeiten mit mittlerem und geringem Anforderungsniveau (Leistungsgruppen III und IV).

Wenn sich für die Qualifikationsgruppen I und II zum Teil beachtliche Rangplatzverschiebungen nach Ländern ergaben[230], so kommt hier wiederum die Heterogenität des Faktors Arbeit zum Ausdruck: in bestimmten Ländern nachgefragte spezielle Befähigungen wurden im Regelfall bei entsprechend geringem regionalen Arbeitsangebot besser honoriert als in Ländern, deren Arbeitskräftepotential weit mehr Möglichkeiten zur Deckung des gegebenen Bedarfs an qualifizierten Angestelltentätigkeiten bot.

Tabelle 46

Rangkorrelationskoeffizienten für die Durchschnittsgehälter der männlichen und weiblichen Angestellten nach Bundesländern 1951, 1957, 1962 und 1966

	1951/ 1957	1957/ 1962	1962/ 1966	1951/ 1962	1957/ 1966	1951/ 1966
1	2	3	4	5	6	7
männliche Angestellte	0,929	0,879	0,958 (0,945)	0,917	0,857	0,839
weibliche Angestellte	0,883	0,933	0,845 (0,930)	0,875	0,867	0,869

Quellen: Eigene Berechnungen nach Tabelle 45.

[227] Für die männlichen Angestellten im Vergleich 1951/1966 R = 0,839, für die angestellten Frauen im Vergleich 1962/1966 R = 0,845.

[228] In beiden Fällen gibt ein Wert von R = 0,83 bei n (= Rangplatzpaare) = 8 eine 99 %ige Sicherheitswahrscheinlichkeit an. Vgl. J. *Pfanzagl*, Allgemeine Methodenlehre der Statistik, Bd. II, a. a. O., S. 299.

[229] Die in Klammern hinzugefügten Koeffizienten wurden auf der für die Gegenüberstellung der Rangplatzpaare der Jahre 1962 und 1966 möglichen Basis von n = 10 errechnet.

[230] Z. B. nahm Bayern im Jahre 1966 in Leistungsgruppe I sowohl bei den männlichen (abgesehen von einem geringfügig höheren Verdienst im Saarland) als auch bei den weiblichen Angestellten die Spitze der Gehaltshierarchie ein; vgl. Tabelle Q im Anhang.

Die trotz des festgestellten regionalen Gehaltsgefälles im Zeitverlauf erhalten gebliebene relativ stabile (invariante) regionale Gehaltshierarchie kann nur auf das konglomerate Einwirken derjenigen Determinanten zurückgeführt werden, die bereits in der Zeitpunktanalyse der regionalen Gehaltsstruktur aufgeführt wurden[231]. Weder Bevölkerungsdichte, Bevölkerungskonzentration, Betriebskonzentration noch Wirtschaftsstruktur der Bundesländer, gemessen an der Verteilung der Beschäftigten einschließlich der Wanderungen der Arbeitskräfte, sind für sich allein in der Lage, das Lohn- und Gehaltsgefälle nach Bundesländern zu erklären. Die sich in einer seit 1951 wachsenden deutschen Wirtschaft noch verstärkenden Konzentrationstendenzen von Arbeit und/oder Kapital auf bestimmte Bundesländer mit stark industriellen Agglomerationszentren[232] haben vermutlich mit dazu beigetragen, daß in Regionen hohen Lohn- und Gehaltsniveaus (Nordrhein-Westfalen, Hamburg, Baden-Württemberg) weiterhin hohe Verdienste erzielt wurden. Da die Länder mit niedrigen Verdienstniveaus im Zeitverlauf Regionen mit relativ geringeren Verdienstmöglichkeiten blieben, ist die relative (formale) Stabilität der regionalen Verdienststruktur im Zeitraum 1951 bis 1966 erklärlich.

Wie bei der Betrachtung der intersektoralen Dimension der Gehaltsstruktur angeführt wurde, ist eine relative beständige Hierarchie kei-

---

[231] Vgl. S. 96 ff. dieser Arbeit.

[232] Vgl. *H. Brede* und *Ch. Ossorio-Capella,* Die Agglomerationsräume in der Bundesrepublik Deutschland, a. a. O., S. 32 ff.; die Autoren nennen als Gebiete stärkster Agglomeration seit 1950 den Rhein-Ruhr- und Rhein-Main-Raum sowie Hamburg. Zur Verstärkung der regionalen Konzentrationstendenz vgl. auch *H. Meinhold,* Probleme der räumlichen Konzentration, in: Die Konzentration in der Wirtschaft, a. a. O., S. 366 ff.

Aufschlußreichere Hinweise zur Begründung einer regionalen Gehaltshierarchie wird man dann erhalten, wenn man die Bundesländer in ökonomische Strukturzonen, d. h. zumindest in Industrie- und Agrarzonen aufteilt und deren Angestelltenarbeitsmärkte miteinander vergleicht, obwohl auch dieses Verfahren noch eine Reihe von Imponderabilien in sich birgt; vgl. *H. Spitzer,* Regionale Konzentration der gesamtwirtschaftlichen und landwirtschaftlichen Produktion im Vergleich, in: Informationen, Hrsg. Institut für Raumordnung, 20. Jg., Nr. 9, 1970, S. 273 ff.; *J. Frerich,* Die Differenzierung der wirtschaftlichen Raumstruktur in der Bundesrepublik Deutschland, in: Die Mitarbeit, Zeitschrift für Gesellschafts- und Kulturpolitik, 19. Jg., H. 3 (Oktober 1970), S. 238 ff.; Ders., Die Bestimmungsfaktoren für die regionale Differenzierung des Wirtschaftswachstums und ihr Zusammenwirken, in: Die Mitarbeit, 19. Jg., H. 4 (Sept. 1970), S. 332 ff.

Selbst mit Hilfe des für die regionale Strukturanalyse gegenwärtig modernsten Verfahrens, der Faktorenanalyse, wird es nicht möglich sein, einzelne Determinanten zur Begründung regionaler Gehaltsgefälle zu isolieren, allein schon deswegen, weil detaillierte Angestelltenstatistiken fehlen, mit deren Hilfe entsprechende Kennziffern in die Analyse eingebracht werden könnten. Außerdem ist es bisher umstritten, welches Kennziffernbündel die „Wirtschaftskraft" (zu der auch Gehaltsunterschiede, Betriebsgrößenunterschiede usw. gehören) einer Region richtig beschreibt; vgl. dazu *P. Treuner,* Rahmenplanung ohne Konzeption? Die Wirtschaftswoche, Nr. 4, vom 22. 1. 1971, S. 34 ff.

nesfalls mit gleichbleibenden absoluten oder relativen Gehaltsdifferenzen verbunden[233], vielmehr verstärken sich mit dem Wachstum der Wirtschaft im Regelfall die Interdependenzen auch zwischen den regionalen Teilarbeitsmärkten für Angestellte, so daß eher eine mittelfristige Nivellierung der Gehaltsstruktur nach Bundesländern als eine Differenzierungstendenz erwartet werden kann.

2. Die Veränderung der regionalen Gehaltsunterschiede männlicher Angestellter

Die in Tabelle S ausgewiesenen und mit den beschäftigten männlichen Angestellten gewichteten Bruttomonatsverdienste in Leistungsgruppe III nach Wirtschaftszweigen und Bundesländern bilden die Grundlage zur Errechnung interregionaler Gehaltsquotienten, Spannweiten und der mean deviation (Tabelle T des Anhangs).

Die absoluten Gehälter und die Gehaltsquotienten zeigen, daß Nordrhein-Westfalen und Baden-Württemberg mit ihren Gehaltsdurchschnitten in fast allen Wirtschaftsabteilungen über dem Bundesdurchschnittsverdienst lagen, alle anderen Länder aber ein niedrigeres Gehaltsniveau aufwiesen. Da das Verdienstgefälle vor allem von Nordrhein-Westfalen zur Bundesrepublik im Zeitverlauf kleiner wurde, in den anderen Ländern, insbesondere in Schleswig-Holstein und in Rheinland-Pfalz aber erhebliche Verdienststeigerungen erkennbar waren, die ebenfalls eine tendenzielle Annäherung an das Bundesdurchschnittsgehalt bewirkten, war eine vorherrschende Nivellierungstendenz der interregionalen Gehaltsstruktur zu erwarten. Eine Bestätigung für diese Annahme ergibt sich zunächst aus der Entwicklung der relativen Unterschiede zwischen den Extremwerten der Gehälter nach Regionen in allen Wirtschaftszweigen: die Spannweiten (Tabelle T) nahmen in 17 von 19 Wirtschaftszweigen[234] zwischen 1951 und 1966 — zum Teil sehr stark — ab[235].

Da Spannweiten nur zwei Werte einer Reihe von regionalen Gehaltsquotienten umfassen, sind die alle Relativwerte berücksichtigenden mean deviations[236] eher geeignet, Veränderungen der regionalen Gehaltsunterschiede zu messen als Extremwertvergleiche.

---

233 Vgl. S. 50 dieser Arbeit.

234 Geringfügige Erhöhungen der Spannweiten finden sich lediglich im Bau- und Versicherungsgewerbe.

235 Auffallend starke Verringerungen der relativen Spannweiten sind im Bergbau, in der chemischen Industrie, in der Eisen- und NE-Metallerzeugung festzustellen. Im Bergbau ist die Verkleinerung der Spanne von 42 v. H. 1951 auf 7 v. H. 1966 z. T. vermutlich auf durch geringe Beschäftigtenzahlen in den Ländern Rheinland-Pfalz und Niedersachsen bedingte Zufallsfehler in den Gehaltsdurchschnitten zurückzuführen. Vgl. dazu Beschäftigtenzahlen und Verdienste im Bergbau.

236 Zur mean deviation und der ihr zugrundeliegenden Formel siehe S. 100, insbesondere Fußnote 123.

Die Streuung der Gehälter nach Bundesländern nahm bei einer Gegenüberstellung der Werte aus dem Jahre 1951 und 1966 in 15 von 18 Fällen ab[237], so daß im gesamten betrachteten Zeitraum eine eindeutige Nivellierung der Gehaltsunterschiede konstatiert werden kann.

Die Gehaltsquotienten für alle Wirtschaftszweige und die aus ihnen errechneten Streuungswerte[238] wiesen jedoch keinen alle Zeitpunkte einschließenden Verringerungstrend der Gehaltsunterschiede auf, vielmehr differenzierte sich die regionale Gehaltsstruktur im Zeitraum 1951/1957[239], um sich danach wieder stärker zu nivellieren.

Eine Übersicht zu den Wirtschaftsabteilungen mit sich vergrößernden und verkleinernden Gehaltsdifferenzen in Tabelle 47 bekräftigt diese Aussage: Vergleicht man die Werte für die Jahre 1951 und 1957, so erhöhten sich die Streuungswerte in 12 von 17 Fällen, 1957 wurden sie gegenüber 1962 in 17 von 18 Fällen, 1962 gegenüber 1966 in 13 von 19 Fällen kleiner. Einer Anfangsphase regionaler Erweiterung der Verdienstdifferenzen folgte also ein Zeitraum starker (1957/1962) und etwas schwächerer Nivellierung (1962/1966). Im Zeitraum 1951/1966 haben sich die Gehaltsunterschiede der männlichen Angestellten (in der Qualifikationsgruppe III) nach Regionen tatsächlich weitgehend angeglichen.

Ein Vergleich dieser Entwicklung mit den Veränderungen der regionalen Lohnunterschiede der Facharbeiter[240] führt zu erstaunlichen Parallelen: Auch auf diesem Teilarbeitsmarkt ergab sich in der Phase vor 1958 eine Differenzierung, von diesem Jahr an eine Nivellierung der Lohnunterschiede.

Im Anschluß an die Betrachtung der intersektoralen Gehaltsunterschiede nach Regionen, die in einem engen Zusammenhang mit den dargestellten regionalen Verdienständerungen stehen[241], werden mögliche Bestimmungsgründe für die Übereinstimmung und für die Entwicklung der Gehaltsstruktur nach Bundesländern erörtert.

Zunächst soll jedoch überprüft werden, ob die Gehaltsdifferenzen weiblicher Angestellter nach Bundesländern sich ähnlich entwickelt haben wie die der männlichen Angestellten.

---

[237] Leichte Differenzierungen fanden sich in den Wirtschaftszweigen Energiewirtschaft, Wasserversorgung, Baugewerbe und Versicherungsgewerbe; in den Dienstleistungen ist ein Vergleich des fehlenden Werts für 1951 nicht möglich.

[238] Siehe letzte Zeile in Tabelle T des Anhangs.

[239] Vergrößerung der mean deviation von 4,86 auf 5,29.

[240] Vgl. W. *Steden*, Der Arbeitsmarkt der bayrischen Industrie, a. a. O., S. 34; *Stedens* Überprüfung fand aufgrund anderer statistischer Maße und der laufenden Verdiensterhebungen in Industrie und Handel statt.

[241] So argumentieren vor allem *W. G. Hoffmann*, Die branchenmäßige ..., a. a. O., S. 77 ff.; *H.-J. Bodenhöfer*, a. a. O., S. 120 ff.; *J. Kromphardt*, a. a. O., S. 6; *W. Steden*, a. a. O., S. 47.

Tabelle 47

Übersicht über Differenzierungs- und Nivellierungserscheinungen der interregionalen Gehaltsstruktur in der gewerblichen Wirtschaft der Bundesrepublik Deutschland 1951 bis 1966 (für männliche Angestellte der Leistungsgruppe III)

	Periode von 1951 bis 1957			Periode von 1957 bis 1962			Periode von 1962 bis 1966		
	Zahl der Wirtschaftsabteilungen	Durchschnitt aller relativen Streuungsmaße für die interregionale Gehaltsstruktur der Wirtschaftsabteilungen		Zahl der Wirtschaftsabteilungen	Durchschnitt aller relativen Streuungsmaße für die interregionale Gehaltsstruktur der Wirtschaftsabteilungen		Zahl der Wirtschaftsabteilungen	Durchschnitt aller relativen Streuungsmaße für die interregionale Gehaltsstruktur der Wirtschaftsabteilungen	
		1951	1957		1957	1962		1962	1966
1	2	3	4	5	6	7	8	9	10
Wirtschaftsabteilungen mit differenzierender interregionaler Gehaltsstruktur	12	4,58	6,19	1	4,00	6,00	6	3,12	3,78
Wirtschaftsabteilungen mit nivellierender interregionaler Gehaltsstruktur	5	6,13	4,54	17	5,74	4,11	13	4,70	3,21
Gesamtzahl der Wirtschaftsabteilungen	17	—	—	18	—	—	19	—	—

Quellen: Eigene Berechnungen nach Tabelle T des Anhangs.

3. Die Veränderung der regionalen Gehaltsunterschiede weiblicher Angestellter

Die in einzelnen Ländern und Wirtschaftszweigen beschäftigten weiblichen Angestellten und die an sie gezahlten Durchschnittsgehälter sind in Tabelle U, die aus diesen Angaben errechneten interregionalen Gehaltsquotienten, Spannweiten und mean deviations in Tabelle V des Anhangs wiedergegeben.

Außer in Nordrhein-Westfalen und Baden-Württemberg (wie bei den männlichen Angestellten) lagen auch in Hessen die Durchschnittsgehälter in den meisten Wirtschaftszweigen über dem jeweiligen Verdienstdurchschnitt dieser Gewerbe auf Bundesebene[242], die weiblichen Angestellten in den übrigen Ländern lagen unter dem Gehaltsniveau der Bundesrepublik. Das drückt sich auch in den regionalen Gehaltsdifferenzen für alle Wirtschaftsabteilungen[243] zwischen den Bundesländern im Zeitverlauf aus. Außerdem ist aus diesen Werten ersichtlich, daß sich sowohl die Länder mit höherem als auch mit niedrigerem Verdienstniveau ihrem Bezugswert (Durchschnittsgehalt in der Bundesrepublik Deutschland) in der Zeitraumbetrachtung annäherten, was mit einer Tendenz zur Nivellierung der Gehaltsunterschiede gleichzusetzen ist[244] und durch die berechneten Spannweiten und durchschnittlichen relativen Gehaltsstreuungen bestätigt wird.

Die relativen Extremwertunterschiede nach Regionen nahmen zwischen den einzelnen Erhebungszeitpunkten und im gesamten Untersuchungszeitraum überwiegend ab[245].

Ein umfassenderes und genaueres Bild der regionalen Veränderung der Gehaltsunterschiede liefern die mean deviations, die im gesamten betrachteten Zeitraum eine Nivellierung[246] auswiesen; nach Tabelle 48 war diese Angleichungstendenz auch in den Perioden 1951/1957 (in 12 von 17 Wirtschaftszweigen) und 1957/1962 (in 14 von 17 Wirtschaftszweigen) vorhanden. Im Gegensatz zu den Entwicklungen der Verdienst-

---

242 Bis auf das Nahrungs- und Genußmittelgewerbe lagen die Relativwerte für Hessen unter dem Bundesdurchschnittsverdienst dieser Branchen, in Bergbau, Energiewirtschaft und Wasserversorgung, Baugewerbe, Handel und Dienstleistungen (i. w. S.) über dem Bundesdurchschnittsgehalt.

243 Letzte Zeile in Tabelle V des Anhangs.

244 Zwischen den Jahren 1951 und 1966 hat das Durchschnittsgehalt der weiblichen Angestellten in der Bundesrepublik um 169 v. H. zugenommen, niedrigere Zuwachsraten fanden sich in Nordrhein-Westfalen (163 v. H.), Baden-Württemberg (165 v. H.), Hessen (166 v. H.), höhere Zuwachsraten in Niedersachsen (183 v. H.), Bayern (171 v. H.) und Rheinland-Pfalz (171 v. H.). Vgl. Tabelle U, letzte Zeile.

245 Ausnahmen: Vergrößerung der Spannweiten in der Kunststoff-, Gummi- und Asbestverarbeitung, in der Elektrotechnik, Handelsvermittlung, Versicherungsgewerbe und Dienstleistungen.

246 Ausnahmen: vgl. Fußnote 245 ohne Versicherungsgewerbe.

Tabelle 48

Übersicht über Differenzierungs- und Nivellierungserscheinungen der interregionalen Gehaltsstruktur in der gewerblichen Wirtschaft der Bundesrepublik Deutschland 1951 bis 1966 (für weibliche Angestellte der Leistungsgruppe IV)

	Periode von 1951 bis 1957			Periode von 1957 bis 1962			Periode von 1962 bis 1966		
	Zahl der Wirtschaftsabteilungen	Durchschnitt aller relativen Streuungsmaße für die interregionale Gehaltsstruktur der Wirtschaftsabteilungen		Zahl der Wirtschaftsabteilungen	Durchschnitt aller relativen Streuungsmaße für die interregionale Gehaltsstruktur der Wirtschaftsabteilungen		Zahl der Wirtschaftsabteilungen	Durchschnitt aller relativen Streuungsmaße für die interregionale Gehaltsstruktur der Wirtschaftsabteilungen	
		1951	1957		1957	1962		1962	1966
1	2	3	4	5	6	7	8	9	10
Wirtschaftsabteilungen mit differenzierender interregionaler Gehaltsstruktur	5	4,57	6,20	3	4,53	5,81	11	3,48	4,51
Wirtschaftsabteilungen mit nivellierender interregionaler Gehaltsstruktur	12	5,45	3,89	14	4,58	3,59	6	4,88	3,69
Gesamtzahl der Wirtschaftsabteilungen	17	—	—	17	—	—	17	—	—

Quellen: Eigene Berechnungen nach Tabelle V des Anhangs.

differenzen bei den männlichen Angestellten[247], differenzierte sich die regionale Gehaltsstruktur der weiblichen Angestellten in der Periode 1962/1966 ganz leicht (in 11 von 17 Wirtschaftszweigen)[248].

Dies ist vor allem darauf zurückzuführen, daß die über dem Bundesdurchschnitt liegenden Länder z. T. ihren prozentualen Abstand zum Gehaltsniveau der Bundesrepublik Deutschland noch vergrößert haben, die relativen Gehaltserhöhungsraten in den unter dem Bezugswert liegenden Regionen niedriger ausfielen[249].

Begründungen für die festgestellte generelle Angleichungstendenz weiblicher Angestelltenverdienste nach Ländern werden wie bei den angestellten Männern im Anschluß an die Darstellung der intersektoralen regionalen Gehaltsstrukturen und ihrer Veränderungen gegeben.

4. Die Veränderung der intersektoralen Gehaltsunterschiede männlicher und weiblicher Angestellter nach Bundesländern (Regionen)

Die Wirtschaftsstrukturen verschiedener Länder beeinflussen ihre intersektoralen Verdienstunterschiede in differierenden Ausmaßen. Einige Gedanken zu diesem Problem sind bereits in der Zeitpunktanalyse der regionalen Gehaltsstruktur beigetragen worden[250], sie sollen im folgenden vertieft und auf die Untersuchung der Veränderungen intergewerblicher Gehaltsunterschiede männlicher und weiblicher Angesteller in den Bundesländern ausgedehnt werden.

Die aus den Angaben der Tabellen S und U entwickelten Zahlenwerte der Übersichten W und X sowie die Tabellen 49 und 50 liefern Daten

---

[247] Die männlichen Angestelltenverdienste wiesen eine Differenzierungsphase im Zeitraum 1951/1957 auf.

[248] Der Vergrößerungstrend der Gehaltsunterschiede war im Durchschnitt von 11 Wirtschaftszweigen etwas stärker als die Nivellierungstendenz im Durchschnitt von 6 Wirtschaftszweigen; vgl. Tabelle 48, Spalten 9 und 10. Die mean deviation für alle Wirtschaftszweige in Tabelle V, letzte Zeile, wies sogar eine verschwindend geringe Verkleinerung der Verdienstunterschiede aus (3,86 zu 3,83).

[249] Vgl. die entsprechenden Gehaltsquotienten nach Ländern in den Wirtschaftszweigen Handel, Dienstleistungen, Energiewirtschaft, Wasserversorgung und in vier Industriezweigen des verarbeitenden Gewerbes. Vgl. Tabelle V, Spalten für die Jahre 1962 und 1966.

Ein Teil der Abweichungen von 1966 zu 1962 wird vermutlich auf das Fehlen von Gehaltsangaben für Schleswig-Holstein zurückzuführen sein. Berücksichtigt man das starke Ansteigen der Gehälter gerade in diesem Bundesland (im Vergleich 1957/1962 stiegen die Gehälter im Bundesdurchschnitt um 47 v. H., in Schleswig-Holstein um 49 v. H.), so hätten die Werte dieses Landes wahrscheinlich zu einer stärkeren Angleichung der Gehaltsdifferenzen als zu ihrer Vergrößerung beigetragen. Vgl. auch die Verbesserung des Rangplatzes der weiblichen Angestellten Schleswig-Holsteins in der Gehaltshierarchie (Tabelle 45, Spalte 8).

[250] Vgl. S. 99 ff. dieser Arbeit.

zu den relativen Verdienstdifferenzen zwischen den Wirtschaftszweigen in ausgewählten Ländern der Bundesrepublik.

Beziehen wir zunächst die männlichen Angestellten in die Betrachtung ein, so wird die relative (formale) Stabilität der intersektoralen Gehaltsstruktur bestätigt, da in allen Regionen die Relativwerte der Gewerbe zum jeweiligen Landesdurchschnitt aller 19 Wirtschaftszweige vom Wirtschaftsbereich Energiewirtschaft, Wasserversorgung, Bergbau über verarbeitendes Gewerbe und Dienstleistungen (i. w. S.) zum Handel abnahmen. In allen Erhebungszeitpunkten und allen Bundesländern lagen vor allem die ersten acht Wirtschaftszweige über dem jeweiligen regionalen Durchschnittsgehalt.

Die relativen Unterschiede zwischen den Extremwerten der intersektoralen Gehaltsstrukturen nahmen im betrachteten Zeitraum ab[251], ebenso die relativen Streuungen um den Gehaltsdurchschnitt der gesamten gewerblichen Wirtschaft (Tabelle 49)[252]. Dabei fallen besonders die starke Verminderung der relativen Extremwertunterschiede und die Verringerung der Streuungen der Durchschnittsgehälter um den Gehaltsdurchschnitt der gewerblichen Wirtschaft in den Ländern Nordrhein-Westfalen und Bayern auf[253], während in den übrigen Ländern im Zeitraum 1951 bis 1966 die Nivellierungstendenz intersektoraler Gehaltsstrukturen nach Regionen schwächer war und in kürzeren Zeitabschnitten sogar leichte Differenzierungen der Gehaltsunterschiede auftraten[254].

Die Begründung dieser Veränderungen der intergewerblichen Gehaltsstrukturen nach Ländern deckt sich im wesentlichen mit den schon untersuchten Fragen zur intersektoralen Gehaltsstruktur[255].

---

[251] Ausnahmen: Relative Spannweiten in den Jahren 1951 und 1962 in Schleswig-Holstein; vgl. Tabelle 49, Spalten 26 und 28.

[252] Ausnahme: Schleswig-Holstein; vgl. Tabelle 49, Spalten 26 und 28.

[253] Vgl. Spalten 2 bis 5 und 14 bis 17 in Tabelle 49; die mean deviations der intersektoralen regionalen Gehaltsstrukturen wurden nach dem gleichen Verfahren berechnet wie auf S. 100, Fußnote 123, dieser Arbeit, nur wurden anstatt der Regionen (n = 7) Wirtschaftszweige (n = 19) in die Berechnung einbezogen.

[254] Z. B. zwischen den Jahren 1951 und 1957 in Baden-Württemberg, Hessen, Schleswig-Holstein; vgl. Tabelle 49, Spalten 6, 7, 10, 11, 26, 27.

[255] Vgl. die Ausführungen *Lamperts* zur Zeitpunktanalyse der interindustriellen Lohnstruktur; *H. Lampert*, Die Lohnstruktur ..., a. a. O., S. 111. Erwähnenswert erscheint in diesem Zusammenhang noch die Tatsache, daß die in Tabelle 30, Spalten 6 bis 9, ausgewiesenen Variationskoeffizienten der intersektoralen Gehaltsstruktur für die Leistungsgruppe III eine Veränderungstendenz aufzeigen, die mit der Entwicklung der intersektoralen Gehaltsunterschiede nach Ländern (Tabelle 49, Spalten 30 bis 33) voll übereinstimmt. Diese Übereinstimmung ist um so erstaunlicher, als beim Test von Veränderungen der intersektoralen Gehaltsstruktur für die Leistungsgruppe III Variationskoeffizienten (also quadratische Abweichungen), bei den intersektoralen Gehaltsstrukturen nach Regionen mean deviations (also relative einfache durchschnittliche Abweichungen) berechnet wurden. Die Gehaltsunterschiede haben sich also nach beiden Rechenverfahren angeglichen.

Tabelle 49

Die intersektoralen Gehaltsstrukturen in der gewerblichen Wirtschaft der Bundesländer 1951, 1957, 1962 und 1966 (für männliche Angestellte der Leistungsgruppe III)

Bundesländer	Nordrhein-Westfalen				Baden-Württemberg				Hessen				Bayern			
Streuungsmaße	1951	1957	1962	1966	1951	1957	1962	1966	1951	1957	1962	1966	1951	1957	1962	1966
1	2	3	4	5	6	7	8	9	10	11	12	13	14	15	16	17
Spannweite i. v. H.	68,0	42,3	28,1	24,1	26,4	29,0	23,1	24,4	39,6	48,3	25,8	20,4	53,1	30,1	23,9	21,2
mean deviation	11,21	8,41	6,34	6,79	6,09	6,68	5,67	5,27	8,15	8,32	5,32	4,99	12,22	6,23	5,08	4,13

Bundesländer	Rheinland-Pfalz				Niedersachsen				Schleswig-Holstein				alle Länder			
Streuungsmaße	1951	1957	1962	1966	1951	1957	1962	1966	1951	1957	1962	1966	1951	1957	1962	1966
1	18	19	20	21	22	23	24	25	26	27	28	29	30	31	32	33
Spannweite i. v. H.	42,0	40,9	34,0	30,9	28,7	27,4	21,8	23,6	35,6	45,5	38,5	—	74,5	44,0	27,0	22,9
mean deviation	9,99	8,08	8,33	7,94	6,49	6,04	5,28	5,33	8,13	11,33	8,82	—	11,52	8,23	5,88	5,56

Quellen: Eigene Berechnungen nach Tabelle W des Anhangs.

Analysiert man die intersektoralen Verdienststrukturen der weiblichen Angestellten nach Ländern, so lassen sich ähnliche Tendenzen erkennen wie bei den männlichen Angestellten. In allen Ländern lagen produzierendes Gewerbe[256] und Dienstleistungen[257] über, der Handel unter dem jeweiligen Durchschnittsverdienst aller Wirtschaftszweige, wobei die Differenzierungen zu dieser Bezugsbasis im Zeitverlauf in der Regel geringer wurden. Das drückte sich ebenfalls in den Werten für die Spannweiten und mean deviations aus[258]: Trotz sporadischer Differenzierungserscheinungen der intersektoralen Gehaltsstrukturen in einzelnen Ländern[259], haben sich die Gehaltsunterschiede besonders in den Ländern Nordrhein-Westfalen und Bayern im Untersuchungszeitraum insgesamt nivelliert.

Für die nun anstehenden Begründungen zu den empirisch nachgewiesenen Veränderungstendenzen der regionalen und intersektoralen Gehaltsstrukturen der Angestellten im Sinne einer überwiegenden Nivellierung der Einkommensdifferenzen gibt es eine Reihe von möglichen allgemeinen Erklärungsansätzen, die jedoch wegen mehrfach erwähnter unzureichend gegliederter statistischer Materialien und der Interdependenz der Determinanten bzw. der Schwierigkeiten ihrer „Isolierbarkeit" im einzelnen empirisch nur unzulänglich belegbar sind.

Ein erster Erklärungshinweis erscheint jedoch möglich, wenn man der Entwicklung der Gehaltsstruktur die Veränderung der regionalen Beschäftigungsstruktur gegenüberstellt. Sowohl bei den männlichen wie auch bei den weiblichen Angestellten nahm der Beschäftigtenanteil des größten regionalen Arbeitsmarktes für Angestellte, Nordrhein-Westfalens, an der Gesamtheit der in der Bundesrepublik beschäftigten Angestellten ab[260], geringfügigere prozentuale Beschäftigtenverringerungen waren in Hessen, Rheinland-Pfalz und Niedersachsen festzu-

---

[256] Energiewirtschaft, Wasserversorgung, Bergbau, verarbeitendes Gewerbe und Baugewerbe.

[257] Kreditinstitute und Versicherungsgewerbe, Verkehr und Dienstleistungen wurden zusammengefaßt, wobei der Wirtschaftszweig Dienstleistungen als Domäne für weibliche Angestelltentätigkeiten in allen Ländern z. T. weit unter dem Gehaltsdurchschnitt aller Wirtschaftszweige lag (vgl. Tabelle V im Anhang).

[258] Vgl. Tabelle 50.

[259] Besonders im Zeitraum 1951/1957 in den Ländern Baden-Württemberg, Hessen, Rheinland-Pfalz, Niedersachsen und Schleswig-Holstein; vgl. Tabelle 50.

[260] Vgl. Tabellen S und U im Anhang, letzte Zeile; der Prozentsatz der in Nordrhein-Westfalen beschäftigten männlichen Angestellten an den in der Bundesrepublik insgesamt erfaßten männlichen Angestellten (jeweils bezogen auf Leistungsgruppe III) ging von 1951 (37,5 v. H.) bis 1966 (33,1 v. H.) zurück, bei den weiblichen Angestellten (in Leistungsgruppe IV) von 37,3 v. H. auf 35,7 v. H.

Tabelle 50

Die intersektoralen Gehaltsstrukturen in der gewerblichen Wirtschaft der Bundesländer 1951, 1957, 1962 und 1966 (für weibliche Angestellte der Leistungsgruppe IV)

Bundesländer	Nordrhein-Westfalen				Baden-Württemberg				Hessen				Bayern			
Streuungs-maße	1951	1957	1962	1966	1951	1957	1962	1966	1951	1957	1962	1966	1951	1957	1962	1966
1	2	3	4	5	6	7	8	9	10	11	12	13	14	15	16	17
Spannweite i. v. H.	75,2	60,8	39,1	38,1	30,5	46,1	30,9	30,1	31,6	61,9	36,3	32,4	39,6	45,8	44,2	36,3
mean deviation	13,46	12,63	8,21	7,23	7,22	8,30	7,03	5,37	6,56	9,24	6,50	7,28	12,42	9,57	7,87	6,42

Bundesländer	Rheinland-Pfalz				Niedersachsen				Schleswig-Holstein				alle Länder			
Streuungs-maße	1951	1957	1962	1966	1951	1957	1962	1966	1951	1957	1962	1966	1951	1957	1962	1966
1	18	19	20	21	22	23	24	25	26	27	28	29	30	31	32	33
Spannweite i. v. H.	54,4	69,7	47,6	43,5	43,9	49,5	46,6	37,7	57,4	57,7	41,1	—	67,3	58,8	37,9	35,0
mean deviation	11,36	16,62	10,69	11,08	9,67	10,03	9,22	7,72	9,93	15,14	10,85	—	12,59	11,67	7,33	5,94

Quellen: Eigene Berechnungen nach Tabelle X des Anhangs.

stellen[261], Baden-Württemberg und Bayern haben ihren Beschäftigtenanteil auf Kosten dieser Länder relativ stark vergrößert[262], so daß eine relative Angleichung der regionalen Marktanteile stattgefunden hat[263], besonders zwischen den drei Bundesländern mit den größten Angestelltenpotentialen[264]. Da der prozentuale Anstieg der Gehälter der Angestellten in Nordrhein-Westfalen im Zeitraum 1951/1966 weit unter der Zuwachsrate von Bayern und Baden-Württemberg lag[265], ist zu vermuten, daß regionale Veränderungen der Beschäftigtenstruktur der Angestellten den Nivellierungstrend der regionalen Gehaltsdifferenzen zumindest mitbeeinflußt haben. Abwanderungsbewegungen von Arbeitskräften aus Regionen mit hohem Gehaltsniveau (Nordrhein-Westfalen) aber mit sich verkleinernden Gehaltszuwachsraten in Gebiete mit geringerem Verdienstniveau (Baden-Württemberg, Bayern) aber weitaus größeren Gehaltszuwächsen führen notwendigerweise zur Nivellierung von Einkommensdifferenzen. Diese Überlegungen gelten für Arbeiter und Angestellte gleichermaßen.

Die Erörterung weiterer denkbarer Bestimmungsgründe für die konstatierte überwiegende Verringerung der regionalen Gehaltsunterschiede im Zeitraum 1951 bis 1966 ist der anschließenden theoretischen Analyse der regionalen Verdienstdifferenzen vorbehalten.

5. Die theoretische Erklärung der Entwicklung der regionalen Gehaltsstruktur der Angestellten

Bei der Beschäftigung mit Problemen der Regionaltheorie und -politik werden häufig zwei zusammenhängende Fragen erkennbar:

1. Vergrößern oder verkleinern sich im Zuge des wirtschaftlichen Wachstums- und Entwicklungsprozesses eines Landes die regionalen Einkommensunterschiede?

---

[261] Die Prozentzahlen lauten in der Reihenfolge der genannten Länder für die männlichen Angestellten im Jahre 1951: 14,2, 6,0, 11,8, im Jahre 1966: 12,5, 5,2, 11,2; für die weiblichen Angestellten 1951: 10,3, 4,6, 14,5; 1966: 9,9, 4,6, 11,2.

[262] Beschäftigtenanteil männlicher Angestellter in Baden-Württemberg 1951: 13,1 v. H., 1966: 19,4 v. H., in Bayern 1951: 13,0 v. H., 1966: 18,6 v. H.; weibliche Angestellte: 1951 Baden-Württemberg 12,3 v. H., 1966: 18,0 v. H., Bayern 1951: 16,2 v. H., 1966: 20,6 v. H.

[263] Die aufgezeigten Prozentzahlen für die Angestellten werden im wesentlichen bestätigt von der Wanderungsstatistik; vgl. *K. Schwarz*, Analyse der räumlichen Bevölkerungsbewegung, a. a. O., S. 140 f., Tabelle 29.

[264] Männliche Angestellte 1966: Nordrhein-Westfalen 33,1 v. H., Baden-Württemberg 19,4 v. H., Bayern 18,6 v. H.; weibliche Angestellte 1966: Nordrhein-Westfalen 35,7 v. H., Bayern 20,6 v. H., Baden-Württemberg 18,0 v. H.

[265] Für die männlichen Angestellten ergaben sich zwischen 1951 und 1966 folgende Zuwachsraten: auf Bundesebene 153 v. H., in Nordrhein-Westfalen 135 v. H., in Bayern 162 v. H., in Baden-Württemberg 170 v. H.

2. Welches sind die Bestimmungsfaktoren für eine Veränderung der regionalen Einkommensdifferenzen[266]?

Die erste Frage konnte in der empirischen Untersuchung von Veränderungen regionaler Gehaltsdifferenzen für die Arbeitnehmergruppe „Angestellte" dahingehend beantwortet werden, daß sich die regionalen Gehaltsunterschiede männlicher und weiblicher Angestellter mittelfristig weitgehend angeglichen haben.

Die zweite Frage läßt sich mit Hilfe des interregionalen Strukturprozesses beantworten, der die Entwicklung der regionalen Arbeitsmärkte in einer seit 1951 wachsenden deutschen Wirtschaft charakterisiert.

Die Veränderung des volkswirtschaftlichen Beschäftigungsgrades hat nicht nur die Nivellierung inter- und intrasektoraler Gehaltsunterschiede, sondern auch die Verringerung regionaler Verdienstunterschiede begünstigt. Während sich in einer nicht auf strukturellen Ausgleich angelegten Aufbauphase der deutschen Wirtschaft von 1951 bis 1957 die regionalen Gehaltsunterschiede zunächst weitgehend differenzierten, wurde die Periode relativ ausgeglichenen Wirtschaftswachstums und anhaltender Vollbeschäftigung von 1958 bis 1966 von einer überwiegenden Nivellierungstendenz der regionalen Verdienstdifferenzen der Angestellten begleitet[267].

---

[266] Das zunehmende Interesse der Wissenschaft an derartigen regionalwirtschaftlichen Fragestellungen drückt sich u. a. darin aus, daß Untersuchungen regionaler Einkommensunterschiede nicht auf die Entwicklung in der Bundesrepublik beschränkt blieben, sondern auch die Zahl „historischer" Regionallohnvergleiche in jüngster Zeit zunahm; vgl. *H. G. Fett*, Die Methoden regionaler Reallohnvergleiche in ihrer historischen Entwicklung a. a. O.; *A. V. Desai*, Real Wages in Germany 1871 - 1913, Oxford 1968; *H. Hesse*, Die Entwicklung der regionalen Einkommensdifferenzen im Wachstumsprozeß der deutschen Wirtschaft vor 1913, in: Beiträge zu Wirtschaftswachstum und Wirtschaftsstruktur im 16. und 19. Jahrhundert, Hrsg. W. Fischer, SdVfS, N. F., Bd. 63, Berlin 1971, S. 261 ff.; *J. H. Müller* und *S. Geisenberger*, Die Einkommensstruktur in verschiedenen deutschen Ländern 1874 - 1913 unter Berücksichtigung regionaler Verschiedenheiten, Schriften zu Regional- und Verkehrsproblemen in Industrie- und Entwicklungsländern, Bd. 10, Berlin 1972.

[267] Ähnliche Entwicklungen für die regionale Lohnstruktur der Arbeiter hat *Steden* festgestellt, vgl. *W. Steden*, Der Arbeitsmarkt der bayrischen Industrie, a. a. O., S. 45. Die obigen Ausführungen beziehen sich vor allem auf die männlichen Angestellten (vgl. Tabelle 47), da sich bei den weiblichen Angestellten die regionalen Verdienstunterschiede bereits in der Periode 1951 bis 1957 nivelliert haben. Diese Entwicklung der regionalen Gehaltsunterschiede bei den weiblichen Angestellten kann damit begründet werden, daß besonders arbeitskostenabhängige Wirtschaftszweige wie Handel (insbesondere Einzelhandel), Leder, Textil, Bekleidung, Elektrotechnik, Feinmechanik, Optik, EBM-Waren, Musikinstrumente, Sportgeräte, die überdies die Masse der weiblichen Angestellten beschäftigten, bereits in der Frühphase der wirtschaftlichen Entwicklung Gebiete niedrigen Einkommensniveaus als Standorte bevorzugten, dort die Nachfrage nach Arbeit erhöhten und damit einen Beitrag zur Integration der regionalen Arbeitsmärkte leisteten, der wahr-

Diese Entwicklung erscheint deswegen verständlich, weil der Wachstumsprozeß gekennzeichnet ist durch die Erhöhung der Markttransparenz, die verringerte Bedeutung der Mobilitätskosten und die daraus für die Angebots- und Nachfrageseite der Arbeitsmärkte resultierende steigende räumliche Integration der Arbeitsmärkte.

Eine Verstärkung der Interdependenzen zwischen den einzelnen regionalen Arbeitsmärkten, zwischen Gebieten mit relativ hohen und relativ niedrigen Einkommen, führt in der Regel zu einer Verringerung der Gehaltsunterschiede.

Die Abnahme der regionalen Gehaltsunterschiede in der Bundesrepublik ist wahrscheinlich in erster Linie auf den in einer vollbeschäftigten Wirtschaft seit 1958 stärker werdenden Wettbewerb der Wirtschaftszweige um die Arbeitskraftreserven der weniger entwickelten Gebiete und die abnehmende Bedeutung gewisser Standortvorteile für große Industriezentren zurückzuführen[268].

Für diese Überlegungen sprechen, daß die Standortwahl der Unternehmen seit 1958 zunehmend vom offenen und versteckten Arbeitskräftereservoir in vorwiegend landwirtschaftlichen Gebieten bestimmt wurde und besonders Unternehmer in den Industrien Textil und Bekleidung, Elektrotechnik und Feinmechanik, Leder, Chemie sowie Ernährung ihre Standortentscheidung für solche Gebiete häufig mit einer erhofften Mobilisierung von weiblichen Arbeitskräften begründeten[269]. Diese stark arbeitskostenabhängigen Industriezweige waren gegenüber der allgemeinen Arbeitskräfteverknappung, die sich in der Regel in industriellen Agglomerationsräumen stärker bemerkbar machte, und gegenüber Abwanderungen der Arbeitskräfte in andere Wirtschaftszweige sehr empfindlich und drängten in weniger aufgeschlossene Räume, um ein ihrer Nachfrage entsprechendes ausreichendes Arbeitsangebot sicherstellen zu können[270].

An die Seite der in einer wachsenden vollbeschäftigten Wirtschaft durch verstärkten Abbau von Mobilitätshemmnissen steigenden räumlichen Mobilität der Arbeitskräfte trat also auch eine Erhöhung der

---

scheinlich eine Angleichung regionaler Verdienstunterschiede begünstigt (zu der Veränderung regionaler Gehaltsunterschiede in den genannten Wirtschaftszweigen vgl. Tabelle V im Anhang).

268 *Sachverständigenrat* zur Begutachtung der gesamtwirtschaftlichen Entwicklung, Stabilisierung ohne Stagnation, a. a. O., S. 170.

269 Vgl. *H. Brede*, Bestimmungsfaktoren industrieller Standorte, a. a. O., S. 65 f.

270 Ders., a. a. O., S. 66; vgl. auch *D. Schröder*, Strukturwandel, Standortwahl und regionales Wachstum, Prognosstudien Bd. 3, Stuttgart, Berlin, Köln, Mainz 1968, S. 146, und *W. Borgstede*, Wachstums- und Regionalstrukturentwicklung in der Bundesrepublik Deutschland, in: Die Mitarbeit, 18. Jg., H. 2 (Mai 1969), S. 163.

interregionalen Mobilität des Kapitals und der Unternehmerleistung[271], so daß Wanderungen des Kapitals zur Arbeit und der Arbeit zum Kapital regionale Angebots- und Nachfragebedingungen und damit Einkommensunterschiede ausglichen. Vergegenwärtigt man sich, daß gerade bei den Angestellten, insbesondere der mittleren und höheren Positionen, die regionale Mobilitätsbereitschaft etwa im Vergleich zu den Arbeitern relativ hoch ist[272], dann kann eine im Untersuchungszeitraum 1951 bis 1966 zu vermutende potentielle Mobilität der Angestellten einen guten Teil der Nivellierung interregionaler Gehaltsunterschiede bewirkt haben.

Berücksichtigt man ferner, daß im Zeitverlauf auch die Bedeutung bestimmter Standortvorteile der überdurchschnittlich industrialisierten Regionen, wie z. B. der „natürlichen" Standortfaktoren, der Intensität und Qualität der regionalen Verkehrsbedienung, der Nähe zu Ausbildungseinrichtungen, des kulturellen „Freizeitwerts" geringer geworden ist und statt dessen eine gleichmäßigere räumliche Verteilung dieser Faktoren erreicht wurde, dann werden auch aus diesen Gründen Wanderungen der Arbeit zum Kapital und vice versa erklärlich, die Angleichungen von Einkommensunterschieden begünstigten.

In die gleiche Richtung wirkten auch die Maßnahmen des Staates zur Förderung wirtschaftlich zurückgebliebener Regionen bzw. die staatliche Regional- und Infrastrukturpolitik[273] im allgemeinen, weil mit ihr ein Beitrag zur wachsenden Integrierung der Räume und eine Erhöhung der Interdependenzen zwischen den regionalen Teilarbeitsmärkten erreicht wurde.

Daß trotz hohen Beschäftigungsgrades auch kurzfristige leichte Differenzierungen der regionalen Gehaltsunterschiede auftraten, wie z. B. im Zeitraum 1962 bis 1966 für die weiblichen Angestellten[274], ist „ange-

[271] Vgl. *Sachverständigenrat* zur Begutachtung der gesamtwirtschaftlichen Entwicklung, Stabilisierung ohne Stagnation, a. a. O., S. 167.

[272] Zur relativ hohen regionalen Mobilität von Angestellten vgl. *L. Schuster*, Die Mobilität der Arbeitnehmer, eine vergleichende Analyse von vier Erhebungen, a. a. O., S. 532 ff.

[273] Die Wissenschaft hat sich in den letzten Jahren zunehmend mit diesen Fragen beschäftigt; vgl. zu dem angesprochenen Problem lediglich *R. L. Frey*, Infrastruktur, Grundlagen der Planung öffentlicher Investitionen, Tübingen, Zürich 1970, S. 9 ff.; *H. C. Recktenwald*, Entwicklung und Grenzen der Infrastrukturausgaben, in: Theorie und Praxis der Infrastrukturpolitik, SdVfS, N. F., Bd. 54, Berlin 1970, S. 379 ff.; *R. Jochimsen, P. Knobloch, P. Treuner*, Gebietsreform und regionale Strukturpolitik, das Beispiel Schleswig-Holsteins, Opladen 1971; *N. Kloten, K. Höpfner, W. Zehender*, Ortsgröße und regionale Wirtschaftspolitik, zur Abhängigkeit des Wirkungsgrades regionalpolitischer Maßnahmen von der Größe der geförderten Orte, Schriften zu Regional- und Verkehrsproblemen in Industrie und Entwicklungsländern, Bd. 9, Berlin 1972, insbesondere S. 57 ff., S. 107 ff.; *W. Stockmann*, Beschäftigtenrückgänge und Regionalpolitik in monoindustriellen Problemgebieten, Beiträge zur Raumplanung, Bd. 10, Düsseldorf 1972, insbesondere S. 102 ff.

[274] Vgl. Tabelle 48, Spalten 9 und 10.

sichts der regionalen Unterschiede im Wachstum des Angebots und der Nachfrage nach Arbeit und angesichts der regional verschieden großen Wanderungen von Arbeit und Kapital nicht verwunderlich“[275].

Die Differenzierung der regionalen Gehaltsstruktur weiblicher Angestellter von 1962 bis 1966 kann u. a. vermutlich mit der in Zeiten der Vollbeschäftigung und relativ hoher männlicher Angestelltengehälter geringer werdenden potentiellen räumlichen Mobilität der Frauen in ländlichen Gebieten, in denen noch Arbeitskraftreserven vorhanden sind, begründet werden[276].

Die Tendenz zur Vergrößerung von (regionalen) Gehaltsunterschieden weiblicher Angestellter kann im allgemeinen um so stärker angenommen werden, je geringer die effektive (regionale) Mobilität dieser Angestellten ist. Andererseits ist es theoretisch denkbar, daß sich die Effekte von Wanderungen der weiblichen Angestellten aus Gebieten niedriger in Gebiete hoher Verdienste und des Kapitals in umgekehrtem Sinn überlagern und nicht erkennbar werden[277].

Die ermittelte vorwiegende Nivellierung intersektoraler regionaler Gehaltsstrukturen männlicher und weiblicher Angestellter wird nach den Ausführungen zur Veränderung interregionaler Gehaltsunterschiede allein schon daraus erklärlich, daß die regionale Streuung der Wirtschaftszweige auch auf die Verringerung intersektoraler Verdienstunterschiede in den einzelnen Regionen Einfluß genommen haben muß. Die im zeitlichen Vergleich nachgewiesene Annäherung der regional verschiedenen Gehälter würde theoretisch selbst dann zu einer Nivellierung der intersektoralen Gehaltsstruktur führen, wenn keine Standortveränderungen stattgefunden hätten[278].

Außer von ökonomischen Faktoren, wie dem Wirtschaftswachstum, dem damit verbundenen Strukturwandel und dem steigenden Beschäftigungsgrad in der deutschen Nachkriegswirtschaft, können Veränderungen regionaler Gehaltsunterschiede auch von institutionellen Kräften, insbesondere den Gewerkschaften, beeinflußt worden sein.

Regionale Gehaltsunterschiede werden schon allein dadurch hervorgerufen, daß allgemein in den Tarifverträgen eine Abstufung nach Ortsklassen vereinbart wird, um unterschiedlich hohen Lebenshaltungskosten in den einzelnen Gebieten Rechnung zu tragen. Erklärtes Ziel der Gewerkschaften ist jedoch eine Verringerung der Ortsklassen bzw. eine Beseitigung der Ortsklassenabschläge, wie es z. B. aus einer Entschlie-

---

275 *H. Lampert*, Die Lohnstruktur . . ., a. a. O., S. 165.

276 Vgl. *H. Brede*, Bestimmungsfaktoren industrieller Standorte, a. a. O., S. 67.

277 Vgl. *H. Lampert*, Die Lohnstruktur . . ., a. a. O., S. 165.

278 *W. G. Hoffmann*, Die branchenmäßige . . ., a. a. O., S. 78.

ßung der Deutschen Angestelltengewerkschaft zur Tarifpolitik hervorgeht: „Die Deutsche Angestellten-Gewerkschaft fordert unabhängig von angemessenen Gehaltserhöhungen: ... 6. Beseitigung der Ortsklassenabschläge in den Gehaltstabellen[279]."

Da die Zahl der Ortsklassen im Zeitverlauf tatsächlich reduziert wurde[280], ist ein gewerkschaftlicher Einfluß auf die Verringerung der regionalen Gehaltsunterschiede wahrscheinlich.

Der gewerkschaftliche Einfluß auf die regionale Gehaltsstruktur hängt jedoch vor allem vom räumlichen Geltungsbereich der von den Gewerkschaften abgeschlossenen Tarifverträge und von der Organisationsform der Gewerkschaften ab[281]. Je größer die Wirtschaftsräume sind, für die Ergebnisse von Tarifverhandlungen wirksam werden, um so eher kann von den Gewerkschaften eine stärkere Integration der regionalen Arbeitsmärkte und eine damit in der Regel verbundene Angleichungstendenz regionaler Gehaltssätze bewirkt werden.

Für den Zeitraum 1951 bis 1966 lassen sich allerdings keine verbindlichen Aussagen darüber machen, ob bei den Angestelltengewerkschaften eine eindeutige Tendenz zu Tarifabschlüssen für größere räumliche Geltungsbereiche zu verzeichnen war, weil einerseits das Interesse der Gewerkschaften an lokalen Betriebsvereinbarungen größer wurde[282], andererseits der Trend in Richtung auf eine stärkere räumliche Zentralisierung der Tarifverhandlungen zu gehen schien[283]. Die Frage, „ob die Entwicklung eher zum Bezirkstarif oder zum zentral ausgehandelten Branchentarif gehen soll"[284], ist noch weitgehend ungeklärt[285].

[279] *DAG* (Hrsg.), Angestellte, Gesellschaft der Zukunft, Tätigkeitsbericht 1963 - 1967, Hamburg 1967, S. 107.

[280] Ein Beispiel, das die allgemeinen Bestrebungen der Gewerkschaften zur Verringerung der Ortsklassen und zur Verringerung der Gehaltsunterschiede zwischen noch bestehenden Ortsklassen widerspiegelt, findet sich in: *ÖTV* (Hrsg.), Das ÖTV-Magazin, Nr. 2, Februar 1970, S. 3. Dort heißt es: „Der Ortszuschlag wird tariflich wie folgt geregelt: a) Die Tarifklasse III entfällt, b) in Tarifklasse II werden alle Stufen der Ortsklasse A um DM 8,— erhöht, c) alle Stufen jeder Ortsklasse werden um 8 v. H. erhöht ..."

[281] *H. Lampert,* Die Lohnstruktur ..., a. a. O., S. 187; Ders., Bestimmungsgründe ..., a. a. O., S. 435.

[282] Vgl. *E. Liefmann-Keil,* Ökonomische Theorie der Sozialpolitik, a. a. O., S. 292; *A. M. Ross,* Die Gewerkschaft als eine Institution der Lohnbestimmung, in: Arbeitsökonomik, (Hrsg.) B. Külp, W. Schreiber, Köln 1972, S. 195.

[283] *Ch. E. Weber,* Der freie und der gebundene Arbeitsmarkt, Volkswirtschaftliche Schriften, H. 10, Berlin 1953, S. 126; *A. M. Ross,* Die Gewerkschaft als eine Institution der Lohnbestimmung, a. a. O., S. 195.

[284] *E. Buchholz,* Die Wirtschaftsverbände in der Wirtschaftsgesellschaft, a. a. O., S. 83.

[285] Interessant sind in diesem Zusammenhang auch die Ergebnisse einer empirischen Untersuchung zum Selbstbild der Verbände, in der ermittelt wurde: „... die Gewerkschaften (ziehen) nicht grundsätzlich die regionale Ebene und die Arbeitgeberverbände die Bundesebene für die Tarifverhandlungen vor, sondern die Taktik hinsichtlich der Verhandlungsebene variiert von einem Wirtschaftsbereich zum anderen, vielleicht sogar von einem Fall zum anderen." Vgl. *G. Schmölders,* Das Selbstbild der Verbände, empirische

Zu berücksichtigen ist jedoch, daß die Masse der Angestellten in den Industriegewerkschaften des DGB nach dem Industrieverbandsprinzip, der weit geringere Teil der Angestellten in der Deutschen Angestelltengewerkschaft nach dem Berufsverbandsprinzip organisiert ist[286].

Da nach dem Industrieverbandsprinzip alle organisierten Arbeitnehmer einer Branche unabhängig vom beruflichen Standort erfaßt werden und die Industriegewerkschaften sich einheitlicher und straffer führen lassen als Berufsgewerkschaften, sind die Erfolgsaussichten der Industriegewerkschaften für die Nivellierung (u. a.) regionaler Gehaltsunterschiede im allgemeinen höher einzuschätzen als die der Berufsgewerkschaften[287].

Allerdings waren den Möglichkeiten der Angestelltengewerkschaften, auf die Verringerung von Gehaltsunterschieden hinzuwirken, Grenzen gesetzt, weil

1. ihrem Einfluß grundsätzlich nur die Veränderungen tariflicher Gehaltsstrukturen unterlagen,

2. gerade bei allgemein hohem Beschäftigungsgrad günstigere Chancen gegeben waren, *allgemeine* Gehaltserhöhungen durchzusetzen, die der Einkommensnivellierung als erklärtem gewerkschaftlichen Ziel entgegenstanden und sogar Differenzierungen der tariflichen Gehaltsentwicklung auslösen könnten[288].

3. Veränderungen der oben erwähnten Determinanten der effektiven regionalen (branchenmäßigen) Gehaltsstruktur, die auf Veränderungen in Angebots- und Nachfrageverhältnissen auf regionalen (oder branchenmäßigen) Arbeitsmärkten zurückgeführt wurden, einen empirisch nachgewiesenen Nivellierungstrend der regionalen (und branchenmäßigen) Gehaltsunterschiede hervorgerufen haben, der einem in Zeiten der Vollbeschäftigung denkbaren Differenzierungstrend der tariflichen Gehaltsstruktur möglicherweise entgegengewirkt haben kann[289].

Erhebung über die Verhaltensweisen der Verbände in ihrer Bedeutung für die wirtschaftspolitische Willensbildung in der Bundesrepublik Deutschland, in: Wirtschaftsverbände und Wirtschaftspolitik, SdVfS, N. F., Bd. 38, Berlin 1965, S. 126 f., S. 288, S. 326.

[286] Vgl. Fußnote 49 in diesem Kapitel.

[287] Diese These wird unterstützt durch die Tatsache, daß sich in der DAG bei lediglich 127 Tarifgebieten der räumliche Geltungsbereich auf mehrere Landesverbände, überwiegend auf das Bundesgebiet erstreckte, während 800 Tarifgebiete in die Zuständigkeit der Landesverbände fielen. Vgl. *DAG* (Hrsg.), Angestellte, Gesellschaft der Zukunft, a. a. O., S. 95, und *E. Liefmann-Keil,* Ökonomische Theorie der Sozialpolitik, a. a. O., S. 287 f.

[288] Dies., a. a. O., S. 287 f.

[289] Da in dieser Untersuchung mehrfach festgestellt wurde, daß für Arbeiter und Angestellte ähnliche Entwicklungstendenzen der Verdienstunterschiede im Zeitverlauf vorlagen, stützt sich die obige Vermutung auf die Ergebnisse *Gerfins* zur Lohndrift. *Gerfin* weist für die Arbeiterverdienste nach, daß die Lohndrift die Nivellierungstendenz der Verdienstunterschiede verstärkt hat; vgl. *H. Gerfin,* Ausmaß und Wirkung der Lohndrift, a. a. O., S. 515.

Auf Grund dieser Ausführungen war ein direkter Einfluß der Angestelltengewerkschaften auf die Nivellierung von Gehaltsunterschieden — und dies gilt für alle Dimensionen der Gehaltsstruktur — nicht sehr wahrscheinlich. Vermutlich ist der indirekte Einfluß der Gewerkschaften auf die Gehaltsstruktur durch ihren Beitrag zur Institutionalisierung der Arbeitsmärkte bedeutender als ihr direkter Einfluß auf die Gehaltsstruktur durch ihre Tarifpolitik[290]. Daß auch Staat und Arbeitgeberverbände die Struktur und Funktionsfähigkeit der Angestelltenarbeitsmärkte verändert haben, indem sie primär an dieser Aufgabe der Institutionalisierung der Arbeitsmärkte mitgewirkt und dadurch bestehende Marktunvollkommenheiten verringert haben, kann ohne weitere Erörterungen als wissenschaftlich gesicherte Erkenntnis übernommen werden[291].

IV. Zusammenfassung der Ergebnisse zur Zeitraumanalyse der Gehaltsstruktur der Angestellten 1951 bis 1966

Bei der *Zeitpunkt*analyse der Gehaltsstruktur der Angestellten für das Erhebungsjahr 1951 ist eine Reihe von Fragestellungen aufgeworfen worden[292], deren Weiterverfolgung sich für die mittelfristige *Zeitraum*analyse der Gehaltsstruktur von 1951 bis 1966 anbot.

Ein Überblick zur Entwicklung der Gehaltsunterschiede im Zeitverlauf und die theoretische Begründung der Ergebnisse waren deswegen erforderlich, weil bisher zwar eine Anzahl von Untersuchungen zu vor allem langfristigen Veränderungen der Lohnstruktur vorlag, die Gehaltsstruktur aber fast völlig vernachlässigt wurde. Eine weitere Begründung mehr formaler Art für die empirische Untersuchung der Gehaltsunterschiede ist darin zu sehen, daß einschließlich der 1970, in der Anfangsphase dieser Arbeit erschienenen Ergebnisse zur amtlichen Gehaltsstrukturerhebung für Angestellte[293], genügend statistische Materialien vorhanden waren, um mit Hilfe einer ex post mittelfristigen Strukturanalyse der Angestelltengehälter einige aus Lohnstrukturuntersuchungen entwickelte Hypothesen zu testen, die vor allem eine Überprüfung relativ formaler Stabilitäten der Gehaltsstruktur und ihre Veränderung im Sinne einer Nivellierung beinhalteten.

Die Ergebnisse der im Kapitel D vorgenommenen empirischen Analyse der Gehaltsstruktur und der theoretischen Begründungen festgestellter Veränderungstendenzen der Gehaltsunterschiede erlauben folgende zusammengefaßte Schlußfolgerungen:

---

290 Vgl. *H. Lampert*, Die Lohnstruktur ..., a. a. O., S. 197 f.
291 Vgl. Ders., a. a. O., S. 143 ff.
292 Vgl. die S. 106, 107, 108 dieser Arbeit.
293 Vgl. *Gehaltsstrukturerhebung 1966*, a. a. O.

1. Die intersektorale Gehaltsstruktur wies im Zeitverlauf eine relative (formale) Stabilität auf, d. h. die Reihenfolge der Wirtschaftszweige nach Durchschnittsverdiensten hat sich von 1951 bis 1966 nicht grundlegend geändert.

2. In der gesamten gewerblichen Wirtschaft wurde für männliche und weibliche Angestellte in dem betrachteten Zeitraum eine Gehaltshierarchie festgestellt. Die Durchschnittsgehälter fielen vom Wirtschaftsbereich Energiewirtschaft, Wasserversorgung, Bergbau über das verarbeitende Gewerbe und die Dienstleistungen zum Handel.

3. Bisherige Ergebnisse zur Lohnhierarchie der Industriearbeiter wurden für Angestellte beider Geschlechter bestätigt:

Die Durchschnittsgehälter nahmen von den Grundstoff- und Produktionsgüterindustrien über die Investitionsgüter- zu den Verbrauchsgüterindustrien ab.

4. Einige vermutete Determinanten der intersektoralen Gehaltshierarchie wie Unvollkommenheiten der Arbeitsmärkte, die ungleichmäßige Verteilung der Angestelltenarbeitsmärkte auf die regionalen Wirtschaftsräume der Bundesrepublik und institutionelle Faktoren im allgemeinen, wie z. B. die arbeitsmarktpolitischen Maßnahmen des Staates, waren im Untersuchungszeitraum für alle Wirtschaftsbereiche wirksam und schieden deswegen als Erklärungsmöglichkeiten aus.

5. Die bereits in der Zeitpunktanalyse diskutierte Heterogenität des Faktors Arbeit, die sich in Prestige- und Neigungsunterschieden, Belastungs- und Arbeitsleistungsunterschieden, Ausbildungsaufwands- und „natürlichen" Knappheitsunterschieden ausdrückt, sowie Unterschiede in der Nachfrage nach Arbeit haben dagegen vermutlich einen stärkeren Einfluß auf die Zementierung der Rangpositionen der Wirtschaftszweige in der Gehaltshierarchie der Angestellten ausgeübt.

6. Die Unterschiede in Prestige und Neigung, im Ausbildungsaufwand, in der Qualifikationsstruktur und in der „natürlichen" Seltenheit der Angestellten zwischen den einzelnen Bereichen der gewerblichen Wirtschaft sind im Prinzip bestehen geblieben.

7. Der im Zeitraum 1951 bis 1966 wirksam gewordene Wachstumsprozeß und der mit ihm verbundene Strukturwandel, die zeitlichen und räumlichen Unterschiede in der Nachfrage nach Arbeitsleistungen der Angestellten zwischen etablierten und neu in den Expansionsprozeß eintretenden Wirtschaftszweigen haben die Verdienstrangfolge der Wirtschaftszweige nicht grundlegend geändert.

8. Für die Wirtschaftszweige ergab sich eine „natürliche" Notwendigkeit, ihren Rang in der Gehaltshierarchie zu behaupten, um ihre Konkurrenzfähigkeit auf dem Arbeitsmarkt zu erhalten und starke Abwanderungsverluste zu vermeiden.

9. Die Gewerkschaften, insbesondere die nach dem Industrieverbandsprinzip organisierten Industriegewerkschaften des DGB, haben die Stabilisierung der Gehaltshierarchie begünstigt, weil eines ihrer erklärten gehaltspolitischen Ziele in der Behauptung einer einmal für ihre Arbeitnehmer erreichten Position in der Rangfolge der Verdienste bestand[294] und nach bisherigen Erfahrungen Änderungen der Tarifgehälter auf die Effektivgehälter durchschlagen.

10. Die festgestellte mittelfristige relative Stabilität der intersektoralen Dimension der Gehaltsstruktur implizierte nicht etwa gleichbleibende relative Abstände zwischen den Durchschnittsgehältern nach Wirtschaftszweigen, vielmehr konnten sich die relativen Gehaltsdifferenzen zwischen den Wirtschaftszweigen unter Berücksichtigung der Leistungsgruppen, Beschäftigungsarten und Betriebsgrößen nivellieren oder differenzieren.

11. Die Überprüfung der Entwicklung der intersektoralen Gehaltsstruktur ergab für männliche und weibliche Angestellte eine Nivellierungstendenz der relativen Einkommensunterschiede, die im Zeitraum 1958/1966 für die Beschäftigungsarten und Leistungsgruppen *insgesamt* stärker war als im Zeitraum 1951/1957[295].

12. Die Verringerung intersektoraler Gehaltsunterschiede für einzelne Beschäftigungsarten war innerhalb der männlichen Angestelltenschaft stärker ausgeprägt bei der Beschäftigungskategorie technische Angestellte als bei den Beschäftigungsarten kaufmännische Angestellte und Meister, innerhalb der weiblichen Angestelltenschaft stärker ausgeprägt bei den kaufmännischen als bei den technischen Angestellten.

13. Auch die intergewerblichen Gehaltsunterschiede unter Berücksichtigung der einzelnen Leistungsgruppen haben sich im Untersuchungszeitraum 1951 bis 1966 für beide Geschlechter überwiegend verringert, was geringfügige Vergrößerungen der relativen Gehaltsdifferenzen für weibliche Angestellte der höchsten Qualifikationsgruppen (Leistungsgruppen II und III) in dieser Periode ebensowenig ausschloß wie sporadische Differenzierungen intersektoraler Gehaltsunterschiede für beide Geschlechter in kleineren Zeiträumen[296].

14. Da die Verdienststruktur der Angestellten sowohl durch Änderung der Gehaltssätze als auch (u. a.) durch Änderungen der Beschäftig-

[294] Für diese Zielsetzung der Gewerkschaften ist eine Erklärung der IG-Chemie zur Tarifrunde 1970 symptomatisch. Dort heißt es: „Die tariflichen Abschlüsse müssen ... dieser Spitzenstellung der chemischen Industrie entsprechen"; vgl. *Pressestelle der Industriegewerkschaft Chemie - Papier - Keramik* (Hrsg.), IG-Chemie-Erklärung zur Tarifrunde 1970 vom 23. 2. 1970, S. 2.

[295] Die Zusammenfassung der Entwicklungstendenzen intersektoraler, intrasektoraler und regionaler Gehaltsunterschiede findet sich in Tabelle 51, auf die für die weitere Darstellung der Ergebnisse unserer Untersuchung verwiesen wird.

[296] Vgl. Tabellen 30 und 33, Spalten 6 bis 9.

tenstruktur nach Wirtschaftszweigen beeinflußt werden kann, wurden die möglichen Einflüsse von Beschäftigungsstrukturveränderungen auf die Entwicklung der Gehaltsunterschiede zwischen den Wirtschaftszweigen überprüft. Die Berechnungen führten zu dem Ergebnis, daß intersektorale Veränderungen der Beschäftigtenstruktur männlicher Angestellter (weiblicher Angestellter) im Zeitverlauf tendenziell eine Verstärkung (geringfügige Abschwächung) der Nivellierungstendenz branchenmäßiger Gehaltsunterschiede bewirkten.

15. Die relativen intersektoralen Gehaltsunterschiede haben sich im Zeitraum 1951 bis 1966 auch unter Berücksichtigung der Betriebsgröße verringert. Begründete Vermutungen sprachen dafür, daß die Annäherung der Verdienstdifferenzen nach der Betriebsgröße (u. a.) auf die im Zeitverlauf gestiegene Konzentration männlicher und weiblicher Angestellter in Großbetrieben zurückzuführen war.

16. Die empirisch festgestellten überwiegenden Nivellierungstendenzen intersektoraler Gehaltsunterschiede ließen sich theoretisch vorwiegend durch ökonomische Determinanten erklären, die in einer seit 1951 wachsenden vollbeschäftigten deutschen Wirtschaft wirksam wurden; mögliche institutionelle Bestimmungsgründe der Gehaltsstruktur wie die Verfassung der Arbeitsmärkte, die staatliche Lohnpolitik und die Struktur und Organisation der Gewerkschaften haben sich im Untersuchungszeitraum kaum verändert.

17. Die unterschiedliche Höhe des Beschäftigungsgrades der Angestellten in verschiedenen Perioden wirtschaftlicher Entwicklung in der Bundesrepublik (Perioden 1951/1957 und 1958/1966) hat vermutlich dazu beigetragen, intergewerbliche Gehaltsdifferenzen insgesamt anzugleichen bzw. in der Vollbeschäftigungsphase 1958 bis 1966 stärker zu nivellieren als in der Periode allmählichen Hineinwachsens in eine vollbeschäftigte Wirtschaft (1951 bis 1957).

18. Die zunehmende Verknappung der Arbeitskräfte auf dem Teilarbeitsmarkt für Angestellte in einer Vollbeschäftigungssituation und die wachsende Konkurrenz der Wirtschaftszweige um das Arbeitsangebot führten dazu, daß Branchen mit relativ niedrigem Gehaltsniveau relativ höhere Gehaltszuwachsraten konzedieren mußten als Branchen mit relativ hohem Gehaltsniveau; diese Entwicklung wurde mit Hilfe der Zuwachsraten tariflicher und effektiver Gehaltssätze in den einzelnen Wirtschaftsbereichen verdeutlicht und war besonders auffallend in der Periode der Vollbeschäftigung.

19. Die intrasektorale Gehaltsstruktur, untersucht nach den Merkmalen Beschäftigungsart, Leistungsgruppe und Betriebsgröße, hat sich im Zeitverlauf ebenfalls vorwiegend nivelliert, wenn auch bei männlichen und weiblichen Angestellten vor allem kurzfristige Vergrößerun-

Tabelle 51

Übersicht zu den Veränderungen der Gehaltsstruktur männlicher und weiblicher Angestellter im Zeitraum 1951 bis 1966

Dimensionen/ Merkmale Zeiträume	männliche Angestellte							weibliche Angestellte						
	intersektoral			intrasektoral			regional	intersektoral			intrasektoral			regional
	BA/ LGr	BGr	R	BA	LGr	BGr		BA/ LGr	BGr	R	BA	LGr	BGr	
1	2	3	4	5	6	7	8	9	10	11	12	13	14	15
1951/1957	Niv.	—	Niv.	Niv.	Niv.	—	Diff.	Niv.	—	Niv.	Niv.	Diff.	—	Niv.
1957/1962	Niv.	—	Niv.	Niv.	Niv.	—	Niv.	Niv.	—	Niv.	Niv.	Niv.	—	Niv.
1962/1966	Niv.	Niv.	Niv.	Niv.	Niv.	Niv.	Niv.	Niv.	Niv.	Niv.	Diff.	Diff.	Niv.	Diff.
1951/1966	Niv.	Niv.	Niv.	Niv.	Niv.	Niv.	Niv.	Niv.	Niv.	Niv.	Niv.	Niv.	Niv.	Niv.

Erklärung der Abkürzungen: BA = Beschäftigungsart, LGr = Leistungsgruppe, R = intersektorale Gehaltsstruktur nach Regionen, BGr = Betriebsgröße, Niv. = Nivellierung, Diff. = Differenzierung.

Quellen: Für die intersektorale Gehaltsstruktur Tabellen 29, 30, 32, 33, 38, 40, 49, 50; für die intrasektorale Gehaltsstruktur Tabellen 41, 42, 43, 44 und für die regionale Gehaltsstruktur Tabellen 47, 48.

gen der Gehaltsunterschiede häufiger anzutreffen waren[297] als in der Analyse der intergewerblichen und regionalen Gehaltsstrukturdimensionen.

20. Die intrasektoralen Einkommensdifferenzen der männlichen und weiblichen Angestellten nach Beschäftigungsarten zeigten eine Verringerung der Verdienstdifferenzen besonders zwischen den technischen und kaufmännischen Angestellten. Auch zwischen den Beschäftigungskategorien Meister und Kaufleute der männlichen Angestellten wurden die Gehaltsunterschiede kleiner, während sich zwischen technischen Angestellten und Meistern eine leichte Differenzierungstendenz nachweisen ließ.

21. Die im Zeitverlauf generelle Verkleinerung der Einkommensunterschiede zwischen den Qualifikationsgruppen der Angestellten kam vor allem dadurch zustande, daß in höheren Leistungsgruppen ein relativ schwächeres Ansteigen der Verdienste, in den unteren Leistungsgruppen eine relativ stärkere Anhebung der Verdienste stattgefunden hat.

22. Für die Entwicklung der intrasektoralen Gehaltsunterschiede männlicher und weiblicher Angestellter nach der Betriebsgröße wurde ebenfalls eine überwiegende Nivellierung konstatiert, besonders in den Wirtschaftsbereichen Energiewirtschaft, Wasserversorgung, Bergbau und verarbeitendes Gewerbe, die im Zeitverlauf immer stärker großbetriebliche Organisationsformen präferierten.

23. Für die theoretische Begründung der aufgezeigten Entwicklungstendenzen intrasektoraler Gehaltsunterschiede wurden im wesentlichen ökonomische Determinanten, wie die Veränderung des volkswirtschaftlichen Beschäftigungsgrades und die mit ihm zusammenhängenden quantitativen und qualitativen Veränderungen von Angebot und Nachfrage auf dem Arbeitsmarkt der Angestellten in der Bundesrepublik angeführt. Der Nachweis gewerkschaftlicher Erfolge bei der Erreichung des von ihnen (u. a.) erstrebten Ziels der Einkommensnivellierung nach Beschäftigungsgruppen war deswegen schwierig, weil die Gewerkschaften primär die tarifliche Gehaltsstruktur beeinflußten und sich für eine gewerkschaftliche Einwirkung auf die Veränderung der effektiven intragewerblichen Gehaltsstruktur keine Anhaltspunkte ergaben.

---

[297] Vgl. Tabelle 51, Spalten 5 bis 7 und 12 bis 14; ob in der Übersicht eine Vergrößerung oder Verkleinerung der Verdienstunterschiede ausgewiesen wurde, richtet sich nach der stärker ausgeprägten Richtung der Veränderungstendenz; z. B. war in Tabelle 41 für die Verdienstunterschiede zwischen technischen und kaufmännischen Angestellten im gesamten Zeitraum 1951/1966 eine Nivellierung, zwischen kaufmännischen Angestellten und Meistern eine leichte Differenzierung, zwischen Meistern und kaufmännischen Angestellten wiederum eine Angleichung der Verdienstdifferenzen festzustellen; insgesamt hat sich also im betrachteten Zeitabschnitt die intrasektorale Gehaltsstruktur der männlichen Angestellten nach Beschäftigungsarten nivelliert.

24. Die intrasektoralen Gehaltsunterschiede wurden in der Phase wirtschaftlicher Expansion bis zum Eintritt in die Vollbeschäftigung (Zeitraum 1951/1957) weniger stark angeglichen als in der Periode anhaltender Vollbeschäftigung (Zeitraum 1958/1966), so daß dem Beschäftigungsgrad für die Veränderung intragewerblicher Gehaltsdifferenzen vermutlich eine ähnliche Bedeutung zukam wie für die Entwicklung intersektoraler Gehaltsunterschiede.

25. Die sich in einer vollbeschäftigten wachsenden Wirtschaft verstärkenden Knappheitsrelationen (auch) am Arbeitsmarkt der Angestellten, Strukturwandel und technischer Fortschritt haben qualitative und quantitative Änderungen von Angebot und Nachfrage induziert, die eine vorwiegende Nivellierung der Gehaltsunterschiede zwischen den Angestellten hoher und niedriger Qualifikationsstufen, zwischen technischen Angestellten und kaufmännischen Angestellten schon allein deswegen begünstigten, weil die bracheninterne Substituierbarkeit von kaufmännischen Angestellten und Angestellten niedriger Leistungsgruppen relativ höher war — und vermutlich auch die potentielle intra- und intersektorale Mobilität dieser Angestelltengruppen erhöht hat — als die der qualifizierteren Angestelltengruppen und der technischen Angestellten.

26. Die regionale Gehaltsstruktur zeigte im Zeitverlauf eine relative formale Stabilität in der Rangordnung der Bundesländer nach den erzielten Durchschnittsverdiensten, weil in Ländern mit relativ hohem Gehaltsniveau im Zeitverlauf relativ hohe Gehälter, in Regionen relativ niedrigen Gehaltsniveaus weiterhin relativ niedrige Gehälter gezahlt wurden. Das Gehaltsgefälle nach Bundesländern kam vermutlich durch das nach Regionen differierende konglomerate Einwirken von Determinanten wie der Bevölkerungsdichte, der Bevölkerungskonzentration, der Betriebskonzentration und der Wirtschaftsstruktur auf die regionalen Angestelltenarbeitsmärkte zustande. Veränderungen dieser Determinanten im Zeitverlauf haben die regionalen Arbeitsmärkte wahrscheinlich nicht so stark beeinflußt, daß eine grundlegende Änderung der Rangpositionen der Länder in der Gehaltshierarchie bewirkt wurde.

27. Diese relative Stabilität der formalen regionalen Gehaltsstruktur war keineswegs mit einer Konstanz der regionalen relativen Gehaltsdifferenzen im Zeitverlauf gleichzusetzen, vielmehr wurde für die Entwicklung der regionalen Gehaltsunterschiede männlicher und weiblicher Angestellter eine vorwiegende Nivellierungstendenz nachgewiesen. Auch die intersektoralen Gehaltsstrukturen der Länder haben sich für beide Geschlechter mittelfristig weitgehend angeglichen.

28. Die Verkleinerung regionaler Gehaltsunterschiede war stärker in der Vollbeschäftigungsperiode (1958 bis 1966), schwächer bzw. nicht

nachweisbar in der Aufbauphase der deutschen Wirtschaft im Zeitraum 1951 bis 1957. Diese Entwicklung konnte theoretisch mit den unter Vollbeschäftigungsbedingungen im Wirtschaftswachstum stärker werdenden Interdependenzen zwischen den regionalen Arbeitsmärkten, zwischen Gebieten mit relativ hohen und relativ niedrigen Verdiensten, mit dem Abbau von regionalen Mobilitätshemmnissen durch die gestiegene effektive räumliche Mobilität der Angestellten und mit der Verstärkung der interregionalen Mobilität des Kapitals und der Unternehmerleistungen begründet werden.

29. Eine Verringerung regionaler Gehaltsunterschiede wurde vermutlich auch durch staatliche Maßnahmen zur Förderung schwach industrialisierter Gebiete und durch die staatliche Regional- und Infrastrukturpolitik gefördert, die eine gleichmäßigere regionale Allokation u. a. des Faktors Angestelltenarbeit und damit die räumliche Integration der Angestelltenarbeitsmärkte begünstigte.

30. Auch gewerkschaftliche Erfolge in bezug auf eine Verringerung regionaler Gehaltsdifferenzen können nicht ausgeschlossen werden (Ortsklassenverringerung!), obwohl den Einflußmöglichkeiten der Angestelltengewerkschaften generell Grenzen gesetzt waren und ihr indirekter Beitrag zur Nivellierung der (u. a.) regionalen Dimension der Gehaltsstruktur im wesentlichen auf der Institutionalisierung der Arbeitsmärkte beruhte. Ein wesentlicher Beitrag zur Veränderung der Struktur der Arbeitsmärkte und zur Verbesserung ihrer Funktionsfähigkeit ist auch von den Arbeitgeberverbänden und dem Staat erbracht worden.

E. Schlußbemerkung

Die Bedeutung der Gehaltsstrukturanalyse für eine Theorie der Lohn- und Gehaltsstruktur

Abschließend soll der Versuch unternommen werden, einige Bemerkungen zu den Ergebnissen der vorliegenden Analyse der Gehaltsstruktur zu machen, insbesondere ihre Bedeutung für eine mögliche zukünftige umfassende Theorie der Lohn- *und* Gehaltsstruktur darzulegen. Zweck der Schlußbetrachtung ist nicht die Zusammenfassung der Ergebnisse, weil dieser Notwendigkeit in komprimierten Darstellungen jeweils im Anschluß an die Zeitpunkt- und Zeitraumanalyse der Gehaltsstruktur entsprochen wurde[1].

Ohne Zweifel ist „der gegenwärtige Stand der Lohnstrukturtheorie ... immer noch unbefriedigend“[2], obwohl es Begründungen dafür gibt, „daß wir zuerst und vor allen Dingen eine Theorie der Lohnstruktur benötigen“[3]. Dem Erfordernis einer stärkeren Akzentuierung lohnstrukturtheoretischer Forschung wurde durch eine Reihe von Publikationen zu Problemen der Einkommensdifferenzen, vor allem aus dem angelsächsischen Sprachraum, in letzter Zeit aber auch — wie aus den Literaturanmerkungen in dieser Arbeit entnommen werden kann — verstärkt durch deutsche Veröffentlichungen Rechnung getragen. Daß diese Arbeiten „lediglich“ Ansätze und Bausteine zu einer Lohnstrukturtheorie[4] enthielten, ist auf die Komplexität des Phänomens zurückzuführen, mit dem sie sich beschäftigten und hat im einzelnen folgende Hauptgründe:

1. Realitätsbezogene Modelle, aus denen falsifizierbare Hypothesen zur Überprüfung der tatsächlichen und der wichtigsten Determinanten des Lohnstrukturzusammenhanges abgeleitet werden könnten, lassen sich nur schwer entwickeln, weil die Lohnstruktur einer Volkswirtschaft aus einem „Netzwerk“[5] der verschiedensten Lohnsätze besteht, zu jedem Zeitpunkt hunderte von Lohnsätzen nebeneinander existieren[6] und die

---

[1] Vgl. Seiten 104 ff., 208 ff. in dieser Arbeit.

[2] *H. Lampert*, Bestimmungsgründe ..., a. a. O.

[3] *G. Bombach*, Die Stabilität der industriellen Produktivitätsstruktur, a. a. O., S. 35; vgl. auch *H. Riese*, Wechselbeziehungen zwischen Arbeitsmarkt und Bildungswesen, in: Grundfragen der Infrastrukturplanung für wachsende Wirtschaften, (Hrsg.) H. Arndt, D. Swatek, SdVfS. N. F., Bd. 58, Berlin 1971, S. 472.

[4] *H. Lampert*, Bestimmungsgründe ..., a. a. O., S. 380 ff.

[5] *F. Fürstenberg*, Probleme der Lohnstruktur, a. a. O., S. 4.

[6] *K. W. Rothschild*, Lohntheorie, a. a. O., S. 90.

„in der Gegenwart vorhandenen Lohnrelationen als Resultante sehr komplexer ökonomischer wie metaökonomischer Bestimmungsgründe angesehen werden müssen[7]."

2. Es bestanden und bestehen weiterhin Meinungsverschiedenheiten über die Ergiebigkeit möglicher Konzepte für die Analyse der Lohnstruktur: einerseits wurden — insbesondere von den Neoklassikern[8] — Markttheorien präferiert, andererseits von den etwas außerhalb der „anerkannten" Wirtschaftstheorie angesiedelten „Labour Economists" institutionelle und soziale Kräfte als Bestimmungsgründe für den Lohnstrukturzusammenhang angesehen[9].

Da keines der genannten Konzepte für sich allein in der Lage war, Einkommensunterschiede zu erklären, erlangte ein integrierter theoretischer Ansatz wachsende Bedeutung, was Reynolds und Taft unter der Fragestellung „what kind of wage theory"? treffend abgehandelt haben: „This calls for an integrated theory in which collective bargaining and government action are accepted as part of the central mechanism rather than as outside agencies intervening in an otherwise economic process"[10]. Die Tatsache, daß eine Theorie der Lohnstruktur nicht allein mit der Berücksichtigung ökonomischer Variabler auskommen kann, sondern daß soziologische und institutionelle Kräfte auf die Lohnstruktur einwirken, hat auch „angesichts der Unsicherheit über die Rolle ökonomischer und institutioneller Bestimmungsgründe"[11] für die Existenz und Veränderung von Lohnunterschieden zu der Forderung nach einer ökonomisch-institutionellen Theorie der Lohnstruktur geführt, der Lampert weitgehend entgegenkam und für deren Erarbeitung er das theoretische Instrumentarium lieferte, mit dem auch eine Analyse der Gehaltsstruktur vorgenommen werden konnte[12].

Die auf dieser theoretischen Grundlage vorgenommene Zeitpunkt- und Zeitraumbetrachtung der Gehaltsunterschiede der Wirtschaft in der Bundesrepublik Deutschland im Zeitraum 1951 bis 1966 hat eine Reihe

---

[7] *W. G. Hoffmann,* Die branchenmäßige . . ., a. a. O., S. 162; vgl. auch *H. Stich,* Die Entwicklung der Arbeitseinkommen, . . . a. a. O., S. 106 ff.

[8] *Lampert* nennt z. B. *Phelps Brown, Hicks, Mieth* und *Reder;* vgl. *H. Lampert,* Bestimmungsgründe . . ., a. a. O., S. 384.

[9] Zu den Labour Economists zählen z. B. *Ross, Lester, Wooton,* in Deutschland *Markmann;* vgl. *K. W. Rothschild,* Unterschiedliche Dimensionen der Lohntheorie, in: Lohnpolitik und Einkommensverteilung, a. a. O., S. 69, und *H. Lampert,* Bestimmungsgründe . . ., a. a. O., S. 384.

[10] *L. G. Reynolds, C. H. Taft,* The Evolution of Wage Structure, a. a. O., S. 373; vgl. auch *H. Stich,* Die Entwicklung der Arbeitseinkommen, a. a. O., S. 118 ff.; *E. Bandholz,* Der Lohn, a. a. O., S. 197 ff.; *H. Lampert,* Bestimmungsgründe . . ., a. a. O., S. 391; *K. W. Rothschild,* Unterschiedliche Dimensionen der Lohntheorie, a. a. O., S. 73 ff.

[11] *H. Lampert,* Bestimmungsgründe . . ., a. a. O., S. 390 f.

[12] Vgl. die Ausführungen auf S. 31 ff. in dieser Arbeit.

von Ergebnissen erbracht, die einen weiteren Ausbau der bisher überwiegend auf die Analyse von Verdienstdifferenzen der Arbeiter beschränkten Lohnstrukturtheorie zu einer umfassenden Lohn- und Gehaltsstrukturtheorie begünstigen:

1. die in mehreren Analysen zur intersektoralen (interindustriellen) Lohnstruktur der Arbeiter im Zeitverlauf festgestellte relative formale Stabilität konnte auch für die intersektorale Gehaltsstruktur der Angestellten festgestellt werden,

2. die vor allem langfristig, aber auch in geringerem Maße mittelfristig erforschte Veränderung der inter- und intrasektoralen sowie regionalen Lohnstruktur der Arbeiter im Sinne einer überwiegenden Nivellierungstendenz wurde für die einzelnen Dimensionen der Gehaltsstruktur bestätigt.

Auf Grund dieser Ergebnisse kann vermutet werden, daß die Entwicklung von Gehaltsunterschieden innerhalb der Arbeitnehmergruppe Angestellte im Prinzip von den gleichen Kräften beeinflußt wurde, die auch die Veränderung der Lohndifferenzen der Arbeiter hervorgerufen haben. Damit wäre z. B. eine definitorische Trennung von Lohn- und Gehaltsstruktur nicht notwendigerweise erforderlich[13].

Berücksichtigt man den rapiden Wachstums- und Strukturwandlungsprozeß in der Bundesrepublik Deutschland im Untersuchungszeitraum, der sowohl durch eine Anfangsphase beträchtlicher Arbeitslosigkeit als auch durch eine Phase anhaltender Vollbeschäftigung charakterisiert war, so wird deutlich, daß die Entwicklung der Gehaltsstruktur in einer besonders interessanten Periode wirtschaftlicher Aktivitäten überprüft werden konnte. Der untersuchte Zeitraum jüngster deutscher Wirtschaftsgeschichte bot gleichsam eine „Zeitrafferperspektive", durch welche sich Strukturwandlungen im Bereiche des Arbeitsentgelts, die eigentlich eine Sache des „long run" sind, bereits in einer mittelfristigen Untersuchungsperiode sichtbar wurden[14].

Nach den Ergebnissen dieser Arbeit spricht vieles dafür, daß zumindest in Zeiten der Vollbeschäftigung und des Wirtschaftswachstums auch mittelfristig die ökonomischen Bestimmungsgründe der Änderung von Einkommensunterschieden stärker ins Gewicht fallen als institutionelle, soziologische oder sozialpsychologische Determinanten. Die Bedeutung der vorgenommenen Analyse der Gehaltsunterschiede für eine Theorie der Lohn- und Gehaltsstruktur ist deswegen vor allem darin zu sehen, daß sie die Dominanz ökonomischer Faktoren für die Veränderung von

---

[13] Vgl. die Ausführungen auf S. 37 ff. in dieser Arbeit.

[14] Vgl. *H. Markmann*, Wandlungen der industriellen Lohnstruktur in Westdeutschland zwischen 1949 und 1961, a. a. O., S. 442 f.

Gehaltsdifferenzen unterstreicht. Eine zukünftige Theorie des Arbeitsmarktes der Arbeiter und Angestellten sollte also insbesondere den ökonomischen Determinanten von Angebot und Nachfrage auf den Arbeitsmärkten Rechnung tragen, ohne die metaökonomischen Determinanten[15], denen in unserer Gesellschaft wachsende Bedeutung zukommt, außer acht zu lassen.

[15] Beispielhaft können genannt werden: Macht der Gewohnheit, Gruppenorientierung in benachbarten sozialen Schichten, Verhaltenstendenzen der Verbände in Kollektivverhandlungen; vgl. *K. W. Rothschild,* Unterschiedliche Dimensionen der Lohntheorie, a. a. O., S. 73.

Statistischer Anhang

Inhaltsverzeichnis

Referenzsystematik der Wirtschaftszweige

I. *Energiewirtschaft und Wasserversorgung, Bergbau*
1. Energiewirtschaft und Wasserversorgung
2. Bergbau

II. *Verarbeitendes Gewerbe*
3. Chemische Industrie (einschließlich Kohlenwertstoffindustrie und Mineralölverarbeitung)
4. Kunststoff-, Gummi- und Asbestverarbeitung
5. Steine und Erden
6. Eisen- und NE-Metallerzeugung, Gießerei und Stahlverformung
7. Stahl-, Maschinen-, Fahrzeug- und Schiffbau
8. Elektrotechnik, Feinmechanik und Optik, Herstellung von EBM-Waren, Musikinstrumente, Sportgeräte, Spiel- und Schmuckwaren
9. Holz-, Papier- und Druckgewerbe
10. Leder-, Textil- und Bekleidungsgewerbe
11. Nahrungs- und Genußmittelgewerbe

III. *12. Baugewerbe*

IV. *Handel*
13. Großhandel
14. Handelsvermittlung
15. Einzelhandel

V. *Kreditinstitute und Versicherungsgewerbe*
16. Kredit- und sonstige Finanzierungsinstitute
17. Versicherungsgewerbe

VI. *18. Verkehr und Nachrichtenübermittlung*

VII. *19. Dienstleistungen*
(soweit von Unternehmen und freien Berufen erbracht)

Definitionen der Leistungsgruppen der Angestellten

Tätigkeitsmerkmale und Berufsbezeichnungen

Leistungsgruppe I

umfaßt alle kaufmännischen und technischen Angestellten in herausgehobener leitender Stellung.

Leistungsgruppe II

umfaßt alle kaufmännischen und technischen Angestellten mit besonderen Erfahrungen und selbständigen Leistungen in verantwortlicher Tätigkeit mit eingeschränkter Leitungsbefugnis, die Angestellte anderer Tätigkeitsgruppen zweckentsprechend einzusetzen und zu unterweisen haben, ferner Angestellte mit umfassenden kaufmännischen oder technischen Spezialkenntnissen in besonders verantwortlichen Stellungen. Außerdem gehören hierzu Angestellte, die als Obermeister, Oberrichtmeister oder Meister mit hohem beruflichem Können und besonderer Verantwortung großen Werkstätten oder Abteilungen vorstehen.

Leistungsgruppe III

umfaßt alle kaufmännischen und technischen Angestellten mit mehrjähriger Berufserfahrung oder besonderen Fachkenntnissen und Fähigkeiten bzw. mit Spezialtätigkeiten, die nach allgemeiner Anweisung selbständig arbeiten, jedoch keine Verantwortung für das Ergebnis der Arbeit anderer Angestellter tragen. Außerdem gehören hierzu Angestellte mit qualifizierter Tätigkeit, die die fachlichen Erfahrungen eines Meisters, Richtmeisters oder Gießereimeisters aufweisen, bei erhöhter Verantwortung größeren Abteilungen vorstehen und denen Aufsichtspersonen und Hilfsmeister unterstellt sind.

Leistungsgruppe IV

umfaßt alle kaufmännischen und technischen Angestellten in einfacher Tätigkeit ohne eigene Entscheidungsbefugnis. Praktische Erfahrung auf Grund mehrjähriger Berufstätigkeit und Fachkenntnisse auf Grund einer abgeschlossenen Berufsausbildung, des erfolgreichen Besuchs einer technischen Fachschule oder mehrjähriger Berufstätigkeit und privaten Studiums sind erforderlich. Außerdem gehören in die Gruppe IV Angestellte, die als Aufsichtspersonen einer kleineren Zahl von überwiegend ungelernten Arbeitern vorstehen, sowie Hilfsmeister, Hilfswerkmeister oder Hilfsrichtmeister.

Leistungsgruppe V

umfaßt alle kaufmännischen und technischen Angestellten mit mechanischer und schematischer Tätigkeit, die keine Berufsausbildung erfordert.

Quellennachweise zu den Tabellen A bis I

Für das Jahr 1951:

Statistisches Bundesamt (Hrsg.): Statistik der Bundesrepublik Deutschland, Band 91, Die Verdienste der Angestellten in der gewerblichen Wirtschaft im November 1951 (Ergebnisse der Gehalts- und Lohnstrukturerhebung 1951/52), Stuttgart und Köln 1954, Tabelle 10, S. 106 - 163.

Für das Jahr 1957:

Statistisches Bundesamt (Hrsg.): Statistik der Bundesrepublik Deutschland, Band 246, Gehalts- und Lohnstrukturerhebung 1957, Heft 2, Verdienste der Angestellten in der gewerblichen Wirtschaft im Oktober 1957, Stuttgart und Mainz 1960, Tabelle 1, S. 22 - 29, Tabelle 2, S. 30 - 51.

Für das Jahr 1962:

Statistisches Bundesamt (Hrsg.): Fachserie M: Preise, Löhne, Wirtschaftsrechnungen, Reihe 17, Gehalts- und Lohnstrukturerhebungen, I. Gewerbliche Wirtschaft und Dienstleistungsbereich, Angestelltenverdienste, Stuttgart und Mainz 1966, Tabelle 1, S. 20 - 96.

Für das Jahr 1966:

Statistisches Bundesamt (Hrsg.): Fachserie M: Preise, Löhne, Wirtschaftsrechnungen, Reihe 17, Gehalts- und Lohnstrukturerhebungen, I. Gewerbliche Wirtschaft und Dienstleistungsbereich, Angestelltenverdienste, Stuttgart und Mainz 1970, Tabelle 1, S. 31 - 120.
Eigene Berechnungen, da die Durchschnittsangaben für die Wirtschaftsabteilungen durch die Umstellung der Systematik der Wirtschaftszweige von 1961 an gesondert berechnet werden mußten. Vgl. dazu *H. Bartels, H. Spilker,* Die Systematik der Wirtschaftszweige — Revidierte Arbeitsstättensystematik —, in: WiSta (T), 1959, S. 55 - 65.

Quellennachweise zu den Tabellen N bis S und U

Für das Jahr 1951:

Männliche Angestellte, Gehaltsstrukturerhebung 1951, a. a. O., Tabelle 11, S. 218 f.; weibliche Angestellte S. 256 f.; die Gesamtzahlen für die Bundesrepublik ergeben sich nach Gewichtung mit den Beschäftigtenzahlen der einzelnen Länder aus den Durchschnittsverdiensten dieser Länder. Sie sind abgestimmt mit den Gesamtzahlen für die Bundesrepublik aus derselben Erhebung, Tabelle 10, S. 106 f., S. 164 f.

Für das Jahr 1957:

Männliche Angestellte, Gehaltsstrukturerhebung 1957, a. a. O., Tabelle 10, S. 273; Zahlen für die Bundesrepublik, Tabelle 1, S. 22; weibliche Angestellte Tabelle 10, S. 297, Tabelle 1, S. 22.

Für das Jahr 1962:

Männliche Angestellte, Gehaltsstrukturerhebung 1962, a. a. O., Tabelle 8, S. 238 f.; Gesamtzahlen nach Tabelle 1, S. 20; weibliche Angestellte, Tabelle 8, S. 304 f.; Gesamtzahlen nach Tabelle 1, S. 97.

Für das Jahr 1966:

wurden die Unterlagen der jeweiligen Statistischen Landesämter herangezogen:

Nordrhein-Westfalen:

Statistisches Landesamt Nordrhein-Westfalen (Hrsg.): Statistische Berichte, die Verdienstverhältnisse der Arbeiter und Angestellten in der gewerblichen Wirtschaft und im Dienstleistungsbereich in Nordrhein-Westfalen 1966 — Gehalts- und Lohnstrukturerhebung 1966 —, Düsseldorf 1969, Tabelle 2, S. 198.

Rheinland-Pfalz:

Statistisches Landesamt Rheinland-Pfalz (Hrsg.): Die Gehalts- und Lohnstruktur in Rheinland-Pfalz im Oktober 1966, Statistik von Rheinland-Pfalz, Band 207, Bad Ems 1970, Tabelle B 16, S. 66 ff., Tabelle B 26, S. 92 f.

Berlin:

Statistisches Landesamt Berlin (Hrsg.): Gehalts- und Lohnstrukturerhebung in der gewerblichen Wirtschaft und im Dienstleistungsbereich in Berlin (West) 1966 und 1962, Berliner Statistik, Sonderheft 164, Berlin 1970, Tabelle 15, S. 136.

Bayern:

Bayrisches Statistisches Landesamt (Hrsg.): Gehalts- und Lohnstruktur in der gewerblichen Wirtschaft Bayerns, Heft 290 der Beiträge zur Statistik Bayerns, München 1969, Tabelle 18, S. 179.

Hessen:

Hessisches Statistisches Landesamt (Hrsg.): Gehalts- und Lohnstrukturerhebung 1966, Beiträge zur Statistik Hessens, Nr. 30, N. F., Wiesbaden 1969, Tabelle B 1, S. 94.

Baden-Württemberg:

Statistisches Landesamt Baden-Württemberg (Hrsg.): Verdienste der Arbeiter und Angestellten in der gewerblichen Wirtschaft und im Dienstleistungsbereich 1966, Statistik von Baden-Württemberg, Band 160, Stuttgart 1970, Tabelle 12 (LB 1), S. 104 f.

Hamburg:

Statistisches Landesamt der Freien und Hansestadt Hamburg (Hrsg.): Gehalts- und Lohnstrukturerhebung 1966 in der gewerblichen Wirtschaft und im Dienstleistungsbereich in Hamburg, Statistik des Hamburgischen Staates, Heft 91, Hamburg 1969, Tabelle 15 (GLS B 1), S. 150 f., S. 164 f.

Niedersachsen:

Statistisches Landesamt Niedersachsen (Hrsg.): Gehalts- und Lohnstrukturerhebung 1966 in der gewerblichen Wirtschaft und im Dienstleistungsbereich, Hannover 1970, Tabelle 15, S. 196 f.

Saarland:

Statistisches Landesamt Saarland (Hrsg.): Gehalts- und Lohnstrukturerhebung 1966 in der gewerblichen Wirtschaft und im Dienstleistungsbereich, Saarbrücken 1970, Tabelle CLS B 1 (nach freundlicherweise vom Statistischen Amt des Saarlandes zur Verfügung gestellten handschriftlichen Tabellen, nach denen die Zahlen später veröffentlicht wurden).

Bremen:

Die zu den Tabellen Q und R benötigten Zahlenangaben für Bremen wurden dem Verfasser vom Statistischen Landesamt Bremen freundlicherweise zusammengefaßt übermittelt.
Die Zahlen für das Bundesgebiet insgesamt entstammen für 1966 eigenen Berechnungen, da es für sie keine Veröffentlichung gibt.

Verzeichnis der Tabellen im Anhang

Tabelle K

Die Bruttomonatsgehälter und erfaßten Beschäftigtenzahlen der weiblichen Angestellten nach Betriebsgrößenklassen in den Wirtschaftsabteilungen der Bundesrepublik Deutschland 1951 und 1966.

Tabelle L

Die intrasektorale Gehaltsstruktur der männlichen Angestellten nach Beschäftigungsarten in der gewerblichen Wirtschaft der Bundesrepublik Deutschland 1951, 1957, 1962 und 1966.

Tabelle M

Die intrasektorale Gehaltsstruktur der männlichen und der weiblichen Angestellten nach Leistungsgruppen in der gewerblichen Wirtschaft der Bundesrepublik Deutschland 1951, 1957, 1962 und 1966.

Tabelle N

Beschäftigtenzahlen und durchschnittliche Bruttomonatsgehälter der männlichen und weiblichen Angestellten (in DM) in den Ländern der Bundesrepublik Deutschland nach Leistungsgruppen im Jahre 1951.

Tabelle O

Beschäftigtenzahlen und durchschnittliche Bruttomonatsgehälter der männlichen und weiblichen Angestellten (in DM) in den Ländern der Bundesrepublik Deutschland nach Leistungsgruppen im Jahre 1957.

Tabelle P

Beschäftigtenzahlen und durchschnittliche Bruttomonatsgehälter der männlichen und weiblichen Angestellten (in DM) in den Ländern der Bundesrepublik Deutschland nach Leistungsgruppen im Jahre 1962.

Tabelle Q

Beschäftigtenzahlen und durchschnittliche Bruttomonatsgehälter der männlichen und weiblichen Angestellten (in DM) in den Ländern der Bundesrepublik Deutschland nach Leistungsgruppen im Jahre 1966.

Tabelle R

Beschäftigtenzahlen und durchschnittliche Bruttomonatsgehälter der männlichen und weiblichen Angestellten (in DM) in den Ländern der Bundesrepublik Deutschland nach Leistungsgruppen in den Jahren 1951, 1957, 1962 und 1966.

Tabelle S

Beschäftigtenzahlen und durchschnittliche Bruttomonatsgehälter der männlichen Angestellten (in DM) der Leistungsgruppe III nach Bundesländern und Wirtschaftsabteilungen in den Jahren 1951, 1957, 1962 und 1966.

Tabelle T

Die durchschnittlichen Bruttomonatsgehälter aller männlichen Angestellten der Leistungsgruppe III in den einzelnen Wirtschaftsabteilungen i. v. H. der jeweiligen Gehaltsdurchschnitte dieser Wirtschaftsabteilungen in der Bundesrepublik Deutschland sowie Spannweiten und mean deviations in den einzelnen Wirtschaftsabteilungen.

Tabelle U

Beschäftigtenzahlen und durchschnittliche Bruttomonatsgehälter der weiblichen Angestellten (in DM) der Leistungsgruppe IV nach Bundesländern und Wirtschaftsabteilungen in den Jahren 1951, 1957, 1962 und 1966.

Tabelle V

Die durchschnittlichen Bruttomonatsgehälter aller weiblichen Angestellten der Leistungsgruppe IV in den einzelnen Wirtschaftsabteilungen i. v. H. der jeweiligen Gehaltsdurchschnitte dieser Wirtschaftsabteilungen in der Bundesrepublik Deutschland sowie Spannweiten und mean deviations in den einzelnen Wirtschaftsabteilungen.

Tabelle W

Die Verdienste der männlichen Angestellten der Leistungsgruppe III nach Wirtschaftsabteilungen und Ländern i. v. H. des Durchschnittsverdienstes der Angestellten in allen Wirtschaftsabteilungen nach Ländern.

Tabelle X

Die Verdienste der weiblichen Angestellten der Leistungsgruppe IV nach Wirtschaftsabteilungen und Ländern i. v. H. des Durchschnittsverdienstes der Angestellten in allen Wirtschaftsabteilungen nach Ländern.

Tabelle Y

Die fiktiven durchschnittlichen Bruttomonatsgehälter (in DM) der männlichen Angestellten der Bundesrepublik Deutschland 1951, 1957, 1962 und 1966 für einzelne Beschäftigungsarten und Leistungsgruppen (errechnet durch eine Gewichtung der Bruttomonatsgehälter der jeweiligen Jahre mit den entsprechenden Angestelltenzahlen des Jahres 1966).

Tabelle Z

Die fiktiven durchschnittlichen Bruttomonatsgehälter (in DM) der weiblichen Angestellten der Bundesrepublik Deutschland 1951, 1957, 1962 und 1966 für einzelne Beschäftigungsarten und Leistungsgruppen (errechnet durch eine Gewichtung der Bruttomonatsgehälter der jeweiligen Jahre mit den entsprechenden Angestelltenzahlen des Jahres 1966).

Tabelle A

Übersicht zu den erfaßten männlichen und weiblichen Angestellten (a) und deren Bruttomonatsgehälter (b) in 19 Wirtschaftsabteilungen der Bundesrepublik Deutschland von 1951 bis 1966

	Wirtschaftsabteilungen		männlich			
			1951	1957	1962	1966
1	ENERGIEWIRTSCHAFT u. WASSERVERSORGUNG, BERGBAU	(a) (b)	12563 581	14318 792	15757 1063	101420 1360
2	Energiewirtschaft und Wasserversorgung	(a) (b)	5879 459	6752 677	7812 956	52790 1260
3	Bergbau	(a) (b)	6684 689	7566 895	7945 1167	48630 1460
4	VERARBEITENDES GEWERBE	(a) (b)	93986 484	100861 705	130661 1008	1141530 1310
5	Chem. Industrie (einschl. Kohlenwertstoffind.) und Mineralölverarbeitung	(a) (b)	8869 554	10793 778	14606 1100	119920 1430
6	Kunststoff-, Gummi- und Asbestverarbeitung	(a) (b)	1638 487	2074 675	3133 971	29200 1270
7	Steine und Erden	(a) (b)	5522 444	5001 657	5484 977	43410 1290
8	Eisen- und NE-Metallerzg., Gießerei u.Stahlverformung	(a) (b)	6243 570	7809 794	12281 1065	99160 1340
9	Stahl-, Maschinen-, Fahrzeugbau, Schiffbau	(a) (b)	21365 492	25701 7085	36377 1011	361740 1310
10	Elektrotechnik, Feinmech. und Optik, Herstellung von EBM-Waren, Musikinstrum., Sportgeräte, Spiel- und Schmuckwaren	(a) (b)	16084 501	20828 711	28172 1005	241780 1290
11	Holz-, Papier- u. Druckgewerbe	(a) (b)	10387 445	8466 677	9393 1000	81820 1330
12	Leder-, Textil- u. Bekleidungsgewerbe	(a) (b)	13119 456	11592 639	11395 908	84310 1200
13	Nahrungs- und Genußmittelgewerbe	(a) (b)	10759 430	8597 657	9820 944	80180 1250
14	BAUGEWERBE	(a) (b)	14600 436	12064 682	13067 1032	110780 1380
15	HANDEL	(a) (b)	56590 380	63750 572	60813 809	446920 1090
16	Großhandel	(a) (b)	37031 393	40159 584	36841 831	277450 1120
17	Handelsvermittlung	(a) (b)	3614 401	6537 624	2669 868	18390 1170
18	Einzelhandel	(a) (b)	15945 346	17054 524	21303 763	151080 1040
19	KREDITINSTITUTE u. VERSICHERUNGSGEWERBE	(a) (b)	13188 413	17094 620	22158 841	167610 1160
20	Kredit- und sonstige Finanzierungsinstitute	(a) (b)	9210 417	11794 616	13959 825	98900 1160
21	Versicherungsgewerbe	(a) (b)	3978 403	5300 630	8199 867	68710 1170
22	VERKEHR u. NACHRICHTENÜBERMITTLUNG	(a) (b)	6547 403	-- --	1489 1011	8830 1320
23	DIENSTLEISTUNGEN	(a) (b)	301 393	3160 609	4368 910	24730 1260
24	alle Bereiche	(a) (b)	197773 450	211247 661	248313 947	2001970 1250

Fortsetzung von Tabelle A

	weiblich			
	1951	1957	1962	1966
1 (a)	1981	2429	2830	19170
(b)	327	461	631	850
2 (a)	1220	1584	1998	14170
(b)	314	457	634	850
3 (a)	761	845	832	5000
(b)	348	469	622	830
4 (a)	43295	48614	64350	507520
(b)	282	392	576	770
5 (a)	4380	5395	7305	54840
(b)	318	426	635	880
6 (a)	847	1234	1811	14930
(b)	292	374	568	770
7 (a)	1730	1919	2285	16570
(b)	272	372	565	770
8 (a)	1751	2437	4350	32800
(b)	321	430	585	770
9 (a)	6917	9268	14065	122440
(b)	291	393	574	770
10 (a)	7771	11106	15266	116810
(b)	295	392	568	760
11 (a)	4706	4523	5311	40520
(b)	268	377	572	780
12 (a)	7633	7626	8057	57860
(b)	283	381	558	750
13 (a)	756087	5106	5900	50750
(b)	239	376	559	740
14 (a)	5073	4519	4718	35790
(b)	243	364	563	790
15 (a)	60234	77545	82780	487920
(b)	236	330	476	660
16 (a)	22532	26945	25624	160650
(b)	256	355	507	710
17 (a)	3109	6801	2317	13850
(b)	249	358	531	750
18 (a)	34593	43799	54839	313410
(b)	222	310	459	640
19 (a)	7942	13813	20684	150150
(b)	272	384	530	760
20 (a)	5231	9849	13787	95020
(b)	275	377	516	760
21 (a)	2711	3964	6897	55120
(b)	267	400	557	770
22 (a)	1862	--	533	1380
(b)	264	--	567	790
23 (a)	691	10278	12865	79250
(b)	227	297	474	670
24 (a)	121078	157198	188760	1283000
(b)	257	355	520	730

Tabelle B
Erfaßte Angestellte (a) und Bruttomonatsgehälter (b) der männlichen Angestellten (in DM) in 19 Wirtschaftsabteilungen der Bundesrepublik Deutschland nach Beschäftigungsarten und Leistungsgruppen im Jahre 1951

Leistungsgruppen

	Wirtschaftsabteilungen		I ges.	I davon kA	I davon tA	II ges.
1	ENERGIEWIRTSCHAFT u. WASSERVERSORGUNG, BERGBAU	(a) (b)	299 1230	114 1012	185 1415	1435 854
2	Energiewirtschaft und Wasserversorgung	(a) (b)	104 98	42 992	62 972	566 652
3	Bergbau	(a) (b)	195 1363	72 1023	123 1638	869 985
4	VERARBEITENDES GEWERBE	(a) (b)	4356 906	2365 876	1994 941	17448 613
5	Chem. Industrie (einschl. Kohlenwertstoffind.) und Mineralölverarbeitung	(a) (b)	762 1100	338 1018	424 1166	1411 689
6	Kunststoff-, Gummi- und Asbestverarbeitung	(a) (b)	83 975	47 970	36 983	273 635
7	Steine und Erden	(a) (b)	242 753	139 782	103 700	1344 531
8	Eisen- und NE-Metallerzg., Gießerei u.Stahlverformung	(a) (b)	462 1026	276 1012	186 1047	942 698
9	Stahl-, Maschinen-, Fahrzeugbau, Schiffbau	(a) (b)	914 839	385 819	529 859	3597 637
10	Elektrotechnik, Feinmech. und Optik, Herstellung von EBM-Waren, Musikinstrum., Sportgeräte, Spiel- und Schmuckwaren	(a) (b)	552 896	219 882	333 905	3487 644
11	Holz-, Papier- u. Druckgewerbe	(a) (b)	432 792	359 791	73 825	2076 565
12	Leder-, Textil- u. Bekleidungsgewerbe	(a) (b)	425 910	278 883	147 976	2255 589
13	Nahrungs- und Genußmittelgewerbe	(a) (b)	484 788	324 796	160 763	2063 555
14	BAUGEWERBE	(a) (b)	298 667	126 625	172 699	3833 532
15	HANDEL	(a) (b)	1691 800	1601 799	90 794	9868 551
16	Großhandel	(a) (b)	1274 801	1200 801	74 794	6607 559
17	Handelsvermittlung	(a) (b)	159 876	153 874	6 -	564 550
18	Einzelhandel	(a) (b)	258 748	248 743	10 -	2697 531
19	KREDITINSTITUTE u. VERSICHERUNGSGEWERBE	(a) (b)	440 893	437 889	3 -	1033 609
20	Kredit- und sonstige Finanzierungsinstitute	(a) (b)	339 891	338 891	1 -	473 642
21	Versicherungsgewerbe	(a) (b)	101 900	99 884	2 -	560 581
22	VERKEHR u. NACHRICHTENÜBERMITTLUNG	(a) (b)	127 745	112 752	15 -	1155 538
23	DIENSTLEISTUNGEN	(a) (b)	9 -	3 -	6 -	70 470
24	alle Bereiche	(a) (b)	7223 880	4758 845	2465 946	34842 594

Fortsetzung 1 von Tabelle B

		Leistungsgruppen II davon kA	II davon tA	II davon M	III ges.	III davon kA	III davon tA	III davon M	IV ges.
1	(a)	410	863	163	5074	1916	2549	609	4680
	(b)	789	942	526	632	560	714	507	456
2	(a)	185	271	110	2157	1002	641	514	2243
	(b)	671	677	556	508	490	536	508	384
3	(a)	225	592	53	2917	914	1908	95	2437
	(b)	886	1063	464	723	637	774	500	522
4	(a)	7957	6011	3480	44192	19142	9510	15540	24762
	(b)	610	651	555	480	455	505	496	352
5	(a)	738	513	160	3819	1953	845	1021	2542
	(b)	671	733	635	528	501	556	555	384
6	(a)	150	72	51	728	359	114	255	489
	(b)	645	662	566	485	461	513	505	352
7	(a)	518	422	404	2481	977	434	1070	1292
	(b)	563	551	468	439	422	458	446	326
8	(a)	363	307	272	2799	1222	518	1059	1810
	(b)	682	750	661	567	531	562	611	418
9	(a)	1236	1756	605	10427	3538	3913	2976	5726
	(b)	632	665	648	497	459	509	526	359
10	(a)	1478	1552	457	7988	3185	2176	2627	3611
	(b)	640	670	568	489	464	496	515	354
11	(a)	1166	425	485	5057	2496	484	2077	2456
	(b)	568	600	525	443	422	497	455	314
12	(a)	1067	574	614	6271	2501	705	3065	3673
	(b)	588	617	566	459	443	471	469	343
13	(a)	1241	390	432	4622	2911	321	1390	3163
	(b)	569	539	525	423	423	424	422	327
14	(a)	829	2793	211	6427	1744	3049	1634	3490
	(b)	528	536	493	444	405	465	462	328
15	(a)	9105	558	205	20625	18947	773	905	21776
	(b)	551	589	482	402	400	425	412	270
16	(a)	6238	252	117	14131	13152	438	543	13502
	(b)	559	618	476	406	405	434	414	279
17	(a)	526	35	3	1364	1269	77	18	1271
	(b)	548	589	–	419	415	481	–	289
18	(a)	2341	271	85	5128	4526	258	344	7003
	(b)	529	563	490	385	382	393	410	250
19	(a)	1018	15	–	4896	4849	41	6	5533
	(b)	607	–	–	470	469	481	–	317
20	(a)	465	8	–	3293	3277	13	3	4029
	(b)	641	–	–	493	492	–	–	324
21	(a)	553	7	–	1603	1572	28	3	1504
	(b)	579	–	–	423	422	481	–	300
22	(a)	937	161	57	2501	1775	403	323	2131
	(b)	533	562	543	410	397	418	471	332
23	(a)	41	15	14	133	56	14	63	69
	(b)	480	–	–	4115	386	–	434	298
24	(a)	20297	10416	4129	83847	48429	16339	19079	62440
	(b)	580	640	547	464	435	522	489	326

Fortsetzung 2 von Tabelle B

	Leistungsgruppen IV			V			GESAMT		
	davon			ges.	davon				
	kA	tA	M		kA	tA	kA	tA	M
1 (a)	2273	2145	261	1075	803	272	5516	6014	1033
(b)	403	520	408	359	345	392	490	681	490
2 (a)	1387	624	232	809	681	128	3297	1726	856
(b)	371	403	408	335	334	339	424	511	487
3 (a)	886	1521	29	266	122	144	2219	4288	177
(b)	452	568	–	431	409	440	588	749	503
4 (a)	16007	6272	2483	3225	2579	646	48050	24433	2150
(b)	331	383	414	287	277	325	450	540	495
5 (a)	1536	723	283	335	251	84	4816	2589	1464
(b)	355	411	475	338	322	381	507	645	548
6 (a)	345	97	47	65	52	13	953	332	353
(b)	330	383	449	300	288	–	458	554	503
7 (a)	951	241	100	163	122	41	2707	1241	1574
(b)	312	359	360	272	265	296	422	486	448
8 (a)	1277	459	74	230	174	56	3312	1526	1405
(b)	409	432	492	361	358	392	531	613	614
9 (a)	2865	2491	370	701	526	175	8550	8864	3951
(b)	333	376	445	286	287	286	448	519	525
10 (a)	2222	1074	315	443	349	94	7453	5232	3399
(b)	335	369	434	292	286	320	464	544	515
11 (a)	1822	346	288	366	311	55	6154	1383	2850
(b)	294	373	368	264	244	416	424	508	458
12 (a)	2434	493	746	495	412	83	6692	2002	4425
(b)	317	381	400	262	254	317	427	520	471
13 (a)	2555	348	260	427	382	45	7413	1264	2082
(b)	316	377	366	253	244	377	418	789	436
14 (a)	1736	1655	99	552	312	240	4747	7909	1944
(b)	299	354	396	246	222	277	381	463	462
15 (a)	20948	626	202	2630	2533	97	53134	2144	1312
(b)	269	296	328	218	217	240	377	438	413
16 (a)	13038	310	154	1515	1466	49	35094	1123	814
(b)	278	309	347	229	228	261	391	457	411
17 (a)	1192	71	8	256	250	6	3390	195	29
(b)	288	308	–	235	234	–	399	444	415
18 (a)	6718	245	40	859	817	42	14650	826	469
(b)	249	275	318	195	192	250	340	412	417
19 (a)	5464	68	1	1286	1253	33	13021	160	7
(b)	317	345	–	281	280	327	413	428	–
20 (a)	3998	30	1	1076	1050	26	9128	78	4
(b)	324	348	–	284	283	327	417	410	–
21 (a)	1466	38	–	210	203	7	3893	82	3
(b)	299	343	–	263	262	–	402	445	–
22 (a)	1533	493	105	633	528	105	4885	1177	485
(b)	318	357	417	302	295	341	395	408	468
23 (a)	51	11	7	20	19	1	170	47	84
(b)	274	–	–	215	–	–	359	434	437
24 (a)	48012	11270	3158	9421	8027	1394	129523	41884	26366
(b)	304	398	409	273	264	326	414	536	489

Tabelle C

Erfaßte Angestellte (a) und Bruttomonatsgehälter (b) der weiblichen Angestellten (in DM) in 19 Wirtschaftsabteilungen der Bundesrepublik Deutschland nach Beschäftigungsarten und Leistungsgruppen im Jahre 1 9 5 1

	Wirtschaftsabteilungen		Leistungsgruppen I			Leistungsgruppen II	
			ges.	davon kA	davon tA	ges.	davon kA
1	ENERGIEWIRTSCHAFT u. WASSERVERSORGUNG, BERGBAU	(a)	1	1	-	15	14
		(b)	-	-	-	-	-
2	Energiewirtschaft und Wasserversorgung	(a)	1	1	-	12	11
		(b)	-	-	-	-	-
3	Bergbau	(a)	-	-	-	3	3
		(b)	-	-	-	-	-
4	VERARBEITENDES GEWERBE	(a)	101	81	20	1157	941
		(b)	708	674	-	481	488
5	Chem. Industrie (einschl. Kohlenwertstoffind.) und Mineralölverarbeitung	(a)	28	19	9	128	104
		(b)	659	-	-	533	520
6	Kunststoff-, Gummi- und Asbestverarbeitung	(a)	1	1	-	19	19
		(b)	-	-	-	-	-
7	Steine und Erden	(a)	7	7	-	55	51
		(b)	-	-	-	446	-
8	Eisen- und NE-Metallerzg., Gießerei u.Stahlverformung	(a)	4	4	-	32	31
		(b)	-	-	-	493	498
9	Stahl-, Maschinen-, Fahrzeugbau, Schiffbau	(a)	4	4	-	122	114
		(b)	-	-	-	524	525
10	Elektrotechnik, Feinmech. und Optik, Herstellung von EBM-Waren, Musikinstrum., Sportgeräte, Spiel- und Schmuckwaren	(a)	7	7	-	181	168
		(b)	-	-	-	497	500
11	Holz-, Papier- u. Druckgewerbe	(a)	4	3	1	149	141
		(b)	-	-	-	484	482
12	Leder-, Textil- u. Bekleidungsgewerbe	(a)	25	16	9	333	192
		(b)	-	-	-	460	474
13	Nahrungs- und Genußmittelgewerbe	(a)	21	21	-	138	121
		(b)	-	-	-	438	433
14	BAUGEWERBE	(a)	3	3	-	121	114
		(b)	-	-	-	437	437
15	HANDEL	(a)	91	89	2	2047	1901
		(b)	636	635	-	431	430
16	Großhandel	(a)	42	41	1	745	737
		(b)	662	660	-	457	456
17	Handelsvermittlung	(a)	9	9	-	82	82
		(b)	-	-	-	458	458
18	Einzelhandel	(a)	40	39	1	1220	1082
		(b)	608	608	-	414	410
19	KREDITINSTITUTE u. VERSICHERUNGSGEWERBE	(a)	11	11	-	52	52
		(b)	-	-	-	478	478
20	Kredit- und sonstige Finanzierungsinstitute	(a)	10	10	-	13	13
		(b)	-	-	-	-	-
21	Versicherungsgewerbe	(a)	1	1	-	39	39
		(b)	-	-	-	478	478
22	VERKEHR u. NACHRICHTENÜBERMITTLUNG	(a)	2	-	-	63	60
		(b)	-	-	-	422	425
23	DIENSTLEISTUNGEN	(a)	6	4	2	39	34
		(b)	-	-	-	325	329
24	alle Bereiche	(a)	215	191	24	3493	3115
		(b)	655	639	783	448	447

Fortsetzung 1 von Tabelle C

Leistungsgruppen

		II		III				IV	
		davon		ges.	davon			ges.	davon
		tA	M		kA	tA	M		kA
1	(a)	1	–	377	366	10	1	1097	1064
	(b)	–	–	412	411	–	–	325	325
2	(a)	1	–	267	259	7	1	703	681
	(b)	–	–	381	379	–	–	302	301
3	(a)	–	–	110	107	3	–	394	383
	(b)	–	–	488	487	–	–	367	367
4	(a)	480	36	9076	8291	586	199	24552	23109
	(b)	466	430	369	367	385	386	265	263
5	(a)	24	–	1005	863	128	14	2379	2097
	(b)	590	–	420	418	440	–	293	291
6	(a)	–	–	159	147	4	8	489	460
	(b)	–	–	364	362	–	–	285	282
7	(a)	4	–	409	394	14	1	9585	932
	(b)	–	–	352	353	–	–	251	250
8	(a)	–	1	367	346	19	2	1053	1015
	(b)	–	–	405	404	–	–	302	301
9	(a)	6	2	1417	1371	40	6	3875	3651
	(b)	–	–	377	376	311	–	281	281
10	(a)	11	2	1613	1540	59	14	4538	4272
	(b)	–	–	379	378	376	–	281	280
11	(a)	3	5	1087	1065	15	7	2514	2470
	(b)	–	–	348	346	–	–	246	246
12	(a)	122	19	1679	1288	263	128	4168	3777
	(b)	438	–	359	359	354	366	263	260
13	(a)	10	7	1340	1277	44	19	4578	4435
	(b)	–	–	333	331	–	–	226	223
14	(a)	7	–	783	765	16	2	2764	2715
	(b)	–	–	341	339	–	–	241	241
15	(a)	143	3	10608	10349	228	31	39004	38531
	(b)	448	–	322	322	318	302	217	217
16	(a)	7	1	5415	5381	30	4	13512	13459
	(b)	–	–	326	326	351	–	232	232
17	(a)	–	–	624	618	6	–	1888	1879
	(b)	–	–	331	330	–	–	230	230
18	(a)	136	2	4569	4350	192	27	23604	23193
	(b)	448	–	316	316	313	302	207	207
19	(a)	–	–	1129	1126	3	–	4934	4923
	(b)	–	–	376	376	–	–	270	270
20	(a)	–	–	563	562	1	–	3145	3140
	(b)	–	–	400	400	–	–	282	282
21	(a)	–	–	566	564	2	–	1789	1783
	(b)	–	–	353	353	–	–	248	248
22	(a)	3	–	454	445	9	–	931	923
	(b)	–	–	330	326	–	–	242	242
23	(a)	5	–	83	72	5	6	386	377
	(b)	–	–	293	283	–	–	214	213
24	(a)	339	39	22510	21414	857	239	73669	71643
	(b)	458	429	346	344	372	376	239	238

Fortsetzung 2 von Tabelle C

		Leistungsgruppen							
		IV		V			GESAMT		
		davon		ges.	davon				
		tA	M		kA	tA	kA	tA	M
1	(a)	33	-	491	478	13	1923	57	1
	(b)	328	-	267	266	-	327	349	-
2	(a)	22	-	237	229	8	1181	38	1
	(b)	328	-	261	260	-	313	349	-
3	(a)	11	-	254	249	5	742	19	-
	(b)	-	-	272	272	-	348	-	-
4	(a)	1305	138	8409	8060	349	40482	2440	373
	(b)	298	313	205	204	244	278	328	364
5	(a)	266	16	840	800	40	3883	467	30
	(b)	306	-	224	224	221	313	362	367
6	(a)	24	5	179	173	6	800	34	13
	(b)	-	-	222	221	-	289	308	-
7	(a)	22	4	301	292	9	1676	49	5
	(b)	-	-	187	186	-	271	301	-
8	(a)	38	-	295	281	14	1677	71	3
	(b)	324	-	259	260	-	320	327	-
9	(a)	222	2	1499	1430	69	6570	337	10
	(b)	293	-	213	211	251	290	299	-
10	(a)	257	9	1431	1333	99	7319	427	25
	(b)	301	-	220	217	258	294	308	-
11	(a)	40	4	952	928	24	4607	83	16
	(b)	268	-	197	196	250	266	322	-
12	(a)	308	83	1428	1369	59	6642	761	230
	(b)	287	311	202	200	244	274	339	350
13	(a)	128	15	1483	1454	29	7308	211	41
	(b)	328	-	173	171	-	237	330	-
14	(a)	49	-	1402	1374	28	4971	100	2
	(b)	258	-	175	174	220	242	289	-
15	(a)	465	8	8484	8393	91	59283	929	42
	(b)	217	-	166	166	162	236	275	296
16	(a)	51	2	2818	2804	14	22422	103	7
	(b)	255	-	178	178	-	256	297	-
17	(a)	9	-	506	503	-	3091	18	-
	(b)	-	-	174	174	-	249	-	-
18	(a)	405	6	5160	5086	74	33750	808	35
	(b)	212	-	159	159	162	221	272	296
19	(a)	11	-	1816	1813	3	7925	17	-
	(b)	-	-	207	207	-	272	-	-
20	(a)	5	-	1500	1499	1	5224	7	-
	(b)	-	-	212	212	-	275	-	-
21	(a)	6	-	316	314	2	2701	10	-
	(b)	-	-	186	186	-	267	-	-
22	(a)	8	-	412	409	3	1839	23	-
	(b)	-	-	215	215	-	263	263	-
23	(a)	3	6	177	174	3	661	18	12
	(b)	-	-	195	195	-	223	-	-
24	(a)	1874	152	21191	20701	490	117064	3584	430
	(b)	277	310	189	188	227	255	314	357

Tabelle D

Erfaßte Angestellte (a) und Bruttomonatsgehälter (b) der männlichen Angestellten (in DM) in 19 Wirtschaftsabteilungen der Bundesrepublik Deutschland nach Beschäftigungsarten und Leistungsgruppen im Jahre 1 9 5 7

	Wirtschaftsabteilungen		Leistungsgruppen I ges.	I davon kA	I davon tA	II ges.
1	ENERGIEWIRTSCHAFT u. WASSERVERSORGUNG, BERGBAU	(a) (b)	362 1599	106 1652	256 1600	2996 1122
2	Energiewirtschaft und Wasserversorgung	(a) (b)	107 1423	40 1475	67 1391	634 988
3	Bergbau	(a) (b)	255 1673	66 1760	189 1756	2162 1161
4	VERARBEITENDES GEWERBE	(a) (b)	4766 1305	2850 1281	1916 1337	22629 908
5	Chem. Industrie (einschl. Kohlenwertstoffind.) und Mineralölverarbeitung	(a) (b)	625 1433	350 1377	275 1495	2299 1079
6	Kunststoff-, Gummi- und Asbestverarbeitung	(a) (b)	116 1258	86 1243	30 -	394 914
7	Steine und Erden	(a) (b)	194 1191	139 1190	55 1215	1174 843
8	Eisen- und NE-Metallerzg., Gießerei u.Stahlverformung	(a) (b)	442 1544	223 1513	219 1577	1965 955
9	Stahl-, Maschinen-, Fahrzeugbau, Schiffbau	(a) (b)	979 1313	534 1317	445 1308	5767 916
10	Elektrotechnik, Feinmech. und Optik, Herstellung von EBM-Waren, Musikinstrum., Sportgeräte, Spiel- und Schmuckwaren	(a) (b)	1211 1296	599 1296	612 1296	5226 876
11	Holz-, Papier- u. Druckgewerbe	(a) (b)	370 1166	270 1170	100 1182	2108 854
12	Leder-, Textil- u. Bekleidungsgewerbe	(a) (b)	434 1229	325 1230	109 1212	1972 877
13	Nahrungs- und Genußmittelgewerbe	(a) (b)	395 1142	324 1146	71 1100	1724 846
14	BAUGEWERBE	(a) (b)	313 1089	138 1079	175 1097	2846 854
15	HANDEL	(a) (b)	2480 1160	2411 1158	69 1277	13452 792
16	Großhandel	(a) (b)	1614 1191	1566 1188	48 1277	8006 805
17	Handelsvermittlung	(a) (b)	423 1166	410 1161	13 -	1389 841
18	Einzelhandel	(a) (b)	443 1045	435 1047	8 -	4057 748
19	KREDITINSTITUTE u. VERSICHERUNGSGEWERBE	(a) (b)	655 1296	654 1295	1 -	2286 883
20	Kredit- und sonstige Finanzierungsinstitute	(a) (b)	466 1298	466 1298	- -	1356 866
21	Versicherungsgewerbe	(a) (b)	189 1290	188 1288	1 -	930 908
22	VERKEHR u. NACHRICHTENÜBERMITTLUNG	(a) (b)	- -	- -	- -	- -
23	DIENSTLEISTUNGEN	(a) (b)	161 1071	157 1060	4 -	767 817
24	alle Bereiche	(a) (b)	8737 1263	6316 1230	2421 1348	44776 880

Fortsetzung 1 von Tabelle D

		Leistungsgruppen							
		II			III				IV
		davon			ges.	davon			ges.
		kA	tA	M		kA	tA	M	
1	(a)	781	1892	123	6405	2444	2870	1091	4276
	(b)	998	1185	928	766	719	815	746	585
2	(a)	233	310	91	3257	1479	1087	691	2395
	(b)	995	1019	869	726	703	748	741	529
3	(a)	548	1582	32	3148	965	1783	400	1881
	(b)	999	1218	1097	808	744	856	754	657
4	(a)	9657	9803	3169	51155	21736	14935	14484	19773
	(b)	898	949	815	665	627	687	698	474
5	(a)	884	1167	248	5757	2868	1562	1327	1928
	(b)	981	1192	893	694	665	709	740	493
6	(a)	226	121	47	1094	556	275	263	423
	(b)	938	924	775	628	594	660	668	452
7	(a)	498	356	320	2583	1072	509	872	931
	(b)	843	927	754	622	598	656	624	451
8	(a)	1009	784	172	3713	1491	868	1354	1557
	(b)	936	984	923	757	678	729	863	501
9	(a)	1808	3331	628	12741	4058	5640	3043	5383
	(b)	909	935	841	686	636	698	727	479
10	(a)	1998	2711	517	9901	3489	3749	2663	3988
	(b)	881	885	806	665	634	670	689	476
11	(a)	1117	587	404	4402	2142	952	1308	1388
	(b)	860	898	774	636	595	711	650	453
12	(a)	1036	420	516	6304	2657	857	2790	2524
	(b)	898	937	787	615	598	631	625	457
13	(a)	1081	326	317	4660	3403	523	734	1651
	(b)	858	823	827	622	613	641	655	474
14	(a)	798	1856	192	7561	1768	4438	1355	1127
	(b)	807	890	706	650	571	681	652	416
15	(a)	12715	479	258	29628	28023	867	738	16514
	(b)	790	898	658	561	558	635	591	352
16	(a)	7596	263	147	20013	19067	520	426	9479
	(b)	803	930	665	568	565	658	604	359
17	(a)	1297	83	9	3040	2871	147	22	1310
	(b)	833	985	–	586	582	673	591	3897
18	(a)	3822	133	102	6575	6085	200	290	5725
	(b)	749	779	648	527	525	549	571	332
19	(a)	2267	19	–	6860	6807	50	3	5778
	(b)	882	–	–	663	662	676	–	446
20	(a)	1344	12	–	4249	4234	13	2	4576
	(b)	864	–	–	693	692	–	–	451
21	(a)	923	7	–	2611	2573	37	1	1202
	(b)	907	–	–	613	612	676	–	425
22	(a)	–	–	–	–	–	–	–	–
	(b)	–	–	–	–	–	–	–	–
23	(a)	745	22	–	1655	1471	181	–	508
	(b)	813	958	–	562	564	550	–	352
24	(a)	26963	14071	3742	103264	62249	23341	17674	47976
	(b)	843	972	802	638	600	698	692	436

Fortsetzung 2 von Tabelle D

		Leistungsgruppen IV			V			GESAMT		
		davon			ges.	davon				
		kA	tA	M		kA	tA	kA	tA	M
1	(a)	2569	1446	261	479	444	35	6344	6499	1475
	(b)	543	659	597	461	463	436	678	918	732
2	(a)	1720	455	220	359	331	28	3803	1947	1002
	(b)	520	533	585	450	452	436	625	759	719
3	(a)	849	991	41	120	113	7	2541	4552	473
	(b)	590	717	664	494	497	–	757	986	759
4	(a)	11524	6250	1999	2538	1908	630	47675	33534	19652
	(b)	440	506	571	369	362	390	665	761	703
5	(a)	1066	704	158	184	142	42	5310	3750	1733
	(b)	456	522	609	404	387	456	715	880	749
6	(a)	296	81	46	47	39	8	1203	515	356
	(b)	423	478	610	351	335	–	654	727	673
7	(a)	670	173	88	119	88	20	2478	1113	1410
	(b)	430	493	536	338	342	–	624	737	652
8	(a)	1038	394	125	132	109	23	3870	2288	1651
	(b)	470	532	665	385	383	–	729	860	854
9	(a)	2389	2674	320	831	498	333	9287	12423	3991
	(b)	446	491	624	383	380	392	666	730	737
10	(a)	2300	1340	348	502	391	111	8777	8523	3528
	(b)	445	497	604	372	369	385	674	752	704
11	(a)	906	336	146	198	176	22	4611	1997	1858
	(b)	400	571	516	349	343	–	644	761	666
12	(a)	1490	386	648	358	297	61	5805	1833	3954
	(b)	415	506	525	342	335	390	626	701	630
13	(a)	1369	162	120	167	157	10	6334	1092	1171
	(b)	453	600	527	356	349	–	641	715	690
14	(a)	739	357	31	217	148	69	3591	6895	1578
	(b)	379	482	534	318	303	350	592	734	656
15	(a)	16171	239	104	1676	1657	19	60977	1673	1100
	(b)	350	438	473	299	298	–	568	702	596
16	(a)	9262	145	72	1047	1033	14	38524	990	645
	(b)	357	449	473	291	290	–	580	723	604
17	(a)	1270	32	8	375	373	2	6221	277	39
	(b)	386	462	–	340	340	–	618	769	593
18	(a)	5639	62	24	254	251	3	16232	406	416
	(b)	331	400	471	271	271	–	520	606	585
19	(a)	5759	17	2	1515	1508	7	16995	94	5
	(b)	446	–	–	407	406	–	619	741	–
20	(a)	4569	5	2	1147	1143	4	11756	34	4
	(b)	451	–	–	417	416	–	615	869	–
21	(a)	1190	12	–	368	365	3	5339	60	1
	(b)	425	–	–	375	375	–	629	669	–
22	(a)	–	–	–	–	–	–	–	–	–
	(b)	–	–	–	–	–	–	–	–	–
23	(a)	392	116	–	69	64	5	2829	328	3
	(b)	330	429	–	251	248	–	617	543	–
24	(a)	37154	8425	2397	6494	5729	765	38411	49023	23813
	(b)	407	528	569	363	360	386	614	775	697

Tabelle E

Erfaßte Angestellte (a) und Bruttomonatsgehälter (b) der weiblichen Angestellten (in DM) in 19 Wirtschaftsabteilungen der Bundesrepublik Deutschland nach Beschäftigungsarten und Leistungsgruppen im Jahre 1957

	Wirtschaftsabteilungen		Leistungsgruppen I ges.	I davon kA.	I davon tA.	II ges.	II davon kA
1	ENERGIEWIRTSCHAFT u. WASSERVERSORGUNG, BERGBAU	(a) (b)	1 -	- -	1 -	79 667	69 696
2	Energiewirtschaft und Wasserversorgung	(a) (b)	1 -	- -	1 -	10 -	9 -
3	Bergbau	(a) (b)	- -	- -	- -	69 667	60 696
4	VERARBEITENDES GEWERBE	(a) (b)	122 931	103 962	19 -	1079 750	897 737
5	Chem. Industrie (einschl. Kohlenwertstoffind.) und Mineralölverarbeitung	(a) (b)	11 -	10 -	1 -	113 903	68 801
6	Kunststoff-, Gummi- und Asbestverarbeitung	(a) (b)	3 -	3 -	- -	14 -	14 -
7	Steine und Erden	(a) (b)	6 -	6 -	- -	40 721	36 731
8	Eisen- und NE-Metallerzg., Gießerei u.Stahlverformung	(a) (b)	7 -	6 -	1 -	89 778	82 777
9	Stahl-, Maschinen-, Fahrzeugbau, Schiffbau	(a) (b)	11 -	10 -	1 -	143 768	138 767
10	Elektrotechnik, Feinmech. und Optik, Herstellung von EBM-Waren, Musikinstrum., Sportgeräte, Spiel- und Schmuckwaren	(a) (b)	18 -	18 -	- -	222 760	204 751
11	Holz-, Papier- u. Druckgewerbe	(a) (b)	6 -	6 -	- -	140 706	133 706
12	Leder-, Textil- u. Bekleidungsgewerbe	(a) (b)	43 837	28 -	15 -	202 723	113 716
13	Nahrungs- und Genußmittelgewerbe	(a) (b)	17 -	16 -	1 -	116 665	109 659
14	BAUGEWERBE	(a) (b)	8 -	7 -	1 -	143 687	136 683
15	HANDEL	(a) (b)	212 891	210 891	2 -	2929 651	2870 650
16	Großhandel	(a) (b)	104 898	103 898	1 -	960 653	953 653
17	Handelsvermittlung	(a) (b)	39 817	38 818	1 -	240 641	239 639
18	Einzelhandel	(a) (b)	69 922	69 922	- -	1729 651	1678 650
19	KREDITINSTITUTE u. VERSICHERUNGSGEWERBE	(a) (b)	6 -	6 -	- -	162 728	162 728
20	Kredit- und sonstige Finanzierungsinstitute	(a) (b)	4 -	4 -	- -	93 700	93 700
21	Versicherungsgewerbe	(a) (b)	2 -	2 -	- -	69 766	69 766
22	VERKEHR u. NACHRICHTENÜBERMITTLUNG	(a) (b)	- -	- -	- -	- -	- -
23	DIENSTLEISTUNGEN	(a) (b)	20 810	20 810	- -	193 604	193 604
24	alle Bereiche	(a) (b)	369 901	346 906	23 828	4585 677	4327 671

Fortsetzung 1 von Tabelle E

		Leistungsgruppen							
		II		III				IV	
		davon		ges.	davon			ges.	davon
		tA	M		kA	tA	M		kA
1	(a)	10	-	568	522	45	1	1355	1314
	(b)	-	-	592	594	617	-	441	441
2	(a)	1	-	375	352	23	-	925	897
	(b)	-	-	605	604	617	-	437	437
3	(a)	9	-	193	170	22	1	430	417
	(b)	-	-	566	572	-	-	449	449
4	(a)	152	30	11113	10074	881	158	26110	24198
	(b)	842	670	509	508	526	528	369	366
5	(a)	44	1	1692	1405	269	18	2685	2341
	(b)	1039	-	544	541	555	-	378	373
6	(a)	-	-	278	258	14	6	644	610
	(b)	-	-	481	477	-	-	366	363
7	(a)	4	-	409	387	20	2	1068	1033
	(b)	-	-	485	484	-	-	355	353
8	(a)	7	-	489	443	46	-	1432	1363
	(b)	-	-	582	582	611	-	397	397
9	(a)	4	1	1617	1559	55	3	5212	4832
	(b)	-	-	538	539	511	-	381	380
10	(a)	17	2	1976	1860	104	12	6397	5901
	(b)	-	-	522	522	514	-	378	377
11	(a)	4	3	1246	1222	21	3	2285	2231
	(b)	-	-	480	480	-	-	344	342
12	(a)	68	21	1970	1572	287	105	3626	3283
	(b)	734	-	483	476	503	531	356	350
13	(a)	4	3	1436	1362	65	9	2761	2604
	(b)	-	-	469	462	491	-	342	335
14	(a)	7	-	1272	1256	16	-	2085	2070
	(b)	-	-	484	484	-	-	329	329
15	(a)	54	5	18146	18032	95	19	49904	49734
	(b)	721	-	430	430	454	-	285	285
16	(a)	5	2	8900	8871	26	3	13775	13730
	(b)	-	-	434	434	504	-	307	307
17	(a)	1	-	2007	1989	18	-	3340	3324
	(b)	-	-	448	448	-	-	320	320
18	(a)	48	3	7239	7172	51	16	32789	32680
	(b)	721	-	419	419	428	-	272	272
19	(a)	-	-	1782	1780	2	-	7309	7304
	(b)	-	-	550	550	-	-	403	404
20	(a)	-	-	806	806	-	-	5195	5194
	(b)	-	-	575	575	-	-	413	414
21	(a)	-	-	976	974	2	-	2114	2110
	(b)	-	-	529	529	-	-	379	378
22	(a)	-	-	-	-	-	-	-	-
	(b)	-	-	-	-	-	-	-	-
23	(a)	-	-	2228	2131	97	-	6613	6395
	(b)	-	-	404	403	415	-	268	265
24	(a)	223	35	35109	33795	1136	178	93376	91015
	(b)	795	664	464	462	513	526	320	318

Fortsetzung 2 von Tabelle E

Leistungsgruppen

		IV		V			GESAMT		
		davon		ges.	davon				
		tA	M		kA	tA	kA	tA	M
1	(a)	41	–	426	416	10	2321	107	1
	(b)	426	–	303	302	–	459	527	–
2	(a)	28	–	273	266	7	1524	60	–
	(b)	426	–	305	304	–	455	509	–
3	(a)	13	–	153	150	3	797	47	1
	(b)	–	–	299	299	–	467	549	–
4	(a)	1802	110	10190	9636	554	44908	3408	298
	(b)	406	439	278	276	321	387	444	515
5	(a)	331	13	894	828	66	4652	711	32
	(b)	407	–	283	280	326	415	495	545
6	(a)	30	4	295	286	9	1171	53	10
	(b)	–	–	267	265	–	370	439	–
7	(a)	31	4	396	386	10	1848	65	6
	(b)	–	–	257	256	–	370	425	–
8	(a)	[illegible]	–	420	403	17	2297	140	–
	(b)	431	–	281	280	–	426	496	–
9	(a)	977	3	2285	2142	143	8681	580	7
	(b)	390	–	289	288	322	393	390	–
10	(a)	485	11	2493	2318	175	10301	781	24
	(b)	392	–	287	284	313	391	400	–
11	(a)	53	1	846	836	10	4428	88	7
	(b)	441	–	256	255	–	375	465	–
12	(a)	279	64	1785	1692	93	6694	742	190
	(b)	407	444	270	266	339	367	473	506
13	(a)	147	10	776	745	31	4836	248	22
	(b)	469	–	273	271	–	372	460	–
14	(a)	15	–	1011	998	13	4467	52	–
	(b)	–	–	235	234	–	363	461	–
15	(a)	168	2	6354	6343	11	77189	330	26
	(b)	294	–	228	228	–	330	419	452
16	(a)	45	–	3206	3203	3	26860	80	5
	(b)	359	–	231	231	–	355	439	–
17	(a)	16	–	1175	1174	1	6764	37	–
	(b)	–	–	238	238	–	257	456	–
18	(a)	107	2	1973	1966	7	43565	213	21
	(b)	266	–	217	217	–	310	405	452
19	(a)	5	–	4554	4547	7	13799	14	–
	(b)	–	–	274	274	–	384	–	–
20	(a)	1	–	3751	3750	1	9847	2	–
	(b)	–	–	276	276	–	377	–	–
21	(a)	4	–	803	797	6	3952	12	–
	(b)	–	–	265	265	–	400	–	–
22	(a)	–	–	–	–	–	–	–	–
	(b)	–	–	–	–	–	–	–	–
23	(a)	218	–	1224	1221	3	9960	318	–
	(b)	361	–	201	201	–	294	376	–
24	(a)	2249	112	23759	23161	598	152644	4229	325
	(b)	394	441	259	257	319	352	439	511

Tabelle F

Erfaßte Angestellte (a) und Bruttomonatsgehälter (b) der männlichen Angestellten (in DM) in 19 Wirtschaftsabteilungen der Bundesrepublik Deutschland nach Beschäftigungsarten und Leistungsgruppen im Jahre 1 9 6 2

	Wirtschaftsabteilungen		Leistungsgruppen I ges.	davon kA	davon tA	davon M	Leistungsgruppen II ges.
1	ENERGIEWIRTSCHAFT u. WASSERVERSORGUNG, BERGBAU	(a)	523	164	359	-	3609
		(b)	2129	1975	2200	-	1381
2	Energiewirtschaft und Wasserversorgung	(a)	161	83	78	-	1053
		(b)	1847	1843	1851	-	1324
3	Bergbau	(a)	362	81	281	-	2556
		(b)	2255	2112	2297	-	1404
4	VERARBEITENDES GEWERBE	(a)	6060	3477	2581	2	33500
		(b)	1806	1771	1853	-	1260
5	Chem. Industrie (einschl. Kohlenwertstoffind.) und Mineralölverarbeitung	(a)	1032	512	520	-	3065
		(b)	1977	1919	2034	-	1417
6	Kunststoff-, Gummi- und Asbestverarbeitung	(a)	159	103	56	-	613
		(b)	1764	1756	1780	-	1237
7	Steine und Erden	(a)	281	179	101	1	1317
		(b)	1681	1705	1643	-	1214
8	Eisen- und NE-Metallerzg., Gießerei u.Stahlverformung	(a)	670	374	296	-	3908
		(b)	1973	1951	2001	-	1263
9	Stahl-, Maschinen-, Fahrzeugbau, Schiffbau	(a)	1409	676	732	1	9847
		(b)	1782	1762	1802	-	1262
10	Elektrotechnik, Feinmech. und Optik, Herstellung von EBM-Waren, Musikinstrum., Sportgeräte, Spiel- und Schmuckwaren	(a)	1256	632	624	-	8486
		(b)	1816	1797	1836	-	1239
11	Holz-, Papier- u. Druckgewerbe	(a)	452	384	104	-	2220
		(b)	1645	1653	1618	-	1228
12	Leder-, Textil- u. Bekleidungsgewerbe	(a)	428	335	93	-	2143
		(b)	1644	1665	1570	-	1207
13	Nahrungs- und Genußmittelgewerbe	(a)	373	318	55	-	1901
		(b)	1578	1570	1625	-	1223
14	BAUGEWERBE	(a)	306	137	168	-	3567
		(b)	1649	1621	1671	-	1264
15	HANDEL	(a)	2140	2033	107	-	12242
		(b)	1546	1539	1675	-	1080
16	Großhandel	(a)	1457	1382	75	-	7420
		(b)	1581	1575	1695	-	1102
17	Handelsvermittlung	(a)	169	149	20	-	513
		(b)	1498	1480	1633	-	1139
18	Einzelhandel	(a)	914	502	12	-	4309
		(b)	1461	1457	1615	-	1036
19	KREDITINSTITUTE u. VERSICHERUNGSGEWERBE	(a)	934	926	8	-	2668
		(b)	1662	1664	-	-	1199
20	Kredit- und sonstige Finanzierungsinstitute	(a)	576	573	3	-	1120
		(b)	1631	1632	-	-	1243
21	Versicherungsgewerbe	(a)	358	353	5	-	1548
		(b)	1712	1717	-	-	1167
22	VERKEHR u. NACHRICHTENÜBERMITTLUNG	(a)	53	49	4	-	573
		(b)	1763	1759	-	-	1201
23	DIENSTLEISTUNGEN	(a)	275	253	22	-	1097
		(b)	1543	1541	1570	-	1155
24	alle Bereiche	(a)	10291	7039	3249	3	57256
		(b)	1743	1683	1873	-	1224

Fortsetzung 1 von Tabelle F

		Leistungsgruppen II davon kA	II davon tA	II davon M	III ges.	III davon kA	III davon tA	III davon M	IV ges.
1	(a)	1096	2317	196	7457	2839	3625	993	3867
	(b)	1297	1437	1189	1003	940	1049	1012	769
2	(a)	380	523	150	4007	1791	1346	870	2355
	(b)	1342	1346	1205	980	947	1004	1013	721
3	(a)	716	1794	46	3450	1048	2279	123	1512
	(b)	1273	1464	1139	1028	929	1075	999	8447
4	(a)	13736	15600	4164	67033	27223	22334	17476	21593
	(b)	1253	1285	1192	932	892	939	985	679
5	(a)	1497	1261	307	7943	3782	2387	1774	2379
	(b)	1401	1481	1238	984	941	989	1068	736
6	(a)	293	197	123	1814	848	531	435	509
	(b)	1243	1290	1137	907	861	935	966	665
7	(a)	630	404	283	2799	1158	702	939	962
	(b)	1202	1309	1106	920	889	942	941	665
8	(a)	1835	1616	457	5597	2164	1509	1924	1851
	(b)	1245	1265	1330	971	900	912	1096	667
9	(a)	3070	5664	1113	18212	5719	8329	4164	6177
	(b)	1240	1282	1226	949	901	945	1024	672
10	(a)	2805	5004	677	13735	4324	6158	3253	4176
	(b)	1231	1254	1159	908	871	911	953	663
11	(a)	1219	608	393	5025	2386	1201	1438	1518
	(b)	1245	1258	1129	944	893	1028	958	711
12	(a)	1121	538	484	6307	2513	1031	2763	2241
	(b)	1244	1235	1089	862	846	877	870	658
13	(a)	1266	308	327	5601	4329	486	786	1780
	(b)	1216	1247	1228	902	884	955	969	684
14	(a)	1016	2204	347	8149	1869	3236	3044	866
	(b)	1164	1337	1101	965	834	968	1041	604
15	(a)	11011	715	516	29112	25753	1461	1898	15844
	(b)	1680	1183	954	805	797	867	859	539
16	(a)	6692	468	260	18828	17102	810	916	8233
	(b)	1097	1252	966	809	802	903	866	544
17	(a)	446	52	15	1357	1158	114	85	516
	(b)	1130	1262	998	837	835	857	838	555
18	(a)	3873	195	241	8927	7493	537	897	7095
	(b)	1045	995	939	790	781	815	853	532
19	(a)	2641	26	1	10653	10555	93	5	5691
	(b)	1197	1361	-	869	868	992	-	590
20	(a)	1112	7	1	6516	6489	22	5	4103
	(b)	1242	-	-	892	892	1002	-	592
21	(a)	1529	19	-	4137	4066	71	-	1588
	(b)	1164	1337	-	833	830	989	-	586
22	(a)	286	257	30	573	439	55	79	263
	(b)	1246	1171	1020	915	889	1030	975	701
23	(a)	975	96	26	2099	1665	401	33	802
	(b)	1136	1373	1060	849	855	827	819	571
24	(a)	30761	21215	5280	125076	70343	31205	23528	48926
	(b)	1181	1302	1161	902	853	950	983	627

Fortsetzung 2 von Tabelle F

		Leistungsgruppen IV			Leistungsgruppen V			GESAMT		
		davon			ges.	davon				
		kA	tA	M		kA	tA	kA	tA	M
1	(a)	2319	1283	265	301	280	21	6698	7605	1454
	(b)	714	856	830	644	641	674	933	1188	1002
2	(a)	1686	460	209	236	221	15	4161	2422	1229
	(b)	709	729	801	647	648	636	889	1051	1001
3	(a)	633	823	56	65	59	6	2537	5183	225
	(b)	727	927	937	631	617	-	1006	1252	1012
4	(a)	11412	8352	1829	2475	1775	700	57623	49567	23471
	(b)	633	717	790	560	552	581	969	1053	1007
5	(a)	1055	1069	255	187	126	61	6972	5298	2336
	(b)	679	757	886	635	626	655	1066	1158	1071
6	(a)	311	134	64	38	28	10	1583	928	622
	(b)	617	702	819	498	464	514	935	1023	984
7	(a)	642	221	99	125	99	26	2708	1454	1322
	(b)	630	731	745	557	548	591	942	1055	962
8	(a)	1224	552	75	255	297	48	5804	4021	2456
	(b)	652	671	819	577	577	579	1013	1098	1131
9	(a)	2515	3433	229	732	399	333	12379	18491	5507
	(b)	628	694	817	561	570	551	966	1028	1057
10	(a)	2078	1895	203	519	381	138	10220	13819	4133
	(b)	621	698	768	542	527	583	963	1045	978
11	(a)	893	439	186	178	158	20	5004	2372	2017
	(b)	611	868	819	579	562	714	971	1080	979
12	(a)	1227	435	579	276	221	55	5417	2152	3826
	(b)	602	719	733	533	510	626	910	958	877
13	(a)	1467	174	139	165	156	9	7536	1032	1252
	(b)	654	837	804	542	543	-	917	1055	1018
14	(a)	620	222	24	179	123	56	3765	5886	3416
	(b)	568	674	879	488	464	540	896	1111	1046
15	(a)	15083	526	235	1475	1424	51	55304	2860	2649
	(b)	533	624	710	473	471	539	800	926	864
16	(a)	7831	276	126	903	880	23	33887	1687	1302
	(b)	537	665	709	475	473	556	822	994	871
17	(a)	475	30	11	114	102	12	2330	228	111
	(b)	546	621	790	497	494	526	859	969	855
18	(a)	6777	220	98	458	442	16	19087	980	1236
	(b)	528	573	702	464	461	524	755	801	858
19	(a)	5643	33	15	2212	2167	45	21932	205	21
	(b)	589	692	734	572	571	631	840	926	782
20	(a)	4084	10	9	1644	1600	44	13858	86	15
	(b)	591	681	-	578	576	631	825	824	806
21	(a)	1599	23	6	568	567	1	8074	119	6
	(b)	584	697	-	557	557	-	866	999	-
22	(a)	175	41	47	27	26	1	975	358	156
	(b)	630	905	789	554	537	-	982	1126	928
23	(a)	728	64	10	95	91	4	3712	587	69
	(b)	567	604	704	468	462	-	910	918	893
24	(a)	35980	10521	2425	6764	5886	878	150009	67068	31236
	(b)	587	728	787	546	540	581	883	1067	998

Tabelle G

Erfaßte Angestellte (a) und Bruttomonatsgehälter (b) der weiblichen Angestellten (in DM) in 19 Wirtschaftsabteilungen der Bundesrepublik Deutschland nach Beschäftigungsarten und Leistungsgruppen im Jahre 1 9 6 2

	Wirtschaftsabteilungen		Leistungsgruppen I ges.	I davon kA	I davon tA	I davon M	II ges.
1	ENERGIEWIRTSCHAFT u. WASSERVERSORGUNG, BERGBAU	(a)	1	-	-	-	76
		(b)	-	-	-	-	947
2	Energiewirtschaft und Wasserversorgung	(a)	1	-	-	-	17
		(b)	-	-	-	-	1109
3	Bergbau	(a)	-	-	-	-	59
		(b)	-	-	-	-	900
4	VERARBEITENDES GEWERBE	(a)	152	129	23	-	1713
		(b)	1364	1339	1503	-	1001
5	Chem. Industrie (einschl. Kohlenwertstoffind.) und Mineralölverarbeitung	(a)	22	15	7	-	193
		(b)	1549	1508	-	-	1203
6	Kunststoff-, Gummi- und Asbestverarbeitung	(a)	5	-	-	-	48
		(b)	-	-	-	-	1059
7	Steine und Erden	(a)	10	9	1	-	50
		(b)	1227	-	-	-	1030
8	Eisen- und NE-Metallerzg., Gießerei u.Stahlverformung	(a)	7	4	3	-	146
		(b)	-	-	-	-	1053
9	Stahl-, Maschinen-, Fahrzeugbau, Schiffbau	(a)	24	21	3	-	317
		(b)	1552	1556	-	-	1018
10	Elektrotechnik, Feinmech. und Optik, Herstellung von EBM-Waren, Musikinstrum., Sportgeräte, Spiel- und Schmuckwaren	(a)	19	17	2	-	369
		(b)	1345	1309	-	-	987
11	Holz-, Papier- u. Druckgewerbe	(a)	20	20	-	-	148
		(b)	1249	1249	-	-	969
12	Leder-, Textil- u. Bekleidungsgewerbe	(a)	29	22	7	-	305
		(b)	1261	1260	-	-	907
13	Nahrungs- und Genußmittelgewerbe	(a)	16	16	-	-	137
		(b)	1199	1199	-	-	875
14	BAUGEWERBE	(a)	18	18	-	-	187
		(b)	2250	1150	-	-	968
15	HANDEL	(a)	169	168	1	-	3152
		(b)	1101	1099	-	-	880
16	Großhandel	(a)	63	62	1	-	958
		(b)	1231	1227	-	-	846
17	Handelsvermittlung	(a)	10	10	-	-	122
		(b)	872	872	-	-	870
18	Einzelhandel	(a)	96	96	-	-	2072
		(b)	1040	1040	-	-	896
19	KREDITINSTITUTE u. VERSICHERUNGSGEWERBE	(a)	17	17	-	-	195
		(b)	1107	1107	-	-	1013
20	Kredit- und sonstige Finanzierungsinstitute	(a)	5	-	-	-	62
		(b)	-	-	-	-	1023
21	Versicherungsgewerbe	(a)	12	12	-	-	133
		(b)	1082	1082	-	-	1009
22	VERKEHR u. NACHRICHTENÜBERMITTLUNG	(a)	4	4	-	-	12
		(b)	-	-	-	-	1000
23	DIENSTLEISTUNGEN	(a)	40	35	5	-	340
		(b)	1123	1152	-	11	811
24	alle Bereiche	(a)	401	372	29	-	5675
		(b)	1208	1193	1402	-	921

Fortsetzung 1 von Tabelle G

		Leistungsgruppen								
		II			III				IV	
		davon			ges.	davon			ges.	davon
		kA	tA	M		kA	tA	M		kA
1	(a)	71	5	–	730	674	56	–	1698	1597
	(b)	929	–	–	788	790	768	–	582	580
2	(a)	13	4	–	497	455	42	–	1244	1159
	(b)	1115	–	–	803	803	805	–	592	591
3	(a)	58	1	–	233	219	14	–	454	438
	(b)	887	–	–	756	762	656	–	553	551
4	(a)	1471	203	39	16700	14981	1491	228	33828	30704
	(b)	996	1055	906	719	716	740	757	531	527
5	(a)	134	56	3	2580	2090	467	23	3669	3207
	(b)	1156	1336	–	771	769	777	838	551	543
6	(a)	43	5	–	445	418	23	4	1002	937
	(b)	1044	–	–	699	695	745	–	526	521
7	(a)	46	4	–	586	556	26	4	1253	1192
	(b)	1024	–	–	711	711	744	–	518	517
8	(a)	140	6	–	854	790	62	2	2054	1915
	(b)	1045	–	–	764	762	780	–	557	557
9	(a)	306	10	1	3063	2923	138	2	7620	6836
	(b)	1012	1103	–	744	744	747	–	538	637
10	(a)	320	48	1	3398	3040	339	19	8191	7253
	(b)	985	998	–	725	724	734	766	533	532
11	(a)	143	3	2	1718	1660	52	6	2577	2519
	(b)	979	–	–	699	697	749	–	511	510
12	(a)	211	63	31	2317	1863	298	156	4105	3647
	(b)	936	827	879	662	653	685	731	514	505
13	(a)	128	8	1	1739	1641	86	12	3357	3198
	(b)	860	–	–	665	661	706	837	516	509
14	(a)	183	4	–	1786	1751	34	1	2143	2104
	(b)	964	–	–	683	682	717	–	476	475
15	(a)	3060	83	9	18444	18264	149	31	55421	55057
	(b)	878	966	–	590	589	633	616	424	424
16	(a)	953	5	–	8427	8389	34	4	13696	13639
	(b)	847	–	–	590	590	705	–	451	451
17	(a)	122	–	–	879	874	5	–	1115	1110
	(b)	870	–	–	600	600	–	–	465	465
18	(a)	1985	78	9	9138	9001	110	27	40610	40308
	(b)	894	985	–	588	588	613	611	414	414
19	(a)	195	–	–	4095	4087	8	–	9600	9597
	(b)	1013	–	–	707	707	–	–	532	532
20	(a)	62	–	–	1769	1768	1	–	6310	6310
	(b)	1023	–	–	754	754	–	–	546	546
21	(a)	133	–	–	2326	2319	7	–	3290	3287
	(b)	1009	–	–	672	672	–	–	506	506
22	(a)	12	–	–	196	195	1	–	286	286
	(b)	1000	–	–	669	669	–	–	490	490
23	(a)	314	26	–	3124	2865	258	1	8322	7996
	(b)	808	858	–	580	577	603	–	431	429
24	(a)	5306	321	48	45075	42817	1997	261	111298	107341
	(b)	916	1020	869	655	651	714	740	470	467

Fortsetzung 2 von Tabelle G

	Leistungsgruppen IV davon tA	IV davon M	V ges.	V davon kA	V davon tA	V davon M	GESAMT kA	GESAMT tA	GESAMT M
1 (a)	100	1	325	319	6	-	2662	167	11
(b)	607	-	455	456	-	-	628	673	-
2 (a)	84	1	239	234	5	-	1862	135	1
(b)	605	-	464	465	-	-	631	675	-
3 (a)	16	-	86	85	1	-	800	32	-
(b)	622	-	432	431	-	-	620	665	-
4 (a)	2966	158	11957	11185	772	-	58470	5455	425
(b)	564	647	434	432	461	-	571	619	730
5 (a)	440	22	841	743	98	-	6189	1068	48
(b)	603	659	432	425	487	-	620	714	753
6 (a)	56	9	311	299	12	-	1702	96	13
(b)	573	-	423	420	485	-	562	635	741
7 (a)	59	2	386	369	17	-	2172	107	6
(b)	529	-	419	417	462	-	563	601	-
8 (a)	139	10	1289	1246	43	11	4095	253	2
(b)	561	-	453	453	462	-	582	627	-
9 (a)	782	2	3041	2818	223	-	12904	1156	5
(b)	545	-	438	437	452	-	575	559	-
10 (a)	915	23	3289	3043	246	-	13673	1550	43
(b)	545	655	441	441	438	-	566	585	713
11 (a)	56	2	848	828	20	-	5170	131	10
(b)	569	-	417	415	490	-	570	630	815
12 (a)	377	81	1301	1205	96	-	6948	841	268
(b)	572	611	416	410	498	-	544	628	712
13 (a)	142	17	651	634	17	-	5617	253	30
(b)	649	747	417	415	503	-	553	671	805
14 (a)	31	-	584	571	13	-	4627	90	1
(b)	527	-	370	370	386	-	563	606	-
15 (a)	355	9	5594	5562	32	-	82111	620	49
(b)	430	-	360	360	398	-	475	550	600
16 (a)	55	2	2480	2471	9	-	25514	104	6
(b)	505	-	381	380	-	-	506	586	-
17 (a)	5	-	191	190	1	-	2306	11	-
(b)	-	-	369	369	-	-	531	513	-
18 (a)	295	7	2923	2901	22	-	54291	503	43
(b)	415	-	342	342	370	-	458	544	598
19 (a)	3	-	6777	6760	17	-	20656	28	-
(b)	-	-	403	403	454	-	530	543	-
20 (a)	-	-	5641	5632	1	-	13777	10	-
(b)	-	-	402	402	-	-	516	485	-
21 (a)	3	-	1136	1128	8	-	6879	18	-
(b)	-	-	407	407	-	-	556	576	-
22 (a)	-	-	35	35	-	-	532	1	-
(b)	-	-	390	390	-	-	567	-	-
23 (a)	325	1	1039	1024	15	-	12234	629	2
(b)	487	-	367	366	471	-	470	553	-
24 (a)	3788	169	26311	25456	855	-	181292	6990	478
(b)	545	635	407	405	457	-	517	608	716

Tabelle H

Erfaßte Angestellte (a) und Bruttomonatsgehälter (b) der männlichen Angestellten (in DM) in 19 Wirtschaftsabteilungen der Bundesrepublik Deutschland nach Beschäftigungsarten und Leistungsgruppen im Jahre 1 9 6 6

	Wirtschaftsabteilungen		Leistungsgruppen I ges.	I davon kA	I davon tA	II ges.
1	ENERGIEWIRTSCHAFT u. WASSERVERSORGUNG, BERGBAU	(a)	3270	1450	1820	23090
		(b)	2490	2510	2480	1730
2	Energiewirtschaft und Wasserversorgung	(a)	930	500	430	7210
		(b)	2350	2440	2250	1690
3	Bergbau	(a)	2340	950	1390	15880
		(b)	2550	2540	2550	1740
4	VERARBEITENDES GEWERBE	(a)	57020	33690	23340	293470
		(b)	2190	2180	2210	1600
5	Chem. Industrie (einschl. Kohlenwertstoffind.) und Mineralölverarbeitung	(a)	9860	3920	5940	24030
		(b)	2400	2370	2410	1820
6	Kunststoff-, Gummi- und Asbestverarbeitung	(a)	1480	1050	430	6430
		(b)	2100	2110	2070	1600
7	Steine und Erden	(a)	2510	1740	780	10240
		(b)	2090	2090	2110	1570
8	Eisen- und NE-Metallerzg., Gießerei u.Stahlverformung	(a)	7130	4070	3060	32470
		(b)	2270	2260	2290	1510
9	Stahl-, Maschinen-, Fahrzeugbau, Schiffbau	(a)	12910	7770	5150	96860
		(b)	220	2210	2180	1620
10	Elektrotechnik, Feinmech. und Optik, Herstellung von EBM-Waren, Musikinstrum., Sportgeräte, Spiel- und Schmuckwaren	(a)	10790	5800	4990	64470
		(b)	2200	2210	2180	1580
11	Holz-, Papier- u. Druckgewerbe	(a)	4200	3140	1060	22280
		(b)	2040	2070	1960	1560
12	Leder-, Textil- u. Bekleidungsgewerbe	(a)	4220	3090	1130	18050
		(b)	1940	1970	1830	1510
13	Nahrungs- und Genußmittelgewerbe	(a)	3910	3110	800	18640
		(b)	2050	2080	1950	1530
14	BAUGEWERBE	(a)	4420	1590	2830	34570
		(b)	1960	1990	1950	1630
15	HANDEL	(a)	20770	19290	1480	101150
		(b)	1890	1880	1980	1380
16	Großhandel	(a)	13300	12230	1060	62080
		(b)	1940	1930	2120	1400
17	Handelsvermittlung	(a)	1180	1080	100	3620
		(b)	1900	1910	1800	1480
18	Einzelhandel	(a)	6290	5980	310	35450
		(b)	1760	1780	1500	1330
19	KREDITINSTITUTE u. VERSICHERUNGSGEWERBE	(a)	7100	7100	-	25730
		(b)	2120	2120	-	1560
20	Kredit- und sonstige Finanzierungsinstitute	(a)	3850	3850	-	9960
		(b)	2120	2120	-	1640
21	Versicherungsgewerbe	(a)	3250	3240	-	15770
		(b)	2120	2120	-	1510
22	VERKEHR u. NACHRICHTENÜBERMITTLUNG	(a)	510	470	-	2780
		(b)	2160	2160	-	1580
23	DIENSTLEISTUNGEN	(a)	1840	1700	140	6670
		(b)	2040	2020	2340	1600
24	alle Bereiche	(a)	94950	65290	29670	487490
		(b)	2120	2080	2190	1560

Fortsetzung[1] von Tabelle H

		Leistungsgruppen II davon kA	II davon tA	II davon M	III ges.	III davon kA	III davon tA	III davon M
1	(a)	7380	14180	1530	52450	20300	22570	9580
	(b)	1630	1800	1480	1290	1220	1360	1270
2	(a)	2670	3540	1000	30170	13450	9410	7310
	(b)	1740	1710	1510	1280	1240	1320	1300
3	(a)	4710	10640	530	22280	6850	13160	2270
	(b)	1570	1830	1420	1300	1180	1390	1160
4	(a)	123410	123260	46790	619680	248660	225180	145840
	(b)	1590	1640	1480	1210	1160	1230	1270
5	(a)	11050	10180	2800	67080	29930	23070	14080
	(b)	1770	1940	1620	1290	1240	1280	1390
6	(a)	3180	1990	1260	16700	7600	5280	3830
	(b)	1600	1720	1430	1180	1130	1230	1230
7	(a)	4450	3260	2520	22640	10360	5650	6630
	(b)	1560	1670	1450	1210	1170	1250	1250
8	(a)	15080	12850	4530	46230	17910	13850	14470
	(b)	1490	1540	1520	1210	1130	1170	1360
9	(a)	34730	48400	13730	197690	66750	88040	42900
	(b)	1620	1640	1530	1230	1160	1250	1310
10	(a)	21790	34420	8270	134620	41470	66460	26690
	(b)	1590	1610	1460	1180	1120	1190	1230
11	(a)	11210	5640	5430	44150	21570	11580	11000
	(b)	1600	1650	1400	1250	1190	1370	1250
12	(a)	9720	4260	4060	46790	19040	7280	20480
	(b)	1560	1560	1350	1130	1120	1150	1120
13	(a)	12200	2260	4180	43780	34040	3970	5770
	(b)	1540	1610	1450	1170	1150	1220	1250
14	(a)	9760	20290	4530	62900	16490	27290	19120
	(b)	1530	1720	1420	1270	1120	1310	1350
15	(a)	90350	5690	5110	213620	190420	11900	11300
	(b)	1370	1560	1230	1060	1050	1150	1120
16	(a)	55950	3580	2560	139470	126660	6920	5890
	(b)	1390	1590	1260	1070	1060	1180	1130
17	(a)	3030	410	180	9660	8420	830	410
	(b)	1470	1580	1270	1120	1120	1160	1130
18	(a)	31380	1700	2370	64490	55340	4150	5000
	(b)	1330	1470	1200	1030	1020	1100	1100
19	(a)	25470	240	-	84370	83920	420	-
	(b)	1560	1630	-	1170	1160	1340	-
20	(a)	9910	-	-	48670	48570	-	-
	(b)	1640	-	-	1230	1230	-	-
21	(a)	15570	200	-	35700	35350	330	-
	(b)	1510	1610	-	1080	1080	1300	-
22	(a)	1290	1370	100	3930	2900	760	260
	(b)	1570	1600	1370	1210	1160	1370	1280
23	(a)	5870	690	-	12290	10220	1950	-
	(b)	1580	1740	-	1130	1120	1230	-
24	(a)	263570	165760	58160	1049320	572980	290120	186220
	(b)	1510	1660	1450	1180	1130	1250	1270

Fortsetzung 2 von Tabelle H

		Leistungsgruppen						
		IV				V		
		ges.	davon			ges.	davon	
			kA	tA	M		kA	tA
1	(a)	21290	13310	6700	1280	1310	1200	120
	(b)	980	930	1080	1050	820	820	820
2	(a)	13480	10010	2410	1060	1010	920	-
	(b)	950	940	980	1040	830	830	-
3	(a)	7810	3300	4290	230	310	280	-
	(b)	1040	910	1140	1120	780	780	-
4	(a)	167070	87250	61090	11730	11290	9130	2160
	(b)	890	830	950	1060	720	700	820
5	(a)	17810	7370	8390	2040	1140	800	340
	(b)	980	890	1000	1210	770	710	910
6	(a)	4170	2440	1350	390	420	330	-
	(b)	880	810	950	1060	730	680	-
7	(a)	7170	4420	1930	820	850	700	150
	(b)	900	850	940	1080	790	780	830
8	(a)	12990	8780	3770	440	350	270	-
	(b)	850	820	890	1070	690	650	-
9	(a)	51410	24300	24780	2330	2870	2180	690
	(b)	880	820	920	1090	670	650	740
10	(a)	30300	15230	13480	1600	1600	1250	340
	(b)	870	810	930	1030	680	650	820
11	(a)	10110	5980	3120	1010	1070	990	-
	(b)	950	840	1130	1000	660	640	-
12	(a)	13870	8460	3120	2300	1380	1160	220
	(b)	860	810	950	930	700	690	750
13	(a)	12240	10280	1150	810	1610	1460	160
	(b)	900	870	1010	1070	830	820	990
14	(a)	7940	4230	3320	400	940	490	450
	(b)	860	760	960	1090	740	600	880
15	(a)	101310	96750	3350	1210	10080	9690	390
	(b)	750	750	830	970	660	650	770
16	(a)	56020	53740	1660	620	6570	6320	250
	(b)	770	760	880	980	660	660	780
17	(a)	3290	3030	210	50	640	610	-
	(b)	800	800	880	920	690	680	-
18	(a)	41990	39980	1480	540	2870	2760	-
	(b)	730	720	760	960	640	630	-
19	(a)	37040	36720	190	-	13360	13220	-
	(b)	820	820	970	-	830	830	-
20	(a)	24130	23910	-	-	12290	12160	-
	(b)	840	840	-	-	840	840	-
21	(a)	12910	12820	-	-	1070	1060	-
	(b)	780	780	-	-	680	680	-
22	(a)	1400	1070	270	50	190	160	-
	(b)	920	870	1110	1050	810	790	-
23	(a)	3440	2530	900	-	440	410	-
	(b)	690	730	690	-	660	660	-
24	(a)	332500	241860	75840	14810	37710	34380	3330
	(b)	840	800	950	1050	750	740	830

Fortsetzung 3 von Tabelle H

Leistungsgruppen		GESAMT kA	tA	M
1	(a)	43630	45400	12390
	(b)	1230	1500	1240
2	(a)	27540	15890	9360
	(b)	1180	1380	1290
3	(a)	16090	29510	3030
	(b)	1310	1570	1210
4	(a)	502140	435030	204360
	(b)	1270	1360	1310
5	(a)	53070	47920	18930
	(b)	1380	1510	1400
6	(a)	14600	9130	5480
	(b)	1240	1330	1260
7	(a)	21670	11770	9970
	(b)	1240	1370	1290
8	(a)	46110	33620	19430
	(b)	1290	1380	1390
9	(a)	135730	167060	58960
	(b)	1270	1340	1360
10	(a)	85530	119690	36560
	(b)	1250	1320	1280
11	(a)	42890	21490	17450
	(b)	1300	1430	1280
12	(a)	41460	16010	26840
	(b)	1210	1260	1140
13	(a)	61090	8340	10750
	(b)	1220	1360	1310
14	(a)	32550	54180	24040
	(b)	1230	1470	1360
15	(a)	406500	22800	17620
	(b)	1080	1250	1140
16	(a)	254910	13470	9070
	(b)	1100	1320	1160
17	(a)	16160	1590	640
	(b)	1160	1260	1160
18	(a)	135430	7740	7910
	(b)	1030	1130	1120
19	(a)	166440	1000	170
	(b)	1160	1300	1060
20	(a)	98390	400	-
	(b)	1160	1190	-
21	(a)	68050	600	-
	(b)	1160	1380	-
22	(a)	5910	2470	420
	(b)	1260	1470	1270
23	(a)	20770	3780	170
	(b)	1270	1230	1430
24	(a)	1178070	564710	259200
	(b)	1190	1380	1300

Tabelle I

Erfaßte Angestellte (a) und Bruttomonatsgehälter (b) der weiblichen Angestellten (in DM) in 19 Wirtschaftsabteilungen der Bundesrepublik Deutschland nach Beschäftigungsarten und Leistungsgruppen im Jahre 1 9 6 6

	Wirtschaftsabteilungen		Leistungsgruppen I ges.	davon kA	davon tA	Leistungsgruppen II ges.
1	ENERGIEWIRTSCHAFT u. WASSERVERSORGUNG, BERGBAU	(a)	-	-	-	480
		(b)	-	-	-	1240
2	Energiewirtschaft und Wasserversorgung	(a)	-	-	-	130
		(b)	-	-	-	1460
3	Bergbau	(a)	-	-	-	350
		(b)	-	-	-	1170
4	VERARBEITENDES GEWERBE	(a)	2000	1680	310	17330
		(b)	1670	1640	1840	1260
5	Chem. Industrie (einschl. Kohlenwertstoffind.) und Mineralölverarbeitung	(a)	340	190	-	1570
		(b)	1970	1920	-	1600
6	Kunststoff-, Gummi- und Asbestverarbeitung	(a)	90	-	-	360
		(b)	1880	-	-	1220
7	Steine und Erden	(a)	-	-	-	440
		(b)	-	-	-	1240
8	Eisen- und NE-Metallerzg., Gießerei u.Stahlverformung	(a)	-	-	-	1350
		(b)	-	-	-	1320
9	Stahl-, Maschinen-, Fahrzeugbau, Schiffbau	(a)	350	350	-	3700
		(b)	1700	1700	-	1300
10	Elektrotechnik, Feinmech. und Optik, Herstellung von EBM-Waren, Musikinstrum., Sportgeräte, Spiel- und Schmuckwaren	(a)	180	-	-	2640
		(b)	1480	-	-	1240
11	Holz-, Papier- u. Druckgewerbe	(a)	240	240	-	1590
		(b)	1560	1560	-	1250
12	Leder-, Textil- u. Bekleidungsgewerbe	(a)	420	330	-	3760
		(b)	1590	1650	-	1140
13	Nahrungs- und Genußmittelgewerbe	(a)	200	180	-	1920
		(b)	1410	1320	-	1140
14	BAUGEWERBE	(a)	-	-	-	1790
		(b)	-	-	-	1300
15	HANDEL	(a)	2910	2890	-	24300
		(b)	1450	1450	-	1110
16	Großhandel	(a)	1070	1070	-	8220
		(b)	1540	1540	-	1060
17	Handelsvermittlung	(a)	200	200	-	740
		(b)	1370	1360	-	1110
18	Einzelhandel	(a)	1640	1620	-	15350
		(b)	1400	1400	-	1140
19	KREDITINSTITUTE u. VERSICHERUNGSGEWERBE	(a)	130	130	-	1900
		(b)	1620	1620	-	1280
20	Kredit- und sonstige Finanzierungsinstitute	(a)	-	-	-	620
		(b)	-	-	-	1300
21	Versicherungsgewerbe	(a)	100	100	-	1280
		(b)	1620	1620	-	1270
22	VERKEHR u. NACHRICHTENÜBERMITTLUNG	(a)	-	-	-	-
		(b)	-	-	-	-
23	DIENSTLEISTUNGEN	(a)	300	250	-	2940
		(b)	1540	1550	-	1120
24	alle Bereiche	(a)	5560	5180	380	48850
		(b)	1530	1520	1810	1180

Fortsetzung 1 von Tabelle I

		Leistungsgruppen							
		II			III				IV
		davon			ges.	davon			ges.
		kA	tA	M		kA	tA	M	
1	(a)	380	-	-	6050	5610	420	-	10710
	(b)	1270	-	-	1020	1020	1000	-	770
2	(a)	-	-	-	4280	3980	290	-	8330
	(b)	-	-	-	1030	1030	1030	-	790
3	(a)	280	-	-	1770	1630	130	-	2390
	(b)	1210	-	-	980	990	930	-	730
4	(a)	15070	1970	290	158730	143110	13810	1810	275160
	(b)	1260	1310	1130	930	930	970	990	690
5	(a)	1110	450	-	22420	18140	4080	210	25210
	(b)	1510	1810	-	1020	1020	1050	1110	750
6	(a)	320	-	-	4770	4430	280	-	7730
	(b)	1220	-	-	910	910	1000	-	700
7	(a)	410	-	-	5080	4830	220	-	9100
	(b)	1270	-	-	940	940	910	-	700
8	(a)	1260	-	-	7810	7210	580	-	21170
	(b)	1320	-	-	950	950	960	-	690
9	(a)	3490	-	-	36340	34290	2010	-	68600
	(b)	1300	-	-	940	940	960	-	690
10	(a)	2400	-	-	33380	29920	3350	-	60370
	(b)	1240	-	-	930	930	930	-	700
11	(a)	1510	-	-	14950	14540	330	-	18910
	(b)	1240	-	-	910	910	970	-	690
12	(a)	2750	820	190	18820	15460	2270	1090	27510
	(b)	1160	1110	1040	860	850	920	930	670
13	(a)	1830	-	-	15160	14290	690	180	28850
	(b)	1130	-	-	870	870	900	1070	660
14	(a)	1730	-	-	16590	16280	-	-	14550
	(b)	1300	-	-	900	900	-	-	650
15	(a)	23500	760	-	135070	133190	1680	190	295590
	(b)	1100	1370	-	780	780	870	810	580
16	(a)	8160	-	-	61490	60920	540	-	78370
	(b)	1060	-	-	800	800	880	-	620
17	(a)	740	-	-	6090	6030	60	-	5820
	(b)	1110	-	-	830	830	840	-	640
18	(a)	14601	710	-	67480	66240	1090	-	211400
	(b)	1180	1380	-	770	770	860	-	570
19	(a)	1890	-	-	41830	41730	-	-	69130
	(b)	1280	-	-	920	920	-	-	740
20	(a)	620	-	-	17230	17230	-	-	42350
	(b)	1300	-	-	1000	1000	-	-	780
21	(a)	1270	-	-	24600	24530	-	-	26780
	(b)	1270	-	-	870	870	-	-	670
22	(a)	-	-	-	470	470	-	-	770
	(b)	-	-	-	920	920	-	-	700
23	(a)	2650	270	-	29930	-	-	-	40900
	(b)	1110	1290	-	760	-	-	-	580
24	(a)	45340	3160	350	389340	368240	19050	2050	707800
	(b)	1170	1320	1110	870	860	930	980	640

Fortsetzung 2 von Tabelle I

Leistungsgruppen

	IV			V			GESAMT		
	davon			ges.	davon				
	kA	tA	M		kA	tA	kA	tA	M
1 (a)	10130	570	-	1930	1820	-	17950	1170	-
(b)	770	780	-	610	610	-	840	850	-
2 (a)	7850	470	-	1430	1360	-	13290	860	-
(b)	790	790	-	640	650	-	850	860	-
3 (a)	2280	100	-	500	470	-	4650	320	-
(b)	720	750	-	510	510	-	820	830	-
4 (a)	250740	23470	950	54310	50620	3690	461220	43250	3050
(b)	690	720	820	550	540	620	770	830	950
5 (a)	21560	3500	150	5300	4690	610	45680	8790	370
(b)	740	790	940	580	570	650	860	970	1040
6 (a)	7280	420	-	1970	1840	130	13940	890	100
(b)	700	750	-	550	540	650	760	860	970
7 (a)	8620	450	-	1890	1750	140	15660	850	-
(b)	700	690	-	530	520	600	770	760	-
8 (a)	20170	980	-	2350	2280	-	31010	1740	-
(b)	690	670	-	510	510	-	760	800	-
9 (a)	61460	7070	-	13450	12720	730	112310	10010	-
(b)	690	690	-	530	530	580	770	740	-
10 (a)	60310	7610	-	12540	11370	1160	104170	12350	280
(b)	690	700	-	550	540	600	760	760	960
11 (a)	18480	420	-	4840	4750	100	39520	910	-
(b)	680	790	-	560	560	630	780	880	-
12 (a)	24820	2260	430	7350	6820	530	50190	5970	1710
(b)	660	750	770	550	540	650	740	860	900
13 (a)	28040	740	-	4620	4390	220	48740	1750	260
(b)	660	850	-	570	560	700	730	880	1040
14 (a)	13920	630	-	2650	2510	-	34730	1050	-
(b)	640	730	-	480	480	-	790	780	-
15 (a)	292680	2860	-	30050	29860	190	482120	5520	280
(b)	580	590	-	490	490	480	660	780	780
16 (a)	77220	540	-	11510	11440	-	159410	1180	-
(b)	620	690	-	520	520	-	710	790	-
17 (a)	5780	40	-	1000	990	-	13740	120	-
(b)	640	470	-	520	530	-	750	690	-
18 (a)	209090	2280	-	17590	17420	-	308970	4220	220
(b)	570	560	-	470	470	-	630	780	800
19 (a)	68960	160	-	37160	36870	290	149590	560	-
(b)	740	680	-	600	600	630	760	700	-
20 (a)	42200	-	-	34790	34520	270	94580	440	-
(b)	780	-	-	600	600	640	760	680	-
21 (a)	26760	-	-	2370	2350	-	53000	120	-
(b)	670	-	-	530	530	-	770	790	-
22 (a)	760	-	-	90	80	-	1370	-	-
(b)	700	-	-	570	570	-	790	-	-
23 (a)	-	-	-	5180	-	-	74370	4850	-
(b)	-	-	-	510	-	-	660	770	-
24 (a)	677440	29340	1020	131420	126950	4520	1223140	56450	3420
(b)	640	700	810	550	540	600	720	820	940

Tabelle J

Die Bruttomonatsgehälter[1] und erfaßten Beschäftigtenzahlen der männlichen Angestellten[2] nach Betriebsgrößenklassen[3] in den Wirtschaftsabteilungen[4] der Bundesrepublik Deutschland[5] 1951 und 1966

Betriebsgrößenklassen / Wirtschaftsabteilungen	1951							
	2 - 99 Besch.		100-999 Besch.		1000 und mehr Besch.		alle Betriebsgr.	
	A[6]	BV[7] in DM	A[6]	BV[7] in DM	A[6]	BV[7] in DM	A[6]	BV[7] in DM
1	2	3	4	5	6	7	8	9
1 Energiewirtschaft, Wasserversorgung, Bergbau	4737	420	4742	492	7215	663	16694	546
2 Verarbeitendes Gewerbe	36265	425	30661	504	22977	560	89853	486
3 Baugewerbe	10716	414	3742	498	142	531	14600	436
4 Handel, Kred.-Inst., Versich. Gewerbe	58981	373	9957	457	840	502	69778	387
5 Verkehr, Nachrichtenübermittlung 8)	3901	384	1647	426	999	442	6547	403
6 Dienstleistungen	222	374	79	445	-	-	301	393
alle Wirtschaftsabteilungen 9)	114822	396	50828	491	32123	578	197773	450

1) Durchschnittliche Verdienste in den jeweiligen Wirtschaftsabteilungen
2) 1951 für Angestellte mit einem Bruttomonatsverdienst unter DM 2.000,- (1962 unter DM 3.000,-), 1966 unter DM 3.500,-
3) Das statistische Bundesamt hat die Erhebung des Jahres 1951 für vier Betriebsgrößenklassen (2-9, 10-99, 100-999 und 1000 und mehr Beschäftigte), die Erhebung des Jahres 1966 für sechs Betriebsgrößenklassen (unter 20, 20-49, 50-99, 100-499, 500-999 und 1000 und mehr Beschäftigte) vorgenommen. Für unsere Berechnungen wurden durch Zusammenlegung einzelner Klassen die Betriebsgrößenklassen mit 2-99 und 100 - 999 Beschäftigten gewonnen.

Fortsetzung von Tabelle J

Betriebsgrößenklassen / Wirtschaftsabteilungen	1966							
	2 - 99 Besch.		100-999 Besch.		1000 und mehr Besch.		alle Betriebsgr.	
	A 6)	BV 7) in DM	A 6)	BV 7) in DM	A 6)	BV 7) in DM	A 6)	BV 7) in DM
1	10	11	12	13	14	15	16	17
1 Energiewirtschaft, Wasserversorgung, Bergbau	6360	1200	19110	1250	75940	1400	101420	1360
2 Verarbeitendes Gewerbe	185130	1240	390100	1280	566310	1350	1141539	1310
3 Baugewerbe	46510	1290	48460	1440	15800	1420	110780	1380
4 Handel, Kred.-Inst., Versich.Gewerbe	303600	1070	170130	1160	140800	1150	614540	1110
5 Verkehr, Nachrichtenübermittlung 8)	(620)	(1040)	(729)	(981)	(140)	(1031)	(1489)	(1011)
6 Dienstleistungen	12050	1210	3280	1470	1170	1080	16500	1250
alle Wirtschaftsabteilungen 9)	564080	1150	635750	1260	802140	1320	2001970	1250

4) Zum Begriff der Wirtschaftsabteilungen vgl. WiSta 1959 (T), S. 55 ff.

5) 1951 ohne Saarland und Westberlin, 1966 ohne Saarland und Schleswig-Holstein

6) A = Angestellte

7) BV = durchschnittliche effektive Bruttomonatsgehaltssätze

8) Für Wirtschaftsabteilung 5 wurden für 1966 die Ergebnisse des Jahres 1962 herangezogen, da für 1966 für diese Wirtschaftsabteilung keine Ergebnisse bezüglich der Betriebsgrößenklassen veröffentlicht wurden.

9) Sämtliche Gehaltsdurchschnitte sind auf volle Zehner auf- bzw. abgerundet.

Tabelle K

Die Bruttomonatsgehälter[1] und erfaßten Beschäftigtenzahlen der weiblichen Angestellten[2] nach Betriebsgrößenklassen[3] in den Wirtschaftsabteilungen[4] der Bundesrepublik Deutschland[5] 1951 und 1966

Betriebsgrößenklassen / Wirtschaftsabteilungen	1951: 2 - 99 Besch. A[6]	BV[7] in DM	100-999 Besch. A[6]	BV[7] in DM	1000 und mehr Besch. A[6]	BV[7] in DM	alle Betriebsgr. A[6]	BV[7] in DM
1	2	3	4	5	6	7	8	9
1 Energiewirtschaft, Wasserversorgung, Bergbau	1280	266	1038	317	866	344	3122	305
2 Verarbeitendes Gewerbe	21364	254	13346	305	7444	-	42154	282
3 Baugewerbe	4281	231	775	308	17	-	5073	243
4 Handel, Kred.-Inst., Versich. Gewerbe	57806	234	9565	275	805	296	68176	240
5 Verkehr, Nachrichtenübermittlung 8)	1457	252	311	300	94	326	1862	264
6 Dienstleistungen	528	216	163	263	-	-	691	227
alle Wirtschaftsabteilungen 9)	86653	239	25199	294	9226	343	121078	257

1 - 9 vgl. Tabelle J

Quellen: Gehaltsstrukturerhebung 1951, a.a.O., Tabelle 12, S. 294 - 309
Gehaltsstrukturerhebung 1962, a.a.O., Tabelle 2, S. 200
Gehaltsstrukturerhebung 1966, a.a.O., Tabelle 5, S. 237 - 239 und eigene Berechnungen

Fortsetzung von Tabelle K

	Betriebs-größenklassen / Wirtschafts-abteilungen	1966							
		2 - 99 Besch.		100-999 Besch.		1000 und mehr Besch.		alle Betriebsgr.	
		A 6)	BV 7) in DM	A 6)	BV 7) in DM	A 6)	BV 7) in DM	A 6)	BV 7) in DM
	1	10	11	12	13	14	15	16	17
1	Energiewirtschaft, Wasserversorgung, Bergbau	1910	800	5260	850	12000	850	19170	850
2	Verarbeitendes Gewerbe	104940	750	181190	770	221450	790	507520	770
3	Baugewerbe	19390	740	12450	840	3960	880	35790	790
4	Handel, Kred.-Inst., Versich. Gewerbe	319560	670	165170	710	153330	700	638070	690
5	Verkehr, Nachrichtenübermittlung 8)	(271)	(568)	(247)	(559)	(15)	(697)	(533)	(567)
6	Dienstleistungen	33550	710	2030	800	350	800	35940	720
	alle Wirtschaftsabteilungen 9)	523530	690	367710	740	391760	760	1283000	730

Tabelle L

Die intrasektorale Gehaltsstruktur der männlichen Angestellten nach Beschäftigungsarten in der gewerblichen Wirtschaft der Bundesrepublik Deutschland 1951, 1957, 1962 und 1966

	Wirtschaftsabteilungen	Ø Bruttomonatsverdienste tA[1)] : Ø Bruttomonatsverdienste kA[2)] i.v.H.			
		1951	1957	1962	1966
	1	2	3	4	5
1	Energiewirtschaft u. Wasserversorgung	120,5	121,4	118,2	116,9
2	Bergbau	127,4	130,3	124,5	119,8
3	Chemische Industrie	127,2	123,1	108,6	109,4
4	Kunststoff-, Gummi- u. Asbestverarbeitung	121,0	111,2	109,4	107,3
5	Steine und Erden	115,2	118,1	112,0	110,5
6	Eisen- und NE-Metallerzeugung, Gießerei u. Stahlverformung	115,4	118,0	108,4	107,0
7	Stahl-,Maschinen-,Fahrzeug- und Schiffbau	115,8	109,6	106,4	105,5
8	Elektrotechnik, Feinmechanik und Optik, Herstellung von EBM-Waren, Musikinstrum., Sportgeräte, Spiel- und Schmuckwaren	117,2	111,6	108,5	105,6
9	Holz-, Papier- und Druckgewerbe	119,8	118,2	111,2	110,0
10	Leder-, Textil- und Bekleidungsgewerbe	121,8	112,0	105,3	104,1
11	Nahrungs- und Genußmittelgewerbe	117,0	111,5	115,0	111,5
12	Baugewerbe	121,5	124,0	124,0	119,5
13	Großhandel	116,9	124,7	120,9	120,0
14	Handelsvermittlung	111,3	124,4	112,8	108,6
15	Einzelhandel	121,2	116,5	106,1	109,7
16	Kredit- und sonstige Finanzierungsinstitute	98,3	141,3	99,9	102,6
17	Versicherungsgewerbe	110,7	106,3	115,4	119,0
18	Verkehr- und Nachrichtenübermittlung	103,3	-	114,7	116,7
19	Dienstleistungen	120,9	88,0	100,9	96,9

1) tA = technische Angestellte
2) kA = kaufmännische Angestellte
3) M = Meister

Quellen: Eigene Berechnungen nach den Tabellen B, D, F, H

Fortsetzung 1 von Tabelle L

	Ø Bruttomonatsverdienste tA[1] : Ø Bruttomonatsverdienste M[3] i.v.H.				Ø Bruttomonatsverdienste M : Ø Bruttomonatsverdienste kA i.v.H.			
	1951	1957	1962	1966	1951	1957	1962	1966
	6	7	8	9	10	11	12	13
1	104,9	105,6	105,0	107,0	114,9	115,0	112,6	109,3
2	148,9	129,9	123,7	129,8	85,5	100,3	100,6	92,4
3	117,7	117,5	108,1	107,9	108,1	104,8	100,5	101,4
4	110,1	108,0	104,0	105,6	109,8	102,9	105,2	101,6
5	108,5	113,0	110,0	106,2	106,2	104,5	102,1	104,0
6	99,8	100,7	97,1	99,3	115,6	117,1	111,6	107,8
7	98,9	99,1	97,3	98,5	117,2	110,7	109,4	107,1
8	105,6	106,8	106,9	103,1	111,0	104,5	101,6	102,4
9	110,9	114,3	110,3	111,7	108,0	103,4	100,8	98,5
10	110,4	111,3	109,2	110,5	110,3	100,6	96,4	94,2
11	112,2	103,6	103,6	103,8	104,3	107,6	111,0	107,4
12	100,2	111,9	106,2	108,1	121,3	110,8	116,7	110,6
13	111,2	119,7	114,1	113,8	105,1	104,1	106,0	105,5
14	107,0	129,7	113,3	108,6	104,0	96,0	99,5	100,0
15	98,8	103,8	93,3	100,9	122,6	112,3	113,6	108,7
16	-	-	102,2	-	-	-	-	-
17	-	-	-	-	-	-	-	-
18	87,2	-	121,3	115,7	118,5	-	94,5	100,8
19	99,3	-	102,8	86,0	121,7	-	98,1	112,6

Fortsetzung 2 von Tabelle L

Die intrasektorale Gehaltsstruktur der weiblichen Angestellten nach Beschäftigungsarten in der gewerblichen Wirtschaft der Bundesrepublik Deutschland 1951, 1957, 1962 und 1966

	Ø Brutto-monatsver-dienste tA : Ø Brutto-monatsver-dienste kA i.v.H.			
	1951	1957	1962	1966
	14	15	16	17
1	111,5	111,9	107,0	101,2
2	-	117,6	107,3	101,2
3	115,7	119,3	115,2	112,8
4	106,6	118,6	113,0	113,2
5	111,1	114,9	106,7	98,7
6	102,2	116,4	107,7	105,3
7	103,1	99,2	97,2	96,1
8	104,8	102,6	103,4	100,0
9	121,1	124,0	110,5	112,8
10	123,7	128,9	115,4	116,2
11	139,2	123,7	121,3	120,5
12	119,4	127,0	107,6	98,7
13	116,0	123,7	115,8	111,3
14	-	127,7	-	92,0
15	123,1	130,6	118,8	123,8
16	-	-	-	-
17	-	-	103,6	102,6
18	-	-	-	-
19	-	127,9	117,7	116,7

Tabelle M

Die intrasektorale Gehaltsstruktur der männlichen Angestellten nach Leistungsgruppen in der gewerblichen Wirtschaft der Bundesrepublik Deutschland 1951, 1957, 1962 und 1966

	Wirtschaftsabteilungen	Durchschnittliche Bruttomonatsverdienste ausgewählter Leistungsgruppen zu Bruttomonatsverdiensten in der jeweiligen Referenzgruppe (bei Männern LGr. III, bei Frauen LGr. II) LGr. I : LGr. III			
		1951	1957	1962	1966
	1	2	3	4	5
1	Energiewirtschaft u. Wasserversorgung	192,9	196,0	188,5	183,6
2	Bergbau	188,5	207,1	219,4	196,2
3	Chemische Industrie	208,3	206,5	200,9	186,0
4	Kunststoff-, Gummi- u. Asbestverarbeitung	201,0	200,3	194,5	178,0
5	Steine und Erden	171,5	191,5	182,7	172,7
6	Eisen- und NE-Metallerzeugung, Gießerei u. Stahlverformung	181,0	204,0	203,2	187,6
7	Stahl-,Maschinen-,Fahrzeug- und Schiffbau	168,8	191,4	187,8	178,9
8	Elektrotechnik, Feinmechanik und Optik, Herstellung von EBM-Waren, Musikinstrum., Sportgeräte, Spiel- und Schmuckwaren	183,2	195,0	200,0	186,4
9	Holz-, Papier- und Druckgewerbe	178,8	183,3	174,3	163,2
10	Leder-, Textil- und Bekleidungsgewerbe	198,3	199,8	190,7	171,7
11	Nahrungs- und Genußmittelgewerbe	186,3	183,6	174,9	175,2
12	Baugewerbe	150,2	167,5	170,9	154,3
13	Großhandel	197,3	209,7	195,4	181,3
14	Handelsvermittlung	209,1	199,0	179,0	169,6
15	Einzelhandel	194,3	198,3	184,9	170,9
16	Kredit- und sonstige Finanzierungsinstitute	180,7	187,3	182,8	172,4
17	Versicherungsgewerbe	212,8	210,4	205,5	196,3
18	Verkehr- und Nachrichtenübermittlung	181,7	-	192,7	178,5
19	Dienstleistungen	-	190,4	181,7	180,5

Quellen: Eigene Berechnungen nach den Tabellen C, E, G, I

Fortsetzung 2 von Tabelle M

Die intrasektorale Gehaltsstruktur der weiblichen Angestellten...

	Durchschnittliche Bruttomonatsverdienste ausgewählter Leistungsgruppen zu Bruttomonatsverdiensten in der jeweiligen Referenzgruppe (bei Männern LGr. III, bei Frauen LGr. II)							
	LGr. V : LGr. III				LGr. II : LGr. IV			
	1951	1957	1962	1966	1951	1957	1962	1966
	14	15	16	17	18	19	20	21
1	65,9	62,0	66,0	64,8	-	-	187,3	184,8
2	59,6	61,1	61,4	60,0	-	148,6	162,7	148,1
3	64,0	58,2	64,5	59,7	181,9	238,9	218,3	213,3
4	61,9	55,9	54,9	61,9	-	-	201,3	174,3
5	62,0	54,3	60,5	65,3	177,7	203,1	198,8	177,1
6	63,7	50,6	59,4	57,0	163,2	196,0	189,0	191,3
7	57,5	55,8	59,1	54,5	186,5	201,6	189,2	188,4
8	59,7	55,9	59,7	57,6	176,9	201,1	185,2	177,1
9	59,6	54,9	61,3	52,8	196,7	205,2	189,6	181,2
10	57,1	55,6	61,8	61,9	174,9	203,1	176,5	170,1
11	59,8	57,2	60,1	70,9	193,8	194,4	169,6	172,7
12	55,4	48,9	50,6	58,3	181,3	208,8	203,4	200,0
13	56,4	51,2	58,7	61,7	197,0	212,7	187,6	171,0
14	56,1	58,0	59,4	61,6	199,1	200,3	187,1	173,4
15	50,6	51,4	58,7	62,1	200,0	239,3	216,4	200,0
16	57,6	60,2	64,8	68,3	-	169,5	187,4	166,7
17	62,2	61,2	66,9	63,0	192,7	202,1	199,4	189,6
18	73,7	-	60,5	66,9	174,4	-	204,1	-
19	52,3	44,7	55,1	58,4	151,9	225,4	188,2	193,1

Fortsetzung 1 von Tabelle M

	Durchschnittliche Bruttomonatsverdienste ausgewählter Leistungsgruppen zu Bruttomonatsverdiensten in der jeweiligen Referenzgruppe (bei Männern LGr. III, bei Frauen LGr. II)							
	LGr. II : LGr. III				LGr. IV : LGr. III			
	1951	1957	1962	1966	1951	1957	1962	1966
	6	7	8	9	10	11	12	13
1	128,3	136,1	135,1	132,0	75,6	72,9	73,6	74,2
2	136,2	143,7	136,6	133,8	72,2	81,3	82,1	80,0
3	130,5	155,5	144,0	141,1	72,7	71,0	74,8	76,0
4	130,9	145,5	136,4	135,6	72,6	72,0	73,3	74,6
5	121,0	135,5	132,0	129,8	74,3	72,5	72,3	74,4
6	123,1	126,2	130,1	124,8	73,7	66,2	68,7	70,2
7	128,2	133,5	133,0	131,7	72,2	69,8	70,8	71,5
8	131,7	131,7	136,5	133,9	72.4	71,6	73,0	73,7
9	127,5	134,3	130,1	124,8	70,9	71,2	75,3	76,0
10	128,3	142,6	140,0	133,6	74,7	74,3	76,3	76,1
11	131,2	136,0	135,6	130,8	77,3	76,2	75,8	76,9
12	119,8	131,4	131,0	128,3	73,9	64,0	62,6	67,7
13	137,7	141,7	136,2	130,8	68,7	63,2	67,2	72,0
14	131,3	143,5	136,1	132,1	69,0	66,4	66,3	71,4
15	137,9	141,9	131,1	129,1	64,9	63,0	67,3	70,9
16	130,2	124,9	139,3	133,3	65,7	65,1	66,4	68,3
17	137,4	148,1	140,1	139,8	70,9	69,3	70,3	72,2
18	131,2	-	131,3	130,6	81,0	-	76,6	76,0
19	114,4	145,4	136,0	141,6	72,5	62,6	67,3	61,1

Fortsetzung 3 von Tabelle M

Die intrasektorale Gehaltsstruktur der weiblichen Angestellten nach Leistungsgruppen in der gewerblichen Wirtschaft der Bundesrepublik Deutschland 1951, 1957, 1962 und 1966

	Durchschnittliche Bruttomonatsverdienste ausgewählter Leistungsgruppen zu Bruttomonatsverdiensten in der jeweiligen Referenzgruppe (bei Männern LGr. III, bei Frauen LGr. II)							
	LGr. III : LGr. IV				LGr. V : LGr. IV			
	1951	1957	1962	1966	1951	1957	1962	1966
	22	23	24	25	26	27	28	29
1	126,2	138,4	135,6	130,4	86,4	69,8	78,7	81,0
2	133,0	126,1	136,7	134,1	74,1	66,6	78,1	70,0
3	143,3	143,9	139,9	136,0	76,5	74,9	78,4	77,3
4	127,7	131,4	132,9	130,0	78,0	73,0	80,4	78,6
5	140,2	136,6	137,3	134,3	74,5	72,4	80,9	75,7
6	134,1	146,6	137,2	137,7	85,8	70,8	81,3	73,9
7	134,2	141,2	138,3	136,2	75,8	75,9	81,4	76,8
8	134,9	138,1	136,0	132,9	78,3	75,9	82,7	78,6
9	141,5	139,5	136,8	131,9	80,1	74,4	81,6	81,2
10	136,5	135,7	128,8	128,4	76,8	75,8	80,9	82,1
11	147,3	137,1	128,9	131,8	76,5	69,3	80,8	86,4
12	141,5	147,1	143,5	138,5	72,6	71,4	77,7	73,8
13	140,5	141,4	130,8	129,0	76,7	75,2	84,5	83,9
14	143,9	140,0	129,0	129,7	75,7	74,4	79,4	81,3
15	152,7	154,0	142,0	135,1	76,8	79,8	82,6	82,5
16	141,8	139,2	138,1	128,2	75,2	66,8	73,6	76,9
17	142,3	139,6	132,8	129,9	75,0	69,9	80,4	79,1
18	136,4	-	136,5	131,4	88,8	-	79,6	81,4
19	136,9	150,7	134,6	131,0	91,1	75,0	85,2	87,9

Tabelle N

Beschäftigtenzahlen (a) und durchschnittliche Bruttomonatsgehälter (b) der männlichen und weiblichen Angestellten (in DM) in den Ländern der Bundesrepublik Deutschland nach Leistungsgruppen in den Jahren 1951, 1957, 1962 und 1966

Bundesland		1951											
		männliche Angestellte der LGr.						weibliche Angestellte der LGr.					
		I	II	III	IV	V	ges.	I	II	III	IV	V	ges.
Nordrhein-Westfalen	(a)	2637	10682	28625	21967	2895	66806	51	1341	6667	24571	5264	37894
	(b)	959	611	519	365	322	492	806	419	359	246	207	267
Hamburg	(a)	602	2865	5758	3896	512	13633	17	379	2176	6054	1370	9996
	(b)	991	573	451	319	279	456	-	484	348	256	209	280
Baden-Württemberg	(a)	824	4417	10000	7615	1375	24231	33	231	2403	8082	4455	15204
	(b)	795	628	459	333	248	450	602	503	364	266	196	265
Hessen	(a)	627	3999	10825	5744	1162	22357	9	360	3677	6755	2101	12902
	(b)	944	601	430	301	254	432	-	514	353	244	185	274
Bayern	(a)	216	5758	9910	7065	1311	24260	13	608	3663	10642	2364	17290
	(b)	849	593	431	305	274	428	-	441	321	227	205	251
Rheinland-Pfalz	(a)	605	1849	4607	2960	468	10489	21	170	1139	3051	1169	5550
	(b)	924	554	409	295	225	424	699	450	318	217	159	235
Bremen	(a)	308	625	1771	1521	220	4445	15	56	450	1816	442	2779
	(b)	712	552	442	298	251	417	-	420	319	219	169	233
Niedersachsen	(a)	1361	3397	9007	8903	1112	23780	56	242	1707	9534	2985	14524
	(b)	713	543	436	293	242	404	530	426	337	219	155	224
Schleswig-Holstein	(a)	43	1251	3343	2769	366	7722	-	107	628	3163	1041	4939
	(b)	1128	578	410	273	208	383	-	444	317	216	157	222
Bundesrepublik	(a)	7223	34842	83847	62440	9421	197773	215	3493	22510	73669	21191	121078
	(b)	880	594	464	326	273	450	655	448	346	239	189	257

Quellen: Vgl. im Anhang Quellenhinweise zu den Tabellen N, O, P, Q, R, S und U

Tabelle O

Beschäftigtenzahlen (a) und durchschnittliche Bruttomonatsgehälter (b) der männlichen und weiblichen Angestellten (in DM) in den Ländern der Bundesrepublik Deutschland nach Leistungsgruppen in den Jahren 1951, 1957, 1962 und 1966

Bundesland		1957											
		männliche Angestellte der LGr.						weibliche Angestellte der LGr.					
		I	II	III	IV	V	ges.	I	II	III	IV	V	ges.
Nordrhein-Westfalen	(a)	3347	15930	37188	16155	1969	74589	187	1627	12256	31420	6411	51901
	(b)	1302	938	699	474	379	711	860	711	475	324	275	368
Hamburg	(a)	692	2281	5236	2518	397	11124	23	343	2408	5414	1349	9537
	(b)	1121	858	638	436	377	670	1128	702	472	353	280	387
Baden-Württemberg	(a)	709	5641	15023	7160	968	29501	19	372	4198	12830	4961	22380
	(b)	1322	933	666	452	345	670	-	711	486	345	260	359
Hessen	(a)	1011	6328	12394	4323	561	24617	48	627	5439	9135	1918	17167
	(b)	1253	840	581	398	371	638	953	677	465	320	247	373
Bayern	(a)	1575	7047	13076	6504	1017	29219	55	869	5353	14416	3495	24188
	(b)	1191	776	578	395	323	609	925	601	439	306	243	338
Rheinland-Pfalz	(a)	447	1937	5054	2288	412	10138	15	192	1631	3797	1458	7093
	(b)	1255	820	597	408	376	622	-	656	426	284	248	321
Bremen	(a)	267	631	1854	1051	160	3983	14	32	545	1799	475	2865
	(b)	1154	852	623	426	394	633	-	646	465	313	266	340
Niedersachsen	(a)	403	3984	11097	6349	610	22443	-	404	2596	11709	2734	17443
	(b)	1385	878	616	401	339	608	-	687	453	299	228	320
Schleswig-Holstein	(a)	286	997	2322	1628	400	5633	8	119	683	2856	958	4624
	(b)	1101	743	639	434	422	606	-	600	424	300	297	326
Bundesrepublik	(a)	8737	44776	103264	47976	6494	211247	369	4585	35109	93376	23759	157188
	(b)	1263	880	638	436	363	661	901	677	464	320	259	355

Quellen: Vgl. im Anhang Quellenhinweise zu den Tabellen N, O, P, Q, R, S und U

Tabelle P

Beschäftigtenzahlen (a) und durchschnittliche Bruttomonatsgehälter (b) der männlichen und weiblichen Angestellten (in DM) in den Ländern der Bundesrepublik Deutschland nach Leistungsgruppen in den Jahren 1951, 1957, 1962 und 1966

Bundesland		1962											
		männliche Angestellte der LGr.						weibliche Angestellte der LGr.					
		I	II	III	IV	V	ges.	I	II	III	IV	V	ges.
Nordrhein-Westfalen	(a)	3383	20019	40046	14914	2158	80520	65	1635	13293	34225	8463	57681
	(b)	1922	1255	932	649	551	991	1638	1014	672	473	434	530
Hamburg	(a)	677	2570	6746	2779	407	13179	53	274	2824	6845	1150	11146
	(b)	1625	1299	936	641	568	968	1225	992	696	516	431	568
Baden-Württemberg	(a)	1732	6752	20725	8673	1009	38891	126	605	6454	16575	5088	28848
	(b)	1571	1302	951	673	563	967	987	856	673	505	410	535
Hessen	(a)	974	6271	13285	3632	598	24760	26	610	5965	8293	1745	16639
	(b)	1763	1218	861	589	559	940	1377	961	657	466	395	546
Bayern	(a)	1204	10750	16709	7070	945	36678	28	1407	7090	18327	3611	30463
	(b)	1682	1135	819	569	511	884	1297	833	621	450	371	499
Rheinland-Pfalz	(a)	560	2286	5620	2312	466	11244	26	192	1954	4514	1662	8348
	(b)	1731	1170	884	644	558	921	1164	939	613	431	391	480
Bremen	(a)	124	290	1166	687	87	2354	8	13	313	1101	303	1738
	(b)	1599	1210	896	623	519	878	–	1035	635	455	378	481
Nieder-sachsen	(a)	1076	4416	12350	4986	604	23432	46	444	3833	11444	2463	18230
	(b)	1622	1190	882	586	511	901	1011	862	618	438	369	479
Schleswig-Holstein	(a)	81	720	1572	946	100	3419	1	103	474	1967	415	2960
	(b)	1651	1128	895	620	533	875	–	812	617	447	418	484
Saarland	(a)	85	1084	1621	870	82	3742	7	61	471	1441	227	2207
	(b)	1622	1284	920	681	624	979	–	971	631	448	378	497
Berlin	(a)	395	2098	5236	2057	308	10094	15	331	2404	6566	1184	10500
	(b)	1756	1183	871	589	544	903	1442	910	662	480	405	528
Bundes-republik	(a)	10291	57256	125076	48926	6764	248313	401	5675	45075	111298	26311	188760
	(b)	1743	1224	902	627	546	947	1208	921	655	470	407	520

Quellen: Vgl. im Anhang Quellenhinweise zu den Tabellen N, O, P, Q, R, S und U

Tabelle Q

Beschäftigtenzahlen (a) und durchschnittliche Bruttomonatsgehälter (b) der männlichen und weiblichen Angestellten (in DM) in den Ländern der Bundesrepublik Deutschland nach Leistungsgruppen in den Jahren 1951, 1957, 1962 und 1966

Bundesland		1 9 6 6											
		männliche Angestellte der LGr.						weibliche Angestellte der LGr.					
		I	II	III	IV	V	ges.	I	II	III	IV	V	ges.
Nordrhein-Westfalen	(a)	38044	169062	294750	102131	9681	613668	2288	14696	107826	208906	28256	361972
	(b)	2089	1553	1220	859	762	1298	1530	1230	884	646	555	739
Hamburg	(a)	4454	23906	55140	17658	2922	104080	346	2564	25240	38653	6300	73103
	(b)	2142	1602	1215	893	777	1277	1491	1255	910	719	609	798
Baden-Württemberg	(a)	9244	67568	172688	56542	5656	311698	414	5890	50982	105346	28272	190904
	(b)	2215	1656	1240	908	760	1290	1555	1191	902	677	558	737
Hessen	(a)	10838	58304	111136	25010	4006	209294	718	6426	53574	58168	9356	128242
	(b)	2069	1526	1150	818	780	1256	1396	1140	860	648	572	760
Bayern	(a)	8946	68288	165446	48486	6156	297322	376	8430	63802	120372	25230	218210
	(b)	2348	1538	1129	760	656	1190	2012	1145	839	614	509	690
Rheinland-Pfalz	(a)	5600	17596	44906	14370	1478	83950	298	1780	16110	26952	7350	52490
	(b)	2035	1522	1135	855	764	1221	1407	1155	820	588	494	671
Bremen	(a)	1094	6952	19969	6398	772	35185	-	506	5319	13472	3002	22299
	(b)	2200	1580	1140	800	720	1190	-	1280	850	620	540	680
Niedersachsen	(a)	10912	37394	100490	29950	3900	182646	750	3776	34270	65588	13036	117420
	(b)	1996	1491	1146	819	749	1205	1392	1082	820	619	527	688
Saarland	(a)	1240	9154	14156	6440	516	31506	54	496	2662	8272	1612	13096
	(b)	2371	1580	1203	852	745	1279	-	1250	863	619	524	684
Berlin	(a)	3210	17050	40150	12830	1370	74600	180	2620	19470	37730	4770	64770
	(b)	2083	1520	1129	840	746	1202	1669	1189	866	673	598	749
Bundesrepublik	(a)	93582	475274	1018831	319815	36457	1943959	5424	47184	379255	683459	127184	1242506
	(b)	2117	1558	1184	845	744	1257	1509	1183	867	645	545	727

Quellen: Vgl. im Anhang Quellenhinweise zu den Tabellen N, O, P, Q, R, S und U

Tabelle R

Beschäftigtenzahlen (a) und durchschnittliche Bruttomonatsgehälter (b) der männlichen und weiblichen Angestellten (in DM) in den Ländern der Bundesrepublik Deutschland nach Leistungsgruppen in den Jahren 1951, 1957, 1962 und 1966

Bundesland		Männer und Frauen aller Leistungsgr.			
		1951	1957	1962	1966
Nordrhein-Westfalen	(a)	104700	126490	138201	975640
	(b)	411	570	799	1091
Hamburg	(a)	23629	20661	24325	177183
	(b)	382	539	785	1079
Baden-Württemberg	(a)	39435	51881	67739	502602
	(b)	377	536	783	1080
Hessen	(a)	35259	41784	41399	337536
	(b)	374	529	782	1068
Bayern	(a)	41550	53407	67141	515532
	(b)	354	486	709	978
Rheinland-Pfalz	(a)	16039	17231	19592	136440
	(b)	359	498	733	1010
Bremen	(a)	7224	6848	4092	57484
	(b)	346	510	709	992
Niedersachsen	(a)	38304	39886	41662	300066
	(b)	336	482	716	1003
Schleswig-Holstein	(a)	12661	10257	6379	--
	(b)	320	480	694	--
Saarland	(a)	--	--	5949	44602
	(b)	--	--	800	1104
Berlin	(a)	--	--	20594	139370
	(b)	--	--	712	991
Bundesrepublik	(a)	318851	368445	437073	3186465
	(b)	377	530	763	1050

Quellen: Vgl. im Anhang Quellenhinweise zu den Tabellen N, O, P, Q, R, S und U

Tabelle S

Beschäftigtenzahlen (a) und durchschnittliche Bruttomonatsgehälter (b) der männlichen Angestellten (in DM) der Leistungsgruppe III nach Bundesländern und Wirtschaftsabteilungen in den Jahren 1951, 1957, 1962 und 1966.

	Wirtschaftsabteilungen		Bundesländer und Bund: Nordrhein-Westfalen 1951	1957	1962	1966
1	ENERGIEWIRTSCHAFT u. WASSERVERSORGUNG, BERGBAU	(a)	3061	3464	3859	26308
		(b)	721	834	1045	1325
2	Energiewirtschaft und Wasserversorgung	(a)	645	1106	1247	9358
		(b)	543	794	1026	1342
3	Bergbau	(a)	2416	2358	2612	16950
		(b)	768	853	1053	1315
4	VERARBEITENDES GEWERBE	(a)	16230	18130	20032	165211
		(b)	524	706	963	1247
5	Chem. Industrie (einschl. Kohlenwertstoffind.) und Mineralölverarbeitung	(a)	1560	2514	3122	27402
		(b)	582	736	1047	1345
6	Kunststoff-, Gummi- und Asbestverarbeitung	(a)	178	214	340	2700
		(b)	498	664	950	1214
7	Steine und Erden	(a)	752	711	744	6332
		(b)	480	678	971	1287
8	Eisen- und NE-Metallerzg., Gießerei u.Stahlverformung	(a)	1873	2484	3399	25532
		(b)	611	806	999	1239
9	Stahl-, Maschinen-, Fahrzeugbau, Schiffbau	(a)	3419	4163	4576	42387
		(b)	557	722	952	1249
10	Elektrotechnik, Feinmech. und Optik, Herstellung von EBM-Waren, Musikinstrum., Sportgeräte, Spiel- und Schmuckwaren	(a)	2848	2935	2695	21426
		(b)	528	702	932	1189
11	Holz-, Papier- u. Druckgewerbe	(a)	1630	1265	1312	11241
		(b)	463	658	961	1301
12	Leder-, Textil- u. Bekleidungsgewerbe	(a)	2595	2424	2220	16153
		(b)	486	624	882	1148
13	Nahrungs- und Genußmittelgewerbe	(a)	1375	1420	1624	12038
		(b)	429	643	923	1201
14	BAUGEWERBE	(a)	2117	3222	2884	17450
		(b)	447	682	1008	1339
15	HANDEL	(a)	5099	9578	9576	60726
		(b)	438	654	816	1090
16	Großhandel	(a)	3774	6821	6357	39066
		(b)	444	685	823	1109
17	Handelsvermittlung	(a)	190	928	417	2096
		(b)	452	613	861	1109
18	Einzelhandel	(a)	1135	1829	2802	19564
		(b)	415	557	791	1049
19	KREDITINSTITUTE u. VERSICHERUNGSGEWERBE	(a)	1347	2225	2946	22024
		(b)	465	673	883	1173
20	Kredit- und sonstige Finanzierungsinstitute	(a)	811	1268	1835	13334
		(b)	483	710	906	1246
21	Versicherungsgewerbe	(a)	536	957	1111	8690
		(b)	438	625	845	1060
22	VERKEHR u. NACHRICHTENÜBERMITTLUNG	(a)	725	-	117	138
		(b)	443	-	884	1102
23	DIENSTLEISTUNGEN	(a)	46	569	632	2893
		(b)	424	606	867	1123
24	alle Bereiche	(a)	28625	37188	40046	294750
		(b)	519	699	932	1220

Fortsetzung 1 von Tabelle S

	Bundesländer und Bund							
	Baden-Württemberg				Hessen			
	1951	1957	1962	1966	1951	1957	1962	1966
1 (a)	255	398	666	5056	288	403	474	3570
(b)	524	724	1001	1311	497	695	944	1263
2 (a)	239	378	642	4908	198	293	374	2952
(b)	524	727	1004	1313	492	709	952	1270
3 (a)	16	20	24	148	90	110	100	618
(b)	–	–	940	1228	507	658	914	1231
4 (a)	5997	9499	13303	117862	6039	5774	7288	62256
(b)	475	698	993	1273	446	609	879	1171
5 (a)	270	395	636	7018	719	965	1184	9498
(b)	472	707	1019	1327	501	680	920	1213
6 (a)	54	132	214	1924	200	195	316	3180
(b)	445	655	948	1198	457	570	849	1193
7 (a)	214	272	340	2332	374	247	309	2066
(b)	448	649	952	1220	425	579	924	1259
8 (a)	163	289	513	4324	201	292	354	3340
(b)	495	704	990	1258	447	595	853	1130
9 (a)	1515	2699	4361	42408	1582	1572	2146	19468
(b)	497	737	1049	1319	456	608	876	1165
10 (a)	1469	2761	3627	34336	1071	1185	1537	13696
(b)	495	711	993	1267	452	598	836	1136
11 (a)	731	926	1104	9168	705	443	502	4304
(b)	444	661	960	1250	432	618	979	1265
12 (a)	1065	1475	1559	10472	676	436	420	3224
(b)	458	645	901	1173	427	557	814	1083
13 (a)	516	550	949	5880	511	439	520	3480
(b)	438	666	936	1185	389	567	891	1155
14 (a)	567	877	1122	8988	730	850	747	6512
(b)	458	639	947	1307	449	592	934	1202
15 (a)	2213	3202	3883	29006	3128	4545	3218	25322
(b)	418	573	836	1106	377	525	772	1044
16 (a)	1470	2036	2448	19762	2033	3047	2002	15664
(b)	422	586	834	1114	379	527	757	1035
17 (a)	167	360	114	1212	214	574	152	1416
(b)	429	568	877	1177	404	569	847	1162
18 (a)	576	806	1321	8032	881	924	1064	8242
(b)	403	544	836	1077	367	493	791	1041
19 (a)	699	869	1556	10144	394	556	1276	11304
(b)	456	674	867	1147	513	680	900	1208
20 (a)	464	686	956	6496	319	301	878	6464
(b)	479	680	890	1216	537	774	916	1263
21 (a)	235	183	600	3648	75	255	398	4840
(b)	412	650	831	1024	412	570	865	1133
22 (a)	261	–	18	126	225	–	1	42
(b)	410	–	901	1120	403	–	–	1175
23 (a)	8	178	177	1506	21	266	281	2114
(b)	–	557	829	1257	426	529	870	1106
24 (a)	10000	15023	20725	172688	10825	12394	13285	111120
(b)	459	666	951	1240	430	581	861	1149

Fortsetzung 2 von Tabelle S

		Bundesländer und Bund							
		Bayern				Rheinland-Pfalz			
		1951	1957	1962	1966	1951	1957	1962	1966
1	(a)	335	661	672	4288	164	172	208	1346
	(b)	503	675	934	1250	478	687	980	1231
2	(a)	278	611	605	3808	139	151	198	1344
	(b)	489	676	937	1252	481	690	988	1231
3	(a)	57	50	67	480	25	21	10	2
	(b)	571	901	1239	462	–	833	–	–
4	(a)	5361	7115	8819	105126	2355	2500	3344	28114
	(b)	452	582	829	1141	433	636	928	1194
5	(a)	255	458	610	5632	407	794	1142	7780
	(b)	475	581	818	1154	517	680	975	1284
6	(a)	40	91	188	2236	15	56	108	1176
	(b)	542	562	798	1079	–	557	823	1190
7	(a)	389	714	690	5380	312	287	296	2564
	(b)	412	585	837	1141	413	607	911	1189
8	(a)	193	185	282	3024	129	148	204	1944
	(b)	483	625	854	1134	496	681	941	1162
9	(a)	1183	1308	2103	34083	404	394	588	7500
	(b)	466	596	838	1178	435	640	929	1182
10	(a)	1288	1508	2050	30494	189	172	222	1820
	(b)	472	581	813	1120	419	586	863	1061
11	(a)	600	897	830	7636	314	219	292	1792
	(b)	424	573	867	1163	396	574	953	1210
12	(a)	925	1122	1127	9699	312	267	290	1908
	(b)	455	590	818	1091	409	600	838	1059
13	(a)	488	831	939	6942	273	163	202	1630
	(b)	399	555	826	1107	402	587	886	1166
14	(a)	708	892	1028	9888	424	351	422	3100
	(b)	426	625	921	1213	423	618	921	1235
15	(a)	2453	3149	4160	31078	1365	1559	1222	10640
	(b)	370	517	747	1032	349	507	756	960
16	(a)	1738	2206	2816	20564	970	1020	800	6656
	(b)	372	517	741	1033	345	520	764	966
17	(a)	145	206	217	1746	73	79	34	416
	(b)	407	570	795	1119	372	557	687	998
18	(a)	570	737	1127	8768	322	460	388	3568
	(b)	356	502	752	1013	357	471	747	943
19	(a)	837	1146	1739	13328	160	387	318	2856
	(b)	472	626	833	1162	483	680	825	1095
20	(a)	521	540	934	6744	158	269	230	1728
	(b)	502	648	856	1198	483	715	840	1134
21	(a)	316	606	805	6584	2	118	88	1128
	(b)	423	607	806	1126	–	601	785	1036
22	(a)	210	–	29	156	133	–	20	48
	(b)	342	–	899	1114	368	–	975	–
23	(a)	6	113	252	1582	6	85	86	482
	(b)	–	525	779	1108	–	473	763	955
24	(a)	9910	13076	16709	165446	4607	5054	5620	46586
	(b)	431	578	819	1129	409	597	884	1135

Fortsetzung 3 von Tabelle S

		Bundesländer und Bund							
		Niedersachsen				Schleswig-Holstein			
		1951	1957	1962	1966	1951	1957	1962	1966
1	(a)	618	902	816	5648	71	129	90	-
	(b)	490	675	921	1204	494	682	986	-
2	(a)	330	339	364	3174	62	105	90	-
	(b)	471	670	901	1173	494	701	986	-
3	(a)	288	563	452	2474	9	24	-	-
	(b)	512	678	937	1243	-	599	-	-
4	(a)	3849	4599	6431	56510	1529	926	734	-
	(b)	448	634	915	1187	416	694	923	-
5	(a)	253	325	437	3606	74	50	50	-
	(b)	456	607	905	1212	427	566	928	-
6	(a)	157	287	455	3952	12	17	25	-
	(b)	518	651	947	1213	-	-	1034	-
7	(a)	245	264	246	2198	117	41	36	-
	(b)	420	609	926	1180	397	625	921	-
8	(a)	144	258	538	4416	39	26	33	-
	(b)	492	698	925	1157	493	664	859	-
9	(a)	936	1333	2184	19970	414	302	268	-
	(b)	449	634	942	1219	433	779	928	-
10	(a)	507	776	1089	9656	161	129	116	-
	(b)	458	620	870	1120	413	771	958	-
11	(a)	643	407	487	4552	206	114	72	-
	(b)	427	631	915	1225	414	730	1068	-
12	(a)	350	386	446	3108	179	86	46	-
	(b)	434	592	816	1068	404	587	806	-
13	(a)	614	563	549	5052	327	161	88	-
	(b)	450	675	944	1221	394	613	897	-
14	(a)	942	720	865	6456	386	200	144	-
	(b)	428	616	923	1220	435	638	960	-
15	(a)	2634	3947	2928	21298	987	749	373	-
	(b)	411	580	803	1000	377	544	797	-
16	(a)	1779	2477	1759	14016	541	454	250	-
	(b)	416	598	829	1010	401	572	832	-
17	(a)	113	390	155	792	35	36	11	-
	(b)	456	602	813	1039	-	488	755	-
18	(a)	742	1080	1014	6490	446	259	112	-
	(b)	393	529	755	973	348	502	723	-
19	(a)	628	686	1008	9088	197	261	166	-
	(b)	445	657	854	1147	473	711	910	-
20	(a)	415	580	661	5480	164	196	111	-
	(b)	465	674	864	1216	488	724	937	-
21	(a)	213	106	347	3608	33	65	55	-
	(b)	406	563	835	1042	401	670	855	-
22	(a)	327	-	38	130	125	-	11	-
	(b)	396	-	913	1226	374	-	793	-
23	(a)	9	243	264	1360	13	57	54	-
	(b)	-	545	802	1093	-	519	778	-
24	(a)	9007	11097	12397	100490	3343	2322	1572	-
	(b)	436	616	882	1146	410	639	895	-

Fortsetzung 4 von Tabelle S

		Bundesländer und Bund			
		Bundesrepublik Deutschland			
		1951	1957	1962	1966
1	(a)	4792	6129	6785	46216
	(b)	640	770	1005	1294
2	(a)	1891	2983	3520	25544
	(b)	508	730	983	1288
3	(a)	2901	3146	3265	20672
	(b)	727	809	1028	1301
4	(a)	41360	48543	59951	535079
	(b)	481	664	932	1214
5	(a)	3538	5501	7180	60936
	(b)	530	694	984	1289
6	(a)	656	992	1646	15168
	(b)	488	628	905	1186
7	(a)	2403	2536	2661	20872
	(b)	439	623	917	1216
8	(a)	2742	3682	5324	42580
	(b)	570	758	970	1213
9	(a)	9453	11771	16226	165816
	(b)	498	685	951	1236
10	(a)	7533	9467	11336	111428
	(b)	491	665	909	1180
11	(a)	4829	4271	4599	38693
	(b)	440	633	939	1245
12	(a)	6102	6196	6108	44564
	(b)	461	615	864	1227
13	(a)	4104	4127	4871	35022
	(b)	420	620	903	1176
14	(a)	5874	7112	7212	52394
	(b)	440	647	962	1272
15	(a)	17880	26729	25360	178070
	(b)	402	583	797	1057
16	(a)	12306	18061	16432	115728
	(b)	407	596	800	1066
17	(a)	902	2573	1100	7678
	(b)	423	588	834	1119
18	(a)	4672	6095	7828	54664
	(b)	384	525	785	1030
19	(a)	4262	6130	9009	68744
	(b)	468	666	868	1166
20	(a)	2852	3840	5605	40246
	(b)	491	697	889	1227
21	(a)	1410	2290	3404	28498
	(b)	422	613	833	1080
22	(a)	2006	-	234	640
	(b)	407	-	895	1141
23	(a)	109	1511	1746	9937
	(b)	425	560	833	1125
24	(a)	76283	96154	110297	891080
	(b)	467	645	901	1185

Tabelle T

Die durchschnittlichen Bruttomonatsgehälter aller männlichen Angestellten der Leistungsgruppe III in den einzelnen Wirtschaftsabteilungen i.v.H. der jeweiligen Gehaltsdurchschnitte dieser Wirtschaftsabteilungen in der Bundesrepublik Deutschland sowie Spannweiten und mean deviations in den einzelnen Wirtschaftsabteilungen

	Wirtschaftsabteilungen	Nordrhein-Westfalen			
		1951	1957	1962	1966
1	ENERGIEWIRTSCHAFT u. WASSERVERSORGUNG, BERGBAU	113	108	104	102
2	Energiewirtschaft und Wasserversorgung	107	109	104	104
3	Bergbau	106	105	102	101
4	VERARBEITENDES GEWERBE	109	106	103	103
5	Chem. Industrie (einschl. Kohlenwertstoffind.) und Mineralölverarbeitung	110	106	106	104
6	Kunststoff-, Gummi- und Asbestverarbeitung	102	106	105	102
7	Steine und Erden	109	109	106	106
8	Eisen- und NE-Metallerzg., Gießerei u.Stahlverformung	107	106	103	102
9	Stahl-, Maschinen-, Fahrzeugbau, Schiffbau	112	105	100	101
10	Elektrotechnik, Feinmech. und Optik, Herstellung von EBM-Waren, Musikinstrum., Sportgeräte, Spiel- und Schmuckwaren	108	106	103	101
11	Holz-, Papier- u. Druckgewerbe	105	104	102	96
12	Leder-, Textil- u. Bekleidungsgewerbe	105	101	102	102
13	Nahrungs- und Genußmittelgewerbe	102	104	102	102
14	BAUGEWERBE	102	105	105	105
15	HANDEL	109	112	102	103
16	Großhandel	109	115	103	104
17	Handelsvermittlung	107	104	103	99
18	Einzelhandel	108	106	101	102
19	KREDITINSTITUTE u. VERSICHERUNGSGEWERBE	99	101	102	101
20	Kredit- und sonstige Finanzierungsinstitute	98	102	102	102
21	Versicherungsgewerbe	104	102	101	98
22	VERKEHR u. NACHRICHTENÜBERMITTLUNG	109	-	99	97
23	DIENSTLEISTUNGEN	-	108	104	100
24	alle Bereiche	111	108	103	103

Fortsetzung 1 von Tabelle T

	Baden-Württemberg				Hessen				Bayern	
	1951	1957	1962	1966	1951	1957	1962	1966	1951	1957
1	82	94	100	101	78	90	94	98	79	88
2	103	100	102	102	97	97	97	99	96	93
3	-	-	91	94	70	81	89	95	79	82
4	99	105	107	105	93	92	94	96	94	88
5	89	102	104	103	95	98	93	94	90	84
6	91	104	105	101	94	91	94	101	111	89
7	102	104	104	100	97	93	101	104	94	94
8	87	93	102	104	78	78	88	93	85	82
9	100	108	110	107	92	89	92	94	94	87
10	101	107	109	107	92	90	92	96	96	87
11	101	104	102	100	98	98	104	102	96	91
12	99	105	104	104	93	91	94	96	99	96
13	104	107	104	101	93	91	99	98	95	90
14	104	99	98	103	102	91	97	94	97	97
15	104	98	105	105	94	90	97	99	92	89
16	104	98	104	105	93	88	95	97	91	87
17	101	97	105	105	96	97	102	104	96	97
18	105	104	106	105	96	94	101	101	93	96
19	97	101	100	98	110	102	104	104	101	94
20	98	98	100	99	109	111	103	103	102	93
21	98	106	100	95	98	93	104	105	100	99
22	101	-	101	98	101	-	-	103	84	-
23	-	99	100	112	-	94	104	98	-	94
24	98	103	106	105	92	90	96	97	92	90

Fortsetzung 2 von Tabelle T

	Bayern		Rheinland-Pfalz				Niedersachsen			
	1962	1966	1951	1957	1962	1966	1951	1957	1962	1966
1	93	97	75	89	98	95	77	88	92	93
2	95	97	95	95	101	96	93	92	92	91
3	88	95	64	-	81	-	70	84	91	96
4	89	94	90	96	100	98	93	95	98	98
5	83	90	98	98	99	100	86	87	92	94
6	88	91	-	89	91	100	106	104	105	102
7	91	94	94	97	99	98	96	98	101	97
8	88	93	87	90	97	96	86	92	95	95
9	88	95	87	93	98	96	90	93	99	99
10	89	95	85	88	95	90	93	93	96	95
11	92	93	90	91	101	97	97	100	97	98
12	95	97	89	98	97	94	94	96	94	95
13	91	94	96	95	98	99	107	109	105	104
14	96	95	96	96	96	97	97	95	96	96
15	94	98	87	87	95	91	102	99	101	95
16	93	97	85	87	96	91	102	100	104	95
17	95	100	88	95	82	89	108	102	97	93
18	96	98	93	90	95	92	102	101	96	94
19	96	100	103	102	95	94	95	99	98	98
20	96	98	98	103	94	92	95	97	97	99
21	97	104	-	98	94	96	96	92	100	96
22	100	98	90	-	109	-	97	-	102	107
23	94	98	-	84	92	85	-	97	96	97
24	91	95	88	93	98	96	93	96	98	97

Fortsetzung 3 von Tabelle T

	Schleswig-Holstein				Spannweiten			
	1951	1957	1962	1966	1951	1957	1962	1966
1	77	89	98	-	38	20	12	9
2	97	96	100	-	14	17	12	13
3	-	74	-	-	42	31	21	7
4	86	105	99	-	23	18	18	11
5	81	82	94	-	29	24	23	14
6	-	-	114	-	20	17	36	11
7	90	100	100	-	19	16	15	12
8	86	88	89	-	29	28	15	11
9	87	114	98	-	25	27	22	13
10	84	116	105	-	24	39	20	17
11	94	115	114	-	15	24	22	9
12	88	95	93	-	17	14	11	10
13	94	99	99	-	14	19	14	10
14	99	99	100	-	8	14	9	11
15	94	93	100	-	22	25	11	14
16	99	96	104	-	24	28	11	13
17	-	83	91	-	20	21	23	16
18	91	96	92	-	17	16	14	13
19	101	107	105	-	15	13	10	10
20	99	104	105	-	14	18	11	11
21	95	109	103	-	9	17	10	10
22	92	-	89	-	25	-	20	10
23	-	93	93	-	-	24	12	27
24	88	99	99	-	23	18	15	10

Fortsetzung 4 von Tabelle T

	mean deviations			
	1951	1957	1962	1966
1	6,43	3,86	3,43	2,67
2	3,29	3,71	3,29	3,50
3	10,20	7,00	4,33	1,60
4	4,71	5,86	3,86	2,83
5	6,71	7,57	5,86	4,83
6	6,40	7,50	7,29	2,17
7	4,29	4,14	3,00	3,50
8	4,57	6,14	5,29	3,50
9	6,00	8,29	4,43	3,67
10	6,29	9,14	5,86	4,00
11	3,43	6,14	4,29	2,33
12	4,71	3,14	3,14	3,00
13	4,43	6,29	3,29	2,67
14	2,57	3,00	2,29	3,33
15	6,00	6,14	3,14	3,83
16	6,57	7,29	4,00	3,83
17	6,00	4,00	6,00	4,67
18	5,43	4,43	3,57	4,00
19	3,29	2,43	3,14	2,50
20	2,57	4,29	3,29	2,50
21	2,17	4,86	2,43	3,33
22	6,43	-	4,00	3,00
23	-	4,71	4,14	5,00
24	4,86	5,29	3,29	2,83

Tabelle U

Beschäftigtenzahlen (a) und durchschnittliche Bruttomonatsgehälter (b) der weiblichen Angestellten (in DM) der Leistungsgruppe IV nach Bundesländern und Wirtschaftsabteilungen in den Jahren 1951, 1957, 1962 und 1966

	Wirtschaftsabteilungen		Bundesländer und Bund: Nordrhein-Westfalen 1951	1957	1962	1966
1	ENERGIEWIRTSCHAFT u. WASSERVERSORGUNG, BERGBAU	(a) (b)	492 356	581 460	650 576	4127 766
2	Energiewirtschaft und Wasserversorgung	(a) (b)	224 315	275 449	330 598	2484 803
3	Bergbau	(a) (b)	268 391	306 470	320 553	1643 711
4	VERARBEITENDES GEWERBE	(a) (b)	8765 272	9091 381	8495 563	82509 711
5	Chem. Industrie (einschl. Kohlenwertstoffind.) und Mineralölverarbeitung	(a) (b)	821 313	1049 392	1409 578	9168 786
6	Kunststoff-, Gummi- und Asbestverarbeitung	(a) (b)	137 284	158 374	205 553	1508 731
7	Steine und Erden	(a) (b)	273 268	313 383	332 572	2828 742
8	Eisen- und NE-Metallerzg., Gießerei u.Stahlverformung	(a) (b)	694 312	1014 412	1166 592	13018 701
9	Stahl-, Maschinen-, Fahrzeugbau, Schiffbau	(a) (b)	1252 297	1691 391	1602 579	19744 710
10	Elektrotechnik, Feinmech. und Optik, Herstellung von EBM-Waren, Musikinstrum., Sportgeräte, Spiel- und Schmuckwaren	(a) (b)	1576 286	2128 386	1391 570	17235 708
11	Holz-, Papier- u. Druckgewerbe	(a) (b)	771 250	684 346	621 520	4639 703
12	Leder-, Textil- u. Bekleidungsgewerbe	(a) (b)	1652 266	1290 363	1115 519	7553 677
13	Nahrungs- und Genußmittelgewerbe	(a) (b)	1589 215	764 354	654 538	6816 661
14	BAUGEWERBE	(a) (b)	1009 239	767 329	668 482	3342 629
15	HANDEL	(a) (b)	12314 220	16628 283	18587 423	90159 575
16	Großhandel	(a) (b)	4266 244	3669 307	3632 459	19762 633
17	Handelsvermittlung	(a) (b)	333 232	1078 314	308 473	1308 654
18	Einzelhandel	(a) (b)	7715 206	11881 273	14647 413	69089 557
19	KREDITINSTITUTE u. VERSICHERUNGSGEWERBE	(a) (b)	1564 272	2283 407	2769 535	17700 732
20	Kredit- und sonstige Finanzierungsinstitute	(a) (b)	963 282	1446 420	1882 545	11132 772
21	Versicherungsgewerbe	(a) (b)	601 257	837 384	887 514	6568 664
22	VERKEHR u. NACHRICHTENÜBERMITTLUNG	(a) (b)	321 255	- -	85 513	170 668
23	DIENSTLEISTUNGEN	(a) (b)	106 220	2070 274	2971 443	10899 572
24	alle Bereiche	(a) (b)	24571 246	31420 324	34225 473	208906 646

Quellen: Vgl. im Anhang Quellenhinweise zu den Tabellen N, O, P, Q, R, S und U

Fortsetzung 1 von Tabelle U

		Bundesländer und Bund							
		Baden-Württemberg				Hessen			
		1951	1957	1962	1966	1951	1957	1962	1966
1	(a)	130	168	282	1866	57	106	102	768
	(b)	304	442	588	793	301	457	583	794
2	(a)	125	159	279	1844	48	87	90	692
	(b)	304	424	588	794	301	457	590	801
3	(a)	5	9	3	22	9	16	12	76
	(b)	–	–	–	–	–	–	530	728
4	(a)	3691	5527	7951	56308	2417	2145	2692	18492
	(b)	283	383	549	711	249	343	494	664
5	(a)	224	309	448	3726	332	350	419	2750
	(b)	288	380	563	733	265	357	518	717
6	(a)	36	87	160	1216	77	88	134	1024
	(b)	272	374	523	695	256	334	476	657
7	(a)	85	126	171	956	79	90	81	490
	(b)	267	367	508	672	242	337	496	681
8	(a)	110	147	260	2204	46	67	114	956
	(b)	294	390	533	692	248	342	457	597
9	(a)	727	1269	2249	16388	373	422	568	3904
	(b)	294	395	562	721	259	348	496	646
10	(a)	1038	1742	2188	17480	362	480	680	4172
	(b)	290	387	554	723	261	350	492	653
11	(a)	353	537	629	3964	293	195	203	1428
	(b)	269	363	514	680	238	335	499	692
12	(a)	747	963	1182	6524	511	264	263	1675
	(b)	284	373	544	695	248	326	484	625
13	(a)	371	347	664	3850	344	189	230	2092
	(b)	255	382	537	688	224	339	495	687
14	(a)	196	221	261	2008	273	179	173	1296
	(b)	258	336	499	657	275	330	474	633
15	(a)	3236	5357	6112	32214	3430	4917	3630	25700
	(b)	243	301	448	611	231	300	426	600
16	(a)	1359	1713	1880	11734	1088	1529	848	5450
	(b)	254	328	474	643	235	300	434	620
17	(a)	158	345	98	648	251	517	79	624
	(b)	233	337	473	663	250	344	488	676
18	(a)	1719	3299	4134	19832	2091	2871	2703	19626
	(b)	236	283	435	590	226	292	421	591
19	(a)	716	956	1344	8016	454	878	937	7684
	(b)	272	401	525	734	293	423	549	774
20	(a)	470	827	939	5728	371	691	610	4912
	(b)	286	406	532	766	301	434	570	827
21	(a)	246	129	405	2288	83	187	327	2772
	(b)	246	372	508	653	259	383	511	681
22	(a)	87	–	14	70	80	–	–	6
	(b)	265	–	492	708	252	–	–	–
23	(a)	21	601	611	4864	44	913	759	4206
	(b)	222	283	432	626	230	259	434	624
24	(a)	8082	12830	16575	105346	6755	9135	8293	58152
	(b)	266	345	505	678	244	320	466	648

Fortsetzung 2 von Tabelle U

		Bundesländer und Bund							
		Bayern				Rheinland-Pfalz			
		1951	1957	1962	1966	1951	1957	1962	1966
1	(a)	87	189	223	1108	52	52	72	216
	(b)	260	403	567	714	304	436	565	739
2	(a)	79	181	212	1084	46	50	72	216
	(b)	260	403	572	714	304	436	565	739
3	(a)	8	8	11	24	6	2	-	-
	(b)	-	-	482	-	-	-	-	-
4	(a)	3115	4354	5514	46344	992	812	1230	9596
	(b)	263	344	492	648	247	353	518	556
5	(a)	262	258	326	2156	223	228	326	2300
	(b)	274	334	461	660	294	374	556	732
6	(a)	46	59	111	1114	12	21	48	536
	(b)	281	314	451	623	-	-	502	700
7	(a)	231	298	276	2274	78	102	146	808
	(b)	242	337	482	639	240	338	486	677
8	(a)	80	99	152	1384	24	26	44	496
	(b)	289	343	486	625	260	336	513	617
9	(a)	487	869	1331	11320	113	103	172	1994
	(b)	284	359	496	654	258	414	538	615
10	(a)	675	1287	1736	14564	98	75	84	692
	(b)	289	374	513	667	236	345	487	565
11	(a)	331	14	442	3532	124	74	106	1000
	(b)	222	320	482	628	232	326	512	663
12	(a)	523	615	654	5644	154	103	154	1096
	(b)	272	339	487	647	238	357	495	615
13	(a)	480	445	486	4356	166	80	150	674
	(b)	221	280	459	609	208	303	512	636
14	(a)	373	424	339	3784	132	67	114	620
	(b)	221	340	471	631	229	294	430	590
15	(a)	6057	7000	8921	50138	1686	2337	2368	11654
	(b)	205	271	414	558	192	245	369	507
16	(a)	2066	2267	2459	14322	590	474	578	2688
	(b)	215	283	422	581	197	266	394	533
17	(a)	256	286	204	1234	84	72	34	182
	(b)	214	303	437	604	224	275	402	509
18	(a)	3735	4447	6258	34582	1012	1791	1756	8784
	(b)	199	263	410	547	186	238	360	499
19	(a)	842	1256	1688	12048	134	316	416	3056
	(b)	253	382	522	719	274	395	526	707
20	(a)	457	737	1116	6712	128	241	312	2208
	(b)	260	389	540	770	274	405	536	754
21	(a)	385	519	572	5336	6	75	104	848
	(b)	244	372	488	654	-	364	495	585
22	(a)	99	-	10	82	34	-	8	8
	(b)	206	-	609	727	224	-	-	-
23	(a)	69	1184	1582	6868	21	213	306	1802
	(b)	205	163	407	574	210	240	397	515
24	(a)	10642	14407	18327	120372	3051	3797	4514	26952
	(b)	227	306	450	614	217	284	431	588

Fortsetzung 3 von Tabelle U

		Bundesländer und Bund							
		Niedersachsen				Schleswig-Holstein			
		1951	1957	1962	1966	1951	1957	1962	1966
1	(a)	161	174	185	1284	29	31	26	-
	(b)	276	401	570	758	314	426	573	-
2	(a)	94	92	115	840	25	24	25	-
	(b)	285	409	587	776	314	426	583	-
3	(a)	67	82	70	444	4	7	1	-
	(b)	263	392	544	725	-	-	-	-
4	(a)	2495	2084	2830	19850	828	432	353	-
	(b)	244	347	500	676	236	342	531	-
5	(a)	177	182	257	1704	43	52	26	-
	(b)	250	342	511	725	246	383	523	-
6	(a)	99	130	164	1108	10	17	17	-
	(b)	291	366	534	706	-	-	556	-
7	(a)	144	115	132	890	29	29	17	-
	(b)	236	362	508	712	227	-	455	-
8	(a)	66	61	172	1096	17	6	13	-
	(b)	263	338	513	711	-	-	-	-
9	(a)	406	437	600	4478	120	29	70	-
	(b)	249	351	486	661	257	-	561	-
10	(a)	383	351	562	3476	90	16	43	-
	(b)	257	352	488	662	275	-	564	-
11	(a)	320	237	262	1792	114	52	54	-
	(b)	234	336	505	697	221	364	541	-
12	(a)	281	229	258	1808	125	71	37	-
	(b)	238	335	483	633	229	345	505	-
13	(a)	619	375	423	3498	280	160	76	-
	(b)	230	353	518	669	216	320	498	-
14	(a)	384	210	255	1152	127	71	42	-
	(b)	217	303	453	664	232	306	452	-
15	(a)	5751	7676	6492	30892	1934	1788	1180	-
	(b)	202	277	400	560	201	275	411	-
16	(a)	1646	2150	1742	7712	539	363	272	-
	(b)	218	309	442	607	227	313	448	-
17	(a)	204	352	96	384	53	62	16	-
	(b)	209	323	443	616	-	284	435	-
18	(a)	3901	5174	4654	22796	1342	1363	892	-
	(b)	195	261	383	543	190	264	399	-
19	(a)	564	717	928	7940	183	305	198	-
	(b)	256	404	521	708	267	399	527	-
20	(a)	303	657	671	5288	154	251	155	-
	(b)	274	409	530	739	275	407	536	-
21	(a)	261	60	257	2652	29	54	43	-
	(b)	236	353	499	647	226	360	493	-
22	(a)	122	-	24	34	40	-	7	-
	(b)	228	-	404	-	225	-	-	-
23	(a)	57	848	730	4436	22	229	161	-
	(b)	201	261	401	567	201	253	413	-
24	(a)	9534	11709	11444	65588	3163	2856	1967	-
	(b)	219	299	438	619	216	300	447	-

Fortsetzung 4 von Tabelle U

		Bundesländer und Bund			
		Bundesrepublik Deutschland			
		1951	1957	1962	1966
1	(a)	1008	1301	1540	9369
	(b)	321	439	576	766
2	(a)	641	870	1123	7160
	(b)	300	433	586	782
3	(a)	367	431	417	2209
	(b)	365	454	549	714
4	(a)	22303	24468	29065	233099
	(b)	264	367	531	690
5	(a)	2082	2428	3211	21804
	(b)	289	374	548	745
6	(a)	417	560	839	6506
	(b)	279	358	515	687
7	(a)	919	1073	1155	8246
	(b)	250	357	516	692
8	(a)	1037	1420	1921	19154
	(b)	301	397	559	688
9	(a)	3478	4820	6592	57828
	(b)	282	366	540	691
10	(a)	4222	6079	6684	57617
	(b)	281	378	534	694
11	(a)	2306	2193	2317	16355
	(b)	243	343	508	677
12	(a)	3993	3535	3663	24301
	(b)	264	356	515	665
13	(a)	3849	2360	2683	21286
	(b)	223	339	514	658
14	(a)	2494	1939	1852	12202
	(b)	237	327	474	636
15	(a)	34408	45703	47290	240757
	(b)	215	282	419	574
16	(a)	11554	12165	11411	61668
	(b)	232	304	445	614
17	(a)	1339	2712	835	4380
	(b)	228	321	459	635
18	(a)	21515	30826	35044	174709
	(b)	205	270	409	558
19	(a)	4457	6711	8280	56444
	(b)	268	402	530	730
20	(a)	2846	4850	5685	36000
	(b)	280	412	542	772
21	(a)	1611	1861	2595	20444
	(b)	248	377	504	657
22	(a)	788	-	148	370
	(b)	243	-	498	692
23	(a)	340	6058	7120	33075
	(b)	213	267	426	583
24	(a)	65798	86180	95345	585316
	(b)	238	318	467	640

Tabelle V

Die durchschnittlichen Bruttomonatsgehälter aller weiblichen Angestellten der Leistungsgruppe IV in den einzelnen Wirtschaftsabteilungen i.v.H. der jeweiligen Gehaltsdurchschnitte dieser Wirtschaftsabteilungen in der Bundesrepublik Deutschland sowie Spannweiten und mean deviations in den einzelnen Wirtschaftsabteilungen

	Wirtschaftsabteilungen	Nordrhein-Westfalen			
		1951	1957	1962	1966
1	ENERGIEWIRTSCHAFT u. WASSERVERSORGUNG, BERGBAU	111	105	100	100
2	Energiewirtschaft und Wasserversorgung	105	104	102	103
3	Bergbau	107	104	101	-
4	VERARBEITENDES GEWERBE	103	104	106	103
5	Chem. Industrie (einschl. Kohlenwertstoffind.) und Mineralölverarbeitung	108	105	105	106
6	Kunststoff-, Gummi- und Asbestverarbeitung	102	104	107	106
7	Steine und Erden	107	107	111	107
8	Eisen- und NE-Metallerzg., Gießerei u.Stahlverformung	104	104	106	102
9	Stahl-, Maschinen-, Fahrzeugbau, Schiffbau	105	107	107	103
10	Elektrotechnik, Feinmech. und Optik, Herstellung von EBM-Waren, Musikinstrum., Sportgeräte, Spiel- und Schmuckwaren	102	102	107	102
11	Holz-, Papier- u. Druckgewerbe	103	101	102	104
12	Leder-, Textil- u. Bekleidungsgewerbe	101	102	101	102
13	Nahrungs- und Genußmittelgewerbe	96	104	105	100
14	BAUGEWERBE	101	101	102	99
15	HANDEL	102	100	101	100
16	Großhandel	105	101	103	103
17	Handelsvermittlung	102	98	103	103
18	Einzelhandel	100	101	101	100
19	KREDITINSTITUTE u. VERSICHERUNGSGEWERBE	101	101	101	100
20	Kredit- und sonstige Finanzierungsinstitute	101	102	101	100
21	Versicherungsgewerbe	104	102	102	101
22	VERKEHR u. NACHRICHTENÜBERMITTLUNG	105	-	103	97
23	DIENSTLEISTUNGEN	103	103	104	98
24	alle Bereiche	103	102	101	101

Quelle: Eigene Berechnungen nach Tabelle U

Fortsetzung 1 von Tabelle V

	Baden-Württemberg				Hessen			
	1951	1957	1962	1966	1951	1957	1962	1966
1	95	101	102	104	94	104	101	104
2	101	103	100	102	100	106	101	102
3	-	-	-	-	-	-	97	-
4	107	104	103	103	94	93	93	96
5	100	102	103	98	92	95	95	96
6	97	104	102	101	92	93	92	96
7	107	103	98	97	97	94	96	98
8	98	98	95	101	82	86	82	87
9	104	108	104	104	92	95	92	93
10	103	102	104	104	93	93	92	94
11	111	106	101	100	98	98	98	102
12	108	105	106	105	94	92	94	94
13	114	113	104	105	100	100	96	104
14	109	103	105	103	116	101	100	100
15	113	107	107	106	107	106	102	105
16	109	108	107	105	101	99	98	101
17	102	105	103	104	110	107	106	106
18	115	105	106	106	110	108	103	106
19	101	100	99	101	109	105	104	106
20	102	99	98	99	108	105	105	107
21	99	99	101	99	104	102	101	104
22	109	-	99	102	104	-	-	-
23	104	106	101	107	108	97	102	107
24	112	108	108	106	103	101	100	101

Fortsetzung 2 von Tabelle V

	Bayern				Rheinland-Pfalz			
	1951	1957	1962	1966	1951	1957	1962	1966
1	81	92	98	93	95	99	98	96
2	87	94	98	91	101	101	96	95
3	-	-	88	-	-	-	-	-
4	100	94	93	94	94	96	98	95
5	95	89	84	89	102	100	101	98
6	101	88	88	91	-	-	97	102
7	97	94	93	92	96	95	94	98
8	96	86	87	91	86	85	92	90
9	101	98	92	95	91	113	100	89
10	103	93	96	96	84	91	91	81
11	91	93	95	93	95	95	101	98
12	103	95	95	97	90	100	96	92
13	99	83	89	93	93	89	100	97
14	93	104	99	99	97	90	91	93
15	95	96	99	97	89	87	88	88
16	93	93	95	95	85	88	89	87
17	94	94	95	95	98	86	88	80
18	97	97	100	98	91	88	88	89
19	94	95	98	98	102	98	99	97
20	93	94	100	100	98	98	99	98
21	98	99	97	100	-	97	98	89
22	85	-	122	105	92	-	-	-
23	96	99	96	98	99	90	93	88
24	95	96	96	96	91	89	92	92

Fortsetzung 3 von Tabelle V

	Niedersachsen				Schleswig-Holstein			
	1951	1957	1962	1966	1951	1957	1962	1966
1	86	91	99	99	98	97	99	-
2	95	95	100	99	105	99	99	-
3	72	86	99	-	-	-	-	-
4	92	95	94	98	89	93	100	-
5	87	91	93	97	85	102	95	-
6	104	102	104	103	-	-	108	-
7	94	101	98	103	91	-	88	-
8	87	85	92	103	-	-	-	-
9	88	96	90	96	91	-	104	-
10	91	93	91	95	98	-	106	-
11	96	98	99	103	91	106	106	-
12	90	94	94	95	87	97	98	-
13	103	104	101	102	97	94	97	-
14	92	93	96	104	98	94	95	-
15	94	98	95	98	93	98	98	-
16	94	102	99	99	98	103	101	-
17	92	101	97	97	-	88	95	-
18	95	97	94	97	93	98	98	-
19	96	100	98	97	100	99	99	-
20	98	99	98	96	98	99	99	-
21	95	94	99	98	91	95	98	-
22	94	-	81	-	93	-	-	-
23	94	98	94	97	94	95	97	-
24	92	94	94	97	91	94	96	-

Fortsetzung 4 von Tabelle V

	Spannweiten				mean deviations			
	1951	1957	1962	1966	1951	1957	1962	1966
1	30	14	4	11	6,14	4,29	1,14	3,17
2	18	11	6	12	4,14	3,57	1,43	3,67
3	35	28	13	-	-	-	-	-
4	18	11	13	9	5,00	3,43	4,14	3,17
5	23	16	21	17	6,57	4,86	5,29	3,33
6	12	16	20	15	3,40	5,40	6,00	3,83
7	16	13	23	15	4,29	4,67	4,57	3,50
8	22	19	24	16	7,17	5,33	5,33	6,33
9	17	18	17	15	5,71	6,67	5,86	5,50
10	19	11	16	23	5,71	3,33	6,14	6,33
11	20	13	11	11	5,00	3,86	2,43	3,00
12	21	13	12	13	6,43	3,71	3,14	3,83
13	21	30	16	12	4,43	7,86	4,00	3,33
14	24	14	14	11	6,29	4,43	3,57	2,67
15	24	20	21	18	6,57	4,57	4,14	4,67
16	24	20	18	18	6,14	4,71	4,14	4,67
17	18	21	18	26	5,00	6,42	4,86	6,83
18	24	20	18	17	6,57	4,57	4,29	4,67
19	15	10	6	9	3,14	2,00	1,29	2,50
20	15	11	7	11	3,14	2,14	1,57	2,33
21	13	8	5	15	3,83	2,43	1,57	3,17
22	24	-	41	8	6,86	-	-	-
23	14	16	11	19	4,43	3,71	3,43	4,83
24	21	19	16	14	6,29	4,86	3,86	3,83

Tabelle W

Die Verdienste der männlichen Angestellten der Leistungsgruppe III nach Wirtschaftsabteilungen und Ländern i.v.H. des Durchschnittsverdienstes der Angestellten in allen Wirtschaftsabteilungen nach Ländern

	Wirtschaftsabteilungen	Nordrhein-Westfalen			
		1951	1957	1962	1966
1	ENERGIEWIRTSCHAFT u. WASSERVERSORGUNG, BERGBAU	138,9	119,3	112,1	108,6
2	Energiewirtschaft und Wasserversorgung	104,6	113,6	110,1	110,0
3	Bergbau	148,0	122,0	113,0	107,8
4	VERARBEITENDES GEWERBE	101,0	101,0	103,3	102,2
5	Chem. Industrie (einschl. Kohlenwertstoffind.) und Mineralölverarbeitung	112,1	105,3	112,3	110,2
6	Kunststoff-, Gummi- und Asbestverarbeitung	96,0	95,0	102,0	99,5
7	Steine und Erden	92,5	97,0	104,2	105,5
8	Eisen- und NE-Metallerzg., Gießerei u.Stahlverformung	117,7	115,3	107,2	101,6
9	Stahl-, Maschinen-, Fahrzeugbau, Schiffbau	107,3	103,3	102,1	102,4
10	Elektrotechnik, Feinmech. und Optik, Herstellung von EBM-Waren, Musikinstrum., Sportgeräte, Spiel- und Schmuckwaren	101,7	100,4	100,0	97,5
11	Holz-, Papier- u. Druckgewerbe	89,2	94,1	103,1	106,6
12	Leder-, Textil- u. Bekleidungsgewerbe	93,6	89,3	94,6	94,1
13	Nahrungs- und Genußmittelgewerbe	82,7	92,0	99,0	98,4
14	BAUGEWERBE	86,1	97,6	108,2	109,8
15	HANDEL	84,4	93,6	87,6	89,3
16	Großhandel	85,5	98,0	88,3	90,9
17	Handelsvermittlung	87,1	87,7	92,4	90,9
18	Einzelhandel	80,0	79,7	84,9	86,0
19	KREDITINSTITUTE u. VERSICHERUNGSGEWERBE	89,6	96,3	94,7	96,1
20	Kredit- und sonstige Finanzierungsinstitute	93,1	101,6	97,2	102,1
21	Versicherungsgewerbe	84,4	89,4	90,7	86,9
22	VERKEHR u. NACHRICHTENÜBERMITTLUNG	85,4	-	94,8	90,3
23	DIENSTLEISTUNGEN	81,7	86,7	93,0	92,0

Quelle: Eigene Berechnungen nach Tabelle S

Fortsetzung 1 von Tabelle W

	Baden-Württemberg				Hessen			
	1951	1957	1962	1966	1951	1957	1962	1966
1	114,2	108,7	105,3	105,7	115,6	119,6	109,6	109,9
2	114,2	109,2	105,6	105,9	114,4	122,0	110,6	110,5
3	-	-	98,8	99,0	117,9	113,3	106,2	107,1
4	103,5	104,8	104,4	102,7	103,7	104,8	102,1	101,9
5	102,8	106,2	107,2	107,0	116,5	117,0	106,9	105,6
6	96,9	98,3	99,7	96,6	106,3	98,1	98,6	103,8
7	97,6	97,4	100,1	98,4	98,8	99,7	107,3	109,6
8	107,8	105,7	104,1	101,5	104,0	102,4	99,1	98,3
9	108,3	110,7	110,3	106,4	106,0	104,6	101,7	101,4
10	107,8	106,8	104,4	102,2	105,1	102,9	97,1	98,9
11	96,7	99,2	100,9	100,8	100,5	105,4	113,7	110,1
12	99,8	96,8	94,7	94,6	99,3	95,9	94,5	94,3
13	95,4	100,0	98,4	95,6	90,5	97,6	103,5	100,5
14	99,8	95,9	99,6	105,4	104,4	101,9	108,5	104,6
15	91,1	86,0	87,9	89,2	87,7	90,4	89,7	90,9
16	91,9	88,0	87,7	89,8	88,1	90,7	87,9	90,1
17	93,5	85,3	92,2	94,9	94,0	97,9	98,4	101,1
18	87,8	81,7	87,9	86,9	85,3	84,9	91,9	90,6
19	90,3	101,2	91,2	92,5	119,3	117,0	104,5	105,1
20	104,4	102,1	93,6	98,1	124,9	133,2	106,4	109,9
21	89,8	97,6	87,4	82,6	95,8	98,1	100,5	98,6
22	89,3	-	94,7	90,3	93,7	-	-	102,3
23	-	83,6	87,2	101,4	99,1	91,0	101,0	96,3

Fortsetzung 2 von Tabelle W

	Bayern				Rheinland-Pfalz			
	1951	1957	1962	1966	1951	1957	1962	1966
1	116,7	116,8	114,0	110,7	116,9	115,1	110,9	108,5
2	113,5	117,0	114,4	110,9	117,6	115,6	111,8	108,5
3	132,5	114,7	110,0	109,7	113,0	-	94,2	-
4	104,9	100,7	101,2	101,1	105,9	106,5	105,0	105,2
5	110,2	100,5	99,9	102,2	126,4	113,9	110,3	113,1
6	125,8	97,2	97,4	95,6	-	93,3	93,1	104,8
7	95,6	101,2	102,2	101,1	101,0	101,7	103,1	104,8
8	112,1	108,1	104,3	100,4	121,3	114,1	106,4	102,4
9	108,1	103,1	102,3	104,3	106,4	107,2	105,1	104,1
10	109,5	100,5	99,3	99,2	102,4	98,2	97,6	93,5
11	98,4	99,1	105,9	103,0	96,8	96,1	107,8	106,6
12	105,6	102,1	99,9	96,6	100,0	100,5	94,8	93,3
13	92,6	95,0	100,9	98,1	98,3	98,3	100,2	102,7
14	98,8	108,1	112,5	107,4	103,4	103,5	104,2	108,8
15	85,8	89,4	91,2	91,4	85,3	84,9	85,5	84,6
16	86,3	89,4	90,5	91,5	84,4	87,1	86,4	85,1
17	94,4	98,6	97,1	99,1	91,0	93,3	77,8	87,9
18	82,6	86,9	91,8	89,7	87,3	78,9	84,5	83,1
19	109,5	108,3	101,7	102,9	118,1	113,9	93,3	96,5
20	116,5	112,1	104,5	106,1	118,1	119,8	95,0	99,9
21	98,1	105,0	98,4	99,7	-	100,7	88,8	91,3
22	79,4	-	109,8	98,7	90,0	-	110,3	-
23	-	90,8	95,1	98,1	-	79,2	86,3	84,1

Fortsetzung 3 von Tabelle W

	Niedersachsen				Schleswig-Holstein			
	1951	1957	1962	1966	1951	1957	1962	1966
1	112,4	109,6	104,4	105,1	120,5	106,7	110,2	-
2	108,0	108,8	102,2	102,4	120,5	109,7	110,2	-
3	117,4	110,1	106,2	108,5	-	93,7	-	-
4	102,8	102,9	103,7	103,6	101,5	108,6	103,1	-
5	104,6	98,5	102,6	105,8	104,1	88,6	103,7	-
6	118,8	105,7	107,4	105,8	-	-	115,5	-
7	96,3	98,9	105,0	103,0	96,8	97,8	102,9	-
8	112,8	113,3	104,9	101,0	120,2	103,9	96,0	-
9	103,0	102,9	106,8	106,4	105,6	121,9	103,7	-
10	105,0	100,6	98,6	97,7	100,7	120,7	107,0	-
11	97,9	102,4	103,7	106,9	101,0	114,2	119,3	-
12	99,5	96,1	92,5	93,2	98,5	91,9	90,1	-
13	103,2	109,6	107,0	106,5	96,1	95,9	100,2	-
14	98,1	100,0	104,6	106,5	106,1	99,8	107,3	-
15	94,3	94,2	91,0	87,3	92,0	85,1	89,1	-
16	95,4	97,1	94,0	88,1	97,8	89,5	93,0	-
17	104,6	97,7	92,2	90,7	-	76,4	84,4	-
18	90,1	85,9	85,6	84,9	84,9	78,6	80,8	-
19	102,1	106,7	96,8	100,1	115,4	111,3	101,7	-
20	106,7	109,4	98,0	106,1	119,0	113,3	104,7	-
21	93,1	91,4	94,7	90,9	97,8	104,9	95,5	-
22	90,8	-	103,5	107,0	91,2	-	88,6	-
23	-	88,5	90,9	95,4	-	81,2	86,9	-

Fortsetzung 4 von Tabelle W

	Bundesrepublik Deutschland (ohne Schleswig-Holstein)			
	1951	1957	1962	1966
1	137,0	119,4	111,5	109,2
2	108,8	113,2	109,1	108,7
3	156,7	125,4	114,1	109,8
4	103,0	102,9	103,4	102,4
5	113,5	107,6	109,2	108,8
6	104,5	97,4	100,4	100,1
7	94,0	96,6	101,8	102,6
8	122,1	117,5	107,7	102,4
9	106,6	106,2	105,5	104,3
10	105,1	103,1	100,9	99,6
11	94,2	98,1	104,2	105,1
12	98,7	95,3	95,9	95,1
13	89,9	96,1	100,2	99,2
14	94,2	100,3	106,8	107,3
15	86,1	90,4	88,5	89,2
16	87,2	92,4	88,8	90,0
17	90,6	91,2	92,6	94,4
18	82,2	81,4	87,1	86,9
19	100,2	103,3	96,3	98,4
20	105,1	108,1	98,7	103,5
21	90,4	95,0	92,5	91,1
22	87,2	-	99,3	96,3
23	91,0	86,8	92,5	94,9

Tabelle X

Die Verdienste der weiblichen Angestellten der Leistungsgruppe IV nach Wirtschaftsabteilungen und Ländern i.v.H. des Durchschnittsverdienstes der Angestellten in allen Wirtschaftsabteilungen nach Ländern

	Wirtschaftsabteilungen	Nordrhein-Westfalen			
		1951	1957	1962	1966
1	ENERGIEWIRTSCHAFT u. WASSERVERSORGUNG, BERGBAU	144,7	142,0	121,8	118,6
2	Energiewirtschaft und Wasserversorgung	128,0	138,6	126,4	124,3
3	Bergbau	158,9	145,1	116,9	110,1
4	VERARBEITENDES GEWERBE	110,6	117,6	119,0	110,1
5	Chem. Industrie (einschl. Kohlenwertstoffind.) und Mineralölverarbeitung	127,2	121,0	122,2	121,7
6	Kunststoff-, Gummi- und Asbestverarbeitung	115,4	115,4	116,9	113,2
7	Steine und Erden	108,9	118,2	120,9	114,9
8	Eisen- und NE-Metallerzg., Gießerei u.Stahlverformung	126,8	127,2	125,2	108,5
9	Stahl-, Maschinen-, Fahrzeugbau, Schiffbau	120,7	120,7	122,4	109,9
10	Elektrotechnik, Feinmech. und Optik, Herstellung von EBM-Waren, Musikinstrum., Sportgeräte, Spiel- und Schmuckwaren	116,3	119,1	120,5	109,6
11	Holz-, Papier- u. Druckgewerbe	101,6	106,8	109,9	108,8
12	Leder-, Textil- u. Bekleidungsgewerbe	108,1	112,0	109,7	104,8
13	Nahrungs- und Genußmittelgewerbe	87,4	109,3	113,7	102,3
14	BAUGEWERBE	97,2	101,5	101,9	97,4
15	HANDEL	89,4	87,3	89,4	89,0
16	Großhandel	99,2	94,8	97,0	98,0
17	Handelsvermittlung	94,3	96,9	100,0	101,2
18	Einzelhandel	83,7	84,3	87,3	86,2
19	KREDITINSTITUTE u. VERSICHERUNGSGEWERBE	110,6	125,6	113,1	113,2
20	Kredit- und sonstige Finanzierungsinstitute	114,6	129,6	115,2	119,5
21	Versicherungsgewerbe	104,5	118,5	108,7	102,8
22	VERKEHR u. NACHRICHTENÜBERMITTLUNG	103,7	-	108,5	103,4
23	DIENSTLEISTUNGEN	89,4	84,6	93,7	88,5

Quelle: Eigene Berechnungen nach Tabelle U

Fortsetzung 1 von Tabelle X

	Baden-Württemberg				Hessen			
	1951	1957	1962	1966	1951	1957	1962	1966
1	114,3	128,1	116,4	117,0	123,4	142,8	125,1	122,5
2	114,3	128,1	116,4	117,1	123,4	142,8	126,6	123,6
3	-	-	-	-	-	-	113,7	112,3
4	106,4	111,0	108,7	104,9	102,0	107,2	106,9	102,5
5	108,3	110,1	111,5	108,1	108,6	111,6	111,2	110,6
6	102,3	108,4	111,5	102,5	104,9	104,4	102,1	101,4
7	100,4	106,4	100,6	99,1	99,2	105,3	106,4	105,1
8	110,5	113,0	105,5	102,1	101,6	106,9	98,1	92,1
9	110,5	114,5	111,3	106,3	106,1	108,9	106,4	99,7
10	109,0	112,2	109,7	106,6	107,0	109,4	105,6	100,8
11	101,1	105,2	101,8	100,3	97,5	104,7	107,1	106,8
12	106,8	108,1	107,7	102,5	101,6	101,9	103,9	96,5
13	95,9	110,7	106,3	101,5	91,8	105,9	106,2	106,0
14	97,0	97,4	98,8	96,9	112,7	103,1	101,7	97,7
15	91,4	87,2	88,7	90,1	94,7	93,8	91,4	92,6
16	95,5	95,1	93,9	94,8	96,3	93,8	93,1	95,7
17	87,6	97,7	93,7	97,8	102,5	107,5	104,7	104,3
18	88,7	82,0	86,1	87,0	92,6	91,3	90,3	91,2
19	102,3	116,2	104,0	108,3	120,1	132,2	117,8	119,4
20	107,8	117,7	105,3	113,0	123,4	135,6	122,3	127,6
21	92,5	107,8	100,6	96,3	106,1	119,7	109,7	105,1
22	99,6	-	97,4	104,4	103,3	-	-	-
23	83,5	82,0	85,5	92,3	94,3	80,9	93,1	96,3

Fortsetzung 2 von Tabelle X

	Bayern				Rheinland-Pfalz			
	1951	1957	1962	1966	1951	1957	1962	1966
1	114,5	131,7	126,0	116,3	140,1	153,5	131,1	125,7
2	114,5	131,7	127,1	116,3	140,1	153,5	131,1	125,7
3	-	-	107,1	-	-	-	-	-
4	115,9	112,4	109,3	105,5	113,8	124,3	120,2	111,6
5	120,7	109,2	102,4	107,5	135,5	131,7	129,0	124,5
6	123,8	102,6	100,2	101,5	-	-	116,5	119,0
7	106,6	110,1	107,1	104,1	110,6	119,0	112,8	115,1
8	127,3	112,1	108,0	101,8	119,8	118,3	119,0	104,9
9	125,1	117,3	110,2	106,5	118,9	145,8	124,8	104,6
10	127,3	122,2	114,0	108,6	108,8	121,5	113,0	96,1
11	97,8	104,6	107,1	102,3	106,9	114,8	118,8	112,8
12	119,8	110,8	108,2	105,4	109,7	125,7	114,8	104,6
13	97,4	91,5	102,0	99,2	95,9	106,7	118,8	108,2
14	97,4	111,1	104,7	102,8	105,5	103,5	99,8	100,3
15	90,3	88,6	92,0	90,9	88,5	86,3	85,6	86,2
16	94,7	92,5	93,8	94,6	90,8	93,7	91,4	90,6
17	94,3	99,0	97,1	98,4	103,2	96,8	93,3	86,6
18	87,7	85,9	91,1	89,1	85,7	83,8	83,5	84,7
19	111,4	92,2	116,0	117,1	126,3	139,1	122,0	120,2
20	114,5	127,1	120,0	125,4	126,3	142,6	124,4	128,2
21	107,5	121,6	108,4	106,5	-	128,2	114,8	99,5
22	90,7	-	135,3	118,4	103,2	-	-	-
23	90,3	85,9	90,4	93,5	96,8	84,5	92,1	87,6

Fortsetzung 3 von Tabelle X

	Niedersachsen				Schleswig-Holstein			
	1951	1957	1962	1966	1951	1957	1962	1966
1	126,0	134,1	130,1	122,5	145,4	142,0	128,2	-
2	130,1	136,8	134,0	125,4	145,4	142,0	130,4	-
3	120,1	131,1	124,2	117,1	-	-	-	-
4	111,4	116,1	114,2	109,2	109,3	114,0	118,8	-
5	114,2	114,4	116,7	117,1	113,9	127,7	117,0	-
6	132,9	122,4	121,9	114,1	-	-	124,4	-
7	107,8	121,1	116,0	115,0	105,1	-	101,8	-
8	120,1	113,0	117,1	114,9	-	-	-	-
9	113,7	117,4	111,0	106,8	119,0	-	125,5	-
10	117,4	117,7	111,4	106,9	127,3	-	126,2	-
11	106,8	112,4	115,3	112,6	102,3	121,3	121,0	-
12	108,7	112,0	110,3	102,3	106,0	115,0	113,0	-
13	105,0	118,1	118,3	108,1	100,0	106,7	111,4	-
14	99,1	101,3	103,4	107,3	107,4	102,0	101,1	-
15	92,2	92,6	91,3	90,5	93,1	91,7	91,9	-
16	99,5	103,3	100,9	98,1	105,1	104,3	100,2	-
17	95,4	108,0	101,1	99,5	-	94,7	97,3	-
18	89,0	87,3	87,4	87,7	88,0	88,0	89,3	-
19	116,9	135,1	118,9	114,4	123,6	133,0	117,9	-
20	125,1	136,8	121,0	119,4	127,3	135,7	119,9	-
21	107,8	118,1	113,9	104,5	104,6	120,0	110,3	-
22	104,1	-	92,2	-	104,2	-	-	-
23	91,8	87,3	91,6	91,6	93,1	84,3	92,4	-

Fortsetzung 4 von Tabelle X

	Bundesrepublik Deutschland			
	1951	1957	1962	1966
1	134,9	138,1	123,3	119,7
2	126,1	136,2	125,5	122,2
3	153,4	142,8	117,6	111,6
4	110,9	115,4	113,7	107,8
5	121,4	117,6	117,3	116,4
6	117,2	112,6	110,3	107,3
7	105,0	112,3	110,5	108,1
8	126,5	124,8	119,7	107,5
9	118,5	115,1	115,6	108,0
10	118,1	118,9	114,3	108,4
11	102,1	107,9	108,8	105,8
12	110,9	111,9	110,3	103,9
13	93,7	106,6	110,1	102,8
14	99,6	102,8	101,5	99,4
15	90,3	88,7	89,7	89,7
16	97,5	95,6	95,3	95,9
17	95,8	100,9	98,3	99,2
18	86,1	84,9	87,6	87,2
19	112,6	126,4	113,5	114,1
20	117,6	129,6	116,1	120,6
21	104,2	118,6	107,9	102,7
22	102,1	-	106,6	108,1
23	89,4	84,0	91,2	91,1

Tabelle Y

Die fiktiven durchschnittlichen Bruttomonatsgehälter (in DM) der männlichen Angestellten der Bundesrepublik Deutschland 1951, 1957, 1962 und 1966 für einzelne Beschäftigungsarten und Leistungsgruppen (errechnet durch eine Gewichtung der Bruttomonatsgehälter der jeweiligen Jahre mit den entsprechenden Angestelltenzahlen des Jahres 1966)

Beschäftigungsarten/ Leistungsgruppen	1951	1957	1962	1966
1	2	3	4	5
Alle Beschäftigungsarten/ Leistungsgruppen	460	671	953	1250
kaufmännische Angestellte	421	622	888	1190
technische Angestellte	542	767	1063	1380
Meister	500	702	1005	1300
Leistungsgruppe I	885	1276	1737	2120
Leistungsgruppe II	615	888	1223	1560
Leistungsgruppe III	470	648	906	1180
Leistungsgruppe IV	329	437	629	840
Leistungsgruppe V	267	362	542	750

Quellen: Eigene Berechnungen nach den Tabellen A, B, D, F, H.

Tabelle Z

Die fiktiven durchschnittlichen Bruttomonatsgehälter (in DM) der weiblichen Angestellten der Bundesrepublik Deutschland 1951, 1957, 1962 und 1966 für einzelne Beschäftigungsarten und Leistungsgruppen (errechnet durch eine Gewichtung der Bruttomonatsgehälter der jeweiligen Jahre mit den entsprechenden Angestelltenzahlen des Jahres 1966)

Beschäftigungsarten/ Leistungsgruppen	1951	1957	1962	1966
1	2	3	4	5
Alle Beschäftigungs- arten/ Leistungsgruppen	261	361	527	730
kaufmännische Angestellte	259	358	523	720
technische Angestellte	318	431	606	820
Leistungsgruppe II	446	689	923	1180
Leistungsgruppe III	349	480	662	870
Leistungsgruppe IV	244	331	481	640
Leistungsgruppe V	200	261	403	550

Quellen: Eigene Berechnungen nach den Tabellen A, C, E, G, I

Literaturverzeichnis

Abb, D. F.: Die Lohn- und Gehaltsstruktur in den Tarifverträgen des deutschen Handwerks, Studien und Berichte des Forschungsinstituts für Handwerkswirtschaft an der Universität Frankfurt a. M., Studie Nr. 56, Frankfurt a. M. 1961.

Allen, R. G. D.: Statistik für Volkswirte, Tübingen 1957.

Altmann, Kammerer: Wandel der Berufsstruktur, in: RKW-Schriftenreihe technischer Fortschritt und kultureller Wandel, Frankfurt a. M. 1970.

Anderson, O.: Probleme der statistischen Methodenlehre in den Sozialwissenschaften, 3. Aufl., Würzburg 1957.

Arndt, E.: Theoretische Grundlagen der Lohnpolitik, Tübingen 1957.

Bandholz, E.: Der Lohn, Betrachtungen zum Problem der Lohnbildung, Volkswirtschaftliche Schriften, H. 64, Berlin 1962.

Bartels, H., *Spilker*, H.: Die Systematik der Wirtschaftszweige, revidierte Arbeitsstättensystematik, in: WiSta. 1959 (T), S. 55 ff.

Bayrisches Staatsministerium für Arbeit und soziale Fürsorge (Hrsg.): Soziale Probleme der Automation in Bayern, München 1969.

Behrens, F.: Die Mittelwerte in der Lohnstatistik, in: Jahrbücher für Nationalökonomie und Statistik, Bd. 149, 1939, S. 672 ff.

Blalock, H. M.: Social Statistics, London u. a. O., 1960.

Bodenhöfer, H.-J.: Arbeitsmobilität und regionales Wachstum, ein Beitrag zur Strukturanalyse von Wachstumsprozessen, Volkswirtschaftliche Schriften, H. 137, Berlin 1969.

Böhrs, H.: Arbeitsleistung und Arbeitsentlohnung, Wiesbaden 1958.

Bolte, K. M.: Angestelltenfrage im Lichte der Zahlen, in: Der Angestellte zwischen Arbeiterschaft und Management, (Hrsg.) H. Bayer, Internationale Tagung der Sozialakademie Dortmund, Berlin 1961, S. 63 ff.

— Die Berufsstruktur im industrialisierten Deutschland, Entwicklungen und Probleme, in: Struktur und Wandel der Gesellschaft, (Hrsg.) K. M. Bolte, Bd. 8, Beruf und Gesellschaft in Deutschland, Berufsstruktur und Berufsprobleme, Opladen 1970, S. 32 ff.

Bombach, G.: Die Stabilität der industriellen Produktivitätsstruktur, in: ZfdgSt., Bd. 116, Tübingen 1960, S. 18 ff.

— Der Strukturbegriff in der Ökonomie, in: Strukturwandlungen einer wachsenden Wirtschaft, (Hrsg.) F. Neumark, SdVfS, N. F., Bd. 30/I, Berlin 1964, S. 10 ff.

Borgstede, W.: Wachstums- und Regionalstrukturentwicklung in der Bundesrepublik Deutschland, in: Die Mitarbeit, 18. Jg., H. 2 (Mai 1969), S. 158 ff.

Boustedt, O.: Probleme des Regionalvergleichs in der Aufgliederung der Bundesrepublik nach Ländern, in: Informationen, Hrsg. Institut für Raumordnung, 20. Jg., Nr. 9, 1970, S. 263 ff.

Bramesfeld, E.: Der Beitrag des Arbeitsstudiums zur Lohnfindung, in: Lohnpolitik und Lohntechnik heute, (Hrsg.) H. Bayer, Internationale Tagung der Sozialakademie Dortmund, Berlin 1962, S. 97 ff.

Brandt, K.: Konzentration und wirtschaftliches Wachstum, in: Die Konzentration in der Wirtschaft, (Hrsg.) H. Arndt, SdVfS, N. F., Bd. 20/I, 2. Aufl., Berlin 1971, S. 253 ff.

Braun, W.: Arbeitsproduktivität und interindustrielle Lohnstruktur, ein intertemporaler Strukturvergleich, Diss. Köln 1965.

Braun, S., *Fuhrmann*, J.: Angestelltenmentalität, berufliche Position und gesellschaftliches Denken der Industrieangestellten, Bericht über eine industriesoziologische Untersuchung, Neuwied 1970.

Brede, H.: Bestimmungsfaktoren industrieller Standorte, eine empirische Untersuchung, Schriftenreihe des Ifo-Instituts für Wirtschaftsforschung, Nr. 75, Berlin, München 1971.

—, *Ossorio-Capella*, C.: Die Agglomerationsräume in der Bundesrepublik Deutschland, demographische und ökonomische Aspekte des Agglomerationsprozesses, in: Beiträge zur Empirie und Theorie der Regionalforschung, Bd. 2, (Hrsg.) Ifo-Institut für Wirtschaftsforschung, München 1967.

—, *Ossorio*, C.: Begriff und Abgrenzung der Region unter besonderer Berücksichtigung der Agglomerationsräume, in: Beiträge zur Empirie und Theorie der Regionalforschung, Bd. 1, (Hrsg.) Ifo-Institut für Wirtschaftsforschung, München 1967.

Brinkmann, G.: Der Einfluß der Ausbildung auf das Gehalt von außertariflich bezahlten Angestellten der Wirtschaft, Ergebnisse einer Untersuchung aus dem Jahre 1968, in: Mitteilungen, 3. Jg., H. 2, 1970, S. 124 ff.

Bry, G.: Wages in Germany 1871 - 1945, Princeton 1960.

Buchholz, E.: Die Wirtschaftsverbände in der Wirtschaftsgesellschaft, Tübingen 1969.

Bülow, F.: Stichwort Ganzheit, in: Wörterbuch der Soziologie, (Hrsg.) W. Bernsdorf und F. Bülow, Stuttgart 1955, S. 147 f.

— Stichwort Gestalt, in: Wörterbuch der Soziologie (Hrsg.) W. Bernsdorf und F. Bülow, Stuttgart 1955, S. 182 f.

Bues, H.: Freiwillige betriebliche Sozialleistungen in der Bundesrepublik Deutschland, Köln, Berlin, Bonn, München 1969.

Bundesanstalt für Arbeit (Hrsg.): ANBA, 1. bis 19. Jg., Nürnberg 1953 ff.

Bundesministerium für Arbeit und Sozialordnung (Hrsg.): Hauptergebnisse der Arbeits- und Sozialstatistik 1963, Bonn, o. J.

Dass.: Hauptergebnisse der Arbeits- und Sozialstatistik 1966, Bonn, o. J.

Burghardt, A.: Soziale Determinanten der beruflichen Lohnstruktur, in: KZfSS, 22. Jg. (H. 4), 1970, S. 679 ff.

Busch-Lüty, Ch.: Gesamtwirtschaftliche Lohnpolitik, Veröffentlichungen der List-Gesellschaft, Bd. 38, Tübingen 1964.

Caplow, Th.: Soziologie der Arbeit, Meisenheim am Glan 1958.

Christmann, A.: Zum Lenkungsproblem auf dem Arbeitsmarkt, in: Beiträge zur Wirtschafts- und Gesellschaftsgestaltung, Festschrift für Bruno Gleitze, (Hrsg.) F. Lenz, Berlin 1968, S. 239 ff.

Claessens, D., u. a.: Angestellte und Arbeiter in der Betriebspyramide, (Hrsg.) O. Stammer, Berlin 1959.

Clauss, G., *Ebner*, H.: Grundlagen der Statistik für Psychologen, Pädagogen und Soziologen, Frankfurt a. M. und Zürich 1970.

Croner, F.: Soziologie der Angestellten, Köln, Berlin 1962.

Crook, J.: German Wage Theories, A History of their Development, New York 1969.

DAG (Hrsg.): Automation, ein Diskussionsbeitrag der deutschen Angestelltengewerkschaft, Hamburg 1965.

DAG (Hrsg.): Gesellschaft und Beruf, Angestellte in der Leistungsgesellschaft, Hamburg 1967.

DAG (Hrsg.): Angestellte, Gesellschaft der Zukunft, Tätigkeitsbericht 1963 - 1967, Hamburg 1967.

Dall'Asta, E. R.: Theorie der Lohnpolitik, Volkswirtschaftliche Schriften, H. 156, Berlin 1971.

Decken, W. v. d.: Ergebnisse der Gehalts- und Lohnstrukturerhebung für Oktober 1957, in: WiSta 1959 (T), S. 285 ff.

— Zur Struktur der Arbeiterschaft, Ergebnis der Gehalts- und Lohnstrukturerhebung 1966, in: WiSta 1969 (T), S. 143 ff.

—, *Kloß*, H. G.: Die Verdienste der Angestellten, Ergebnis der Gehalts- und Lohnstrukturerhebung 1966, in: WiSta 1969 (T), S. 418 ff.

—, *Schulz*, H.-J.: Reform der laufenden Verdiensterhebung in Industrie und Handel 1964, in: WiSta 1964 (T), S. 712 ff.

Deneffe, P.: Das Lohngefüge in der Bundesrepublik, Ergebnisse der Gehalts- und Lohnstrukturerhebung vom November 1951, in: WiSta 1953 (Z), S. 293 ff.

— Die Gehälter der Angestellten in der Bundesrepublik, Ergebnisse der Gehalts- und Lohnstrukturerhebung vom November 1951 (III), in: WiSta. 1954 (T), S. 20 ff.

— Aufgabe und Einkommensbegriff der Lohn- und Gehaltsstatistik, in: WiSta 1955 (T), S. 10 ff.

—, *Decken*, W. v. d.: Die methodischen Grundlagen der laufenden Verdiensterhebungen in Industrie und Handel, in: WiSta 1957 (T), S. 522 ff.

—, *Schulz*, U.: Zur Berechnung von Indizes der Tariflöhne und Tarifgehälter, in: WiSta 1958 (T), S. 494 ff.

Desai, A. V.: Real Wages in Germany 1871 - 1913, Oxford 1968.

Dreher, B.: Die Arbeitnehmereinkommen West-Berlins im interregionalen Vergleich, eine Analyse für das Jahr 1968, in: Vierteljahreshefte für Wirtschaftsforschung, (Hrsg.) Deutsches Institut für Wirtschaftsforschung, H. 1, 1970, S. 34 ff.

Dürrbeck, H.: Gewerkschaften und Angestellte, in: Computer und Angestellte, Bd. II,. Frankfurt a. M. 1971, S. 1086 ff.

Eltermann, L. K.: Ansätze zur Analyse der Gehaltsdifferenzierung bei außertariflichen Angestellten, in: Berichte des Deutschen Industrieinstituts zur Sozialpolitik, Nr. 3, 6. Jg., Köln 1972.

Feigenwinter, R.: Die Spearman'sche Rangkorrelation in ihrer Anwendung auf soziale und wirtschaftliche Erscheinungen, Diss. Freiburg (Schweiz) 1950.

Fels, E., *Tintner*, G.: Methodik der Wirtschaftswissenschaft, in: Enzyklopädie der geisteswissenschaftlichen Arbeitsmethoden, (Hrsg.) N. Thiel, 8. Lfg., Methoden der Sozialwissenschaften, München 1967, S. 3 ff.

Fett, H. G.: Die Methoden regionaler Reallohnvergleiche in ihrer historischen Entwicklung, Diss. Marburg 1957.

Fischer, A.: Die Struktur von Wirtschaftsräumen, ein Beitrag zur Anwendung statistischer Methoden in der Regionalforschung, in: Statistische Studien, (Hrsg.) J. Esenwein-Rothe, Bd. 4, Wiesbaden 1969.

Fischer, W., *Czada,* P.: Wandlungen in der deutschen Industriestruktur im 20. Jahrhundert, in: Entstehung und Wandel der modernen Gesellschaft, Festschrift für Hans Rosenberg, (Hrsg.) G. A. Ritter, Berlin 1970, S. 116 ff.

Fleisher, B. M.: Labor Economics, Theory and Evidence, Prentice-Hall, Englewood Cliffs, New Jersey 1970.

Foote, N. N., *Hatt,* P. U.: Social Mobility and Economic Advancement, in: American Economic Review, Mai 1953, S. 364 ff.

Fourastié, J.: Die große Hoffnung des 20. Jahrhunderts, 2. Aufl., Köln 1969.

Frerich, J.: Die Differenzierung der wirtschaftlichen Raumstruktur in der Bundesrepublik Deutschland, in: Die Mitarbeit, Zeitschrift für Gesellschafts- und Kulturpolitik, 19. Jg., H. 3 (Okt. 1970), S. 238 ff.

— Die Bestimmungsfaktoren für die regionale Differenzierung des Wirtschaftswachstums und ihr Zusammenwirken, in: Die Mitarbeit, Zeitschrift zur Gesellschafts- und Kulturpolitik, 19. Jg., H. 4 (Dez. 1970), S. 332 ff.

Frey, R. L.: Infrastruktur, Grundlagen der Planung öffentlicher Investitionen, Tübingen, Zürich 1970.

Friedrichs, G.: Technischer Wandel und seine Auswirkungen auf Beschäftigung und Lohn, in: Lohnpolitik und Einkommensverteilung, (Hrsg.) H. Arndt, SdVfS, N. F., Bd. 51, Berlin 1969, S. 616 ff.

— (Hrsg.): Computer und Angestellte, Bd. II, Frankfurt a. M. 1971.

Fröhlich, F. W., Wachstumsbedingte Strukturwandlungen und ihre Auswirkungen auf den Arbeitsmarkt, Diss. Köln 1969.

Fürst, G.: Gedanken zur regionalen Gliederung in der Wirtschaftsstatistik, in: WiSta 1955 (T), S. 181 ff.

— Artikel Statistik, Amtliche (I). Allgemeines, in: HdSW, Bd. 10, Tübingen, Göttingen 1959, S. 52 ff.

— Artikel Statistik, Amtliche (II). Bundesstatistik, in: HdSW, Bd. 10, Tübingen, Göttingen 1959, S. 55 ff.

Fürstenberg, F.: Probleme der Lohnstruktur, die wirtschaftliche und soziale Bedeutung der Lohnunterschiede, Tübingen 1958.

Gerfin, H.: Ausmaß und Wirkung der Lohndrift, in: Lohnpolitik und Einkommensverteilung, (Hrsg.) H. Arndt, SdVfS, N. F., Bd. 51, Berlin 1969, S. 472 ff.

Gitlow, A. L.: Labor and Manpower Economics, 3. Aufl., Homewood, Illinois, 1970.

Graf, H. G.: Der Einfluß des Einkommens auf die Struktur des Dienstleistungssektors, Diss. St. Gallen 1968.

Grohmann, H.: Einkommensstatistik, in: Umrisse einer Wirtschaftsstatistik, Festgabe für Paul Flaskämper, (Hrsg.) A. Blind, Hamburg 1966, S. 216 ff.

Grosser, D. (Hrsg.): Konzentration ohne Kontrolle, Kritik, Bd. II, Köln, Opladen 1969.

Grumbach, F., *König,* H.: Beschäftigung und Löhne der deutschen Industriewirtschaft 1888 - 1954, in: WWA, Bd. 79, 1957 (II), S. 125 ff.

Guth, H.: Die Statistik im Dienste der Wirtschaftswissenschaften, in: SchZfVuSt., 100. Jg., Nr. 3 (Sept. 1964), S. 428 ff.

Hamilton, R. F.: Einkommen und Klassenstruktur, der Fall der Bundesrepublik, in: KZfSS, 20. Jg., 1968, S. 266 ff.

Hansen, W.: Die wirtschaftliche und soziale Lage der Angestellten (in gewerkschaftlicher Sicht), in: Der Angestellte zwischen Arbeiterschaft und Management, (Hrsg.) H. Bayer, Internationale Tagung der Sozialakademie Dortmund, Berlin 1961, S. 203 ff.

Hartfiel, G.: Angestellte und Angestelltengewerkschaften in Deutschland, Entwicklung und gegenwärtige Situation von beruflicher Tätigkeit, sozialer Stellung und Verbandswesen der Angestellten in der gewerblichen Wirtschaft, Berlin 1961.

Hegelheimer, A.: Berufsbildung und Arbeitswelt, Schriftenreihe des Bundesministers für Arbeit und Sozialordnung, H. 17, Stuttgart, Köln, Berlin, Mainz 1971.

Hesse, H.: Die Entwicklung der regionalen Einkommensdifferenzen im Wachstumsprozeß der deutschen Wirtschaft vor 1913, in: Beiträge zu Wirtschaftswachstum und Wirtschaftsstruktur im 16. und 19. Jahrhundert, (Hrsg.) W. Fischer, SdVfS, N. F., Bd. 63, Berlin 1971, S. 261 ff.

Himmelmann, G.: Lohnbildung durch Kollektivverhandlungen, eine politologische Analyse unter besonderer Berücksichtigung der Strategie und Taktik der Gewerkschaften, Volkswirtschaftliche Schriften, H. 165, Berlin 1971.

Hippenstiel, J.: Die Gehaltsfindung bei den außertariflichen Angestellten in der Bundesrepublik Deutschland, Lahr/Schwarzwald 1971.

— Externer und interner Arbeitsmarkt, in: Der leitende Angestellte, 21. Jg., H. 9 (Sept. 1971), S. 9 f.

Hofbauer, H.: Zur sozialen Gliederung der Arbeitnehmerschaft, Arbeiter und Angestellte in der Gesellschaftshierarchie, Köln, Opladen 1965.

Hoffmann, W. G.: Die Lohnstruktur der Industrie im zeitlichen und räumlichen Vergleich, Arbeitsgemeinschaft für Rationalisierung des Landes Nordrhein-Westfalen, H. 36, Dortmund 1958, S. 19 ff.

— Die branchenmäßige Lohnstruktur der Industrie, ein intertemporaler und internationaler Vergleich, Schriften zur angewandten Wirtschaftsforschung, Bd. 2, (Hrsg.) W. G. Hoffmann, Tübingen 1961.

— Die industriellen Lohnrelationen, in: Wandlungen der Wirtschaftsstruktur in der Bundesrepublik Deutschland, (Hrsg.) H. König, SdVfS, N. F., Bd. 26, Berlin 1962, S. 47 ff.

— Dienstleistungen als „Neue Industrien"?, in: Futurum, Bd. 2, H. 2, 1969, S. 310 ff.

— (Hrsg.): Untersuchungen zum Wachstum der deutschen Wirtschaft, Schriften zur angewandten Wirtschaftsforschung, Bd. 26, Tübingen 1971.

Hoffmann, W., *Reyher,* L.: Ziele und Möglichkeiten regionaler Arbeitsmarktforschung im IAB, in: Mitteilungen, 3. Jg., H. 2, 1970, S. 212 ff.

Hopp, R.: Schwankungen des wirtschaftlichen Wachstums in Westdeutschland 1954 - 1967, Schriften zur wirtschaftswissenschaftlichen Forschung, Bd. 30, Meisenheim am Glan 1969.

Ifo-Institut für Wirtschaftsforschung (Hrsg.): Soziale Auswirkungen des technischen Fortschritts, Berlin, München 1962.

Isard, W.: Location and Space Economy, 6. Aufl., Cambridge, London 1968.

— Methods of regional Analysis, an Introduction to regional science, 6. Aufl., Cambridge, Massachusetts, London 1969.

Jaeggi, U., *Wiedemann*, H.: Der Angestellte im automatisierten Büro, Schriftenreihe des Bundesministers für Arbeit und Sozialordnung, H. 10, Stuttgart 1963.

Jaspers, H. G.: Die Lohnstruktur in der Bundesrepublik Deutschland, Versuch einer Analyse, Schriftenreihe des Rheinisch-Westfälischen Instituts für Wirtschaftsforschung Essen, N. F., Bd. 26, Essen 1966.

Jochimsen, R., *Simonis*, U. E. (Hrsg.): Theorie und Praxis der Infrastrukturpolitik, SdVfS, N. F., Bd. 54, Berlin 1970.

—, *Knobloch*, P., *Treuner*, P.: Gebietsreform und regionale Strukturpolitik, das Beispiel Schleswig-Holsteins, Opladen 1971.

Jüttner-Kramny, L.: Probleme der Messung des Konzentrationsgrades, in: WuW, 21. Jg., H. 1 (Jan. 1971), S. 16 ff.

Kau, W.: Theorie und Anwendung raumwirtschaftlicher Potentialmodelle, ein Beitrag zur Regionalforschung, Schriftenreihe des Instituts für angewandte Wirtschaftsforschung, Bd. 17, Tübingen 1970.

Kellerer, H.: Statistik im modernen Wirtschafts- und Sozialleben, Hamburg 1960.

Klaus, J.: Die Veränderungen der Lohnstruktur, theoretische Ansatzpunkte für die Erklärung von Nivellierungs- und Differenzierungsvorgängen innerhalb der Entlohnung von Fach- und Hilfsarbeitern, Volkswirtschaftliche Schriften, H. 46, Berlin 1959.

Kleining, G., *Moore*, H.: Soziale Selbsteinstufung, ein Instrument zur Messung sozialer Schichten, in: KZfSS, 20. Jg., 1968, S. 502 ff.

Kloß, H.-G.: Zur Struktur der Angestelltenschaft, Ergebnis der Gehalts- und Lohnstrukturerhebung 1966, in: WiSta 1969 (T), S. 309 ff.

Kloten, N., *Höpfner*, K., *Zehender*, W.: Ortsgröße und regionale Wirtschaftspolitik, zur Abhängigkeit des Wirkungsgrades regionalpolitischer Maßnahmen von der Größe der geförderten Orte, Schriften zu Regional- und Verkehrsproblemen in Industrie- und Entwicklungsländern, (Hrsg.) J. H. Müller und Th. Dams, Bd. 9, Berlin 1972.

Kneschaurek, F.: Wachstumsbedingte Wandlungen der Beschäftigungsstruktur im industriellen Produktionssektor, in: Strukturwandlungen einer wachsenden Wirtschaft, (Hrsg.) F. Neumark, SdVfS, N. F., Bd. 30/II, Berlin 1964, S. 720 ff.

Koch, H.: Artikel Betriebsgröße, in: HdSW, Bd. 2, Stuttgart, Tübingen, Göttingen 1959, S. 82 ff.

König, H. (Hrsg.): Wandlungen der Wirtschaftsstruktur in der Bundesrepublik Deutschland, SdVfS, N. F., Bd. 26, Berlin 1962.

Kosiol, E.: Theorie der Lohnstruktur, in: Betriebswirtschaftliche Abhandlungen, (Hrsg.) R. Seyffert u. a., Bd. IX, Stuttgart 1928.

Krelle, W.: Artikel Lohn (I) Theorie, HdSW, Bd. 7, Stuttgart, Tübingen, Göttingen 1961, S. 1 ff.

— Verteilungstheorie, Tübingen 1962.

Kromphardt, J.: Kosten- und Preisanpassungsverhalten der Unternehmer und Einkommensverteilung, in: ZfdgSt., Bd. 124, Tübingen 1968, S. 497 ff. und S. 697 ff.

Kromphardt, J.: Strukturwandel und Einkommensverteilung, die Entwicklung in der Nachkriegszeit, Schriften zur angewandten Wirtschaftsforschung, Bd. 16, (Hrsg.) W. G. Hoffmann, Tübingen 1969.

Krupp, H.-J.: Möglichkeiten und Grenzen der Statistik der personellen Einkommensverteilung, in: AStA, Bd. 50, 1966, S. 361 ff.

— Wandlungen der Einkommensstruktur in der Bundesrepublik Deutschland, in: Industriegesellschaften im Wandel, Japan und die BRD, (Hrsg.) K. Hax u. W. Kraus, Düsseldorf 1970, S. 43 ff.

Kuchenbecker, H.: Grundzüge der Wirtschaftsstatistik, Herne, Berlin 1970.

Külp, B.: Lohnbildung im Wechselspiel zwischen politischen und wirtschaftlichen Kräften, Volkswirtschaftliche Schriften, H. 84, Berlin 1965.

Lampert, H.: Die Lohnstruktur der Industrie, ein Beitrag zu einer Theorie der Lohnstruktur, in: Wirtschaft, Gesellschaft, Politik, (Hrsg.) B. Pfister, H. 3, Berlin 1963.

— Die Entwicklung der interindustriellen Lohnstruktur in der Bundesrepublik von 1951 - 1962, in: ZfdgSt., Bd. 124, Tübingen 1968, S. 108 ff.

— Bestimmungsgründe und Lenkungsfunktion branchenmäßiger und regionaler Lohnunterschiede, in: Lohnpolitik und Einkommensverteilung, (Hrsg.) H. Arndt, SdVfS, N. F., Bd. 51, Berlin 1969, S. 377 ff.

Lehmann, G.: Der Beitrag der Arbeitsphysiologie zur Lohnfindung, in: Lohnpolitik und Lohntechnik heute, (Hrsg.) H. Bayer, Internationale Tagung der Sozialakademie Dortmund, Berlin 1961, S. 87 ff.

Lehnert, G.: Die Lohnstruktur der schweizerischen Industrie 1946 - 1965, in: Jahrbuch für Sozialwissenschaft, (Hrsg.) H. Jürgensen u. a., Bd. 20, Göttingen 1969, S. 122 ff.

Liefmann-Keil, E.: Ökonomische Theorie der Sozialpolitik, Berlin, Göttingen, Heidelberg 1961.

— Erwerbstätigkeit, Ausbildung und wirtschaftliches Wachstum, in: Strukturwandlungen einer wachsenden Wirtschaft, (Hrsg.) F. Neumark, SdVfS, N. F., Bd. 30/I, Berlin 1964, S. 378 ff.

Linke, W.: Die Stellung der Angestellten in der modernen Gesellschaft, Köln 1962.

Lorenz. Ch.: Forschungslehre der Sozialstatistik, Bd. I, Allgemeine Grundlegung und Anleitung, Berlin 1951.

Mann, W., *Molle*, F.: Der Funktionswandel kaufmännischer Angestellter des Büro- und Verwaltungsbereichs in berufspolitischer Sicht, Köln, Opladen 1964.

Markmann, H.: Wandlungen der industriellen Lohnstruktur in Westdeutschland zwischen 1949 und 1961, in: Strukturwandlungen einer wachsenden Wirtschaft, (Hrsg.) F. Neumark, SdVfS, N. F., Bd. 30/I, Berlin 1964, S. 441 ff.

Marx, D.: Wachstumsorientierte Regionalpolitik, Wirtschaftspolitische Studien, H. 3, (Hrsg.) H. Jürgensen, Göttingen 1966.

Mayer, F. W., *Tietz*, B.: Über die Leistungsfähigkeit der amtlichen Statistik in der Bundesrepublik Deutschland, in: Jahrbuch der Absatz- und Verbrauchsforschung, (Hrsg.) G. Bergler und W. Vershofen, 14. Jg., H. 4, Nürnberg 1968, S. 349 ff.

Meinhold, H.: Probleme der räumlichen Konzentration, in: Die Konzentration in der Wirtschaft, (Hrsg.) H. Arndt, SdVfS, N. F., Bd. 20/I, 2. Aufl., Berlin 1971, S. 363 ff.

Menges, G., *Kolbeck*, H.: Löhne und Gehälter nach den beiden Weltkriegen, Meisenheim am Glan 1958.

Messedat, H.: Welche betrieblichen Sozialleistungen sind heute noch sinnvoll?, in: Die Aussprache, H. 8 (Aug. 1970), S. 234 ff.

Mieth, W.: Ein Beitrag zur Theorie der Lohnstruktur, Göttinger Wirtschafts- und Sozialwissenschaftliche Studien, Bd. 6, Göttingen 1967.

Mühlhäuser, O.: Beschäftigungseffekte des technischen Wandels, in: RKW (Hrsg.), Technischer Fortschritt und struktureller Wandel, Baden-Baden 1970.

Müller, J. H.: Nivellierung und Differenzierung der Arbeitseinkommen in Deutschland seit 1925, Volkswirtschaftliche Schriften, H. 13, Berlin 1954.

— Überbetriebliche Lohndifferenzen, in: Lohnpolitik und Lohntechnik heute, (Hrsg.) H. Bayer, Internationale Tagung der Sozialakademie Dortmund, Berlin 1961, S. 225 ff.

Müller, J. H., *Geisenberger*, S.: Die Einkommensstruktur in verschiedenen deutschen Ländern 1874 - 1913 unter Berücksichtigung regionaler Verschiedenheiten, Schriften zu Regional- und Verkehrsproblemen in Industrie- und Entwicklungsländern, (Hrsg.) J. H. Müller, Th. Dams, Bd. 10, Berlin 1972.

Neuloh, O.: Die weiße Automation, die Zukunft der Angestelltenschaft, Köln 1966.

Neumark, F. (Hrsg.): Die Konzentration in der Wirtschaft, SdVfS, N. F., Bd. 22, Berlin 1961.

— Strukturwandlungen einer wachsenden Wirtschaft, SdVfS., N. F., Bd. 30/I und II, Berlin 1964.

Neundörfer, L.: Die Angestellten, neuer Versuch einer Standortbestimmung, Stuttgart 1961.

Neurath, P.: Statistik für Sozialwissenschaftler, Stuttgart 1966.

Niehans, J.: Strukturwandlungen als Wachstumsprobleme, in: Strukturwandlungen einer wachsenden Wirtschaft, (Hrsg.) F. Neumark, SdVfS, N. F., Bd. 30/I, Berlin 1964, S. 18 ff.

Ober, H.: Occupational Wage Differentials in Industry, in: W. Woytinsky and Associates, Employment and Wages in the United States, New York 1953, S. 466 ff.

OECD (Hrsg.): Wages and Labour Mobility, Paris 1965.

ÖTV (Hrsg.): Das ÖTV-Magazin, Nr. 2 (Febr. 1970), S. 3.

o. V.: Eine Million Angestellte sind im DGB organisiert, in: Die Quelle, 22. Jg. Nr. 11 (Nov. 1971), S. 466 f.

Paschen, H.: Die Messung der Betriebs- und Unternehmenskonzentration, mit einer quantitativen Untersuchung über die Konzentration in der Eisen- und Stahlindustrie der EGKS-Länder, Freiburg i. Br. 1969.

Perlmann, R.: Forces Wedening Occupational Differentials, in: The Review of Economics and Statistics, Vol. 40, 1958, S. 107 ff.

Peron, J.: Entwicklung der regionalen Lohndifferenzierung in Deutschland seit 1880, Diss. Münster 1960.

Peter, H.: Strukturlehre der Volkswirtschaft, (Hrsg.) W. Koch, Göttingen 1963.

Pfanzagl, J.: Allgemeine Methodenlehre der Statistik, Bd. I, 4. Aufl., Berlin 1967.

— Allgemeine Methodenlehre der Statistik, Bd. II, 3. Aufl., Berlin 1968.

Phelps Brown, E. H.: The Economics of Labor, New Haven und London 1962

Popper, K. R.: Logik der Forschung, in: Die Einheit der Gesellschaftswissenschaften, Studien in den Grenzbereichen der Wirtschafts- und Sozialwissenschaften, Bd. 4, (Hrsg.) E. Boettcher, 2., erw. Aufl., Tübingen 1966.

Preiser, E.: Bildung und Verteilung des Volkseinkommens, Göttingen 1957.

Pressestelle der Industriegewerkschaft Chemie-Papier-Keramik (Hrsg.): IG Chemie — Erklärung zur Tarifrunde 1970 vom 23. 2. 1970, S. 1 f.

Recktenwald, H. G.: Entwicklung und Grenzen der Infrastrukturausgaben, in: Theorie und Praxis der Infrastrukturpolitik, (Hrsg.) R. Jochimsen und U. E. Simonis, SdVfS, N. F., Bd. 54, Berlin 1970, S. 379 ff.

Reder, M. W.: The Occupational Wage Structure, in: Perspectives on Wage Determination, A Book of Readings, C. R. McConnell (ed.), New York u. a. 1970, S. 199 ff.

Reichardt, H.: Statistische Methodenlehre für Wirtschaftswissenschaftler, 2. Aufl., Bielefeld 1969.

Reynolds, L. G.: *Taft*, C. H.: The Evolution of Wage Structure, New Haven 1956.

RKW (Hrsg.): Wirtschaftliche und soziale Aspekte des technischen Wandels in der Bundesrepublik Deutschland, 1. Bd., Frankfurt a. M. 1970.

Riese, H.: Wechselbeziehungen zwischen Arbeitsmarkt und Bildungswesen, in: Grundfragen der Infrastrukturplanung für wachsende Wirtschaften, (Hrsg.) H. Arndt, D. Swatek, SdVfS, N. F., Bd. 58, Berlin 1971, S. 471 ff.

Ross, A. M.: The External Wage Structure, in: New Concepts in Wage Determination, (Hrsg.) G. W. Taylor, F. C. Pierson, New York, Toronto, London 1957, S. 175.

— Die Gewerkschaft als eine Institution der Lohnbestimmung, in: Arbeitsökonomik, (Hrsg.) B. Külp, W. Schreiber, Köln 1972, S. 181 ff.

Rothschild, K. W.: The Theory of Wages, Oxford 1954.

— Lohntheorie, Frankfurt a. M. 1963.

— Unterschiedliche Dimensionen der Lohntheorie, in: Lohnpolitik und Einkommensverteilung, (Hrsg.) H. Arndt, SdVfS, N. F., Bd. 51, Berlin 1969, S. 53 ff.

— Buchbesprechung zu W. Mieth, Ein Beitrag zur Theorie der Lohnstruktur, in: WWA, Bd. 105 (1970 II), Tübingen 1970, S. 23 f.

Sachverständigenrat zur Begutachtung der gesamtwirtschaftlichen Entwicklung: Jahresgutachten 1965/66, Stabilisierung ohne Stagnation, Stuttgart und Mainz 1965.

Salin, E., *Stohler*, J. (Hrsg.) mit *Pawlowsky*, P.: Notwendigkeit und Gefahr der wirtschaftlichen Konzentration in nationaler und internationaler Sicht, Veröffentlichungen der List Gesellschaft, e. V., Bd. 62, Tübingen 1969.

Sandmaier, A. E.: Tarifverträge und Lohnstruktur im graphischen Gewerbe, Diss. Tübingen 1968.

Serfort, D.: Die Bestimmungsgründe interindustrieller Lohnrelationen, Diss. Marburg 1964.

Seyffert. H.: Einführung in die Wissenschaftstheorie 1, Eck'sche schwarze Reihe, Bd. 60, München 1969.

Siebert, H.: Regionales Wirtschaftswachstum und interregionale Mobilität, Tübingen 1970.

Sies, W., *Schlegel*, H.: Die Nivellierung des Lohn- und Gehaltsniveaus in Westdeutschland gegenüber der Vorkriegszeit, Schriftenreihe des Ifo-Instituts für Wirtschaftsforschung, Nr. 17, München 1952.

Skiba, R., unter Mitarbeit von H. *Adam:* Das westdeutsche Lohnniveau zwischen den beiden Weltkriegen und nach der Währungsreform, Düsseldorf 1969.

— Arbeiterlöhne, Angestelltengehälter und Beamtenbezüge in der Vor- und Nachkriegszeit, in: WWI-Mitteilungen, 23. Jg., H. 9 (Sept. 1970), S. 262 ff.

Skiebe, W.: Stand der Systematiken in der Bundesstatistik, in: WiSta 1952 (T), S. 99 ff.

Spiegelhalter, F., Der unsichtbare Lohn, Neuwied 1961.

Spitzer, H.: Regionale Konzentration der gesamtwirtschaftlichen und landwirtschaftlichen Produktion im Vergleich, in: Informationen, (Hrsg.) Institut für Raumordnung, 20. Jg., Nr. 9, 1970, S. 273 ff.

Szameitat, K., *Meyrich*, C.: Repräsentative Erhebungen und Aufbereitungen in der amtlichen Statistik, in: WiSta 1952 (T), S. 141 ff.

Schastock, P.: Die analytische Arbeitsbewertung für Angestellte als Grundlage der betrieblichen Gehaltspolitik, in: Organisationspraxis, Sonderdruck aus der Zeitschrift für Organisation, H. 3 (April 1968), ohne Seitenangabe.

Schiefer, F.: Elektronische Datenverarbeitung und Angestellte, das Eindringen elektronischer Datenverarbeitung in die Büroarbeit mit seinen Auswirkungen auf die Orientierung der Angestellten und die soziale Organisation des Bürobetriebs, Kölner Beiträge zur Sozialforschung und angewandten Soziologie, Bd. 9, Meisenheim am Glan 1969.

Schmidt, K.-D., unter Mitarbeit von P. Baumgarten: Berufliche Ausbildung und Einkommen: in: Theroretische und empirische Beiträge zur Wirtschaftsforschung, (Hrsg.) A. E. Ott, Schriftenreihe des Instituts für angewandte Wirtschaftsforschung, Bd. 7, Tübingen 1967, S. 155 ff.

Schmölders, G.: Das Selbstbild der Verbände, empirische Erhebung über die Verhaltensweisen der Verbände in ihrer Bedeutung für die wirtschaftspolitische Willensbildung in der Bundesrepublik Deutschland, in: Wirtschaftsverbände und Wirtschaftspolitik, (Hrsg.) A. Predöhl, G. Weippert, SdVfS, N. F., Bd. 38, Berlin 1965.

Schneider, H. K. (Hrsg.): Beiträge zur Regionalpolitik, SdVfS, N. F., Bd. 41, Berlin 1968.

Schröder, D.: Strukturwandel, Standortwahl und regionales Wachstum, Prognosstudien, Bd. 3, Stuttgart, Berlin, Köln, Mainz 1968.

— Wachstum und Gesellschaftspolitik, Gesellschaftspolitische Grundlagen der längerfristigen Sicherung des wirtschaftlichen Wachstums, Prognosstudien, Bd. 4, Stuttgart, Berlin, Köln, Mainz 1971.

Schüller, A.: Dienstleistungsmärkte in der Bundesrepublik Deutschland, sichere Domänen mittelständischer Unternehmen?, Abhandlungen zur Mittelstandsforschung, Nr. 25, Köln, Opladen 1967.

Schuster, L.: Die Mobilität der Arbeitnehmer, eine vergleichende Analyse von vier Erhebungen, in: Mitteilungen, 2. Jg., H. 7 (März 1969), S. 521 ff.

Schwanse, P.: Beschäftigungsstruktur und Wirtschaftswachstum in der Bundesrepublik Deutschland 1950 bis 1963, Deutsches Institut für Wirtschaftsforschung, Sonderhefte Nr. 74, Berlin 1965.

Schwarz, D.: Die Konzentration des Betriebsvermögens in der gewerblichen Wirtschaft der Bundesrepublik Deutschland 1953, 1957 und 1960, ein Beitrag zur empirischen Konzentrationsforschung, Schriftenreihe des Instituts für angewandte Wirtschaftsforschung, Bd. 13, Tübingen 1969.

Schwarz, K.: Analyse der räumlichen Bevölkerungsbewegung, Veröffentlichungen der Akademie für Raumforschung und Landesplanung, Bd. 58, Hannover 1969, S. 140 f.

Statistisches Bundesamt (Hrsg.): Statistische Jahrbücher, Wiesbaden 1951 ff.

— Statistik der Bundesrepublik Deutschland, Bd. 91, Die Verdienste der Angestellten in der gewerblichen Wirtschaft im November 1951. Ergebnisse der Gehalts- und Lohnstrukturerhebung 1951/52, Stuttgart und Köln 1954.

— Fachserie M, Preise, Löhne, Wirtschaftsrechnungen, Reihe 15, Arbeitnehmerverdienste in Industrie und Handel, II. Angestelltenverdienste, Stuttgart, Mainz 1957 ff.

— Fachserie M, Preise, Löhne, Wirtschaftsrechnungen, Reihe 11, Tariflöhne und Tarifgehälter, III. Index der Tariflöhne und -gehälter, Stuttgart, Mainz 1958 ff.

— Fachserie M, Preise, Löhne, Wirtschaftsrechnungen, Reihe 15, Arbeitnehmerverdienste in Industrie und Handel, Sonderbeitrag: Aufwendungen der Arbeitgeber für Löhne und Lohnnebenkosten in 14 ausgewählten Industriezweigen, Stuttgart und Mainz 1959.

— Statistik der Bundesrepublik Deutschland, Bd. 246, Gehalts- und Lohnstrukturerhebung 1957, H. 2, Verdienste der Angestellten in der gewerblichen Wirtschaft im Oktober 1957, Stuttgart und Mainz 1960.

— Fachserie M, Preise, Löhne, Wirtschaftsrechnungen, Reihe 17, Gehalts- und Lohnstrukturerhebungen. I. Gewerbliche Wirtschaft und Dienstleistungsbereich, Angestelltenverdienste, Stuttgart und Mainz 1966.

— Fachserie M, Preise, Löhne, Wirtschaftsrechnungen, Reihe 17, Gehalts- und Lohnstrukturerhebung. I. Gewerbliche Wirtschaft und Dienstleistungsbereich, Angestelltenverdienste, Stuttgart, Mainz 1970.

Steden, W.: Der Arbeitsmarkt der bayrischen Industrie, ein interregionaler Vergleich, Schriften zu Regional- und Verkehrsproblemen in Industrie- und Entwicklungsländern, (Hrsg.) J. H. Müller, Th. Dams, Bd. 5, Berlin 1969.

Steiner, H.: Soziale Strukturveränderungen im modernen Kapitalismus, zur Klassenanalyse der Angestellten in Westdeutschland, Berlin 1967.

Stich, H.: Die Entwicklung der Arbeitseinkommen, eine geschichtlich-theoretische Betrachtung unter besonderer Berücksichtigung der Industriearbeiterlöhne sowie der Problematik der Einkommensnivellierung, Diss. Nürnberg 1955.

Stockmann, W.: Beschäftigtenrückgänge und Regionalpolitik in monoindustriellen Problemgebieten, Beiträge zur Raumplanung, (Hrsg.) Zentralinstitut für Raumplanung an der Universität Münster, Bd. 10, Düsseldorf 1972.

Stöcker, G., *Dirks*, H.: Bewertungsverfahren im Angestelltenbereich, 2. Aufl., Neuwied 1970.

Stooß, F.: Die Veränderungen der beruflichen Gliederung der Erwerbspersonen nach Wirtschaftszweigen in der Bundesrepublik 1950 - 1961, in: Mitteilungen, 1. Jg., H. 4 (Okt. 1968), S. 248 ff.

Stützel, W.: Betrachtungen zum Wachstum der westdeutschen Wirtschaft, in: HJWG, 13. Jg., Tübingen 1968, S. 82 ff.

Treuner, P.: Rahmenplanung ohne Konzeption?, in: Die Wirtschaftswoche, Nr. 4 vom 22. 1. 1971, S. 34 ff.

Uebe, W.: Industriestruktur und Standort, Prognosstudien, Bd. 1, Stuttgart, Berlin, Köln, Mainz 1967.

Wachter, M. L.: Cyclical Variation in the Interindustry Wage Structure, in: The American Economic Review, Vol. LX, Nr. 1 (März 1970), S. 75 ff.

Wallis, W. A., *Roberts*, H. V.: Methoden der Statistik, ein neuer Weg zu ihrem Verständnis, rororo Taschenbuch-Ausgabe, Freiburg i. Br. 1969.

Weber, Ch. E.: Der freie und der gebundene Arbeitsmarkt, Volkswirtschaftliche Schriften, H. 10, Berlin 1953.

Weiss, L. W.: Concentration and Labor Earnings, in: The American Economic Review, Vol. LVI, Nr. 1 (März 1966), S. 96 ff.

Wiedemann, H.: Der Angestellte in der Industriegesellschaft, Stuttgart, Berlin, Köln, Mainz 1966.

Woll, A.: Allgemeine Volkswirtschaftslehre, Berlin 1969.

Wronski, B.: Regionale Lohnunterschiede und Industriestandort, Mitteilungen aus dem Institut für Raumforschung, H. 33, Bad Godesberg 1956.

Zander, E.: Gehaltsfestsetzung in Wirtschaft und Verwaltung, Heidelberg 1965.